商代刻在甲骨上的文字

河南安阳出土

秦始皇陵兵马俑

陕西临潼

唐代民族乐舞俑

陕西西安出土

武昌中和门

（武昌起义门）

中华史纲

蔡美彪 著

社会科学文献出版社
SOCIAL SCIENCES ACADEMIC PRESS (CHINA)

前　言

　　这本小书是中国社会科学院陈奎元院长遵照江泽民同志关于出版简史的提议，委托我编写的。编写的宗旨，是提供给工作忙碌的同志们朋友们，用不多的时间浏览一下中华民族历史发展的概状。叙事酌取要旨，文字务求简约，以省篇幅。这样做，效果如何，就要请读者来评判了。

　　本书付印前，承陈奎元同志惠予审阅，多所指正，谨致深切的感谢。

蔡美彪

2012 年 3 月

目　　录

第一章

原始社会与国家的起源

第一节　原始遗迹

中华人民共和国国土上原始人类的活动,揭开了中华历史的序幕。

北京市房山区周口店发现过距今七十万年左右的原始人的头盖骨化石。考古学家把这种原始人叫做"北京人"。同一地点出土有用于砍、刮的打制石器,并发现有用火的痕迹。云南元谋、陕西蓝田也发现过古人类牙齿和头骨化石,出土的石器工具不如北京周口店丰富,他们的时代可能比"北京人"还要早些。

十万年以前的人类居住遗址,在山西、湖北、广东等省境内都有发现。约五万年前的遗址以北京周口店的山顶洞遗址为典型的代表。洞内除发现人骨化石之外,还发现了大量鱼骨、贝壳、蚌壳,说明人们不仅从事采集、狩猎,还从事渔业捕捞。打制的石器工具已有磨制的痕迹,并出现了兽骨制成的各种骨器工具。骨针的发现,说明人类已用兽皮或树叶缝制衣服。

太古先民从事物质生产,不断改进生产工具,但进步是很缓慢的。大约一万年前,才出现划时代的变革。主要表现为石器工具的制造由打制改进为磨制,制作更为精细,种类也更多。考古学家称之为"新石器时代",而把此前打制石器的时代称为"旧石器时代"。新石器时代的遗址遍布在中国二十几个省区,已发现有上万处。经过科学发掘的住地和墓地,有四百多处。新石器时代发明了用泥土制作陶器。以河南渑池仰韶遗址和山东章丘龙山镇遗址为代表,经历了前后两个时期。

仰韶村首先发现与磨制石器并存的陶器。尔后,河南、陕西、山西、河北和甘肃等省的一些地区也陆续发现了同一类型的文化遗存,统称为"仰韶文化"。磨制的石器出现了用于弓箭射猎的石箭头、石刀、石斧、石铲,并出现用于耕作的多种工具和用于纺织的石纺轮。狩猎技术有很大提高,且已从事农业耕作和丝麻纺织。陶器是用手工制作的,有用于取水、储水和储存谷物的瓶、盆、罐和烧煮食物的炊具和饮食用具。陶器上绘有黑色和红色的各种花纹,因而又被称为"彩陶文化"。陶器的制作和一些地区居住遗址的发掘,说明这时的先民已过着定居生活。

龙山镇首先发现了不同于仰韶彩陶的轮制黑色陶器,因而又叫做"黑陶文化"。同一文化类型的遗址,分布在山东、山西、河南、陕西、河北、安徽等省的许多地区。陶器用轮制,细腻油亮,质地很薄,品种和类型也多有新创。石刀和石铲,出现半月带孔的新形制,便于绑在木柄上耕作。农业成为主要的生产方式,并出现了鸡犬等家畜饲养。住地附近有备储藏的地窖,表明已有较多的剩余生产物储存。

内蒙古、辽宁、江浙地区和云南等地也陆续发现过一些约略同时的文化遗存,各有自己的特点。

生产的进步是从用火开始的。古人把发明用火的人群称为燧人氏,最先从事狩猎畜牧的人群称伏羲氏,最先从事农耕的人群称神农氏。燧人、伏羲、神农被尊称为三皇,世代供奉。这个被神化了的传说包含着人们对生产进步过程的记忆,也包含着对先民的长久的敬仰。

第二节　氏族与部落

一　氏族公社

太古居民群居群婚,没有形成血缘组织。古书上说:太古没有君长,人们聚居群处,只知道自己的母亲,不知道父亲是谁。没有亲戚、兄弟、夫妻、男女的分别,也没有上下长幼的规矩。大约进入新石器时代以后,伴随着生产的发展和生活的进步,开始形成母系氏族。一个母亲所生的子女组成一个氏族。氏族之内不许通婚,只能和别的氏族通婚。氏族于是成为较稳定的血缘组织,也是生产和生活单位,所以又叫氏族公社或原始公社。这是人类社会最早出现的社会组织,从而建立起最初的社会秩序,比起前此的群居杂处,是一个重大的进步。有一个古老的神话,说古时天塌地陷,火不灭,水不息,猛兽吃人。有一个女娃(又作女娲)炼石补天,止水灾,服禽兽,天地四时有序运转,人民得以安生,和睦相处。这个女娃当然不是什么女神,而是在混乱中建立起秩序的母系氏族制的化身。陕西西安半坡仰韶文化村落遗址的公共墓地,女性和男性分别集体埋葬,可能是个体家庭出现前的氏族公社遗迹。

母系氏族公社的妇女还可以和其他氏族的多名男子通婚,血缘系统并不严格。尔后,出现一夫一妻制,有了确定的父子关系,母系氏族转变为父系氏族,进而形成以男子为中心的夫妻家庭。随着生产的发展,剩余生产物的储存,出现了家庭私有制,标志着以公有制为基础的氏族公社走到了最后阶段。龙山文化遗址的墓地,不再是集体合葬而是个人仰身葬,留下了历史进步的痕迹。

氏族公社时代,人们还只能维持很低水平的生活。氏族成员需要互相照料,没有盗窃抢夺。传世的古籍《礼记·礼运篇》描述说:

> 那时天下为公,推举贤能的人管事,相互信任,和睦相处。人们不只是爱自己的亲属,也不只爱自己的子女。老年人得到奉养,青壮年都有工作,幼儿健康成长。失去丈夫或妻子的孤寡老人,失去父母的孤儿,没有子女的老人和残疾人都得到赡养。男子有岗位,女子有归宿。财物不应丢弃也不必归自己占有。出力劳作也不是单为自己。人们不互相欺骗,也没有盗贼,外出不用关门。这就叫做"大同"。

这段描述美化了低水平的原始社会,但也反映了人们对美好社会的向往。几千年来,大同之说一直为人们传诵,实现一个生产力高度发展的大同社会,是中华民族世代追求的理想。

二　部落联盟

父系氏族制确立后,相互通婚的氏族进而结成为部落,形成氏族外婚、部落内婚的血缘组织。部落由两个以上氏族组成,更便于组织生产和抵御外来侵袭。居住在邻近地区,相互间没有血缘关系的部落,结合为部落联盟,形成力量更为强大的群体。联盟由各部落推选联盟长,叫做"帝"。帝字的古义是审查、审定。帝是联盟事务的管理者和领导人。

黄河流域今河南、山西及陕西东部等地,先后建立了炎帝、黄帝两个部落联盟。炎帝又称赤帝,传说在姜水地区,大抵是拜火的部落,崇尚红色。黄帝联盟传说在姬水地区,是黄土高原的农耕部落,崇尚黄色。以红、黄两色象征吉祥和高贵,是炎黄子孙世代传承的文化传统。

迤南地带有黎族的部落联盟号称"九黎"(九是不确定词,泛指多数),联盟长叫蚩尤。炎帝与蚩尤争战,黄帝助炎帝打败九黎,杀蚩尤。俘虏的黎人罚做奴隶,被称为"黎民"。九黎中战败的部落逃往南方立足。

黄帝与炎帝两联盟也有过冲突,后来合并为一个大的黄帝联盟。东部地区今山东一带的居民,号称东夷。"夷"字是人执弓的象形,大约多是射猎部落,也加入了黄帝联盟。

黄帝部落联盟不断发展形成强大的群体。各部落各自命名,称为某氏,以示区别。家庭私有制确立后,个人也都有了自己的命名。黄帝联盟后来出现一位联盟长,名叫颛顼(音 zhuān xū),原属高阳氏部落。又有一名联盟长叫喾(音 kù),称帝喾,原属高辛氏。

传说颛顼曾有八名辅佐,协助管理联盟事务,卓有成绩,人称八恺。帝喾也有八人辅佐,称为八元。八恺和八元的名字,后世都还在流传。

尔后一位著名的联盟长是尧,原属陶唐氏。尧在帝位时,据说各部落(九族)和睦相处,百姓生活安定,博得世人的称颂。羲氏与和氏观察天象,制定历法,以适应农耕的需要。帝尧委任夏后氏的鲧(音 gǔn)率众治理水患,但历经多年未能奏效。尧晚年选任有虞氏的舜做辅佐。舜荐用各部落有才能的人参与联盟事务的管理,又到联盟各部落查访,撤换了几名不受拥护的酋长,赢得了声誉。

部落联盟长的推举,各部落都有当选的资格,但只是在联盟长死后才推举新的继承人,而且多是在有声誉的辅佐中产生。帝尧死后,舜便顺利地当选,称帝舜。帝舜在位时面临的最大问题是黄河流域洪水泛滥。舜委任夏后氏的禹考察山川形势,率领部众疏浚河道,历时十三年治水成功,恢复了黄河流域的生产秩序。

后世把黄帝联盟的创建者黄帝和帝颛顼、帝喾、帝尧、帝舜合称为"五帝"尊奉,以纪念他们对历史发展的贡献。

舜死后,立有大功的禹理所当然地被推举为帝,称帝禹或大禹。帝禹在位时,办了两件大事。一是在洪水过后,致力于修治农田水利,恢复农耕。二是加强武力,以抵御外部的侵袭。据说帝禹时已发明用青铜作兵器,提高了作战能力。帝禹发动各部落酋长与南部的苗族作战,宣告说:"不是我愿意打仗,是苗人扰掠,我率领你们众君长去征伐。"帝禹作战获胜,苗人被迫退居长江流域。传说帝禹晚年曾去江南巡视,死于会稽。

帝禹是对黄帝联盟有大贡献的联盟长,也是最后一位联盟长。禹死后,黄帝联盟瓦解,各部落陷于长期的混战。

三 部落混战

帝禹生前,曾举荐东夷部落的益继任帝位。益在帝舜时曾参与管理山林沼泽,助禹治水有功。禹死后,禹的儿子启不等部落推选,便起兵攻杀益,夺取帝位。山西襄汾陶寺遗址发掘出被残酷处死之人的遗骨。学者考证为启与益部落争战的遗存。启以武力夺位,没有得到联盟各部落承认,因而不能获得"帝"的称号,只能称启或夏后启。联盟中的有扈氏部落起兵伐启。启率夏后氏在甘(今河南境内)应战,发布命令说:"我命你们去攻打有扈氏,谁不服从命令,我就把他处死。"启战胜有扈氏,把俘虏罚做奴隶。

帝位的争夺是私有财产制形成后争夺权力的集中表现。权力争夺甚至在父系大家庭中也已展开。启的幼子武观因和兄长们相争,被启赶走。武观率众反抗,启派人把他杀死。启死后,儿子太康继立,还想再夺联盟长帝位。他的五个弟弟指责他说:你坏了尧以来的规矩,就是自取灭亡。东夷有穷氏后羿("后"当是部落长称号)攻占太康的住地安邑(山西夏县)。太康逃往斟寻氏。羿攻灭斟寻。羿的收养子寒浞杀羿,夺取了羿的家产。

寒浞乘胜追杀夏后氏相。相子少康逃到有虞氏,得到帮助,攻灭寒浞。少康重获胜利,但结盟的部落已所存无几。夏后氏传到孔甲时,原来黄帝联盟的各部落相继离去。孔甲三传到桀,部落联盟已完全瓦解了。

古文献上所说的夏代,自从启以武力夺取帝位以来,各部落之间乃至大家庭的父子兄弟之间,为争夺权力和财产,无休止地相互争斗厮杀。整个社会长期陷于混乱,对立的势力相互冲突,不可遏止。历史的发展,需要高踞全社会之上的统治力量来调和冲突、建立秩序。一个新型的统治机构——国家产生了。

第三节 国家的建立

一 商汤建国

夏与商,都是古地名。夏地约在今山西夏县,原来居住这里的部落便称为夏氏或夏后氏。商地约在今河南商丘,居住这里的居民称为商人。商原来也是黄帝联盟中的部落,始祖契在帝舜时曾助禹治水。历十四代传至汤,与夏桀同时。在夏后氏与诸部落混战的年代,商部落却得以有序发展,并有了较强大的兵力。汤先后攻灭今河南境内的葛、韦、顾、昆吾等部落,进兵攻打夏氏。汤在出兵前聚众誓师,说:"你们大家听我说,不是我要发动战争,夏氏有罪,上天要消灭它","你们帮助我去执行天讨,我会给你们重赏。你们不要不相信,我不会食言。你们不履行誓言,我就要把你们处死"。所谓给予重赏,就是作战获胜,可以分得掠获的财物和奴隶。汤在鸣条地方大败夏兵。夏桀逃往南巢(安徽巢湖),死在那里。

商汤没有重建部落联盟,而是在氏族部落制的废墟上建立了商国。商汤也不再沿用联盟长"帝"的称号,而自称为"王"。"王"字原是长柄斧钺的象形,是权力的象征。国王是国家的最高统治者。

文字的发明,是人类历史走向文明的重大事件,也是建立国家必备的条件。古代有"仓颉造字"的传说,它的合理内涵可能是表示生产物有了储存后,管仓人创造了图画储存物和记录数量的符号。考古发掘显示,夏代已有文字,但汉字的大量制作和广泛应用是在商代。夏商两代都用烧裂兽骨观察纹络的方法占卜吉凶。商人把占卜的事件刻在龟甲或牛骨上,这样的甲骨已发现有十四五万片,提供了大量的历史信息。其中一部分非占卜的刻辞还保留了若干记事和谱系。商代用青铜制作兵器和耕具,也用来制作祭祀用的礼器等器物,铸有人名等铭文。甲骨文字和铜器铭文是商代的原始文字记录,与后世的文献记录相印证,可以约略得知商代历史和国家制度的概状。

二　商代的国家制度

商国废除传统的部落联盟制,建立起国家制度。新制度并不是一下子就建立起来,而是经历了逐步完善的过程。它和旧制度有明显的区别。

商国王统治全国,不再经推选,而是由商汤家族父子兄弟承袭。王权成为统治家族或宗族的特权。商汤的祖先,已用日干(后称天干)即甲、乙、丙、丁、戊、己、庚、辛、壬、癸等十个纪日的数字命名。商国建国后,历代国王仍用日干做名号。汤又号太乙。后期著名的国王有盘庚、武丁、受辛。

国家制度与氏族部落制的一个重要区别,是建立起在全社会之上和之外的统治权力机构。汤任用有莘氏的伊尹和薛(山东滕县)地部落的仲虺(音 huī)作辅佐,设官分职。辅佐治理国务的人称为"尹"和"臣"。以下设置分管各种事务的小臣。如管理农耕的叫"耤(音 jiè)臣",管理畜牧的叫"牧臣"。甲骨卜辞有军事编制"师""旅",并有左、中、右之分,说明商国已建立独立的军队组织。原来氏族部落的治理,只是对部落或部落联盟公认为不当的行为以公认的办法予以处置。商国不见有成文法传世。但古籍见有"汤刑""汤法"。甲骨卜辞有刖(音 yuè,割足)、劓(音 yì,割鼻子)等刑名。后人说"刑名从商",商国当已有一定的法规。

国家制度与氏族部落制的另一个重大区别,是不再按照血缘系统,而是按地区来统治居民。商汤以武力攻灭昆吾等部落进而攻灭夏后氏,在商人旧地和征服、归服地区,重新量地制邑(聚落)。各地居民由商王的各支系宗亲和归服者分别统治。依据地区的大小和军马的多少,统治者分别授予侯、伯、子等称号,统称为诸侯。未经征服的地方各部落,统称为"方"或"方国"。只要承认商国,仍由原部落长"后"管理,统称为"群后"。群后需向商国进献一定数量的本地物产,称为"助",以表示赞助商国的统治。商汤曾向诸侯群后发布文告,要他们为民立功,勤于职事,否则将受到惩罚。未经征服的各方国与大国商的关系是不稳定的。商国建立后,各方国的反抗斗争仍然不断发生。

三 奴隶占有制

各部落频繁争战的年代,起初是胜利者把作战中的俘虏全都杀死。尔后的进步,把俘虏作为奴隶用于生产劳动和服役。随着战争的不断发生,奴隶数量不断增多,形成奴隶占有者与奴隶两个对立的阶级。见于甲骨卜辞的男女奴隶有隶、奚、婢、妾等多种称谓。

商国是奴隶占有制国家,维护和协调奴隶占有者的权利,镇压奴隶,使之服从。大奴隶主来自统治各地的王室宗亲和官员等贵族。奴隶主把奴隶当做私有财产和役使的工具,用于农、牧业和手工业生产,也用于家内服役。奴隶主可以任意处罚奴隶直到处死。贵族死后,还要杀死奴隶殉葬,供死后驱使。已发掘的商代贵族墓葬中,一个大墓殉葬奴隶的尸骨多至数十具至数百具。商人迷信鬼神,祭祀祖先是头等大事。祭祖时也要杀死奴隶,奉献给先人。甲骨卜辞中留下大量杀祭的记事。河南安阳殷墟还发现了尸骨横陈的杀祭坑的遗址。奴隶主对奴隶的残酷压迫,依靠国家的支持,所以说:"古代的国家,首先就是奴隶所有者用来镇压奴隶的国家。"(恩格斯:《家庭、私有制和国家的起源》)

奴隶主有生杀之权,奴隶难得反抗,伺机逃离是一条生路。逃跑的奴隶,有可能指望其他奴隶主收容。但奴隶主引诱和收容别人的奴隶以扩大自己的财产被视为不道德的行为,要受到社会的谴责和国家的制裁。

贵族奴隶主和奴隶之外,原来各部落氏族成员群众,商代叫"众人"或"小人",即所谓自由民。他们各自独立从事农业和畜牧业生产,独立生活,遇有战事则要随从作战。作战胜利,分得俘虏做奴隶,有可能成为小奴隶主。作战失败被俘,就要成为对方的奴隶。

奴隶占有制是残酷的阶级压迫制度,但比起氏族部落制无限止的厮杀和无秩序的生产,是一个进步,从而带来了社会生产力的发展。

青铜器的制作是商代经济发展的主要标志。夏代已有青铜器,商代大量制作并广泛应用。各地发掘出土的青铜器包括生产工具、兵器、各种容器和礼器,种类繁多。青铜器的制作从矿冶到熔铸,需要一定的技术和设备,由相当数量的劳动力分工操作。这显然不是分散生产的众人所能胜任,而只能是有组织的奴隶劳动。河南安阳出土商代王室的青铜礼器司母戊鼎重八百七十五公斤,形制优美,内铸"司母戊"三字铭文,学者推测至少要有四百人分工协作才能铸成。可以想见商王室拥有庞大数量专业制铜的奴隶群体。各诸侯国也都用制铜奴隶,各自制作容器和礼器。

商代的农业生产还在使用石器工具,但已发现有青铜制作的锄、铲等农具。玉器、骨器的制作,由于有了青铜工具而呈现明显的进步。青铜武器戈、矛、箭镞等,也可用于狩猎。可以说,青铜器的制作带动了各个生产部门的发展,从而由石器时代跨入了青铜时代。广大奴隶的艰苦劳动创造了青铜时代的辉煌。

四　迁徙与兴亡

商国王的国家统治机构,习称为王庭。汤的王庭原在今河南境内的亳。汤以后的几代国王曾先后迁移到河南境内的相和隞,又迁到今山东境内的庇和奄。商国改革传统的氏族部落制,建立地区性的统治,不能不遇到各种抵制。四次迁移,当是为了加强各地的统治。传到国王盘庚时,又迁回河南,选择殷(河南安阳)作为国家的统治中心。盘庚发布文告,动员王室贵族和文武百官("邦伯师长,凡百执事之人")率领他们的亲族和奴隶,大举迁移到新邑。从此以后,直到商国灭亡约三百年间,国王和王庭都在殷,不再迁移。盘庚迁殷是商国历史上划时代的大事。大抵商国的统治,迁殷后才逐渐趋于稳定。殷墟的考古发掘也证明,迁殷后的商国,各方面都有显著的发展。所以,后人又把商称为殷或殷商。

盘庚以后一个有为的国王是武丁。商国建立后,一些未经征服的方国,并不甘于服从,不断与邻近的诸侯国发生冲突。武丁出兵近万人先后征服北方、西方和南方的一些方国,获得诸侯国的拥戴。商国统治的领域北至今河北北部,南到今湖北南部,西起陕西高原,东至山东沿海,蔚为大国,比商国初建时大为扩展了。

武丁妇好墓的随葬品,显示铜器和其他手工业的制作,达到新的水平。商贵族往往一夫多妻,以求繁衍宗嗣。武丁有妻室三人,统称为"妇"。妇好曾统兵征伐方国,立有大功。近年在河南安阳发掘妇好的墓葬,随葬品多至一千九百余件,其中铜器四百六十余件。青铜礼器铸有铭文和精美的花纹,形制新颖,多是此前未见的重器。随葬玉器七百五十余件,多是精心雕刻的艺术珍品。象牙杯三件,通体浮雕,是罕见的瑰宝。墓中还有铸有花纹的大铜钺两件,作为墓主统兵出征的象征。妇好墓随葬品的丰富和制作的精良显示出王室的富有,也显示出手工业生产的发达。有人认为,司母戊鼎也可能是武丁时铸造。武丁在位,号为中兴盛世,受到后人的称颂。

商国最后一个国王受辛,后人称他为"纣"。史家说他"闻见甚敏""材力过人",能文能武,在朝歌(河南淇县)营建别都。几次出兵攻伐东夷的人方等国,屡获胜利,掳得大批的俘奴。作战的胜利和经济的发展,激发了贵族们贪欲的增长。以纣为首的王室贵族恣意挥霍享乐,侈靡无度,招致众人的不满和奴隶的反抗。纣似曾企图有所改革,不祭祖先以减少杀奴,收容逃亡奴隶以缓解反抗。但这些被指责为"变乱旧章",并不能阻止阶级矛盾的激化。纣是有作为的国王,也是刚愎自用的暴君。他用酷刑惩治反对他的人,执事百官,持有不同意见,也往往被残酷处死。族兄微子启逃离王庭以求自保。王庭的太师、少师等职官也相继离去。各诸侯国多叛商自立。纣众叛亲离,日益陷于孤立,灭亡的日子临近了。

被商国封为西伯的周国,起兵伐商。纣败死。

第二章

周朝的分封与纷争

第一节　周朝的建国与东迁

一　灭商建国

周国原来是定居在周原(陕西岐山)的部落,以居地为氏。周人自认为是帝喾的后裔,殷商也奉帝喾为先祖,这表明他们的先世在帝喾时代同是黄帝联盟的成员,都是炎黄子孙。商与周语言相同,文字相通,商周文化一脉相承。

传说周的始祖姓姬名稷,人称后稷。"后"是部落长的泛称,父子世袭为部落长。原居豳(陕西旬邑)从事农耕。传至古公亶父时,迁居周原。两传至孙昌,殷商封为西伯,是诸侯国之一,住在丰水西岸的丰地(陕西长安县)。姬昌在位,严厉查禁奴隶逃亡,以巩固秩序。连年出兵攻伐今陕西、山西、河南境内诸方国,壮大了周国的势力。姬昌死后,子发继立。以弟周公旦、召公奭及姜姓人吕望等辅佐执政。迁居丰水东岸的镐京。邀集西方诸侯国及边地诸族,合兵四万五千人,前锋勇士三千人在牧野(河南汲县)誓师,大举伐商。宣告说:商王受不祭祖先,不信任兄弟,收容逃亡罪奴,暴虐百姓,现在我依天意去惩罚他。大家努力吧!受辛(纣)领兵十七万来牧野迎战。据说兵士临阵倒戈起义。商兵大败,受辛自杀。商国灭亡。

姬发灭商后两年病死,子诵继位,年幼,周公旦代行国政。族弟管叔鲜、蔡叔度联合受辛子武庚起兵反周夺位。周公旦领兵东征,杀武庚及管叔鲜。蔡叔度也被放逐而死。周公东征获胜,周朝的统治才得以巩固。

周公平乱后把朝歌殷王室的遗民聚集到洛阳附近,筑城堡集中统治。又在洛阳筑王城,派驻重兵,就近监管,以防叛乱。

二 分封授土

周国自姬发到周公执政的年代,逐步建立起统治制度。

王位传承 姬发灭商后,率众祭告上天。周王自称受命于天,并把天人格化,说是天的儿子,称"天子"。沿袭商制,仍号为王,但不再以日干作名号,而是在死后依据生前的业绩,议上一个称号,叫做谥(音 shì)号奉祀。姬昌谥文王,姬发谥武王,诵死后谥成王。以后历代周王均有谥号。由此产生的谥法制度为后世所继承,影响久远。史家述事为求便利,多援用国王死后的谥号,但在他们生前是还没有的。

周建国后沿袭后稷以来的旧制,王位父子世袭。正妻的长子立为太子继位,成为定制。王室及国家统治机构在丰镐建宗庙,奉祀祖先,为都城,号宗周。洛阳王城号东都。

诸侯分封　周朝仍沿用商国的旧制,分封王室宗亲到各个征服和归服的地区进行统治。商有侯、伯等称号,周朝定为公、侯、伯、子、男五等,称为爵(音 jué)位。周公弟康叔封卫侯,驻殷商别都朝歌,控驭殷民,是重要的诸侯国。东方的奄国,曾支持武庚叛乱。周公长子伯禽在奄地建鲁国(山东曲阜)。召公奭之子封燕国(北京市附近)。姬诵之弟叔虞封唐国(山西翼城)。据说周初各地大大小小的封国有几十处,封授王室各支系宗亲,称同姓侯国。还有一些王室信赖的有功臣佐也封授侯国,如吕尚封齐国(山东淄博),是异姓侯国。商王室微子启背商附周,封授商国旧地商丘,授予公爵,号为宋国。周朝分封诸侯,在全国范围内建立起一个以宗亲为主功臣为辅的统治体系。

授土授民　周初分封诸侯,与商代不同的一项新内容,是授土授民。早期的农业,用石器工具粗放耕作,地力用尽,就再换一块耕地,甚至可以长途迁徙,另辟新地,不存在土地所有权问题。随着人口的增殖、农业的进步,可耕的农田成为人们争夺的对象。"授土"即划定诸侯国的领域,算是周天子授予诸侯,诸侯再分别授予诸国的贵族官员卿、大夫,以次授予庶民,即具有自由身份的平民。各侯国以至贵族、平民由此确定各自占有土地的疆界。贵族的土地役使奴隶耕作。庶民则在小块土地上自耕。"授民"是把受土的庶民交付给诸侯统治。土与民名义上都是国家王室所有,但授土后,王室即不能直接占有,形成事实上的私有。

贡赋朝觐　庶民受土作为自耕的私田,要为侯国的"公田"服劳役,无偿耕作。耕作的面积,据说相当所受私田的十分之一或八分之一不等。各地情况不同,不能一律,但庶民要为公田服役,应是普遍存在的事实。诸侯也要为周天子效劳,每年奉献相当数量的各种产品,称为贡赋。诸侯要定期到王廷朝见天子,称朝觐。王廷因而又称"朝廷"。周国的朝廷称周朝。

朝廷职官 周天子左右有太师、太傅、太保三公辅政。下设卿事寮统国家政务。司土(司徒)管农业,司工(司空)管工业建造,司马管军事,司寇管诉讼刑罚。下属分别设卿、大夫办事。另有太史寮,掌管天子制诰、典礼、占卜、天象历法等事,设太史、太祝、司卜等官职。朝廷重臣多是王室宗亲。王室也有自己占有的"公田",由内廷设官管理。耕田的人当是王室的奴隶和受田的庶民。留住都城及邻近地区的卿、大夫各有封邑,收取贡赋,叫做"食邑"。

诸侯国也设有卿、大夫等官员执政。一些大国的卿,由天子直接任命。

三 争战与东迁

黄河流域中原地区的居民,多是炎黄联盟各部落的后裔,语言文字相同,生产方式和生活方式相同或相似,统称为华夏。华夏以外的诸族群,操不同的语言,没有文字,多从事渔猎游牧或粗放的农耕。商周时代,他们先后脱离原始状态,跨入私有制或奴隶占有制,展开对外掳掠。周朝在建立了内部的统治后,还必须应对来自外部的冲突与侵袭。

周公旦摄政七年后,成王诵亲政,周公仍在朝辅佐。子伯禽到今山东曲阜一带的奄地治鲁国,随即遭到泗水地区的徐夷和淮水地区的淮夷的攻掠。伯禽在鲁都城被困,不敢出战。朝廷派兵来援救,才得解围。成王死后,子钊继立,谥号康王。康王在位四十年,遵行周公订立的制度,国内大体安定,国外也无战事。

康王子昭王瑕继立,曾统大兵南征蛮族,全军覆没,昭王死于江中。昭王子穆王满继位,徐夷强大,联合九夷(东夷九部)来攻,自号偃王。穆王出征不利,罢兵。穆王又曾西攻犬戎,南伐越,都是无功而返。传说穆王曾远游各地,当是由于诸族强大,亲自去考察形势。穆王两传至懿王囏。西北戎狄多次来攻,懿王被迫迁到犬丘(陕西兴平县)躲避。史称懿王时“王室遂衰”。周邻诸族日益强大,周朝王室却日渐衰弱了。

懿王三传至厉王胡。厉王想把山林川泽的经营收归王室,引起居民的不满。周初分封授土、划定土地占有的疆界,山林川泽并无规定,自公卿至庶民都可经营谋利。厉王要收归王室,都城上下纷纷反对,厉王指为毁谤。有毁谤言论的人,一经指告,就要处死。都城居民(国人)聚集起来,围攻王宫,厉王逃走,渡黄河逃到彘(山西霍县)避难。史称围袭厉王的人是“国人”,又说“公卿惧诛而祸作”,大抵此次事件有公卿至庶民各阶层参加,形成群众性的风暴,厉王不得不逃。厉王仍在,不能另立新王,朝廷由王室贵族与公卿共同执政,号称“共和”。《史记·十二诸侯年表》考订“大臣共和行政”岁在庚申,相当公元前841年。从这年开始才有明确的纪年。

厉王胡在彘地病死,死后谥号“厉王”,即暴虐的国王。厉王子静继位,结束共和政体。姬静在位四十六年,死后谥宣王。宣王在“共和行政”之后,恢复周朝的统治体制,被誉为“中兴”。但与周邻诸族之间仍然征战不止。西北方戎狄来侵,宣王多次派兵抵御,互有胜负。又多次出兵东征淮夷、徐夷,也没有多少战功。与条戎、奔戎作战失败。宣王四十年(前788年),亲征姜戎,大败,据说宣王险些成为俘虏。

前782年,宣王死,子宫涅(幽王)继位。娶姜姓侯国(河南南阳)申侯之女为妻,生子宜臼,立为太子。幽王宠爱次妻褒姒(褒国姒姓),生子伯服。幽王要杀宜臼,立伯服。宜臼与母逃往申国避祸。申侯引导犬戎攻打周都城,抢走王室财宝,杀死幽王宫涅。"幽"是死后加给的谥号,意思是昏暗之王。

申侯扶立宜臼(谥平王)在东都洛阳继承王位,史家称为东周。此前的周朝称西周。

第二节　王室衰落　诸侯国兼并

平王元年(前770年),王室东迁洛邑,周朝的统治体系开始崩解了。

周初定制,太子世袭王位,其余子侄兄弟等宗亲分封各地立国,授土授民。血缘关系的纽带维系着上下的统治。西周二三百年间,宗亲关系不断变动,有的同姓侯国成为天子的伯叔之国,异姓侯国是甥舅之国。诸侯的辈分大于天子。诸侯国有土有民,各自治理,经济实力和军事实力超过王室,不再向天子朝贡,也不再听朝廷调遣。东迁后的周朝,仍保持天子名分,作为"共主"的象征。事实上已不能控驭诸侯国。

大小诸侯国有一百四五十个。强国欺侮弱国,大国吞并小国,"强凌弱,众暴寡"形成历史的潮流。大国之间也互相争夺,战乱连年不止。兵力强大的侯国邀集周邻列国盟会,调节行动,相互支援。召集国充任盟主,叫做"伯"或"霸"。伯的本义就是俗话说的"老大"。当了"老大",与会的盟国就要受他控制,向他朝献送礼,他也可以向盟国勒索。所以一些强国争当盟主,称霸一方。盟主与盟国的结盟关系并不固定。不能参加盟会的小国,成为大国的附庸,或被大国兼并。

一　旧封同姓国

西周初年分封宗室的同姓诸侯国,到东周时,只有晋国是称霸的强国,燕国与晋国驻守旧地。卫国遭狄族侵掠,一再迁移。

晋国　周初,成王弟叔虞分封到唐国,传子燮父为晋侯,改国号晋。晋国处在戎狄牧区。东周初年进为公国,晋献公先后兼并今山西境内的霍、耿、魏、虞、虢等小国。晋文公五年(前632年)联合华夏侯国,在城濮(河南濮城)战败南方的楚国,国威大振,成为华夏霸主。先后兼并二十多个小国。邻近各国都来朝贡。晋幽公在位时(前433—前416年),晋国势衰。韩、赵、魏三大夫权势扩展,掌握了晋国的政权。

鲁国　鲁国是周公旦受封的公国,长子伯禽子孙执政。东周初年,还保持一定的优势,领域有所扩展。邻近的一些小国也来朝贡。鲁宣公时,季孙氏、叔孙氏、孟孙氏三大夫执政,权势超过公室。三大夫都是鲁桓公的支系后裔,称"三桓"。宣公十五年(前594年)取消庶民为公田服役的旧制,改为按田亩数多少收取粮税,力役地租改为实物地租。又改革军制,三桓各领一军。鲁昭公二十五年(前517年),三桓联合起兵,驱逐昭公,另立定公。昭公流亡他国,病死。

燕国 周初召公奭封燕,子孙世袭燕侯。东周初期,遭北方山戎侵扰,自蓟都南迁临易(河北易县)。燕庄公二十七年(前664年),齐国出兵助燕,击退山戎。燕国又迁回蓟都,守护旧封,无力对外扩展。

卫国 周初,康叔封侯在殷东都朝歌建卫国。周幽王被犬戎攻杀,卫侯姬和出兵助周室作战。平王东迁,进卫国为公国,姬和为公(谥武公)。东周时,因公位继承,屡生内乱。卫懿公九年(前660年),狄人攻入卫都,杀卫懿公。齐国出兵伐狄,在楚丘(河南滑县)另立文公复国。卫成公七年(前628年)又遭狄人侵袭,迁都帝丘(河南濮阳)。

二 旧封异姓国

齐国 齐国是姜姓吕尚的封国,都临淄(原称营丘)。东周初年,与近邻鲁国有过战事。齐桓公用管仲为相,废除公田服役,按受土肥瘠收取赋税,又提倡工商业经营,设盐官煮盐、铁官冶铁。这时,铁器已代替青铜,用于兵器和农具制造。盐铁之利,促使齐国富强,先后兼并三十多个小国。桓公七年(前679年)在鄄(音juān,山东鄄城)与诸侯会盟,成为霸主。齐桓公以"尊王攘夷"作号召,联合诸侯北伐戎狄,先后援救燕、卫等国,霸业日盛。齐桓公在位四十三年病死,齐国国势渐衰。霸主地位被晋国取代(见前),国内各姓大夫的权势强大,相互攻击。齐简公四年(前481年)妫姓大夫陈成子杀齐简公,另立平公。齐国政权被陈氏掌控。

楚国 楚国在江、汉之间立国,商代以来称为荆楚。传说始祖祝融曾是炎黄联盟的"火正"，掌管观象授时和有关火的事务。后裔一支南下，与当地土著的族群融合，被称为荆蛮或楚蛮。周初分封，君长熊绎封子爵授土，是爵位较低的小国。西周时征服周邻诸部，逐渐强大。周朝东迁后，楚君熊通要求王室提高他的爵位，未能获准。熊通发怒说：周王不给我加升爵位，我就自己办吧！自称楚武王。子孙世袭王号。子文王熊赀建都于郢（湖北江陵）。此后几代，先后兼并周邻四十五个小国，迅速扩张。楚庄王七年（前607年）攻打陆浑戎，进兵到周都洛阳附近，周定王曾遣使劳军。又曾攻伐郑（河南新郑）宋（河南商丘）等国获胜，攻灭陈国（河南淮阳）。号称有地千里，是南方大国。

宋国　宋国原是殷降臣微子启的封国，都商丘。周襄王十三年（前639年）宋襄公邀集齐、楚等国在楚地盂（河南睢县）集会，原想结盟，自为盟主称霸。被楚国拘留后释放。次年，宋楚交战，宋国大败。楚国国势兴盛，与称霸中原的晋国对峙。宋国地处两大国之间，难得自保。宋平公三十年（前546年）与大夫向戌邀约楚、晋、齐、秦、鲁、卫等十四国在商丘集会，为晋、楚两国讲和。两国互相承认对方的霸主地位，不再争战。被称为"弭（音 mí，止）兵之盟"。盟会之后，宋国得以驻守旧地，国政也归卿大夫操纵。

三　新兴诸国

秦国　秦是平王东迁后新封的诸侯国。嬴姓。西周时原是住在西犬戎地区的游牧部落，周孝王时酋长非子为周朝管理畜牧，马匹增殖。因功授予秦地（甘肃天水境），称秦嬴。周宣王时，秦仲随从征讨西戎，战死。秦仲孙世父说："戎杀我祖父，我非杀戎王不可。"后与西戎作战,不胜。周幽王时西戎来攻,世父弟(名不详)出兵助周作战,护送平王东迁。平王赐给岐邑以西地,封秦为诸侯国,世父弟授公爵(秦襄公)。秦国建封后,曾全力伐戎,收复被戎人占领的西周故地。秦德公元年(前 677 年)迁都雍(陕西凤翔),继续向东扩展,秦穆公用西戎降臣由余谋划,灭戎十二部落,号称"辟地千里",称霸西戎。穆公三十七年(前 623 年)周襄王遣使来贺。秦国领地延伸至今陕西境内的大部分地区,与晋国为邻。秦晋交战,互有胜负。

吴国 吴国在周简王元年(前 585 年)立国。传说祖先是周王室的支系,周初来荆蛮之地,从蛮人习俗,被推为酋长,也带来华夏文明。三四百年间,吴蛮逐渐华化,与南下的华夏人融合,东周时,日益强大。酋长寿梦在周简王元年(前 585 年)立国称王。寿梦子诸樊在吴(江苏苏州)建都城,北上伐楚,战败。三传至阖闾,用兵法家孙武、楚降臣伍子胥统管军政。阖闾九年(前 506 年)大胜楚军,曾攻占楚国都郢。因秦兵来救,退兵。十九年(前 496 年)攻打建都会稽(浙江绍兴)的越国,战败,阖闾负伤死。子夫差继王位,立志报复。攻越获胜。越国沦为吴的属国。夫差十二年(前 484 年)吴军北上,在艾陵(山东泰安)战胜齐军。夫差十四年(前 482 年)到黄池(河南封丘)与齐晋等国会盟,以尊周为号召,争做盟主。越国乘机攻打吴都,夫差急速回国求和。二十三年(前 473 年)越军攻破吴国都城,夫差自杀。吴国亡。

越国 传说是夏后氏的后裔,原来也在荆蛮之地,是楚国的属部。吴军攻入楚都郢,越军曾助楚攻吴。勾践称越王,立国抗吴,吴王阖闾败死。吴王夫差反攻,勾践兵败投降,向吴国称臣,沦为附属国。勾践任用大夫文种、范蠡,忍辱负重,励精图治,逐渐恢复国力。灭吴后转弱为强。以尊周为名,北上与齐晋等国在徐(山东滕县)会盟,越为盟主,称霸江淮。

周朝东迁后三百多年间,接连不断的战争,形成了大国并立的局面。依据鲁国史记纂修的编年纲目《春秋》,起于鲁隐公元年(前722年),即周室东迁后四十八年,止于鲁哀公十四年(前481年)。这年并没有什么大事发生,据说只是因为得到象征祥瑞的麒麟便到此为止,没有什么道理可说。后世史家把此书所记东周时期中的二百四十二年叫做"春秋时代",并没有什么特别的意义。此后七十多年,三家分晋标志着周朝的历史走到最后阶段。

第三节　七国纷争　东周灭亡

一　三家分晋　田氏篡齐

平王东迁,诸侯国的实力超过了王室,东周时期一些侯国卿大夫的实力又超过了诸侯。晋国在晋文公时是称霸的大国。尔后,国势渐衰,卿大夫扩充各自占有的土地人民,进而控制了政权。周威烈王时(前425—前402年),韩、赵、魏和知氏四卿扩占领地,威胁公室。韩、赵、魏又杀知伯,分占知氏之地。晋国公室只剩下都城绛(山西曲沃)和别都曲沃(山西闻喜)周围的小块土地。晋国领土全被三家分割。魏斯、赵籍、韩虔三大夫遂自立为诸侯,报请王室,得到周威烈王的许可。晋国的末代君主静公迁出都城,晋国灭亡。三大夫分别在晋地建立魏、赵、韩三个诸侯国。

齐国也曾是称霸中原的大国。齐简公在位时(前484—前481年),政权被大夫田氏(即陈氏)控制。田常杀简公,另立平公,独专国政。康公十九年(前386年)田常曾孙田和篡齐,自立为诸侯,得周安王认可。齐康公被流放到海滨。田氏仍用齐国号,史称田齐。

晋国和齐国都是周初旧封的大国,先后改姓。旧封的同姓国,只有北方的燕国,还保持较强的国势。三家分晋后,形成秦、楚、燕、齐、韩、赵、魏七国并立争雄。旧封的鲁、宋、卫及其他弱国,只能依附大国求自保。南方的越国,自立于江南,不再北上争战。

三家分晋、七国并立争雄,标志着东周的历史进入最后阶段。东周王室听命于诸侯,七国之间,战斗不止。近世史家习称这一阶段为"战国时代"。"战国"并不是朝代的名称,只是一般的泛称,并没有确定的起始年代。史家随宜说解,不尽一致。

二　魏国与秦国的变法

诸侯国内把持国政、拥有世袭特权的各宗族大夫,是有威胁的势力,国君被杀另立新君的事,各国都屡屡发生。诸侯国之间争土争民的战争,规模越来越大。争夺一个城邑就要杀人无数。"强凌弱、众暴寡"仍然是不可阻挡的潮流。所以,如何改变旧制以控制国内的强族,实施新法以图富国强兵,是各大国都要面对的课题。

各诸侯国都招纳一批有学问的"士",参与谋划国事。士没有世袭特权,也不授土授民,而是领取俸禄为生。所以,可以在本国也可以在他国效力,叫做"游士"或"客卿"。各国变法图强,士人起着重要的作用。

七国中魏国最先改革旧制,实行变法。秦国的变法,涉及范围最广,力度最大,成效也最为显著。

魏国变法　魏斯建国封侯(魏文侯),广泛招纳各国名士,共谋富强。任用谋士李悝(音 kuī)变法。主要内容在两个方面。一是加强法制,削弱贵族世袭的世卿制度。李悝提出,父亲有功劳做官食禄,儿子无功,俸禄应该取消,分给四方之士,即招纳各国士人执政。李悝编著《法经》六篇,规定法律条文,严刑峻法以维持社会秩序和政局的稳定。另一个方面是扶植农业生产,倡导提高单位面积产量。谷物增产,由国家平价收购储存,遇有饥荒灾害,再平价卖给平民,称为"平籴(音 dí)"。史家评论说,此法"行之魏国,国以富强"。

魏国新建,励精图治,变法后更加强盛。魏文侯传子武侯,再传子罃(音 yīng),从安邑(山西夏县)迁都大梁(河南开封),自称魏王(魏惠王),侯国变成王国,是当时七国中的强国。

秦国变法　秦孝公即位(前 361 年),下令招贤,研习刑名之学的卫鞅自卫国来秦投效。秦孝公倚用卫鞅制定新法宣布,主要内容是:(一)强化法治。境内居民以五户、十户编组,互相监督,告发奸恶。(二)限制宗族和大家族,家有成年男子二人以上不分居者,加倍交租赋。(三)鼓励农耕。奴婢耕织产量增多可以恢复平民身份。小商贩和不事生产的贫民收做官奴婢。(四)奖励军功。依据杀敌的多少,授给爵位,九级以上即是军官。最高爵赏可到二十级。(五)宗室贵族没有军功的人,不能世袭特权,一切以爵秩等级为依据。

照此新法,奴婢生产好可以做平民,平民作战有功,可以做军官。宗室贵族没有军功就没有官爵。社会结构将会因而发生变动,贵族权利将被削减。新法一公布,王室贵族推出年幼的太子驷出面抵制。卫鞅严刑执法,将太子师傅公子虔等治刑问罪。上下震动,不敢不遵行。据说行之十年,社会秩序稳定,不再有盗贼。

秦孝公十二年(前350年),自雍都迁都咸阳(陕西咸阳),又颁布几条新法。(一)将较小的乡邑,合并设三十一县。由公室任命县官(令、丞、尉),直接统治,排除受土宗族的干预。(二)清理田土疆界,重订赋税。封授田土年久,由于兼并和买卖,多有变动。贵族田多税少,平民田少税多。新法铲除田间原有的阡陌封疆,依据实际情况,重新确定土地所有,据以征收赋税。所以说"开阡陌封疆而赋税平"。(三)统一规定秦国境内的度量衡制,以保证赋税的公平,防止欺诈。新法实行后,公子虔又犯法,卫鞅对他处以劓刑,把鼻子割掉。

卫鞅变法的显著效果,是秦国统治强固,军队战斗力增强。秦孝公二十二年(前340年),卫鞅自领大军攻打魏国,获得胜利。秦孝公把商邑(陕西商县)赐给卫鞅作封地,号商君,卫鞅又称商鞅。秦孝公在位二十四年病死,太子驷即位。公子虔等策划报复旧怨。商鞅辗转逃往封地。秦君发兵追捕,杀商鞅。

秦国经孝公、商鞅的治理,成为兵力超过魏国的强国。驷称秦王(惠文王)。齐、韩、赵等国也相继称王,与东周王国对等。周天子虚有其名,更加衰落了。

三 秦胜列国 周朝灭亡

秦孝公、商鞅治理秦国约二十年,实现了富国强兵的预想。秦惠文王七年(前331年)继续攻打魏国获胜。次年,再攻魏曲沃,魏国将晋国占据的黄河西岸秦旧地归还秦国求和。九年,秦兵渡过黄河,攻占魏国的汾阴(山西万荣)等地。十年,魏国将上郡(陕西榆林)十五县割让给秦国。秦国战胜魏国,惠文王称王时,已是七国中最大的强国。

秦国的强大,对六国形成威胁。洛阳谋士苏秦得燕文侯支持,游说六国联合抗秦,名为"合纵"。秦更元七年(前318年),六国联军以楚国为纵长,出兵抗秦。秦军出函谷关,大败韩军,各国退兵。次年,韩、赵、魏、燕、齐五国联合北方匈奴族来攻,秦国在修鱼(河南原阳)重挫韩、赵军,斩首八万二千,获得重大胜利。

秦惠文王用魏人张仪为相,制定"连横"的策略,对六国分别交往,各个击破。张仪去楚国游说,破坏楚国与齐国的联合。楚怀王与齐绝交,于秦更元十三年(前312年)发兵攻秦,大败,八万兵士战死。

秦昭王十四年(前293年),秦将白起在伊阙(河南洛阳)大败韩、魏军,斩首二十四万。韩、魏从此衰落不可复振。

齐宣王六年(前314年)齐国攻占燕下都(河北易县),杀燕王哙,掳掠后退兵。齐湣王十五年(前286年)以重兵攻灭宋国。十七年(前284年),燕国出兵复仇,攻占齐国都临淄(山东淄博),占领齐国七十余城。齐襄王五年(前279年)在即墨(山东即墨)袭击燕军,获胜,收复部分失地。燕齐相争,两败俱伤,无力抗秦。

北方的赵国,建都邯郸,北境直抵阴山(大青山)与匈奴族邻接,西北有楼烦、林胡等游牧民,东邻狄族建立了中山国。赵武灵王十九年(前307年)训练赵军学习游牧族骑马射箭的战术,改革军服以适应作战需要,叫做"胡服骑射"。赵军因而强大,连破楼烦、林胡,灭中山。秦昭王三十七年(前270年)围攻赵国的阏与(河北武安),次年,赵国大将赵奢大败秦军。四十七年(前260年)秦军攻上党,再与赵军交锋。这时,赵武灵王孙孝成王在位,误信秦国的反间计,撤换驻守长平(山西高平)的老将廉颇,改任赵奢之子赵括将兵。秦将白起聚集大兵来攻,在长平与赵军激战,赵括败死,赵军四十余万全军覆没。秦军进围赵都邯郸,魏军与楚军来援,秦兵解围凯旋。长平战后,赵国一蹶不振。秦国更加强大,无人能敌了。

秦昭王五十一年(前256年)向洛阳周王室进兵。这时,周朝最后的一个天子赧王在位。王畿之地由分封给两个王子的小公国分治,在洛阳者称西周公国,在巩(河南巩县)者为东周公国。秦兵来攻,西周公叩首投降,献出城邑。七年后,秦庄襄王灭东周公国,宣告了周朝的最后灭亡。

周朝自武王灭商建国,经历了大约八百年。在长期的纷争中,由青铜时代进入铁器时代。考古发掘说明,周朝的铜器、兵器、玉器和生产工具,制作水平都超过商代。东周时期又超过西周时期。物质文明在不断进步。土地所有制和统治制度经历了两次较大的兴革。一次是西周初年的分封授土,一次是战国时代的变法图强。历史家依据不同的理解,陈述过封建社会开始于西周和开始于战国两种学说。一般说来,社会制度的演变不同于朝代的更替,需要经历相当长的过渡时期。周代的华夏社会已由奴隶占有制过渡到封建土地所有制,是多数历史家的共识。

第四节　乱世的百家争鸣

　　周平王东迁后,衰微的王室仍在互争王位,先后发动政变有五次之多。各诸侯国的国君被废黜、被谋杀的事,屡屡发生。父子兄弟之间相互残杀,成为常事。各国之间的大小战争连年不断,一次大战就死伤数万人至数十万人。生活在这样的环境中的乱世之民,不能不对现实感到困惑,对未来感到渺茫。有识之士试图从理论上探索战乱的根源,寻求实现和平安定的社会方案。思想家进而探讨人世的哲理,抒发自己的理想。各自著书讲学,呈现乱世的百家争鸣。

一　孔子与儒学

　　孔子(前551—前479年)名丘,字仲尼,鲁国人。"子"是尊称,就是"先生""老师"。"字"是采取与本名有关的字而起的别名。"仲"是排行第二,"尼"是生于尼山(丘)。鲁国是周公旦的封国,西周传统文化的基地,保存较多的古典文献。孔子在鲁国聚徒讲学,创立儒家学说。作为儒学核心的基本概念是"礼"与"仁"。"礼"包括统治制度和行为规范。"克己复礼"即恢复周公之礼,诸侯听命于天子,大夫听命于诸侯。孔子又把礼的范围扩大,一切人际交往生活起居都要依据不同的身份地位遵循一定的规范和礼仪。"仁"是爱心,但受礼的制约,有不同的内涵。君对臣民是宽厚,臣民对君是忠诚,父对子慈爱,子对父孝敬。如果自天子诸侯到普通人群都能遵守既定的制度和行动规范,又有爱心,以和为贵,就会消除争斗,天下太平了。至于尊卑地位的不同,只能听从"天命"。孔子学说是长期战乱中形成的美好理想,当然是不切实际、不能实现的理想。他曾到过许多侯国去宣传,受到礼遇,但不被采纳实施,只能自叹吾道不行。但这个理想的说教,对于后世稳定的朝代却是巩固统治秩序的有用学说,对于倡导人们的道德修养也有教育作用。所以,孔子所创的儒学长久流传,产生了深远的影响。

孔子是思想家,又是教育家。听过他讲授的弟子多至三千人。孔子没有自己写的著作,他的思想学说主要见于弟子们所作的记录。合编一书,题为《论语》。传说孔子曾"删订六经"作教材。六经中《乐经》早已失传,只存五经。其中《易经》是上古占卜算卦的书。用"－－""一"两个符号,表示对立的阴阳两极,分别称为阴爻、阳爻。依据不同次序编组六个爻,形成八个卦。爻有爻辞,卦有卦辞,用简单模糊的文辞表述寓意,供人推测说解。《易经》中的"系辞"传说是孔子所作,是对《易》理的概述。《礼经》有十七篇,主要是记录日常行为规范,包括婚丧饮宴、聘问朝觐的各种繁琐的礼仪,又称"仪礼"。记录官制的《周礼》和讲解周礼的《礼记》是后代人编纂,孔子时都还没有,不在删订六经之内。《诗》是周朝流行诗歌的选编,共有三百零五篇。有对"仁政"的歌颂,也有对民间生活的抒情,选编的标准是合乎"礼"与"仁",达到"诗教"。《书经》是古代文献的选编。《春秋》是鲁国的历史纲目、大事年表,史事记述的取舍和文辞的褒贬表述了儒家的道德观和历史观。"删订六经"并不只是为了保存古籍,主要是凭借古籍的修订传播儒家学说。有删有增有避讳有夸张,注入了大量儒学观念。称之为经,即传授儒学的经典。

二　墨子与杨子

孔子的反对派是墨子。墨子姓墨名翟,原是宋国的大夫。生卒年不详。建立学派在孔子死后三家分晋之前。现存《墨子》五十三篇,是弟子们依据墨子的讲述,分类编纂而成。基本观念是不同于儒家约之以礼的"仁爱",提出不拘地位身份的"兼爱"。《墨子·兼爱》提出战乱的根源就是诸侯只爱自己的国不爱别人的国,家主只爱自己的家不爱别人的家,个人只爱自己不爱别人。所以,他极力主张诸侯国之间、君臣父子兄弟之间以至不同身份地位的各人之间都应该"兼相爱,交相利",互爱互利才是天下的"治道"。

《非儒》反驳儒家的天命和复古守旧诸论,说如果相信寿夭(短命)贫富都有天命,官吏们就不必勤于职守,庶民也不必勤于农事了。儒者说君子都因循而不创作,难道古代创造车船的发明家和坐车坐船的人都是小人么?《非儒》列举孔子的行为与学说的矛盾,说孔丘的行为如此,儒士们更值得怀疑了。墨子还批评儒家的"繁饰礼乐",说是剥夺庶民的衣食财富。在《非乐》《节用》《节葬》等篇多有论议。

墨子没有否定君臣尊卑的统治制度,但认为居官在上者应和庶民一样刻苦生活,不能谋取私利贪图享受。《墨子》书中一再将夏禹治水勤劳民事作为学习的典范。墨家弟子都要遵守大禹遗教,身体力行,穿草鞋短衣,以勤苦为荣,分财互助,为公益事业不惜牺牲。弟子们结集为社团,领袖称"巨子"即大师。墨子学说涉及很多方面,其中一些论说适应了庶民大众的愿望,因而较广泛地流传,形成独具特色的学派。

杨子名朱,传说是魏国人。生卒年不详。约在墨子之后孟子之前。学说见于后代人辑录的《列子·杨朱篇》及其他学者的评述。主旨是"全性""存我"。《杨朱篇》认为人生年岁有限,生前有好有坏,死后都是一堆腐骨。所以应当顺应本性,想怎样生活就怎样生活,不必自我遏制。人们不能做到这样,是因为四件事:"一为寿(求长寿),二为名,三为位,四为货(财货)"。不羡慕这四样,才是顺应自然的人。这一论说,被后人称为"全性保真"。《杨朱篇》又提出"存我为贵""侵物为贱"。说古人损一根毫毛利天下他也不给,把整个天下给他一个人,他也不要。"人人不损一毫,人人不利天下,天下治矣。"这就是说人们各自顺其自然地生活,不去侵夺身外之物,更不去争取天下,不损己利人也不损人利己,天下就太平了。这是设想脱离群居生活,消除人际利害,当然只能是空想。杨子学说带有消极避世色彩,并没有形成独立的学派。孟子说"杨子取为我,拔一毛而利天下不为也",不免片面曲解。说"杨朱墨翟之言盈天下"也是故意夸张,不合实际。

三 孟子与荀子

孟子名轲,鲁国人。孔子的三传弟子,是儒学的传承人。《孟子》一书记录了孟子生平的言行。孟子极力驳斥杨墨,说天下的言论不是信杨就是信墨。杨氏为我是无君,墨氏兼爱是无父。无父无君就是禽兽。孟子对杨墨破口谩骂,就是因为杨墨学说从根本上否定了儒家极力维护的君臣父子之"礼"。

但孟子并没有多讲儒学的"礼",而是多谈"仁义",对孔子

"仁"的学说做了补充和发挥。孟子认为"劳心者"统治人，"劳力者"被统治，是天下的"通义"，不可改变。但统治者要对被统治者施行"仁政"，让劳动者都有田可耕，少取赋税，还应当尊重民众的地位和作用。孟子的名言是"民为贵，社稷（朝廷）次之，君为轻"。君对臣民如手足，臣民就把君当做心腹；君看臣民如粪土，臣民就把君当做仇敌。孟子谈仁义，为君臣之礼提出了制约的条件，是对儒学的重要补充，也回答了人们的一些责难，从而促进了儒学的发展。后世孔孟并称，因为孟子对儒学的传承做出了贡献。

荀子名况，赵国人，是孟子以后又一位传承儒学的大师。孟子谈仁义，荀子讲"礼义"，对"礼"的意义作了重要的发挥。（一）孔子复古，主张恢复周公之礼，即西周初年的国家制度和宗法制度。荀子不法先王而"法后王"，主张完善诸侯国现行的制度，逐渐达到统一的礼。（二）荀子反对"天命论"，认为贫富贵贱的差别不在天命，而是由于生产物还不足供应人们的需求，分配有多有少。人有贫富贵贱是合理的社会秩序，是应当遵行的"礼"。（三）孟子曾提出性善论，认为人的本性都是善的。荀子提出性恶论，说人都有欲望，想多占生产物，因而相互争夺，破坏了"礼"。要使社会安定，消除争战，就需要制裁非礼争夺。对大夫以上的贵族讲"礼治"，对庶民用刑罚。荀子是博学的儒者，对儒经的传授，贡献独多。社会政治学说中不同于孔孟的新解，发展了儒学又趋向法学。荀子是儒学的传人，也是法家的先驱。

四　老子与韩非

老子就是老先生，是一位隐姓埋名的隐士。《史记·老子列传》说他是楚国人李耳,但又说还有好几种别的说法。老先生学识渊博、思想深邃,没有做过官,也没有聚徒讲学,只留下五千字未完成的文稿,后人题名《老子》,又名《道德经》,信奉的人叫做"道家"。

老子学说的特点,是从哲学的角度探索事物的发展规律,他叫做"道"。未完成的文稿并没有对道作系统的论述,只是记录了若干断想。全书分列八十一条(章),每条百字上下,互不衔接。主要论点是:道是抽象的、无形的("无"),天下万物都是有形的("有")。道在物中,支配物的运动。他用"一"代表一切事物,"一"是由正反两方面合成,因为有反面才有运动。正反的对立运动,又构成性质不同的新事物。这样持续运动,不断发展。所以他说:"道生一,一生二,二生三,三生万物。"对立的双方互相依存,没有贱就没有贵,没有下就没有高。在运动中又会向对立面转化,改变性质。福可以变成祸,祸也可以变成福。柔与刚,有与无,好与坏都可以互相转化。上古做八卦,已知有阴阳两极。老子进而探讨对立转化的内在规律,达到前所未有的深度,是当时水平最高的哲学。

老子把他发现的哲理应用于君主治国之道,不是促进对立面的运动而是强调保守常态以巩固对庶民的统治。他说庶民穷困难治就是因为在上者收税太多管得太多。所以统治者应当清静无为,顺其自然,才得安定。《老子》第五十七条,依托"圣人"的话说:"我无为而民自化,我好静而民自正,我无事而民自富,我无欲而民自朴。"无为而治是前人没有说过的新理念,也是老子政治学说的主旨。

　　韩非出身韩国的公族,是荀子的弟子。著有《解老》《喻老》等篇,探研老子学说,有所阐发。又研讨商鞅等人变法的理论与实践经验,对荀子学说做了重要的发挥。荀子主张君主对士大夫以上的贵族行礼治,对庶民用刑罚。韩非反对孔孟的仁治,也不赞同荀子的礼治,力倡实行法治。不论身份地位高低,一律遵行统一的法令,犯法者都要用刑罚治罪。举国上下都守法,君主才能"无为而治"。法令不应因循守旧,而要依据世事变动的需要,由君主制定,公布施行。所以,君主要有至高无上的权势,又要掌握统治方术,考察臣民的言行。韩非综合前人关于法、术、势的论说,创为较全面的法家学说,成为东周末季最有影响的学派。自撰论文五十余篇,辑录成书,后人题为《韩非子》传世。诸子百家关于结束战乱、治国安邦的种种议论,由韩非做了总结,为秦王朝集权专制体制的建立提示了指导思想。

第三章

秦汉一统

第一节　秦朝的皇权专制统治

秦庄襄王元年(前249年)灭东周,名义上的周王室也已不再存在。秦国成为七国中最强大的王国。在此后的二十八年中,逐个消灭六国,建立起皇权专制的统治。华夏归于一统。

一　秦灭六国

秦庄襄王灭周后,随即移兵攻打韩、魏、赵等国,三年(前247年)四月,攻占赵国三十七城。魏公子信陵君无忌率五国兵抗秦,直抵函谷关,秦兵败退。五月,庄襄王病死,子政(秦始皇帝)继立,年十三岁,国政由丞相吕不韦等治理。秦王政立后九年亲政,吕不韦罢相,信用上蔡(河南新蔡)人李斯辅政。李斯是荀子的弟子,韩非的同学,曾自称所学不如韩非,也属法家学派。韩非的文章传入秦国,秦王政大加赞赏。秦政十四年(前233年),韩非作为韩国使臣来秦国,被秦政扣留。李斯将韩非害死。

李斯得秦政信用,建策先灭韩国,再取天下。秦政十七年,秦军攻韩,俘虏韩王,灭韩国。十九年,秦大将王翦攻赵,俘赵王。二十年燕太子丹遣刺客荆轲刺秦王,不成,被杀。次年,秦王翦攻破燕国蓟都,杀太子丹。燕王逃往辽东。二十二年秦将王翦攻打魏都大梁,魏王投降,魏国灭亡。附属魏国的卫国改置秦东郡。二十三年,王翦攻破楚都郢,俘楚王。次年楚将项燕抗秦失败自杀,楚国灭亡。二十五年,王翦攻打辽东,俘燕王。王翦领兵南下,越国投降,置会稽郡,越国灭亡。二十六年,秦兵攻入齐都临淄,俘齐王,齐国灭亡。并立争雄的六国,全被秦王消灭了。

二　秦朝统一国家的建立

秦王政自二十二岁亲政以来,十七年间,连续作战,终于实现了国家的统一。秦朝统一国家的建立,是中华民族历史上的重大事件。长达数百年的诸侯纷争由此结束。华夏各地区由此建立起密切的经济文化联系。秦朝建立的皇权专制政体,为此后历代封建王朝所承袭,对中华历史的发展产生了深远的影响。

皇权专制　周天子称"王",死后议加谥号。秦国统一后,秦政定议,取上古"帝"(联盟长、共主)的名号,加"皇"(伟大君主)字。皇帝合称,意思是伟大的天下共主。废除谥号,称始皇帝即第一代皇帝,以后子孙世袭称二世、三世皇帝。

秦朝的国都仍在咸阳。朝廷设左右丞相总理政务,廷尉管刑法,治粟内史管财政经济,太尉管军政,将军领兵出征。朝廷是全国最高的统治机构,但大臣们都只是皇帝的助手,日常政务都要由皇帝亲自决定。据说秦始皇一天要审阅多至一百二十斤写在竹简上的公文。

地方制度是把秦国变法后实行的郡县制推广到新占领的六国各个地区。全国分设三十六郡,郡的长官"守"和"尉"分管政务和军务。郡以下设县,县的长官叫做"令"或"长"。郡守县令都由皇帝和朝廷直接任免,随宜迁调,排除了地方贵族势力的干预。县中设乡,乡中设亭,亭长是最下层官吏,多在当地居民中委任。

为巩固各地方的统治,秦始皇命令各地的旧贵族、大地主、大商人等地方富豪十二万户迁徙到咸阳附近地区。又收缴各地的兵器,运到咸阳销毁。

秦始皇制定的法律,早已失传。近年湖北云梦出土的秦简上,保存有若干零星的记录。有关纪事表明,秦律甚为苛刻,执法极严。据说监狱像闹市一样拥挤,路上到处是穿着罪衣的囚徒。

统一措施　秦始皇以重农抑商为执政方针,在社会经济领域采取了一系列统一措施。六国田亩面积大小不一,统一规定二百四十步为一亩,作为确定土地所有权和征税的依据。令平民自报实有的田亩。度量衡器以秦国制度为依据,由国家统一制造。六国的钱币停止使用,秦国圆形方孔的半两钱作为全国通用的货币。秦朝统一后,原来六国之间的界防都被拆除。以国都咸阳为中心修筑通往各重要城邑的"驰道"即车马行驰的大道。驰道有统一的规格,宽五十步(一步六尺),中间是皇帝出行专用的御道,宽五步。又决通各国水上的堤防,疏浚汴河,连通济、汝、淮、泗诸河,开辟了水路交通。

文化方面的统一措施,首先是制定规范的文字。七国语言相通,文字相同,但书写的字体形制,各国并不完全一样,甚至一国之内,同一个字也有不同的写法。秦始皇命李斯等人省并异体,制定新体,作为规范字在全国通用。新体工整秀丽,便于书写,称为秦篆,又叫"小篆"。以前列国行用的旧体叫"大篆"。文字的规范便于统一的政令、法律的施行,也有利于文化的发展,增强了民族的凝聚力,是秦朝统一后的一大业绩。

政治思想方面的统一措施是"焚书"。秦朝初建时,丞相王绾曾建策分封诸皇子为王。秦始皇说:"天下苦于战斗不止,就是因为有侯王。"不采王绾之议,并且力求消除封王的积弊以巩固统一。八年之后,秦始皇三十四年,又有人提出封王的建议。秦初,聚集各学派的文人七十人,称为"博士",为朝廷官属。儒家学派的博士淳于越奏请依殷周制度分封皇室子弟,说:"没有听说过不师古而能长久的事。"丞相李斯上书反驳,说这是道古害今,以私学议国政。请将民间所藏《诗经》《书经》等殷周文献、百家言论和六国史书一律焚毁,只保存医药、占卜和种树的书。废除私学,以后谈论《诗》《书》的人和以古非今、诽谤朝政的人都要处死。秦始皇照准实行。焚毁古籍,禁止议论,并不能消除学派的分歧,也不能统一人们的政治思想,是秦朝的一项虐政。

一年之后,又发生了方士非议皇帝的事。秦始皇曾听信方士(术士)徐福的欺骗,派他率领童男女去海上仙山求长生药,耗资巨万,无结果。始皇三十二年又命方士卢生出东海求仙。三十五年,卢生对另一方士侯生说:"始皇天性刚愎自用,事无大小都由他决定。看公文按重量计算。这样揽权的人,不可以为他求仙药。"两人逃离咸阳。秦始皇大怒,说:"我待卢生甚厚,他竟这样诽谤我!"下令在咸阳诸生中,追查"诽谤"言论,株连四百六十余人,全都活埋处死(坑杀)。后世把这件事和"焚书"的事联系起来,称之为"焚书坑儒",长久受到人们的谴责。

南征北战 秦始皇在建设统一国家的同时,南征百越,拓地岭南,北击匈奴,修筑长城,奠定了疆域。

岭南地区居住越族的众多部落,泛称百越,南方称南越,西部叫瓯越,原来都在周朝的统治范围。秦始皇命大将屠睢领兵五十万进攻岭南,遭到越族的顽强抵抗,秦军战败,屠睢被杀。岭南道路险阻,难以增兵运粮。秦始皇命史禄在湘江和漓江之间开凿灵渠,形成连接长江与珠江两大水系的一条运河,是一项重大的水利工程。秦始皇三十三年(前214年)自湘江经灵渠运输军粮,再次出兵,攻占了岭南地区。设置桂林(广西桂平)、南海(广东番禺)和象郡(广西崇左)三郡,纳入秦朝版图。秦始皇又迁移内地居民数万人去三郡开垦,与越族共处,促进了华夏与越族的融合。

匈奴是北方的强族,从事游牧,东周时多次南下,曾被赵国击退。尔后又南下攻占了阴山以南地区。秦始皇于三十二年亲自到上郡(陕西榆林)巡视北边形势。命大将蒙恬领兵三十万出击,大败匈奴,直抵阴山,设九原郡(内蒙古包头)统治。随后,又迁徙内地居民三万户前往屯垦。

秦国原在陇西至上郡筑边墙以防御匈奴等游牧族,叫做"长城"。赵国和燕国为防匈奴,也筑有长城。秦始皇命蒙恬主持,连接原有的长城,扩充修缮,筑城西起临洮(甘肃岷县)东至辽东万余里的城堑,号称"万里长城",是举世罕见的伟大工程。

秦始皇在世时奠定的疆域,北起阴山,南至岭南,西至陇西,东至于海,是历史上从未有过的统一大国。

三　农民起义　秦朝灭亡

秦始皇在统一建国的次年，即西巡陇西，考察与匈奴搭界的边地形势。此后又三次东巡，登泰山、琅邪、之罘（音 fú），又巡碣石（河北昌黎海口），至于东海。三十七年（前 210 年）南巡至钱塘，登越州的会稽山观南海。次年七月在北返途中的沙丘（河北广宗）突然发病死，年五十岁。

秦始皇灭六国，创建皇权专制的新体制，成功地巩固了国家的统一。修驰道，开灵渠，筑长城，统一地亩度量，规范文字形体，完成了一系列经济文化建设工程。南征北战，也获得军事胜利。在不到十二年的时间里做了这么多有意义的大事，是历史上所少见的。

但建功立业，也使广大民众承受了不堪承受的重负。长期战乱结束后，民众迫切需要和平安定的生活，恢复正常的生产。然而，全国统一，不及休整，便又承担了繁重的徭役与兵役。秦国人口估计在两千万左右，各项工程的修建征发几十万上百万人服役，北击匈奴发兵三十万，续有增兵，驻守岭南各郡五十万。秦始皇又在咸阳修建豪华的宫殿，在骊山修筑死后的陵寝，征发七十万人服役，耗费了大量的人力物力。

秦始皇急于求功，不恤民力，执法严苛，遂致民不堪命。大权独揽的后果，是身死之后，朝廷陷于混乱。秦朝的统治难以延续了。

秦廷内讧　秦始皇最后一次出巡，随行人员有儿子胡亥、丞相李斯和掌管皇帝印玺诏令的宦官赵高等人。长子扶苏时在蒙恬军中监军。秦始皇临终前写信召扶苏来咸阳办丧葬事。赵高原是胡亥的亲信宦官,对胡亥说:"长子到来,立为皇帝,你怎么办?"皇帝集权,诏书决定一切。胡亥与赵高、李斯合谋,扣押始皇信不发,伪造诏书立胡亥为太子,又造假诏给扶苏、蒙恬,说二人有罪赐死。扶苏奉诏后自杀,蒙恬被押解处死。胡亥奉始皇遗体回咸阳,安葬骊山陵墓,自立为皇帝,称二世皇帝。赵高为郎中令,掌管宫掖。

秦始皇有子二十余人,胡亥即位,诸公子多以为可疑。二世与赵高密谋,杀死他的兄辈十二人,又杀公主十人。蒙恬兄蒙毅领兵在外,也被处死。赵高建议二世不再上朝,在宫中理事,朝政渐由赵高把持。丞相李斯上书说:赵高擅利擅害,与陛下无异,此甚不便。不加处置,怕要出事。二世把李斯的话告知赵高,赵高诬指李斯谋反,拘捕刑讯,二世二年七月杀死李斯全家。赵高自任丞相,权势更重。三年九月,赵高派人杀死二世胡亥,另立胡亥侄子婴,削去皇帝名号,称秦王。子婴乘赵高来见,杀赵高。秦始皇死后的三年间,子女被屠杀,将相被谋害,君臣相互残杀。皇权专制的朝廷土崩瓦解了。子婴困守宫廷,等待农民起义军来消灭。

农民起义 秦二世即位当年七月蕲县(安徽宿县)大泽乡爆发了农民武装起义。

起义的发动者是出身贫苦的陈胜(又作陈涉)和吴广。他们分别是阳城(河南登封)和阳夏(河南太康)的农民,二世元年被征发远去渔阳(北京平谷)驻防。被征发的各地贫民共九百人,由将尉两人督率。陈胜、吴广被推为屯长。七月间路经蕲县大泽乡时,天降大雨,道路不通。陈胜、吴广对大家说:遇大雨已经误期,赶到渔阳也要被处死。于是杀死两将尉,揭竿起义。两人谋划,诈称扶苏和楚将项燕未死,号召各地起兵反秦。起义后一举攻下大泽乡,又攻占蕲县及以东各县。进而占据陈县(河南淮阳)。沿途响应,已有兵数万人。陈县父老奉陈胜为陈王,起义军号为张楚。

陈胜起义后,各郡县纷纷响应反秦。陈胜命吴广领兵东进,围攻荥阳(河南荥阳)。命周文领大军经荥阳直取关中,周文曾在项燕军中任事,略知兵事。攻破函谷关,有兵数十万,直抵咸阳百里外的戏城(陕西临潼)。秦将章邯聚集大兵反攻,周文败退。秦兵追到渑池,农民军溃,周文自杀。章邯军东进荥阳。吴广部下田臧杀死吴广,领兵出战,败死。秦军进攻陈,守将房君败死。十二月,陈胜辗转退到下城父(安徽涡阳)。部下庄贾刺杀陈胜降秦。

陈胜起兵以来,六个月就发展到数十万人,各郡县云集响应,点燃了燎原的烈火。大泽乡起义是中国历史上第一次农民起义,陈胜是农民起义的第一个发动者和领导者,由此开创了农民武装反抗的先例,影响是深远的。司马迁著《史记》,为陈涉立传,列入诸侯王的《世家》一类,赋予很高的历史地位。陈胜举义的事迹,长久流传,受到人们的景仰。

陈胜死后,各地反秦的武装斗争继续发展。

楚国贵族的后裔项梁和他的侄子项籍(又名项羽),在会稽(江苏苏州)杀秦会稽守响应陈胜起义,收秦兵八千人。项梁父项燕在秦灭楚时败死。项梁对秦朝怀有杀父之仇亡国之恨,立志灭秦复楚。奉陈胜部下召平之命渡江西进。陈胜死后两月,项梁在民间访得楚怀王的孙子心,立为楚怀王,公开揭出重建楚国的号召。项梁叔侄都习军事,所部会稽秦兵训练有素,在反秦武装中最为强大。各地起义军多来投附。陈胜部下吕臣在陈胜死后杀死庄贾,也来投依项梁。

沛县(江苏沛县)刘邦在秦二世元年(前 209 年)九月起义,称沛公。刘邦原为沛县亭长,奉命送刑徒去骊山修秦陵。刑徒多逃跑,只剩下十几个人。刘邦自知将要得罪,与县吏萧何、曹参等谋划,杀沛县令起义。收沛县兵两三千人,去薛(山东滕县)依附项梁。项梁拨给刘邦兵士五千,军官十人。

秦二世二年(前 208 年),秦章邯军攻定陶,与楚军大战,项梁败死。秦军移兵攻打钜鹿。

钜鹿是陈胜旧部反秦的据点。楚怀王心与项籍、刘邦相约,项籍统领楚兵反攻秦兵主力章邯军,刘邦军袭取守卫空虚的关中,指向咸阳。

项梁败死,项氏两代死于秦军。项籍出兵,心怀深仇大恨,志在必胜。渡漳水时,凿沉舟船,打破做饭的锅(釜),只带三天的粮食,激励兵士死战,有去无还,有进无退。军士奋勇作战,大败秦兵,章邯率部投降。各地来援的反秦军都归附于项籍,奉项籍为诸侯上将军。

刘邦军西进,沿途反秦的义军多来投附,又得郦食其、张良、陆贾等谋士辅佐,在蓝田大破秦军,驻军霸上,有兵十万。这时秦王子婴在位刚四十六天,孤立无援,即交出皇帝玺印出城迎降。刘邦军不战而入咸阳,将子婴交官吏看管。随后向秦民父老宣布,废除秦朝的严刑苛法。只约法三章:杀人者死,伤人及盗抵罪,说"我们来是为父老除害,不用害怕",官吏也都安守如故。又封闭秦朝的府库,严明军纪,不取财宝。秦民送酒食给兵士,也都辞谢不受。刘邦入咸阳,处置得宜,争得民心,受降后便又退出咸阳,还军霸上。

自秦始皇建国,到子婴投降,盛极一时的秦朝经历十五个年头而灭亡了。

刘项之战　刘邦与项羽原来都属于楚怀王指挥,接受楚王封号。秦朝亡后,刘项两军形成为相互对立的两大势力。

楚怀王原来和刘、项约定,先入关中者为关中王。刘邦到咸阳后月余,项籍领大兵四十万赶来,入咸阳,杀子婴及秦始皇家族,放火烧毁新建的秦宫殿阿房宫。宫中的珍宝财物以及宫廷侍女等都被抢去,分给诸军。

项籍兵权在握,自立为西楚霸王即最大的王,还都彭城。封刘邦为汉王,驻汉中等地区,都南郑。关中之地分封给章邯等三名秦降将,以遏制刘邦。另分封各路反秦的将领为王,分居各地。为楚怀王上尊号称义帝,迁居长沙,随后又派人把他杀死。

刘邦被迫迁到南郑。起兵反攻关中,章邯兵败,另两人投降。刘邦军再取咸阳,获得关中居民的支持。北上占领陇西、北地、上郡等地,东至洛阳,得知义帝被害,发布文告,为义帝发丧。号召反秦诸王讨伐"大逆无道"的项羽,刘项之间的大战展开了。

刘邦出身民间,响应陈胜起义反秦,并不是反对秦朝的统一,也不是反对皇权专制,而是反抗秦朝的严刑苛法和繁重的徭役害民。项籍出身楚国贵族,反秦的目的是重建楚国,恢复分封称霸的旧制。两者的目标不同。人心的向背决定了刘项的成败。刘邦对项籍,"斗智不斗力",历经五年七十余战,力量本来弱小的刘邦终于战胜了力量本来强大的项籍。前202年,项籍兵败自杀。刘邦在秦朝的基础上建立起汉朝。

第二节　汉朝的兴隆

刘邦战胜项籍,被诸王推为共主,沿用秦制称皇帝,都洛阳。次年迁都长安,依汉王名号建国号"汉"。

刘邦在位七年病死,群臣上谥号高皇帝。此后诸帝恢复死后议谥制度,称惠帝(前194—前188年在位)、文帝(前179—前157年在位)、景帝(前156—前141年在位)、武帝(前140—前87年在位)。

一　皇权王朝的再建

汉朝的政治体制基本上沿袭秦朝的皇权专制体制。皇帝集权,决定一切。朝廷设丞相、御史大夫、廷尉、都尉等官职辅佐皇帝理事。地方制度仍行郡县制,朝廷任命郡守、县令。

分封诸王　秦始皇坚决反对分封宗王,以防止再出现诸侯纷争。反秦战争中,依附于项籍和刘邦的诸军将领,或被封为王,或自立为王,各据一方。刘邦称帝后,他们中的一些人或拥兵自重以至起兵反汉。汉高帝在位期间,陆续消灭了异姓诸王,废除了功臣封王的旧制。

但是,汉高帝又恢复了宗室子弟的分封制度。皇后吕雉之子刘盈立为太子,另七个儿子都封为王,分驻各地。又封弟刘交为楚王,侄刘濞为吴王。汉高帝之后,子盈在位七年,谥惠帝。吕后执政,又封刘姓宗室和吕氏多人为王。吕后死,刘氏宗室及老臣诛灭吕氏诸王,立高帝子代王恒为帝(文帝)。在位二十三年,传子启

（景帝）。三年后吴王刘濞联合宗王六人起兵反，史称"七王之乱"。太尉周亚夫领兵平乱，刘濞败死。宗室分封再次导致了诸王的纷争。此后，诸王不再领兵，分土而不治民，只食租税。汉武帝刘彻即位后，实行"推恩"制，诸王封邑可再分封给子孙，借以分割封地，削弱权势。又在全国十三部（州）各设"刺史"，考察郡守和宗王的行止。皇权一统与诸王分封是长期存在的制度上的矛盾，经过改革，多少有所缓解。

与民休息　汉高帝与丞相萧何、曹参等人起自基层，较为了解民间迫切需要安定的愿望。长期战乱后，农村凋敝，也亟待恢复正常的生产。自高帝至景帝都以清静无为、与民休息作为执政的方针，轻徭薄赋，以利恢复。

汉高帝建国后，命服兵役的秦兵还乡，解甲归田，又号召战乱中流亡他乡的农民还乡生产，可领取原有的田宅。因贫困沦为奴婢的，恢复平民身份。鼓励开垦无主荒田，朝廷田税为产量的十五分之一。惠帝时，种田人免除徭役。文帝免收田租十二年。景帝时又将田税减少一半，定为三十税一，成为定制。田税减少对占有田地的地主有利，也使拥有小块田地的自耕农得到好处。开垦无主荒田，只交少量田税，更是有利于农业生产的恢复。

汉朝初建国，几代皇帝都力倡节俭。惠帝时曾两次征发长安附近农民修筑国都长安城。此后即不再有大规模的工程建设。农民负担的徭役大为减少。文帝时，臣下要在宫中建露台，需要黄金百斤（合今五十斤）。文帝说："我住先帝宫室已觉惭愧，何必再建台？"宫中帷帐不准文绣，说是以敦朴为天下先。

自高帝至景帝，没有再发动战争。广大民众得到了多少年来

从未有过的和平安定的环境,得以安心耕作,实现了农业的发展。武帝初年成书的《史记·平准书》描述当时的情形说:

> 汉兴七十余年间,国家无事。除非遇上水旱灾荒,民众家里都很富足。各地方的官仓堆满了粮食,库里有用不完的钱。京师存的钱有几百亿,钱串腐烂,无法计算。太仓的粟米堆积,甚至堆到外边。

这一描述,不免渲染,但农田增产、国库充裕当是可信的事实。这个事实说明,汉初以来实行的与民休息清静无为的方针,到武帝时已收到显著的效果。武帝标榜崇儒,变"无为"为"有为",促进社会经济持续发展。

二 社会经济的繁荣

汉武帝在位五十四年,是执政时间最长的皇帝。这一时期,汉朝的国势至于极盛。社会经济经过多方治理,趋于繁荣。

兴修水利 水利工程是农业持续发展的关键。灌溉农田、预防水旱灾荒、粮食漕运都有赖于水利的兴修。武帝采纳管理农业的官员郑当时的建策,修建自长安至黄河三百余里的渭渠。用工数万人,三年修通。可灌溉民田万余顷,漕运便利。黄河在瓠子口(河南濮阳)决口,东入巨野泽,南下夺泗水,入于淮水,附近农田受害,二十余年不能堵塞。武帝调发数万人治理,亲临工地督办,自作歌词:"瓠子决兮将奈何,皓皓旴旴兮闾殚(尽)为河。""颓林竹兮楗石灾,宣房塞兮万福来。"治河取得胜利,堵塞决口,不再有水灾。在瓠子口建造宣房宫纪念。汉武帝亲自督修水利，为天下倡。此后，全国各地相继兴起兴修水利的高潮。关中地区兴修六辅渠、灵轵渠、成国渠、沣（音 wéi）渠、白渠，灌溉农田数千顷至万余顷，汝南、九江郡引淮水，泰山郡引汶水穿渠灌溉田，也都至万余顷。西北武威、张掖、酒泉、敦煌等郡也兴修水利，推广农田耕作。据说旱田改为水田可增产四倍。

官营盐铁　汉高帝建国即重农抑商。所谓"商"，包括手工业、商业和高利贷的经营者。也泛称"工商"。随着经济的恢复与发展，出现一批积富千金至数千金的富商。汉武帝命商人自报资产，征收重税。不如实呈报，一经告发，没收全部资产。这样查没的资产，以万万计，给予富商大贾以沉重的打击。

最富有的巨商是煮盐和冶铁的经营者，他们利用自然资源，役使奴隶和贫民劳动，获取大利。盐与铁是农民生活与生产所必需。盐铁商是农民的残酷剥削者，也是朝廷的经济威胁。汉武帝采取理财官桑弘羊的建策，将盐铁资源收归国有，由官府统一经营，禁止私营，强行实施。全国产盐地区设盐官三十余处，冶铁区设铁官四十余处分别管理。原来的经营者可以接受官府委任，劳动者受官府雇用。获利统归朝廷。官营盐铁从此成为定制，朝廷获得巨大收益，增强了国力。

改铸钱币　秦始皇统一各国货币，铸造铜钱"半两钱"，重十二铢（一铢合今二分）。汉朝初年，分封诸王在各郡国自铸钱币。民间也私自盗铸谋利，重量只有三四铢，造成钱法的混乱。汉武帝取消郡国铸钱，又严厉禁止私铸，由朝廷统一铸造新币五铢钱在全国通用，旧币一律销毁。五铢钱圆形方孔，铸有"五铢"二字,重如其文,得到人们的信任。至西汉末年先后铸造二百八十万万钱。

商业经营 经济的发展需要商业流通,全国统一,不再有地区之间的障碍,货币的稳定也促进了商业贸易的繁荣。

宗室子弟分封各郡国,收取租税,向朝廷进贡。远地运输,耗费甚大,贡献物品质量低劣。汉武帝采纳桑弘羊建议,在朝廷大司农属下设均输官、平准官。各国贡物折价交各地均输官购进价廉的特产,转运到其他地区货贩,或上交朝廷平准官,再高价卖给需要的地区,朝廷由此获得大利。平准官掌握大量物资,依据市场需求调剂买卖,借以控制市场,平抑物价。

商业的发达,形成若干商业中心城市。国都长安是政治中心,也是商业中心,北联西北诸郡,南通巴蜀,关中地区丰富的物产都在这里集散。长安城内有称为"东市"和"西市"的两大商业区,西市有六个市,东市有三个市。河南洛阳东周时已是著名的商城,东联齐、鲁,南通楚、魏。《汉书·地理志》说,这里的风气,重钱财不重道德,大家都想经商发财。河南南阳郡的宛,是南北通商的枢纽,水路可通江陵、吴县、合肥、番禺(广东广州)等商城。临淄(山东淄博)是东周时齐国的名城,历来商业繁盛,各地商人都到这里来交易。赵国旧都邯郸是黄河以北最大的商业中心。蜀郡成都是西南地区的工商业大城,很多富商大贾出在成都。

汉朝对域外的贸易,严格限制铁器、兵器和铜钱出境。出口品主要是丝绸和黄金,进口品主要是马匹和珠宝。陆路在边境关市贸易。西路由敦煌西行,南路通往昆仑山至于阗(和田),北路由天山南路至疏勒。疏勒西南经大夏(今阿富汗境)至安息(今伊朗境),西北经大宛(今乌兹别克费尔干纳)至奄蔡(今哈萨克斯坦西部)。中国的丝绸经过西北商路运往中亚和西亚,转销欧洲。海上贸易由掌管皇室需要的少府专营。自番禺率商民入南海,购求珠宝,可到印度南境的黄支国。

三　疆域与民族

汉武帝时经济繁荣,国力充实,开始对周边诸族作战,开拓了疆域。

讨伐匈奴　匈奴族以游牧为职业,语言属突厥蒙古语系。原在今内蒙古大青山(古阴山)南北往来游牧。秦朝建国前,已进入奴隶社会,南下掳掠奴隶和牲畜。国王称撑黎孤屠单于(音 chán yú),即天命单于,下设文武官职,各分左右。秦始皇时,蒙恬出兵夺回匈奴占据的河南地。秦汉之际,匈奴冒顿单于侵掠祁连山以西的大月氏族居地,迫使大月氏西迁到伊犁河流域。又东向攻略今西辽河一带的东胡族,北上征服阿尔泰山麓的丁零族,成为北方草原的大国,有兵数十万。汉初南下掳掠,汉高帝领兵抵御,被匈奴兵围困于平城(山西大同),被迫求和。汉朝将宗室女奉献给单于,又约定每年向匈奴贡献一定数量的丝绸酒米,名曰"和亲",以求苟安。文帝时匈奴再次南下掳掠,汉朝不能抵御,仍维持和亲之议。匈奴骑兵仍不断在边境侵扰。武帝元朔二年(前 127 年),大将军卫青率大军北击匈奴,再次收复河南地,建朔方郡。移民十万驻朔方。元狩二年(前 121 年),汉将霍去病率领大军先后越过焉支山(甘肃山丹境)和祁连山,大败匈奴军,斩俘四万余人。匈奴浑邪王一支来降。汉在河西地区设立武威、酒泉、张掖、敦煌四郡。

两年后,汉武帝又命卫青、霍去病各率骑兵五万,步兵约十万,大举追击匈奴,直抵漠北。两军大战,匈奴兵伤亡八九万,汉兵也死伤数万人,失战马十余万匹。匈奴战败,遁居漠北,不再南下。尔后,汉宣帝时,匈奴内讧,五单于争立。甘露元年(前53年)呼韩邪单于降汉。

交通西域 汉武帝出击匈奴之前,曾在建元三年(前138年)派遣汉中人张骞出使大月氏,企图联络大月氏夹击匈奴。汉地匈奴族人甘父随行。当时大月氏已西迁到妫水(阿姆河)北岸建国。张骞西行途中被匈奴扣留,在匈奴困居十年,娶匈奴女为妻。得机会逃往大宛(今乌兹别克国境)。大宛派遣"导译"(向导、翻译人员)送张骞到康居(今哈萨克斯坦国境),转道到达大月氏。这时,大月氏国富民安,不愿再与匈奴为敌。张骞不能完成使命。一年以后南返。中途又被匈奴扣留。又过了一年多,匈奴单于争立。张骞乘机偕同匈奴族妻子和甘父逃回长安。张骞此行,前后历时十三年,备极艰险,虽然未能实现夹击匈奴的目的,却获得了西域诸国状况的大量信息,也向各国传布了汉朝的威仪,打开了与各国交往的道路,贡献是很大的。汉武帝封张骞为太中大夫,甘父为奉使君。

武帝元狩四年(前119年),即卫青、霍去病大举讨伐匈奴的同年,张骞受命为中郎将,率领三万人的使团,去西域各国开展友好的交往。随行马六百匹,牛羊以万计,金帛巨万,以备馈赠。张骞到达伊犁河流域乌孙族住地,分遣副使去大宛、康居、大月氏、安息、身毒(北印度)等国。张骞回朝后年余,病死。此后,汉朝继续开拓与西域各国的交往。《史记·大宛列传》说汉使去到安息、奄蔡、黎轩(埃及亚历山大城)、条支(叙利亚)、身毒等国。汉朝每年派出使臣,多者十余次,少者五六次。外国来汉的使团多者数百人,少者百余人。汉武帝时国力强盛,不断扩展与西域各国的贸易往来与文化交流。活动范围早已不限于中原华夏地区,而是迈越葱岭走向西亚了。

天山南北路今新疆地区,有三十六小国,即三十六个部落。多者两三万人,少者只有一两千人,从事农业或畜牧。原来被匈奴统治。匈奴战败后,归属于汉朝,汉宣帝时设西域都护府。

征服南国　武帝时陆续征服南方诸国,开拓了疆域。

秦末农民战争时期,秦南海都尉赵佗(河北正定人)在南海(广东广州)自立为越王,兼并桂林(广西桂平)象郡。汉高帝封赵佗为南越王,都番禺(广东广州)。又称南粤。武帝时南越相吕嘉反。元鼎六年(前111年)汉兵平南越,建立南海、儋耳(海南儋州)、珠崖(海南琼山)、苍梧(广西梧州)、郁林(广西桂平)、合浦(广西浦北)、交趾、九真、日南(约在今越南国境内)等九郡。

今福建地区,秦置闽中郡。居民是越族。汉高帝封越族首领无诸为闽越王。都东冶(福建福州)。瓯江流域的另一支越族瓯越,惠帝时封首领摇为东海王。都东瓯(浙江温州)。武帝建元三年(前138年)闽越攻掠瓯越,汉出兵救援,闽越败退。元鼎六年,武帝讨南越,闽越反,次年,降汉。闽越与瓯越,均属会稽郡统辖。

今贵州地区是汉代南越通往巴蜀的要道。西部地区有夜郎国,在牂牁(音 zāng kē)江畔。武帝采番阳令唐蒙之议,命他出使夜郎,厚赐夜郎首领修好。南越王灭后,夜郎降汉,封为夜郎王,从而开辟了西南通道。

今云南滇池地区,楚国将军庄蹻曾领兵占据。值秦灭楚,遂留在今晋宁一带称滇王。夜郎归附后,武帝发兵入滇,滇王降汉。汉朝加封,赐给官印"滇王之印"(今存)。设益州郡(治今云南昆明)统辖。

今四川地区,秦灭巴国设巴郡(四川重庆)。汉承秦制,辖境至奉节。秦又在成都设蜀郡。汉高帝时在蜀郡东北部设广汉郡(四川金堂),武帝时又将东北部划归新设的犍为郡。灭南越后,在犍为以南少数民族地区设沈黎郡(四川汉源)和越巂郡(四川西昌),以北设汶山郡(四川汶山)。在今贵州设牂牁郡。经过武帝时期抚与伐的经营,自今福建两广至云贵川地界,都已入于汉朝的版图。

汉朝盛时的疆域北达漠北,南至海南,西北至于葱岭,东北至乐浪(今朝鲜境内),形成辽阔的大国。这时意大利的罗马共和国领域横跨欧洲、非洲,至于西亚。亚洲的汉朝与欧洲的罗马,是当时世界上东西辉映的两大强国。

《汉书·地理志》记载西汉人口近六千万,实际人口当然还要超过很多。作为炎黄子孙的华夏族,自东周以来不断融入各民族成分而发展壮大,活动地区也不再限于中原而遍布于全国各地。汉朝强大后,人们就以国名作为族名,叫他们为汉人或汉族。

汉朝统治领域内,还有许多非汉族的各族居民。他们和汉朝的关系有三种情形。一是在各郡县与汉族共处,经济文化密切交融。其中不少人逐渐融合于汉族。二是汉朝在新归附的各民族地区,设置"初郡"即初级的郡制。特点是朝廷派遣郡守,但不向居民征税,各民族原有的社会政治制度和风俗习惯,也都不作改变。

汉武帝时在南越故地和西南等地建立了十七个初郡。三是匈奴和西域诸小国都还实行原有的制度,与汉族建立经济文化交流。匈奴降汉后向汉廷纳贡。西域都护府的主要职责是对从事农牧业的各部落予以保护,防止外来的侵袭。

一同生活在汉朝领域,经济文化密切交融相互依存的各民族结集为多民族共同体,即近代所说的中华民族。"中华"一词原是指中原地区的华夏,即汉族。汉族是多民族共同体的主体,中华民族是诸族凝聚的伟大民族。

第三节　外戚篡国　农民起义

一　阶级矛盾的激化

封建王朝作为阶级压迫的机关,基本职能是维护地主阶级的统治,镇压农民使之服从。另两个职能是对外作战保卫国土和调节社会关系推进生产建设。三个方面能不能协调地实施往往是治乱兴衰的关键。汉武帝时期社会经济繁荣,对外作战胜利,却导致了阶级矛盾的激化。经济繁荣带来贫富差距的扩大。贵族高官地主富商积聚了巨大的财富,生产物质财富的农民反而陷于贫穷。连年作战取得胜利,却消耗了大量的人力和物力。

武帝太初元年(前104年),因向大宛索取善马不得,出兵数万人侵掠,遭到大宛人民的坚决抵抗,汉军伤亡惨重。汉武帝因怕兵败为外国笑,不听群臣劝阻,再发兵十八万,侵大宛。与大宛议和,获得善马数十匹,中等以下马三千余匹。出兵大宛完全是以强凌弱的侵略行径。为了几十匹好马,动用十几万兵力,前后三年也耗费了巨大资财。武帝在位期间不断有臣僚上书劝谏,不要再犯秦始皇不恤民力的错误。武帝晚年面对农民贫困的现实,也自知反悔。征和四年(前89年)向群臣公开承认错误,说:"朕即位以来,所为狂悖,使天下愁苦,不可追悔。今后有伤害百姓和浪费资财的事,都要停罢。"同年,又拒绝在匈奴边境屯田的建议,下诏休兵力农。诏中说到大宛之败,"军士死略离散,悲痛常在朕心"。说"当今务在禁苛暴、止擅赋(随便加税)、力本农"。封丞相田千秋为富民侯,赵过为搜粟都尉,专力管理农民生计和农业生产。

汉武帝在后元二年(前87年)正月病死,年七十一岁。死前立最小的儿子、八岁的弗陵为太子,继承帝位,为防止后家乱政,把弗陵的生母赵妃处死。诏命霍去病弟奉车都尉(皇帝的卫官)霍光为大司马大将军,与车骑将军匈奴降将金日磾(音 mì dī)、御史大夫桑弘羊等同理朝政。弗陵(昭帝)在位十四年死,无子。霍光等立武帝曾孙询(宣帝)继位,年二十二岁。昭、宣时期,秉承武帝休兵力农的遗训,再行"与民休息"的无为之政,出现暂时的宁静。但轻徭薄赋只能减少农民对国家的负担,并不能限制地主豪商对农民的掠夺。朝廷无所作为,富豪的巧取豪夺,更加肆无忌惮。昭帝、宣帝及其继承者元帝、成帝时期,社会阶级矛盾不断激化,越来越严重了。

土地兼并 汉初农村凋敝,轻徭薄赋鼓励农民开辟无主荒田,恢复了生产。经济发展后,农民开垦的田地,逐渐被地主购买或强占,转而出租给农民耕作。朝廷收地税三十取一,地主收地租十分取五。到期不能交租,作为债务,次年加倍收利息。地主低额交税高额收租收息,不费经营即坐享大利。随着农业的恢复和发展,地主兼并土地成为风气。武帝时已有人指出,富人田连阡陌,穷人连立锥之地都没有。以后,贫富差距越来越厉害。大地主可有田几百顷上千顷。史书记载,一个官员一次就买田四百顷。大地主兼并大片良田,成为本地的豪强,权势显赫,独断专行,地方官吏都不敢惹他。刚正的郡守敢于打击豪强,是载入史册的稀有的事例。

官商结纳 汉初重农轻商,以农为本,以商为末。经济发展后,经商容易发财,皇帝身边的近侍也参与经商。上行下效,各级官员贵族多经商谋利。汉高帝废除异姓王,只封宗室同姓王。异姓功臣子弟封为列侯,有一百四十三人,子孙世袭,收取封邑的租税。景帝、武帝改制后,王侯不能拥兵治民,王侯子弟却可以依仗权势谋利。他们结纳商人,非法参与商业买卖和高利贷经营。商人有王侯庇护,得以投机营利,高利放债,借债者不敢不还。汉武帝打击一批巨商,又有一批巨商继起。京师有姓名记载的资产一亿以上的巨商就有樊嘉等多人。洛阳、成都等地的亿万巨商也都有姓氏记载。无姓氏可考的富商分在各地,不计其数。他们有钱和王侯交朋友,无权而有势。贵族子弟和富商大贾也可以购置田产,称霸乡里。贪官受贿任凭驱使,清官想管也管不了。

奴婢激增 地主兼并土地,高利盘剥。占有小块土地的农民被迫卖掉田宅去还债,沦为地主的佃农,又要遭受高租高利的剥削,最后是卖妻子以至卖自身为奴。地主役使奴婢耕作,叫做"田僮"。据记载,买一个田僮,只要一万五千钱。终身为奴,收获全归地主。买田僮比出租田地获利更多。富商大贾经营工矿等手工业历来以使用奴隶为主。自皇室贵族以至富商大贾也都买奴婢供家内服役或生产。元帝初即位,谏大夫(议事官)贡禹上奏说,当时朝廷的官奴婢有十万多人,每年耗费五六亿钱。各地王侯富商也有自己的私奴婢,数百人至千人。商业都会有奴婢市,奴隶与牛马一同出卖。全国各地奴婢的总数没有记载可考,但有关纪事说明,经济发展后,奴婢数量在迅速增长。农民破产、奴婢增多,扰乱了原来的生产秩序,也影响了朝廷的赋税收入,成为人们关注的社会问题。大量奴婢的来源不同于奴隶社会的对外掳掠,主要是由于广大农民不堪沉重的剥夺,沦为奴婢。奴婢问题实质上还是农民问题。

汉武帝在位时,已有人对上述的各种问题提出改革的建议。武帝以后不断有人奏上各种建策。如限制王侯吏民占有田地和奴婢的数额,占田不超过三十顷,占有奴婢限王二百人侯一百人,民间不超过三十人。又如建议强令各地豪强富商迁徙到边境,脱离本地等等。这些建策出于良好的愿望但都不可能付诸实行,也不可能清除积弊。地主豪强、富商大贾、王侯子弟都拥有巨额财富,又相互结纳,形成强大的社会势力,朝廷难以驾驭了。

二　外戚王莽篡国

皇权专制世袭制度先天的弱点是世袭的子孙未必都有能力治理国政。年幼的或无能的皇帝袭位,就要依靠母后扶持。太后倚用娘家的兄弟子侄等所谓外戚(外家亲戚),参与执政,往往皇权旁落。汉武帝不惜处死昭帝的生母,以防后患。但子孙世袭仍然不能避免外戚掌权。

汉元帝刘奭(音 shì)死后,太子刘骜(音 ào,成帝)继位,年已二十二岁。为太子时读儒家经书,为人谨慎但缺少才能。即位后生母王太后任命弟王凤为大司马大将军。这是武帝加给霍光的最高官称,总管朝政。王凤兄弟六人都封为侯。王凤死后,王氏兄弟继续执掌国政。王凤的侄子王莽,也封侯执政。成帝的继承者哀帝在位六年病死,无子。太皇太后王后立元帝孙九岁的刘衎(音kàn,平帝)为帝,以王莽为大司马。朝政统归王莽,实际上已篡夺了皇权。平帝在位五年,十四岁病死。王莽与姑母王皇后和幸臣们策划,先来扶立宣帝曾孙刘显之子刚刚两岁的婴孩做名义上的皇帝,王莽代行皇权。两年后,王莽正式即位做真皇帝。通告小皇帝说:"以前,上天保祐你的太祖传十二世,享国二百一十年。现在天意在我。封你为定安公,到你的位子上去吧!"宣布废去汉朝国号,另立国号"新",年号始建国,这年为新朝始建国元年(公元9年)。

王莽轻而易举地推倒汉朝,但新朝要得到民众拥戴,并不容易。面对日益严重的社会问题、日益发展的豪强势力,不能没有应对的方略。王莽习读儒家经书,称帝前自比辅成王的周公,篡国后倡言恢复周礼。以周礼为依托,推行若干改革旧制的新政。

王侯削爵 汉朝初年以来,宗室功臣子弟封为王侯,各有封邑,是新朝的威胁,也是改制的障碍。王莽始建国二年下诏,各地王侯一律把汉朝封授的印章交出,削爵为民。王侯无兵权,不敢不交。汉初封授的王侯有二三百人,经过二百多年子孙繁衍,推恩分封,已是千人以上的群体。削爵后仍然是结纳豪富、雄踞一方的豪强。

王莽依据周礼五等爵制,另行分封新朝的宗亲功臣,去掉王号,改为公、侯、伯、子、男五等,各有封邑,收取租税。受封爵者七百九十六人。

限制豪强　豪强兼并土地、奴婢激增是严重的社会问题。王莽篡位后次年颁布诏令："今更名天下田曰王田,奴婢曰私属,皆不得买卖。"诏书中举出强者占田千亩、弱者无地立锥的现实,改革的办法是恢复周朝的井田制。每个男丁占田不超过一百亩。八口男丁超过一井九百亩,要把多余的田交给乡里。没有田地的人,按此规制受田。诏书中所说的丁口,是自耕田地的农民,并不包括田连阡陌的大地主在内,似乎是认为农民都有田可耕,禁止买卖,土地兼并便会自然停止。这当然只是不切实际的空想。自耕农的土地,拿来平均分配当然也是空想。对于地主豪强占有的千万良田是否处置,成了文字游戏。奴婢更名"私属"也是文字游戏。贵族富豪占有成千上万奴婢并不禁止,只是有奴一口要交税三千六百钱,以后再不得买卖。从农民来说,出卖田地子孙以至卖身为奴是走投无路时仅有的生路。禁止买卖又断绝了这条生路。王莽的这道诏书颁布后,上下都反对,处处行不通,两年后不得不再颁诏书,说:"王田可以出卖,不算犯法。私下买卖平民,也都不管。"旨在限制豪强的改制,半途收场了。

工商六管　王莽对工商业提出六项管理办法,称为"六管"。诏书中列举的六项中,盐、酒、铁、山泽资源等四项产业武帝时已归官营。但以后工商业者多有非法经营,王莽重行定制,收归官营。民间开采山泽要申报纳税。

第五项称为"五均赊贷"。"五均"的原意是指乐律五声的调节,用来比喻市场物价的调控,如调节五声高低那样,调控物价的涨落。赊贷出于周礼,指货物赊卖(缓付价)和钱财借贷。五均赊贷同属一项。大都会设市官,统管平抑物价(五均)、发放低息贷款兼管税收,以强化官府对市场的管理,抑制豪商的操纵。专设的市官称"五均司市师"(调节管理市场的专家),下设"交易丞"五人管理市场交易,"钱府"一人管贷款和税收。

"六管"的第六项是官府铸钱,严禁私铸。汉武帝时禁民间铸钱,朝廷统一铸造五铢钱历朝行用,很有信誉。王莽代行皇权时,说周朝有子母相权之制,另铸大钱,重十二铢,与五铢钱并行。称帝后又铸小钱五种,重一至九铢。旧五铢钱停用。又陆续铸造各种"刀布"(刀形铜币)、"宝货"(各种形制的金银铜币),多至几十种。行用不久,又不得不相继废止,只用大小钱。尔后,又停用大小钱,另造二十五铢的"货布"和五铢的"货泉"。七年之间,折腾了五次。每次废旧币用新币,富人和穷人都深受其害,造成大批农商破产,社会经济秩序陷于混乱。私铸钱因而更为流行,严禁而不能止,加重了混乱。

王莽所说"六管"是盐铁酒三项产业官营和自然资源管理、市场管理、货币管理。货币是社会经济的命脉,货币改铸失败,限制富商的改制全盘皆输了。

王莽篡国以来实行的新政,旨在消除结纳豪富的王侯,限制豪强兼并土地和豪商巧取豪夺。所谓"改制"并不是改变社会经济制度,只是在原有制度的基础上稍加限制和管理。但依托周礼措施不当,反而带来社会的不安和经济秩序的紊乱,受害最大的还是底层的农民。史书记载说,改制的后果是农商失业,百姓怨恨,户口减少。原来已经激化的阶级矛盾更加激化。一场农民起义的风暴终于到来了。

三 农民起义

王莽篡国七年之后,今湖北、山东、河北等地相继爆发了农民武装起义。起义者主要是贫苦的农民、逃亡奴隶和被治罪的刑徒。

新朝天凤四年(公元 17 年),新市(湖北京山)人王匡、王凤率领饥民五百人起义,附近农民前来参加,共有七八千人,进驻绿林山(湖北大洪山)聚集。地皇二年(公元 21 年),战胜来攻的官军。起义军发展到五万余人。次年,因绿林山大疫(传染病)流行,起义军出山,分道行进。西行军往南郡(湖北西部地区),号下江兵,北行军号新市兵。平林(湖北随县)人陈牧率领农民军响应新市兵起义,号平林兵。

天凤五年青州泰山农民百余人起义,以琅邪人樊崇为首领,一年之间即发展到万余人。附近东海郡起义农民前来会合,共有数万人。地皇二年,新朝大将景尚率官军来攻,次年,农民军反击获胜,杀景尚。王莽又派将军廉丹领兵十余万来攻,农民军杀廉丹。农民军战士以赤红色涂染眉毛作标志,号称赤眉军。对官军作战,接连获胜,声势大振,扩展到数十万人,雄踞黄河两岸。

农民起义有如星火燎原。黄河两岸的冀州、兖州等地到处出现农民起义军,小股有众数万,大股多至二十余万,各立旗号。总计已有数百万人,形成巨大的浪潮。

新市起义五年来,各地农民起义发展迅猛。新莽败局已定。汉朝宗室的后裔、南阳郡蔡阳(湖北枣阳)的豪强刘縯、刘秀等起兵,乘机恢复汉朝的统治。

刘縯、刘秀是兄弟,据说是汉高帝的九世孙,谱系不可详考。

他们是南阳著名的豪强,母家樊氏有田三百余顷,是当地的巨富。农民军起,刘氏兄弟交结本地同姓和异姓的豪强。地皇三年发动刘氏族人七八千人起兵,称汉兵,发布文告,揭露王莽罪恶,与新市、平林、下江各部农民军联合作战,杀死新莽南阳的守将。次年,各部农民军共立刘縯的族兄刘玄为首领,称皇帝。刘玄此前已投依平林兵,参加起义,号称将军。称帝后立年号"更始"(重新开始),称更始帝。新市兵王匡、王凤封公爵。平林陈牧为大司空,刘縯为大司徒,各路军统由更始帝指挥。发布文告灭莽兴汉。各地豪强和汉后裔,纷起响应。刘縯领兵攻下宛城,作为更始帝的都城。

王莽派大兵四十余万攻宛,途经王凤、刘秀占领的昆阳,被刘秀军打得大败,全军溃散。昆阳之战王莽的主力军全部丧失,再无力抵抗。起义军内部却开始相互倾轧。更始帝借故杀刘縯,派刘秀往河北。地皇四年更始帝命王匡攻打洛阳,军将申屠建攻打长安。王匡攻占洛阳后,更始帝自宛迁都洛阳。申屠建军的前锋军攻下长安城,城内商民响应,焚烧宫殿,王莽藏到宫外的台下,被商民杀死。经军官辨认,才知道是王莽。王莽篡国十四年,前七年改制,连遭失败,终至灭亡。更始帝自洛阳到长安,封赏大小军将,分取城中财物。诸将领相互倾轧不止,更始帝杀申屠建,王匡投依赤眉。

樊崇领导的赤眉军是独立行动的大军,不属更始帝指挥。得知王莽灭亡,更始入长安,也找到一个十五岁的刘姓童子刘盆子,说是汉室后裔,立为汉帝作号召。乘更始军在长安立足未稳,更始三年(公元25年)九月,大举攻打长安。更始帝刘玄失两员大将,无力抗战,投降赤眉。

刘秀在河北,大力经营,合并各部农民军,发展到数十万人。王莽灭后,就在次年六月脱离更始,自立为皇帝,称建武元年(公元 25 年)。随即派兵攻下洛阳,在洛阳建都。次年,发兵攻打赤眉军。赤眉军多是贫苦农民,入长安后取得财物便想得胜回乡,领导者樊崇等人也没有建国的大志。建武三年,赤眉兵败,自长安东走,在宜阳遇到刘秀亲自率领的大军堵截。樊崇奉刘盆子率农民军十万人降刘秀。

自新市绿林起义到赤眉军降汉,农民起义前后经历了九年。百万农民殊死战斗,取得了推翻新莽的成果。豪强刘秀摘取这个成果,实现了汉朝的重建。

第四章

汉朝的重建与瓦解

第一节　后汉的建国

刘秀建都洛阳,仍用汉朝国号。史家习称为后汉或东汉。原来的汉朝又称前汉或西汉。

一　立国诸政

后汉王朝并不是前汉的简单的继承,而是以刘秀为首的南阳豪强集团重建的新朝。新王朝不能不废除王莽依托周礼名目设立的繁琐的官制。沿袭前汉制度,有所损益,重建政体,以巩固皇权的统治。

强化皇权　刘秀称皇帝(光武帝),亲自掌管朝政。所谓"三公"(司徒、司空、司马)成为贵显的尊称,不掌实权。朝廷设尚书台,尚书令一人,尚书六人分管六曹(部门)。秦朝已有尚书的职名,掌管文书,类似现在的秘书。后汉六曹尚书分掌大权,实际执政,直接统属于皇帝,加强了皇权。

集中兵权 建武六年(公元 30 年)罢废各郡统兵的军官"都尉",由郡守兼领,不再练兵。地方有事,由朝廷出兵征伐。朝廷设大将军统领军兵,集中了兵权。

分封王侯 王莽篡汉后,将前汉宗室大臣子弟的王侯封爵消除。建武二年诏令一律恢复。又依旧制,分封刘姓宗室子弟为王。功臣三百六十五人为列侯,各有食邑,子孙世袭。旧王侯加新王侯形成比西汉更为庞大的豪门世族群体,是后汉统治集团的基础,也是日益强大的社会势力。

对于豪强兼并土地和奴隶激增问题,光武帝也曾有所处置。

建武十五年光武帝下诏核实各州郡田亩和户口,称为"度田",作为处理土地问题的第一步。度田诏下,州郡官吏不去触犯豪强,反而乘机骚扰乡民,多方敲诈。激起广泛的反抗,"度田"只得停止,豪强占田依旧。农民起义所到之处曾经扫荡了一批地主豪强。没有经过的地区,各地豪强纷纷建立武装卫队,修筑寨堡,反而更为强大了。

光武帝即位的次年,就下诏释放被掳掠和被略卖的奴隶,听任回家,恢复平民(庶民)身份。此后又连下诏书,对拘留不放者治罪。对于自卖为奴的奴婢,给予法律保护。主人杀奴婢者处死,不得减罪。以酷刑虐待奴婢,要受法律制裁。十二年间,先后颁布六道诏书,取得效果,奴婢数量大为减少。

奴婢被释放回家,无地可耕,还得依附豪强地主求生存。各地出现大量的"徒附"。他们与奴婢不同,具有平民身份,又与自由的农民不同,对地主有较强的人身依附关系。豪强地主可以役使徒附无偿耕作,还可以役使他们在自己的庄园寨堡里从事各种手工劳作、土木建筑、货物运输以至充当地主武装的士兵"部曲"。有记载说，一个豪强富户"徒附万计，奴婢千群"。徒附的数量超过奴婢许多倍，成为群众中最受压迫的阶层。

光武帝在位三十三年，适应王莽改制和农民起义以后的社会政治状况，不断采取措施，逐渐建立起统一王朝的皇权专制统治。新建的皇权并不是强有力的皇权，统一也不是十分稳固的统一。豪强地主的庄园寨堡遍布各地，有土、有民、有兵，不是政权，强过政权，州县官吏都得屈从听命。朝廷放任豪强势力的发展以换取一时的安宁。

二　边疆和战

汉光武帝传子明帝，在位十八年，明帝传子章帝，在位十三年。章帝死后，十岁的幼子和帝继位。窦太后临朝施政。这三十多年间，延续光武帝建立的统治秩序，大体保持安定。农业生存逐渐恢复和发展。国力有所增强，开始面向边疆。

出击北匈奴　前汉时，匈奴分裂为南北二部。南匈奴呼韩邪单于降汉，入居西河郡美稷县（山西离石）。部众分屯今宁夏至山西的北边八郡，与汉族人民杂居，开始从事农耕。北匈奴与南匈奴争战。汉和帝即位的永和元年（公元 89 年），大将军窦宪联合南匈奴骑兵，分路出击北匈奴，获胜，出塞三千余里。次年，窦宪乘胜追击，直到张掖郡外五千余里。北匈奴部众逃往西方，原来游牧的地区，随即被东北方的鲜卑族占领。

再通西域　王莽篡汉后，与西域断绝交通。西域各国重又受到匈奴的侵扰。汉明帝永平十六年（公元 73 年），汉将窦固出兵击败侵占伊吾（新疆哈密）的北匈奴，在伊吾驻兵屯田。随军的文官班超率三十六人出使西域诸国,重建与汉朝的联系。当时西域三十六国已分化为五十五国,多愿与汉朝交通。班超成功地开展了政治外交活动。章帝建初五年(公元 80 年)又派兵一千人去西域援助。汉兵出击北匈奴的次年,班超联合西域诸国兵七万人击败葱岭以西的大月氏,重新打通了汉朝与西方的通道。和帝永元六年(公元 94 年),又消灭反汉的焉耆王,扶立新王,西域诸国全都归属于汉朝。班超在西域前后历三十年,为再通西域作出了重大贡献。永元十四年(102 年)奉召还朝后病死,年七十一岁。

镇压羌民 居住在今甘肃、青海一带的羌族是一个古老的民族。传说上古的姜姓就和羌姓有关。汉武帝通西域,羌人内附,在边地州郡与汉人杂居,一些部落由从事游牧转为农耕。王莽时,羌人起兵反抗。光武帝时,朝官班彪上奏说:"凉州(治陇县,甘肃张家川)一带的降羌,与汉人杂处,因遭受地方官吏和土豪(黠人)的掠夺,穷苦无奈,所以才造反。"光武帝采纳班彪的建议,在当地设置护羌校尉(官名)治理。光武帝以后官吏暴虐,羌民又不断反抗,朝廷连年派兵镇压。和帝的继承人安帝永初元年(107 年),车骑将军邓骘(音 zhì)发兵五万人,大举出征。次年,前锋军与羌人接战大败,死八千余人。邓骘奉诏回朝。永初三年,朝廷再次派兵征羌。将官们出兵镇压羌民,可以虚报军功受赏,又可以贪污军费,沿途抢掠。乐于出兵而不勇于作战。羌民不甘屈服,坚决反抗,得胜就深入内地杀掠反击。汉羌在边郡往来作战,先后延续了十五年,汉廷耗费军费二百四十余亿,致使府库空虚。羌民遭到残酷镇压,边地汉人死亡无数。

顺帝永和元年(136 年)以后,汉廷再次出兵与羌人各部落大战。战争又延续了十年,汉朝大将两人败死。《后汉书·西羌传》评论说:这次战争用费八十余亿。将官们多虚报私分,以珍宝贿赂朝中权贵,兵士们冻饿而死,遍野可见白骨。

三　朝廷争讧

自汉和帝即位以来,再次出现外戚执政的局面。和帝是梁妃所生,窦皇后抚养,十岁继承帝位。窦太后临朝,兄窦宪总揽朝政。窦氏一家十余人,位列朝班。窦宪受命为大将军出击匈奴获胜,声威大震,权倾朝野,密谋篡位。永元四年(公元92年)宦官郑众与和帝密谋乘窦宪入朝,将他逮捕,迫令自杀。窦氏宗族全被罢免。宦官历来是年幼皇帝依靠的亲信。汉光武帝任用宦官传达口诏,披阅奏章,有中常侍、大黄门、小黄门等名号,宦官得以参与政令。郑众诛窦宪立功,得和帝倚重,参与朝议。随后又破例封为列侯,执掌政权。后汉宦官掌权由此开始,宦官与外戚的讧争也由此开始。

元兴元年(105年)和帝在位十七年病死,年仅二十七岁。出生刚满百日的太子隆即皇帝位八个月夭亡。和帝的皇后邓氏与兄邓骘策划,扶立章帝孙刘祜(安帝)即位,年十三岁,又是一个小皇帝。邓太后临朝,邓骘掌管朝政。邓骘出兵征讨羌人,战败还朝,反而进升为大将军,总揽兵权。永宁二年(121年)三月邓太后病死。安帝与宦官李闰等诬指邓氏谋反,邓骘自杀。邓氏宗族全被免官。李闰封雍乡侯。四年后,安帝病死,阎皇后与兄阎显扶立章帝孙幼童少帝,阎氏专权仅四个月,少帝病死。宦官中黄门孙程等十九人领兵入宫,逮捕阎显入狱,拥立安帝少子十一岁的顺帝即位。宦官十九人都封列侯,号为"十九侯",各有食邑,家族世袭。

孙程并拜为骑都尉。此后宦官得领兵，又得为朝官。家族人员还可在地方为州郡官。宦官势倾朝野，形成庞大的政治集团。

汉安三年（144年）顺帝在位十八年病死，皇后梁氏无子，立宫人所生子两岁的炳即位（冲帝），梁太后临朝，兄梁冀为大将军，执掌军政。不到半年，冲帝死，另立章帝的玄孙缵（质帝），年方八岁。一年多以后被梁冀毒死。梁太后与梁冀策划，迎立袭封侯爵的章帝曾孙志即皇帝位（桓帝），年十五岁。梁冀独专朝政，杀逐异己，广受贿赂。官员擢升都要先向大将军谢恩。宅第苑囿，备极豪侈，有奴婢数千人。梁氏家族在朝廷和州郡出任军政高官的，有数十人。延熹二年（159年），梁太后病死。年已二十七岁的汉桓帝早已心怀不平，遂与中常侍单超等宦官五人密谋，下诏除梁冀。司隶校尉（领司隶州即直隶州，司法兼掌兵权）张彪领兵围梁冀府第，迫令梁冀自杀，随后又将梁氏家族数十人处死。抄没家中财宝，合三十余亿，可减朝廷一年租税的一半。单超以功封侯，食邑两万户。其他四宦官也都封侯，各有食邑，号称"五侯"。宦官集团又代替了外戚集团。单超在次年病死。其余四侯专横极豪侈。各有养子，以便传袭。家族兄弟亲戚也都在州郡做官。《后汉书·宦者传》评论说，这些人敲剥百姓"与盗贼无异"。

后汉王朝自和帝以来的七十年间，先后换了七个皇帝，都是幼年即位，也都是外戚或宦官扶立，皇位成了他们操纵利用的工具，皇权旁落。外戚与宦官轮番执政，相互争夺，以至相互残杀，恶性循环。外戚家族因皇太后而兴衰。宦官集团不断扩展，自朝廷至州郡，权势越来越大。

前汉在京师设立太学，传授经书。后汉广招太学生，培养文吏。桓帝时多至三万余人。太学生与朝中文士名流议论朝政,品评人物,时称"清议"。司隶校尉李膺执法严明,不畏权势。中常侍张让的弟弟做县令犯法,李膺将他处死。张让向桓帝控诉,李膺据理辩驳,桓帝只得同意。李膺特立独行,不附宦官,获得很高的名声。士人们都以李膺接纳为荣。太学生们传诵"天下模楷李元礼(李膺字)"。交通宦官的方士(算卦、看风水)杀人,李膺也依法处死。延熹九年(166 年),李膺被诬告交结太学士"共为部党,诽讪(诽谤)朝政"。桓帝诏令清查诽谤朝政的党人,涉及二百余人。又在各州郡大举清查。几个得罪过宦官的太守,被处死。李膺被捕入狱禁锢。朝臣上书保奏。次年六月释放出狱回家。其他入狱的党人也多被释免。

桓帝听任宦官摆布,并不勤于朝政。史称他好音乐,平时在后宫游乐,沉湎声色。宫中备内幸的宫女多至五六千人,供役使的,还要加倍。永康元年(167 年)十二月病死,年三十六岁,无子。皇后窦氏与父窦武等谋划,自河间(河北献县)迎立章帝的玄孙刘宏为帝(灵帝),年十二岁。

窦太后临朝,窦武为大将军,前太尉陈蕃为太傅,起用李膺为长乐少府,掌管皇太后宫中事务。窦武原来与太学生多有交往,熟知民意。执政后便和窦太后、陈蕃密谋除宦官。还没有举事,宦官已得知消息,先发制人。参与迎立灵帝的中常侍曹节假传皇帝诏命率领禁兵杀窦武、陈蕃及尚书令以下官员。逮捕李膺等朝内外官员百余人下狱,李膺死于狱中。又拘捕"党人"及其亲属六七百人、太学生千余人。窦太后贬出长乐宫,迁居南宫云台。宦官大举反扑,战胜外戚,权势更大了。

四 农民景况

外戚依附皇太后,宦官操纵小皇帝,争权夺利无休止。不管是外戚还是宦官,一旦掌权就肆无忌惮地大事搜括,广收贿赂,敲诈勒索。不满足他们的诛求就会遭到陷害。人们说:他们就像虎豹豺狼一样野蛮地吞吃小兽,吃了肌肉还要吃骨头,永远没有满足。

朝廷混乱黑暗,州郡官吏地方豪强更可以放肆地剥夺农民,聚积财富。前汉时最富有的商人有钱不过一亿。后汉顺帝时一个做小官起家的富豪有钱一亿七千万。一个郡太守有资财两亿。史书评述说:"农民种的粮食织的布,由于公私诛求,都被弄得一空。有人感叹:'穷困的人都做了饥寒之鬼。夜间好像听见死者悲啼,白天到处是生者痛哭。'"顺帝以来,走投无路的农民逃亡他乡求生存,各地涌现大量的流民。桓帝时,水旱灾荒连年,各州郡的流民多至几十万人。农民阶级不能生存下去,统治阶级也不能统治下去了。

一个太学生曾对桓帝提出警告说:我担心早晚会有穷人像陈胜吴广那样起来,登高一呼,愁怨的民众就会起而响应。历史的发展证实了这位太学生的预言。

第二节 黄巾起义 群雄逐鹿

一 黄巾农民起义

灵帝中平元年(184年)二月,爆发了黄巾农民起义。

与以前的农民起义不同,这是一次有组织有计划的规模浩大的起义。钜鹿人张角创立民间宗教组织太平道,在青州、徐州、幽州、冀州、荆州、扬州、兖州、豫州等八州的农民和流民中,以传道为名,秘密联络作起义的准备。经过十多年,发展到九十万人。张角把徒众分编为三十六方(部),大方有一万多人,小方也有六七千人,各置统帅。发布口号"苍天已死,黄天当立,岁在甲子,天下大吉"。暗示以推翻汉朝,夺取政权为目标,在甲子年(中平元年)甲子日(夏历三月五日)同时起义。这年二月,起义日期临近,泄露了消息。汉灵帝逮捕农民军去洛阳布置起义的人员,下诏缉捕张角。这样一来,起义的计划就被打乱了。张角派人连夜通知各方,计划提前,立即行动。起义军头缠黄巾作标志,号为黄巾军。

起义一发动,各地黄巾就起兵攻打州郡城邑,焚烧官府,杀掠官吏,又攻打地主豪强的坞堡,夺取财物。一月之间,各地纷起响应,燃起了熊熊烈火。

汉灵帝任命何皇后兄何进为大将军,派遣统属禁军的中郎将卢植、皇甫嵩、朱俊等分头出征。又号召各州郡举"义兵",偕同作战。吴郡的孙坚、涿郡的刘备都应召随从大军镇压起义。

黄巾军连续获胜,攻占南阳、颍州等郡。四月间皇甫嵩、朱俊领兵四万攻打颍州,被黄巾军打得大败。皇甫嵩被围困在长社(河南长葛)不得出,军心动摇。黄巾军依草地结营。皇甫嵩承大风天放火烧营。黄巾军大乱。皇甫嵩乘势突围。骑都尉(军官)曹操率军赶来,与皇甫嵩、朱俊军会合出击,黄巾军战败,几万人牺牲。

卢植军奉命进攻钜鹿郡广宗的张角军,不得前进。六月,被一个小黄门宦官诬陷,押解治罪。中郎将董卓来攻,也无功。八月,诏调皇甫嵩移军北上。这时,张角已病死,黄巾主力由张角弟张梁、张宝统率。十月,皇甫嵩与张梁对峙,不能取胜。假装闲营休战。乘黄巾军无备,夜间部署突然袭击。张梁败死,十余万起义军被屠杀。皇甫嵩乘胜攻打下曲阳的张宝部,十一月,张宝战死。黄巾军失主帅,又失主力军,延续了九个月的大起义失败了。黄巾主力败后,青州、徐州的起义军仍以黄巾为号继续战斗,有兵数十万。今河南浚县黑山一带的起义军号黑山部。河北各地的起义军,各有名号,大部两三万人,小部六七千人,攻打郡县坞堡,战斗并没有停止。

二 朝廷政变

中平六年四月,灵帝病死,年三十四岁。皇位承袭,又起风波。何皇后与兄何进立皇子刘辩即帝位(少帝),年十七岁。以张让为首的宦官十二人都任为中常侍,时人称为"十常侍",权势显赫,贪赂枉法。大将军何进与司隶校尉袁绍密谋诛宦官,调并州牧(州长)董卓领兵来洛阳。事机不密,宦官耳目众多,得知消息。八月间,张让伪传太后诏,召何进朝见,在殿前杀何进。中郎将袁术领兵来救,不得入宫,放火烧东西宫。张让劫持何太后及少帝出宫逃走。袁绍领兵尽杀宦官两千余人,把都城宦官一网打尽。张让被追兵赶上,投河自杀。董卓领兵到来,与袁绍商议废少帝,另立王妃之子。袁绍反对废嫡立庶,两人激烈争论,拔剑相对。袁绍回冀州,仍领司隶校尉。九月,董卓胁迫何太后废少帝,立王妃所生九岁的幼子刘协为帝(献帝),随后又将何太后杀死,自专国政。洛阳城内,王室贵族外戚宦官建造的府第,豪华淫侈,家家都有贪污得来的金帛财宝。董卓任令兵士闯入各家,抄掠财物,叫做"搜牢"(搜漏)。次年正月,董卓又杀已废的少帝。二月挟持献帝迁都长安。临行前,将洛阳宫室府衙和民居烧毁。强迫洛阳居民随从步行,据说有上百万人。路上饿死的人不计其数,路边堆满了尸骨。

袁绍联络冀州牧和豫州、兖州刺史、各郡太守,起兵讨董卓。袁绍为盟主,自号车骑将军仍称司隶校尉。各州郡也相继自立,募兵讨董,或以讨董为名扩建自己的兵力。初平三年(192 年)四月,司徒王允与董卓亲信的将官吕布合谋,伪造诏书,在宫门杀死董卓,陈尸市上。百姓歌舞庆贺,人心大快。

董卓旧部李傕、郭汜等得知董卓被杀,五月间,自河南领兵攻入长安,杀王允。李、郭等都为将军。兴平二年,李郭二人又互相攻杀。李傕劫持小皇帝到他的兵营做人质,两军相攻连月,死者万人。次年七月小皇帝被李傕部下送到洛阳。洛阳经过董卓的破坏,已是一片荒凉。献帝困居在仅存的南宫。各州郡拥兵自立,不再输送税粮。

小皇帝成了人们任意摆布的工具。后汉王朝的统治完全瓦解了。

三　群雄逐鹿

后汉旧制,兵权集中于朝廷。黄巾军起义,朝廷诏允各州郡自行募兵镇压起义,也鼓励地主武装起兵,号为"义兵"。响应起兵的首领在镇压起义中扩展了自己的兵力。董卓乱政,又以讨董为名,继续发展壮大,拥兵自重。他们当中有宗室支系宗亲,列侯功臣的后裔和门阀世族,也有无勋爵的豪强富户。有在朝的大小军官,也有在野的豪杰"义士"。各人出身不同,地位不同,史家统称他们为"群雄"。董卓乱后,群雄各据一方。好像东周末季的历史又在重演:朝廷与皇帝有名无实,诸侯纷争,相互兼并。

帝室东迁 在颍州镇压过黄巾起义的曹操,见朝廷内乱,辞官不做,返回沛郡谯县(安徽亳州)老家。董卓乱起,又在家乡纠合义兵,投附袁绍起兵。袁绍任他为东郡太守领兖州牧。曹操在兖州镇压青州黄巾军,把俘降的农民军数万人(或称数十万可疑)编为自领的私兵,号"青州兵"。建安元年春,又在汝南、颍州两郡镇压当地的黄巾军余部,收降部众。八月,得知小皇帝在洛阳。随即领兵去洛阳,把无人理睬的小皇帝迎到颍州郡的许县,重立朝廷。曹操此举,既可以匡扶汉室为名发展自己,又可用皇帝的名义控制别人。所谓"挟天子而令诸侯",取得独有的特权。

曹操在许都立朝,必须征得袁绍的认可。袁绍父祖均位列三公,是显赫的高门望族。除宦官、讨董卓为盟主,在群雄中声望最高,权势最大。曹操把最高的官爵大将军让给袁绍,兼督冀、青、幽、并四州。曹操本人为司空,兼车骑将军,总管朝政。袁曹之间取得暂时的妥协。

许都立朝,群雄并不听命,仍在拥兵互斗。曹操出兵攻打袁术、吕布等,不断取胜。

曹操并不是门阀世族。原姓夏侯,父嵩是宦官曹腾的养子,改姓曹,因而家业豪富。曹操起兵,曹嵩反对,父子分道扬镳。曹操能文能武,诗文俱佳。镇压黄巾,改编农民军为己用,显示出军事、政治才能,及时迎立献帝又显示出深远的谋略。李膺的儿子李瓒曾对家人说:"时将乱矣,天下英雄无过曹操。"出身卑微、几年前还在避乱家居的曹操,迅速获得权势,也在士人中赢得了声誉。

官渡之战 袁绍拥兵冀州,曾出兵朝歌(河南淇县)镇压黄巾军黑山部农民军,屠杀首领多人。辽西人公孙瓒出身郡吏,因在辽东防御鲜卑作战有功,累迁至骑都尉。初平二年(公元191年)镇压冀州渤海郡(治今河北南皮)境内青州徐州黄巾军余部,屠杀数万人。加封蓟侯。袁绍与公孙瓒连年互斗,各有胜负。建安四年(199年)袁绍大举进攻,公孙瓒败死。袁绍获胜,兵力更加强大。建安五年二月,发兵十万进攻许都,讨伐曹操。

袁绍出兵前发布讨曹檄文,说曹操是宦官的后代,怕要有篡逆之祸。袁绍以担心曹操篡汉为出兵理由,并没有多少事实根据,夺取小朝廷大权才是真实的理由。袁绍先遣大将颜良攻打曹操部将刘延驻守的白马(河南滑县),曹操领兵来救,袁军大败,颜良战死。袁军攻打延津(河南延津)又败。曹操领兵驻守官渡(河南中牟)。八月间,袁绍自统大军来攻。曹兵不过万人,袁军多过数倍。曹军将士多认为不可交战。曹军谋士荀彧对曹操说:公以至弱当至强,如不能胜,将受制于人。袁绍能聚人不能用人,公不会不成功。曹操对部下说:我知道袁绍的为人,志大而智小,将骄而政令不一。虽然地广粮丰,都会奉送给我。曹操自知兵少,不宜力战,只可智取,坚壁官渡不出。两军相持百余日,袁绍骄傲轻敌,以为曹操不敢出战,放松了戒备。曹军乘其不备,出兵邀击袁绍的运粮车,尽烧粮车数千辆。十月间,袁绍再派兵万余人护送车辆运粮。曹操留大将曹洪守营,自率步骑五千人劫粮,大败袁军,焚烧辎重。袁绍派大将张郃攻打曹洪。张郃向曹军投降。袁军大乱。袁绍与子谭率军逃走。曹操以弱当强,取得重大胜利。

袁绍兵败后,发病吐血,次年病死。袁谭继续拒战。建安九年十二月,曹操攻杀袁谭。冀、青、幽、并四州地相继归属曹操。黄河流域的大部分地区都已是曹操的统治范围。

赤壁之战　群雄角逐,相互兼并。建安十年以后,能与曹操抗衡的力量,只有割据江东的孙权和宗室后裔刘备。

吴郡孙权父孙坚出身县吏。黄巾军起义,孙坚招募乡里少年,得兵千余人。镇压起义立功,官至长沙太守。州郡声讨董卓,孙坚也起兵响应,领兵投袁绍弟袁术,袁术命他去夺取襄阳,战死。长子孙策引兵渡浙江,据会稽自领会稽太守。被仇家杀害。孙权继承父兄之业,年十九岁,曹操荐命他为会稽太守,治吴县(江苏苏州)。孙权招聘名士鲁肃、诸葛瑾等为谋士,周瑜、程普、吕范等为将帅,雄踞江东。

涿郡人刘备,是前汉宗室的支系后裔,祖父雄做过县令,父早亡。刘备少孤,不喜读书,好交结豪侠。黄巾军起,两个大商人出钱,刘备纠合徒众招募"义兵",镇压起义。原投附公孙瓒,后归徐州牧陶谦。谦死,备统领徐州。吕布来攻,曹操擒吕布,刘备随曹操还许都,奉命出击袁术。未到徐州,袁术病死。刘备据下邳(江苏睢宁),郡县多背叛曹操归属刘备。曹操来征,刘备大败,又投附袁绍。官渡之战后,投附荆州牧刘表。刘表占有长沙、零陵、桂阳、汉川等郡,有兵十余万,地广兵多。刘备在荆州,争取民心,部众多来归附。官渡战后,曹操乘胜进攻荆州,兵到襄阳,刘表病死。

子刘琮上表降曹。刘备自荆州逃奔江陵。荆州官民怕曹兵到来被屠杀,追随刘备出逃的有十余万人。这时刘备有兵不过一万。有人劝他丢掉民众。刘备说:"做大事必须以人为本,人们归随我,我怎么能够舍弃呢?"曹操大军赶来,刘备自当阳率部将逃走。辎重和民众都被曹军掳走。刘备渡过汉水,与江夏太守刘表次子刘琦合兵万余人,驻守夏口(汉水入江处)。

曹操进兵南下,讨伐孙权。有北方兵十五六万。收降荆州兵七八万,声势浩大。孙权派遣鲁肃过江,约刘备共抗曹兵。刘备大喜,命谋士诸葛亮随鲁肃去江东,与周瑜共议抗曹。孙权兵不过三万,刘备与刘琦合兵不满二万。建安十三年(208年)冬与曹军大战于赤壁(湖北嘉鱼)。曹军北方兵多不习水战,主要依靠荆州降兵,布列战船江上。孙刘用火攻,焚烧曹船,曹军大乱。周瑜军乘势进兵,曹兵败走。曹操取道华容往江陵,中途又遭刘备军邀击。赤壁之战,曹军伤亡过半。孙刘以弱胜强,取得了胜利。

赤壁战后,刘备乘胜南征,占领武陵、长沙、桂阳、零陵四郡,取得根据地。刘琦为荆州刺史,不久病死。刘备领荆州牧,治公安。建安十六年(211年)刘备留大将关羽守荆州。自领大兵入蜀,益州牧(治成都)刘璋败降。刘备入成都,占领益州,声势大振。二十三年,进兵曹操占据的汉中地,次年得汉中。上书汉献帝,自称汉中王。孙权进兵荆州,杀关羽。夺得荆州。随后又扩地到交州(治番禺)。

曹操在建安十六年(211年)自领兵攻潼关,大败占据关中的韩遂、马超等部。屯军长安。十八年,曹操加号魏公,建都邺(河北临漳),位在诸侯王上,二十一年,又进爵为魏王。汉朝旧制非刘姓不得王。曹操封王爵,次年又得设天子旌旗,与皇帝一样了。二十五年(220年)正月,曹操在洛阳病死,年六十六岁。

第三节　后汉覆亡　三国鼎立

曹操长子曹丕承袭王位,年三十三岁。十月,汉献帝宣诏退位,年四十岁。曹丕称皇帝(魏文帝),废除汉朝国号,建号魏国,迁都洛阳,改许县为许昌,仍存宫室。追尊曹操为魏武帝。汉献帝封山阳公,迁居山阳郡,治昌邑(河北巨野),十四年后病死。后汉王朝自光武帝建国至献帝退位,经历了一百九十五年。

袁绍曾指责曹操有篡逆之意。赤壁战后,曹操亲撰《自明本志令》自叙平生,申明他并无篡汉之心。曹操晚年已是事实上的皇帝,名义上仍是汉献帝的臣属,只号魏王。《自明本志令》说:"设使国家无有孤,不知几人称帝几人称王。"有汉献帝在,曹操不称帝,别人不敢称帝。刘备得益州取汉中,只能依宗室封王的旧制称汉中王。孙权还只能称吴侯。曹丕称帝后半年,刘备便在成都称皇帝(昭烈帝),立年号章武,奉祀汉高祖以表明他是汉室后裔,建号汉国(蜀汉),以军师将军诸葛亮为丞相。孙权在鄂建都,改名武昌,魏文帝封他为吴王。吴黄龙元年(229年)也自称皇帝(吴大帝)。魏汉吴三国鼎立,延续了约四十年。

汉国　刘备称帝当年,就亲率大军伐吴,企图夺回荆州。章武二年(222年)二月,进军到猇亭(猇音xiāo,湖北枝城)驻营。六月被吴军陆逊部打得大败,几乎全军覆没。刘备逃到鱼复县(四川奉节)白帝城,遣使向孙吴求和,卧病不起。次年二月丞相诸葛亮来白帝城。三月刘备病危。将十七岁的太子刘禅托孤给诸葛亮说："他可以辅佐就辅佐，如果他不行，你可以自取。"对诸葛亮还不大放心。诸葛亮涕泣陈奏，说："臣敢竭股肱之力，效忠贞之节，继之以死。"刘备又命刘禅对诸葛亮事之如父。刘备在白帝城病死，归葬成都。

刘禅即位，改年号建兴，诸葛亮封武乡侯，综理国政。汉国以益州郡为核心，兼有原属益州的永昌郡和越巂郡、牂牁郡。得汉中后，领地北起今陕甘南部、四川全境，南到云南、贵州部分地区。疆域辽阔，民众众多。南方滇池一带夷族首领孟获反，诸葛亮随即领兵南征，擒孟获。孟获拒不降汉，诸葛亮将他放回。不久，又起兵反。诸葛亮擒他七次放他七次，孟获感动，说我再也不反了。汉兵至滇池，命各部落酋长仍照旧任职，实行原有的制度。汉兵撤回。诸葛亮说，我不留兵、不运粮，稳定秩序使夷汉相安。建兴三年(225年)依此方针，南方各郡都得以安定。划分出建宁郡(治云南曲靖)、云南郡(治云南姚安)和兴古郡(治云南蒙自)，分别治理。

诸葛亮成功地安定了南方民族地区。建兴五年(227年)北上汉中，征讨魏国，屯兵沔阳(陕西沔县)。出师前上表刘禅，说："今南方已定，兵甲已足，当奖率三军，北定中原"，"兴复汉室，还于旧都"。诸葛亮志在夺取中原，重建统一的汉朝，亲率大军出祁山(甘肃礼县)，军威甚盛，汉军经过的南安、天水、安定三郡相继叛魏降汉。魏将张郃前来拒战。诸葛亮派驻街亭(甘肃秦安)的守将马谡，指挥失宜，被张郃打得大败。汉军只好退回汉中。诸葛亮斩马谡，上表刘禅，引咎自责，请自贬三等，代行相事。七年，诸葛亮再次出兵，夺取魏国的武都(甘肃西和)、阴平(甘肃文县)两郡，取得胜利。刘禅下诏奖谕,恢复丞相职位。九年,再出祁山,与魏军交战,杀张郃,因军粮不足,退兵。十二年春,诸葛亮自统众军,驻武功五丈原,与魏将司马懿对阵渭南。司马懿知汉军缺粮,坚守不战。两军相持百余日。诸葛亮病死军中,年五十四。汉军退兵。

诸葛亮字孔明,原是南阳的隐士,刘备在荆州请他出山做军师。刘备死后,辅佐刘禅,治军严明,执法公正,综揽军政要务,但遇事都要表奏刘禅,从不僭越。居官清廉自守,不治私产。上表说:"臣死之日,不使内有余帛,外有赢财。"做丞相十年,实践他"效忠贞之节"的诺言,鞠躬尽力,死而后已。死后家无余财,后世奉为忠臣贤相的楷模,受到人们的赞颂。

诸葛亮死后,刘禅依据他生前的推荐,以丞相府长史蒋琬总理国事。执政十二年病死。大将军费祎辅政。七年后被部下杀害。姜维为大将军。蜀汉地区经诸葛亮治理,社会安定,但已无力与魏国争胜。魏景元四年(263年)魏将邓艾、钟会分道入蜀。刘禅上表投降,汉国亡。刘禅被解送魏都洛阳,七年后病死。

魏国　曹丕建号的魏国,继承汉世基业,在三国中疆域最广,兵力最强,但社会残破也最为严重。这是因为汉末丧乱,黄河流域农民大批流亡他乡,田园荒芜。大批起义农民被屠杀。群雄相互厮杀,也杀人满野。曹操作诗说:"白骨露于野,千里无鸡鸣,生民百遗一,念之断人肠"(《蒿里》诗),文艺语言不免夸张,但乡村荒凉,人口大量减少则是事实。曹操曾采取措施加以治理。主要是:(一)力行法治,严格禁止豪强兼并土地。(二)改革税制,按亩收税,每亩四升。(三)无地农民耕种官田,产粮平分。官府所得用于军粮。官府派专员督率,称为"屯田",经过曹操的治理,曹丕称帝时,一些荒田得到开垦,农业开始复苏。

文帝曹丕雅好文学,勤于写作。所著《典论·论文》是传世的文学评论名篇。曹丕与父曹操、弟曹植同为文坛巨匠,登上当时诗文创作的高峰,是历代帝王家中所少见。文帝尊生母卞氏为皇太后。鉴于后汉外戚干政之祸,下诏:"自今以后,群臣不得奏事太后,后族之家不得当辅政之任,又不得横受茅土之爵(受封侯国)。以此诏传后世,若有背违,天下共诛之。"文帝在位七年,主要是稳定内部的统治,对外没有大的战事。死后传位太子睿(音 ruì,明帝),年十五岁。宗室曹休、曹真、司空王朗、骠骑大将军司马懿等辅政。几年间曹休、曹真、王朗相继病死。司马懿统兵拒汉获胜,权势渐重。景初三年(239 年)明帝死,遗诏司马懿与曹真子曹爽辅立九岁的幼子曹芳继位。嘉平元年(249 年)司马懿杀曹爽,独专朝政,两年后病死。子司马师继掌大权,废曹芳为齐王,另立魏明帝弟十五岁的曹髦为帝。司马师死,弟司马昭继承国政,杀曹髦,立十八岁的曹奂为帝(元帝)。魏国重演后汉小皇帝废立的故事,但操纵者不再是外戚,而是掌握兵权的司马氏家族。咸熙二年(265 年)十二月,司马昭的儿子晋王司马炎要小皇帝让位,自称皇帝,改国号晋。魏国亡。

吴国 吴国在三国中立国时间最久。魏国亡后,还又延续了十五年。前后经历五十七年。

吴国在长江流域立国,经济文化原落后于黄河流域的中原。后汉末年,中原大乱,江南地区却得以在较为安定的环境里和平发展。

孙氏侯国原在吴县。建安十六年(211 年),迁都秣陵,次年建石头城,改名建业(江苏南京)。魏国代汉,吴国迁都鄂,改名武昌(湖北武汉)。十年后,又还都建业。经过吴国的经营,武昌与建业两大名城不仅是军事重镇、政治中心,还是商业都会与交通枢纽,对长江流域的开发,起了重要的作用。

吴国训练水军在海上求发展,曾派舰队到夷州(台湾)掳掠人口财物,又曾派兵到珠崖、儋耳(海南省)。还曾派兵万人渡海到辽东掳掠。黄武五年(226年),吴国的使者出使南海,经林邑、扶南到达南洋诸国,回国后著书介绍见闻。扶南、林邑各遣使臣来吴国回报,建立了正式的交往。

吴国与蜀汉之间,自刘备兵败求和后,两国通好。与魏国之间,只在交界地带有过一些冲突,不再发生大规模的战事。吴国无力北上,魏国与蜀汉争战,也不暇南下。孙权称帝后的二十三年间,得以保持相对的安宁。

吴神凤元年(252年)孙权病死,年七十一岁。吴国帝位的继承,又起争端。孙权生前曾立长子和为太子,因遭诬陷被废,另立孙亮。孙权死后,孙亮继位。在位不满五年,宗室孙琳废孙亮,另立孙权的第六子孙休,孙休在位七年病死。元兴元年(264年)孙和之子孙皓继位,年二十三岁。在位十六年。施政横暴,穷奢极欲,后期更加暴虐,残酷诛杀大臣,以致上下离心。晋武帝建国后,泰始五年(269年)在襄阳、临淄、下邳部署重兵作伐吴的准备。晋咸宁五年(279年)四月,益州刺史王浚上疏说:"孙皓荒淫凶逆,宜速征伐,若一旦皓死,另立贤主,则强敌也。""诚愿陛下勿失时机。"十一月,晋大举伐吴,派出六路大军,分道攻建业。次年三月,晋军兵临建业,孙皓投降。吴国亡。

第五章
南北对峙与再统一

第一节　晋朝的一统与南移

魏咸熙二年(265 年)八月,司马昭病死,子司马炎继承晋王封号。十二月,魏元帝退位,司马炎建国称帝(晋武帝)。司马昭在世时,掌握军政实权,已是事实上的皇帝,魏元帝只存空名,退位后迁居邺宫。司马氏代魏,完全沿袭了曹氏代汉的步骤与模式。再次演出所谓"禅让"的一场戏。曹丕以魏王封号为国号,司马炎也建号晋。吴国亡后,大江南北统属于晋朝。

一　晋朝的兴衰

制度的创建　晋武帝建号后,实行传统的宗室分封制。把皇族分封到各地,形成各据一方的二十七个国王,指望依靠这些国王来钳制地方势力,捍卫王室。

曹魏时曾实行九品官人法对门阀世族评定品级。晋武帝继续实行九品官人法,规定一、二品可私有佃客五十户,免除租役。三品十户,依此递减。规定的佃户数字虽然不是很多,但又可以品之高低荫庇家族,多者可至九族,少者三世,免除租役。大姓通过宗族家长制奴役着同姓同族的农民群众,并把他们组成为"宗兵"。本地土著的外姓农民,也可以很容易地找到九族之内的关系。荫庇的规定,其实就是允许大族占有大量的农民,不向政府纳租服役,拥有经济特权。

三国时,社会经济虽然有所发展,但土旷人稀的战乱地区,仍然有待于进一步的开垦。曹魏末年,屯田制事实上已逐步瓦解。晋武帝诏令废止屯田制,典农官改属郡县官,屯田户也就变成了普通的农户。通过这个变化,在屯田制的基础上改建了"占田制"。法律规定,农户男子占田七十亩,女子三十亩。占田制并不意味着把土地重新分配,而只是规定农民占地的限额。原来的屯田户如垦地在七十亩以下者,即归他占有。又有课田的规定:"丁男课田五十亩,丁女二十亩,次丁男半之,女则不课。"课是租课之意。如种田不足此数者按此数交租。超过此数者,超出部分可以免课。史料载明晋朝的租率是"凡民丁课田共五十亩,收租四斛"(每亩八升)。课田制奖励耕作,也使政府的税收得到定额的保证。此外,农户还要承担官府的徭役。每年缴纳绢三匹,绵三斤,称为"户调"。

占田制只通用于一般农民,大族占官田为私有,另有定额。一品可占田五十顷,以下各品依次减五顷。

贵族的腐化 晋朝一统,结束了群雄逐鹿的长期战乱,但晋武帝统治集团并没有在一统后致力于有规模的经济建设,在经济发展后,便恣意挥霍,崇尚奢侈,以致贪贿风行,迅速腐化。晋武帝二十岁做皇帝仿效吴主孙皓的办法,公卿以下人家的少女,都要申报朝廷,备后宫采选,隐瞒者治罪。后宫的宫女多至万人,宫廷生活豪侈,靡费大量资财。晋武帝倡导奢靡,上下官吏起而效尤。太尉何曾务在华侈,每天吃饭要用一万钱,还说没有下筷子处。他的儿子每天要用饭钱两万。外戚王恺宴请宾客,命家妓奏乐劝酒,稍不如意,便将家妓杀死,以显示他的豪富。功臣后裔石崇出为荆州刺史,劫夺商人成巨富。有妾上百人,财产丰积。王恺与石崇比赛豪侈。王恺作紫丝布"步障"(屏风)长四十里。石崇作锦步障五十里。晋武帝也参与其事,赐给王恺一株高二尺许的珊瑚,与石崇比富。石崇取出家藏高三四尺的珊瑚有六七株。贵族们相互比富有比奢侈,成为一时的风气。有人曲解老子的学说,既然万物以无为本,名誉也是空虚的,人生如寄,就该无拘束地尽情享乐。一些人甚至裸体散发,群聚狂饮。纵欲放荡,成了贵族们追求的时尚,为前朝所未见。

　　纵欲享乐,需要很多的钱。搜刮钱财成了做官的目的。一切靠钱支配养成官场的颓风。一个不做官的隐士鲁褒作《钱神论》揭露说:"钱之为言泉也,无远不往,无幽不至","危可使安,死可使活,贵可使贱,生可使杀"。官府公然卖官,卖官得钱归主管者私有。有钱可以买官做,做了官可以掠取更多的钱。犯罪的人,只要有钱也可交钱赎罪,为违法弄钱开了方便之门。培训军队也得靠给钱。《钱神论》引述谣谚说:"军无财,士(兵士)不来,军无赏,士不往。"又说:"谚曰:钱无耳,可使鬼。凡今之人,唯钱而已。"

　　流民暴动　士族腐朽的另一面是广大农民的日益贫困。人祸加上瘟疫、蝗虫等天灾,迫使北方的农民大批流亡。走投无路的流民只有拼死地暴动来争取可能的生存。关西流民十余万人逃入巴蜀,在李特率领下举行起义。李特战死后,儿子李雄攻入成都,称成都王,建号成国。自巴蜀入湘州的流民在杜弢率领下曾经攻占长沙。青州流民五六万人起兵反抗官府。进入南阳的流民四五万人打败了晋兵。此外各处还有不可胜数的流亡民众,反抗被杀死、不反抗被饿死的尸骨遮掩了荒原。

皇室内乱　晋武帝在位二十五年病死,传位给太子衷(惠帝),年已三十。尊杨皇后为皇太后,衷妃贾氏为皇后。惠帝为太子时,朝野多认为其不堪执政。生长深宫,不学无术,不知民间疾苦。有人对他说,百姓缺粮饿死。他问道:为什么不吃肉酱?生母杨后早死,杨太后是她的堂妹。贾后是太尉贾充之女,出于名门望族,生性酷虐,任意杀人。

惠帝即位后,杨太后父杨骏为太傅大都督辅政。半年之后,贾后与卫将军楚王玮(武帝第五子)杀杨骏及杨太后。汝南王亮(司马懿第四子)与老将卫瓘辅政。楚王玮诬告亮、瓘谋废帝,承贾后命将二人处死。随后,贾后又处死楚王玮。惠帝昏庸无才,朝政全由贾后操纵。惠帝妃谢氏生子遹,立为皇太子。贾后将母子处死。

贾后擅政长达九年。永康元年(300年)四月,右军将军赵王伦(司马懿第九子)伪造诏书,以杀太子为由,领兵杀死贾后,自称皇帝,废晋惠帝为太上皇,迁出皇都。领兵在外的齐王冏(司马懿侄孙)、成都王颖(武帝十六子)、河间王颙(司马懿侄孙)、长沙王乂(武帝第六子)等联合起兵入都,迎回惠帝复位,杀赵王伦。齐王冏辅政,随后被长沙王乂杀死。东海王越(司马懿侄孙)起兵杀乂,光熙元年(306年)七月以太傅辅政。十一月毒死惠帝,另立武帝的幼子炽为帝（怀帝），改年号为"永嘉"。颖与颙起兵反，先后被杀。五年后司马越病死。

晋惠帝在位十六年，内乱一直在持续。史家有所谓"八王之乱"。内乱不始于八王也不限于八王，而是后族外戚、皇族宗室争权夺利的混战。每次争夺都有随从的宗王和文武大臣被处死。每次战乱都有成千上万的民众被屠杀。兄弟叔侄相互厮杀，功臣宿将幸存无几。皇帝不像个皇帝，朝廷也不像个朝廷。争夺权利的后果是集体自杀，自取灭亡！

晋朝衰乱之际，北方诸族兴起，各据一方。永嘉五年（311年），占据平阳的匈奴族首领刘曜领兵攻下洛阳，俘掳晋怀帝到平阳处死。一些官员拥立十三岁的秦王邺（武帝孙）到长安做小皇帝（愍帝），由地方官员组成一个小朝廷。四年后，刘曜攻下长安，愍帝也被俘到平阳处死。小朝廷与小皇帝一起消灭了。

二　北方诸族立国

晋朝衰乱，北方诸族相继起兵反晋立国，称帝称王。

汉国　晋惠帝永安元年（304年）匈奴左部都尉刘渊起兵，占据左国城（山西离石），自称汉王，建汉国自立。晋怀帝永嘉二年（308年）自称皇帝，建都平阳（山西临汾）。两年后病死，刘聪继位称帝。匈奴族的一些部落在东汉时降附，入居今山西境内。曹魏时分为左、右、南、北、中五部。逐渐接受汉文化，采用汉姓，习用汉语。部将刘曜杀晋愍帝的次年，刘聪病死。刘曜继位称帝。

赵国（刘曜）　刘曜自平阳迁都长安，改国号赵。在位十年，被羯族石勒所建的赵国战败。刘曜及宗室王公将校以下三千余人被杀。赵国亡。

赵国(石勒) 刘曜建赵国的次年(319年),羯族石勒在襄国(河北邢台)立国,也号赵国。羯族原来在上党郡(山西潞城)一带,从事农耕,与汉人杂居。石勒曾在汉族地主家作佃户,后被出卖为奴,结识十八人起兵劫掠,率部众投附刘渊的汉国。刘渊封他为辅汉将军平晋王。晋司马越领兵来攻,病死于军中。太尉王衍及五个宗王都被石勒擒捕处死。石勒勇猛善战,权势越来越大。刘曜改号赵国,石勒领兵而去,也建赵国,称赵王。两赵国争战十年,石勒获得胜利,自称皇帝。

石勒称帝后两年病死(333年)。侄石虎(字季龙)继位,迁都邺。在位十五年死(349年)。赵国亡。

魏国 汉族人冉闵,魏郡内黄人,幼时被石勒俘虏,收为石虎的养子,改名石闵。年长后,为赵国将军。石虎死后,石闵夺取帝位,复姓冉氏。废赵国国号,建号大魏。冉闵夺位得境内汉人拥戴,遭到羯族人的反抗。冉闵残杀羯人,据说死二十万人。次年(350年),石虎子石祇在襄国起兵反魏,败死。鲜卑族的燕国出兵助战。在冀州擒冉闵,处斩。魏国亡(352年)。

燕国 鲜卑族原居住在今内蒙古境内大兴安岭一带的鲜卑山,后迁北弹汗山(山西阳高)从事狩猎游牧。各部落独自活动。其中慕容部在晋武帝时移居大棘城(辽宁义县)。首领慕容廆(音wěi)被晋朝授予鲜卑都督称号,任用汉人辅佐,实行汉制。廆死,子皝继承,自称燕王,迁都龙城(辽宁朝阳)。皝死后,子隽继王位(348年)。攻打石勒的赵国,夺得幽州,迁都蓟(天津蓟县)。灭魏国后称皇帝(353年),迁都邺。359年,慕容隽死,子晔继位。

十年后秦国攻破邺城,擒慕容㬨。燕国亡(370 年)。

　　秦国　氐族酋长苻健建号秦国,称皇帝,都长安(352 年)。氐族是活动在今甘肃、陕西一带的古老的民族。较早接受汉文化。苻健称帝两年后病死,弟苻坚继承帝位,任用汉人王猛做辅佐,建成关中强国。灭燕后又转向比邻地区的凉州。晋凉州刺史张轨,保境安民。中原人多来避难。后裔张祚自称凉王,成为独立的小国。张祚被部下杀死。张天锡继为凉王。苻坚命步兵校尉姚苌等发兵攻凉国,张天锡投降。秦国,东灭燕,西灭凉,成为雄踞黄河流域的大国。

　　北方诸族各自立国,共同的特征是:统治集团多已汉化或部分汉化,境内被统治的居民也主要是汉族居民,因而都采用汉族古代的国号作为自己的国号,以示承袭中原的历史文化传统。各国的发展过程中,逐渐实现了各民族的融合。

三　晋室南移

　　晋朝的再建　北方诸族立国争战。汉人大族相率逃到江南避难。建武元年(317 年),以王导为首的北方大族拥立镇守在建业的晋室宗王司马睿(晋元帝),重建起偏安江左的晋朝,改建业为建康(江苏南京)。

　　重建的晋朝政权掌握在北方大族的手里,有权势的士族有王导的琅琊王氏和太原王氏、颍州庾氏、谯郡桓氏、陈郡谢氏等名门望族。为避免南北大族的利益冲突,晋朝在长江流域设置了侨立的州郡。北方幽、冀、青、并、兖五州及徐州淮北的流人,设立六个袭用原名的侨州及为数众多的侨郡、侨县。仅长江下游就有侨郡三十,侨县七十五。在这些侨立的州郡中,北方大族拥有政治特权,得出任各级官员,也依然拥有经济特权,得以庇荫佃户,奴役北方逃来的佃农。据估计,当时南来的民众至少有九十万人。广大农民开发了江南的广大原野。晋元帝永昌元年(322年),曾经拥立他的大将军王敦在武昌起兵反,攻入建康,元帝忧愤而死。王敦兵退。明帝子绍继位。王敦败死。王导为太保辅政。明帝在位三年病死,传位太子衍(成帝)。晋朝在王导治理下逐渐稳定。

无论南方或北方的大族都依然继承着"洛阳积弊",继续过着糜烂的生活。剥削农民积累财富,自己脱离生产,没有看过起一拨土、耕一株苗。不知几月当种,几月当收。平时穿着讲究华丽的衣服,擦着胭脂和香粉,荒乱无聊地过日子。名门大族以自己的高贵地位相矜夸,不和没有贵族身份的地主即所谓"寒门"通婚姻,也不愿和他们往来。大族以门第、礼法和文化相标榜,自鸣清高,傲视一切。

贵族的所谓清高,其实是虚伪。他们以文字相夸,有的文章是请人代作。靠请客吃饭,替他吹嘘。有的"孝子",也只是虚名。有个孝子在父亲死后对人说他哭泣过度,原来是用巴豆涂脸,把面目弄得红肿骗人。

偏安江左的晋朝,仍然是个腐朽的政权。由于北方诸族混战,才获得了南北汉人的支持。广大农民对江南的开发,又为它的存在奠立了经济基础。

北伐西征 晋朝苟安于江南一隅,不作北伐的打算。北方南来的徐州刺史祖逖,进谏说:晋室之乱"由藩王争权,自相诛灭,遂使戎狄乘隙,毒流中原",请求北上收复失地。晋元帝封他为奋威将军、豫州刺史,给一千斤粮饷,但不给兵士和武器。祖逖募兵两千人,铸造兵器,北上作战。占领谯城。在汴水大败石勒的赵军。在黄河南岸营建武牢城。建武四年九月,病死军中。

晋成帝时,王导病死,年六十四岁。成帝再传至穆帝。成都李氏建立的成国,李雄死后,改国号汉,内部讧争。永和三年(347年),晋荆州刺史桓温灭成汉国。太和四年(369年),桓温加号平北将军,率兵五万讨伐燕国,进到枋头(河南浚县),不敢大战。燕军设伏反击,晋军大败,死三万人。

淝水之战　晋军北上时,燕国曾向秦求援。秦国在东晋退兵的次年(370年)灭燕国。六年后,灭凉国。晋太元八年(383年),苻坚发百万大兵南侵晋朝。晋谢石、谢玄率兵八万人出击。两军会于淝水。晋军请求秦军后退,以便晋军渡河决战。秦军想乘晋军渡河之际,半途邀击。但当秦军下令退兵时,晋兵乘势渡河猛击秦军。秦军中汉人朱序大喊“秦军败了,秦军败了”。以汉人为主,不愿南侵的秦军溃散,败不成军。听到风声鹤唳,都以为是晋军到来,狼狈地逃回长安。淝水之战阻止了秦兵南下,奠定了南北两方对峙的局面。江南的汉族政权得以保持了。

淝水战后一年,羌族人姚苌据北地,称秦王。次年攻取长安,杀苻坚,称秦帝。姚苌死,传子姚兴,继承帝业。

第二节　南北朝的对峙

一　鲜卑拓跋部建北魏

拓跋部的兴起　北方动乱的历史舞台上,鲜卑族的拓跋部是一支新兴的力量。拓跋部原是鲜卑族中较为落后的一支,当慕容部建立燕国时,拓跋部仍停留在氏族部落制阶段。以游牧为业,活动在今内蒙古南部草原。

早在后汉时,拓跋部已形成三十六部组成的联盟,三国时,酋长力微消灭了敌视他的白部,有兵二十余万,建立起世袭王权。没有文字,以言语约束,刻木契记事。没有监狱,也没有法律。遇有纠纷,各部落大人(酋长)集会,临时裁决。部落大人拥有巨大的权力,他们和曹魏交通,但拒绝接受汉文化。

力微死后,孙子猗卢取得大酋长的职位,依靠对各部落的严厉镇压来巩固自己的权力,前后上万人被他处死。招纳汉人,来扩充力量。一个汉族商人莫含得到了他的信任,参与拓跋氏的军国大计。晋朝统治下的汉人大批投到拓跋部的统治之下。猗卢分设南北二部。北部以盛乐(内蒙和林格尔)为中心,统治本部人。南部以新建的平城(山西大同)为中心,统治汉人和鲜卑其他部落。猗卢的长子六修是南部的统治者。依靠南部的力量,杀猗卢。北部鲜卑人杀六修。南部汉人纷纷逃到晋朝来。

猗卢和六修之死并不意味着斗争的结束。史料记载:"国内大乱,新旧猜嫌,迭相诛戮。"部落间的混战呼唤着国家机构的诞生。

拓跋氏国家机构的形成是在酋长什翼犍的时候。什翼犍在对外征伐中不断取得胜利,俘获生口及马牛羊数十万头。俘掳的"生口"成了拓跋部的奴隶。奴隶制的发展加速着拓跋部的阶级分化。什翼犍开始设立百官,分掌职务。北部官员由诸部大人及豪族充当。南部官员的设置采用晋朝制度。保护私有制的法律也在这时成立。盗官物加五倍,盗私物加十倍赔偿。人民相杀送死者财物了结。犯死罪的允许献金马赎罪。犯叛逆罪的人,亲族男女老少都要处死。沿袭晋朝给猗卢的"代王"封号,什翼犍的国家号称代国,建都盛乐。当什翼犍和诸部大人商议建都时,保守势力以游牧为理由反对定居建城。什翼犍主张遣兵中原,向汉地发展,又遭到诸部大人的反对。诸部保守势力的强大使国王不可能具有太大的权力。

新建的代国被秦国苻坚军打败。什翼犍被部人杀死,代国灭亡。秦国败亡,拓跋氏的国家才又得以复兴。

北魏的建国　什翼犍的长孙拓跋珪继承代国王位,改号魏国。年号登国(386 年)。拓跋珪统率各部落连年征伐,击败邻近各族,俘获到大批的奴隶和牲畜。登国三年,攻破燕国,占有黄河以北广大地区。拓跋珪称皇帝(魏道武帝),建都平城。史家习称北魏。

拓跋珪废除了鲜卑族中原来的氏族部落组织,编为民户,定居耕作。设置四方、四维,由八部大人分别管理。各部大人不再是作为部落的酋长,而是作为朝廷的命官统治当地居民。拓跋珪又规定赏赐奴隶的办法,对外作战俘掳的生口按照军功颁赐给各级将士。接连不断的战争的胜利促进了奴隶占有制的发展。鲜卑族的自由民中流落出大批贫困的穷人。各部落的豪族变成了奴隶主。拓跋珪由此取得豪族的支持来巩固自己的国家。

拓跋珪在他统治下的汉族和非鲜卑族居民中,参照汉人旧制,建立政治制度。自尚书郎、刺史、太守以下均用汉族文人充当。拓跋珪亲自祭祀孔子,以表示对汉文化的尊崇,并在平城建立太学,设置五经博士,奖励农业生产。通过这些措施,获得了汉人地主阶级的支持。鲜卑族中发展着奴隶制，广大汉人地区继续实行封建制。

拓跋珪死，拓跋嗣即帝位（明元帝）。在位十四年。死前一年，亲率大军五万人南侵。夺得兖州、青州诸郡。泰常八年（423年）病死。长子拓跋焘继位（太武帝），年仅十七岁。即位前已封泰平王，加号大将军。曾代父总理朝政，领兵出镇。即位后连年出兵作战，消灭北方诸国，统一了黄河流域。

灭夏国——匈奴族酋长赫连勃勃魏天赐四年（407年）在统万城（陕西横山）建夏国，自称大夏天王。泰常三年（418年），夏军攻入长安，自称皇帝。始光二年（425年）死，子昌继位。次年，魏太武帝发兵攻打夏国，取统万。赫连昌败逃，被魏军俘获。余部逃往陇西。三年后魏军攻占平凉。夏国完全消灭。

灭燕国（冯跋）——鲜卑慕容部建立的燕国被秦国苻坚消灭后，慕容部酋长慕容垂又占据中山（河北定县）称燕帝。传子宝。魏道武帝攻占中山，慕容宝迁往龙城（辽宁朝阳），被高句丽人高云杀死。汉人冯跋杀高云，占据龙城，称大燕天王。魏太延二年（436年），魏军攻占龙城，灭燕。

平凉州——苻坚的秦国占领凉州后，派大将吕光（氐族）出征西域，西域诸国归附。苻坚被姚氏灭后，魏登国元年（386年）吕光在凉州自立，都姑臧（甘肃武威），称天王。在位三年，病死前立太子绍为天王，自号太上皇帝，后被姚氏秦国消灭，史家称"后凉"。占据张掖的匈奴族沮渠蒙逊进据姑臧，称河西王。史家称北凉。凉州大族李暠占据敦煌，称凉公，史家称西凉。魏泰常五年（420年）沮渠氏灭李氏。太延五年（439年），魏太武帝灭沮渠氏。凉州地区自立的诸小国先后消灭。

自匈奴族刘氏建立汉国,攻灭晋朝以来,东起辽河流域西至今甘肃的广大地区,各民族先后据地称帝王,相互攻战,延续百有余年。黄河流域再次遭到长期战乱的破坏。魏太武帝消灭诸国,使北方地区重归一统,是对历史发展的重大贡献。大河南北诸州郡被征服地区本来都是汉人的居地。统一后,汉人数量继续增长,鲜卑人成为绝对的少数。国内的社会经济状况也显现出更加复杂的情景。

汉人地区的碉堡,四处林立。豪强割据一方,占有大量的田园、奴役众多的农民和奴婢,并拥有私人武装。豪门大族成为各地势力深厚的霸主,遍布在魏国的广大地区。

在平城周围所谓"畿内"地区,从事农耕的鲜卑人和早期迁来的汉人,原来由国家"计口授田",诸部帅督课耕作。被征服的其他各族人,内迁之后,也由国家"计口授田"。北魏国家和鲜卑贵族占有称为"隶户"、"平齐户"等杂户,他们都是被俘掳或犯罪没入的各族民众。杂户比授田的民户更卑下,地位类似农奴。鲜卑贵族奴役着这些农奴和奴婢,广置田园。

汉人地主占有大量的民户。逃避官役的农民成为他们的荫附,可以不为官府纳税服役,但遭受着豪强地主倍于公赋的剥夺。

北方长期分裂和战乱中,广大民众弃卖田宅,迁居他乡。统一后,返回故居,认占旧土,但是年代久远,无可取据。有势力的豪强乘机侵占,侥幸之徒,也假冒认领。结果是良田委弃,争讼迁延。土地的占有引起了无穷的纠纷,严重阻碍农业生产的恢复。

魏国北境的鲜卑人依然从事畜牧生产。奴隶制在这里被保存下来,但封建的生产关系已在发展。原来规定,鲜卑牧民,羊满万口,输戎马一匹,作为租赋。太武帝为防备北方游牧民柔然族的南侵,在北方边地设立武川等六个军事重镇。驻军六镇的贵族依靠对外俘掠,扩充奴隶的来源。此外,解体了的鲜卑部落中也不断地流落出不耕不牧的浮食游民。

太武帝的继承者文成帝时,被压迫的汉族农民不断举行武装反抗。皇兴五年(471 年)即位的孝文帝拓跋宏针对着当时的形势,采纳汉臣的建议推行均田制。北方农业逐渐恢复,但"地广人稀"的局面并未扭转。均田制规定:

(一)国家占有的大片无主荒田,分配给农民。男子十五以上受"露田"(耕作田)四十亩,牧人二十亩。需要休耕的劣田可加两倍或三倍租授,称为"倍田"。男丁另受桑田二十亩,种植桑榆。受田人病死或年老不能耕种时,露田不得出卖,交还国家。桑田由农民世代继承,作为"永业",可以部分地出卖。受田农户需向国家交租,一夫一妇交租粟两石,调帛一匹,同时担负国家的徭役。

(二)有牛一头,可另授田三十亩。为防止扩张,规定以四牛为限,超过此数者不另授田。

(三)奴婢可与普通农民(良丁)同样授田。但当奴婢被出卖时,所受田要归还政府。

均田制的实施,使无地少地的农民有地可耕,帮助解决了一些土地纠葛,也使鲜卑游民得到了安身之所。奴婢受田向政府交租,封建制得到发展。但均田制并没有触犯大地主们的土地占有,也没有妨碍他们继续奴役那些受了田的奴婢。这就使得均田制并未遭到来自豪强的太多阻挠,而得以顺利实施。

拓跋宏以"均田"为纲,使社会经济中许多严重的问题得到解决或部分的解决,建立起生产秩序,促进了农业的发展。这样,以汉人为主要统治对象、以农业为基础的魏国,就只剩下六镇一带的鲜卑族和其他被征服的游牧族还保存奴隶制的残余,从事畜牧经营,但在整个社会经济中,已不起重要的作用。

拓跋宏的另一措施是倡导鲜卑人汉化,以巩固对汉人的统治。拓跋宏率领平城畿内的鲜卑贵族兵士迁都洛阳,只是六镇一带的鲜卑人依然留住在当地。拓跋宏命令内迁的鲜卑人属籍洛阳,死后不得归葬本土。鲜卑贵族一律着汉族衣冠,操汉族语言,朝廷议事禁止说鲜卑语,禁止穿鲜卑服。拓跋宏改姓元氏,鲜卑贵族均改汉姓,并且倡导与汉人通婚以加速两族的融合。

北魏继续维持汉人大族的政治特权,并重定族姓品第。世族旧家和一些新兴的豪族地主被列入高门,分为九品。鲜卑贵族也评定族姓,在一般汉人族姓之上。拓跋宏企图取得汉人世族、地主的支持,同时保持鲜卑贵族在政治上的优势。

事实说明,拓跋宏在位时的北魏王朝,已是一个汉族式样的封建王朝了。

北魏也是佛教的提倡者。佛教在后汉末传入中国。但后汉和曹魏都只允许外来僧人建寺,不准汉人出家。石勒石虎父子尊奉天竺(印度)僧人佛图澄,在赵国境内兴建佛寺。苻坚也在长安建佛寺,许汉人出家为僧。出家可以免官府赋役。僧人渐多,佛寺也渐多。魏太武帝曾大规模地消灭北魏境内的佛寺。但当他死后,佛教就又恢复起来并且迅速地扩展。寺主都是地主。"僧祇户"是寺院的"荫附",每年要向僧官交谷。"佛图户"是寺院中的奴隶,为寺主种田。拓跋宏时,州郡佛寺有六七千所,僧尼达八万人。到北魏末年,州郡寺院三万余所,僧尼多至二百万人。

二　南朝五姓的延续

北魏建国的年代,江南晋朝覆亡。此后,宋、齐、梁、陈四朝相继更迭。史家概称为南朝。

晋朝覆亡　豪门执政的晋朝在淝水之战后二十年间,陷于衰乱。在淝水之战中立了大功的谢安遭到宗王司马道子的排挤。谢安病死,司马道子及其子元显,从晋孝武帝司马曜手里夺得执政的实权。以桓温子桓玄为首的世族集团占据建康以西诸州郡起兵反晋。东部八郡,爆发了农民武装起义。与司马显有杀父之仇的贵族子弟孙恩募兵攻入会稽取得了起义的领导权。不到一年便被晋朝名将刘裕镇压,孙恩逃入海岛,自杀。

桓玄在晋朝镇压起义时,从西向东扩大了占领区,晋安帝元兴元年(402 年),攻入建康,杀司马道子父子。次年废晋安帝,自建楚国。

楚国存在不过四五个月,刘裕在京口收兵攻入建康,杀桓玄全族。桓玄挟持安帝逃往江陵,晋军追至,杀桓玄,迎回安帝复位。义熙十四年(418 年)刘裕使人杀安帝,另立琅琊王德文(恭帝)。一年后以"禅让"名义让位给刘裕,建宋朝。年号永初(420 年)。

晋朝自武帝司马炎建国,共历一百五十五年,被刘宋取代。

宋朝　刘裕出身于一般地主家庭,不是豪门望族,依靠军事力量夺得政权后,采取了一些改革措施:(一)加强集权,皇帝亲自掌握朝政。起用寒门担任重要官员,改变了大族执国政的局面。

（二）逐个消灭各地拥兵的割据者。遣派皇子充任各地镇将。军权集中于皇室。（三）取消侨郡县,实行土断法。北方贵族就地为土著,同于本地居民。

刘裕在杀安帝前,义熙十三年（417年）曾举行北伐,攻下长安,消灭了姚兴的秦国。刘裕没能长久占有关中,次年被夏国夺去。但关东至青州一带从此成为南朝的领土。这是南朝北伐的第一次胜利,极大地振奋了人心,也提高了刘裕的声威。

刘裕在位两年病死,谥武帝。元嘉元年（424年）子义隆（文帝）即位。元嘉二十七年（450年）魏太武帝率十万大军攻宋。宋文帝率大兵北伐。次年,魏兵南下,猛攻盱眙,直指长江,宋兵坚守,魏军死伤甚众,无功而返。宋魏两国在这次战争中都付出了重大的牺牲,但都没有达到消灭对方、统一全国的目的。经此一战,双方退守旧疆,稳定了南北对峙政局。

宋文帝在位约三十年,大体保持安定。江南原野经过孙吴以来百余年的开发,开始呈现繁荣景象。文帝以后宗室诸王相互疑忌,相互争夺,内乱连年不止。顺帝昇明三年（479年）南兖州刺史萧道成灭刘宋,建立齐朝。刘宋立国,历六十年。

齐朝　齐高帝萧道成也是布衣素族出身。齐政权基本上是宋政权的继续,执政的大权依然操于素族地主。

宋齐时期南方经济力量有了增长。南北抗峙的形势促进了对外贸易的发达。广州成为南海诸国通商的大商埠。本来是地广人稀的江南人口大量增加,居住在南方的少数族渐与汉族融合,共同开发了广阔的田园和山林川泽。昔日荒村变成沃野,落后的长江流域一变而为富庶之区。

宋齐以来,在政权上被排斥了的大族,仍然保留优越的社会地位,不断加强经济掠夺。"素族"地主中也兴起了许多"豪富之家",占有良田可达万顷,横跨数郡。依靠私人部曲武装,压迫和剥削农民,霸占农民开采的山泽,积累起万金家资。

佛教逐渐流入江南。齐朝极为兴盛。据不完全统计,萧齐有佛寺二千余所,僧尼数万人。佛寺占有土地并且经营高利贷,寺中贮藏大量黄金。僧尼的上层剥削广大民众和下层僧尼。他们占有的奴婢也有免税免役的特权。

魏孝文帝拓跋宏曾两次进攻齐国(497、498 年)遇到齐萧衍军的抵抗,无功而返。齐永元元年(499 年)正月出兵四万攻打魏国,兵败,死三万余人。这年四月,拓跋宏病死。两国停战。

萧齐末季,又陷入宗室之间的相互厮杀。天监元年(502 年),梁王萧衍取代齐朝,建立梁朝。萧齐立国,凡二十三年。

梁朝　梁武帝萧衍是齐高帝萧道成的族弟,封梁王,受禅称帝。即位后,命诸皇子分驻各地,掌握兵权,加强宗室诸王的权力,以捍王室。宋、齐两朝排抑的豪门子弟,也得经推举做官,尊重其社会地位。自朝廷至地方设置的官员因而大量增加。梁武帝采取宽松的执政方针,缓解世族与素族的矛盾,争取更广泛的支持,以巩固梁朝的统治。

梁武帝在位四十八年,在前代开发的基础上,经济繁荣,是南朝发展的全盛时期,重新得势的豪门大族,养尊处优,贪图享乐。子弟们擦粉施红,穿着香熏的衣服,坐着柔软的垫褥,倚扶丝制的靠枕,陈设美器珍玩。不懂得农事,不懂得政事,当然更不懂军事。不会牧马,有的甚至连马也没见过。一个豪门子弟看见战马跳跃长嘶,便吓得惊慌失措,说这是老虎,怎么叫做马?梁武帝倡行节俭,但皇室宗亲也多腐败。梁武帝的六弟萧宏侵夺百姓的田宅邸店,重利盘剥,积聚财货。梁武帝得到萧宏藏匿兵器谋反的信息,亲自到宏家查看。库屋三十余间不见兵器,每库贮钱千万,悬一紫标,共有钱三亿余万。其余近七十间库屋堆满布绢丝棉漆等杂货。梁武帝看了,不加斥责反而称赞,因为他担心的只是宗室造反,对于他们的巧取豪夺,可以放任不管。梁武帝雅好文学,也是儒学的积极提导者和研究者。他平素卷不离手,燃烛侧光,常至深夜。撰述研究儒经的著作达二百余卷(小部分关于玄学),文集百二十卷。京师设五经馆置博士,招生员。又制造礼乐,敦崇儒雅,命儒生撰订五礼颁行。梁武帝也是佛学的积极提倡者和研究者,力求把儒学和佛学调和到一起,主张佛、儒、道三教同源。撰著研究佛典的著作数百卷,并亲自去京师讲说,听众万余人。梁武帝先后三次到佛寺舍身当和尚。少者三四天、多者三四十天,再让大臣们出钱几万万把他从寺院赎回。梁武帝提倡儒学以争取士人的支持,提倡佛学从精神上消磨人们的斗志,也影响宗室诸王,削减他们的争夺心,免蹈宋、齐的覆辙。

梁朝对魏不断进行一些小规模的战争,边地城邑互有得失,但都没有取得什么重大成果。

太清元年(547年)魏司徒侯景以十三州地附梁,企图借梁兵之助篡魏。梁武帝封侯景为河南王,并派大兵出战,被魏兵打得大败,兵士损失数万。

次年,侯景反,攻陷梁寿阳、谯州、历阳,渡江南下,攻入梁都建康。纵令士兵劫夺民间食粮,抢掠妇女金帛,收集奴隶作叛军。百年来兴建的建康城遭到毁灭性的浩劫。太清三年,侯景军攻下台城(梁宫城),梁武帝被囚禁,不给饮食,饥饿忧愤而死。宗室贵族多死于城中。

北朝学者颜之推说:"梁世士大夫平日崇尚宽衣博带,戴大帽子穿着高底鞋,出行坐车轿,走路要人扶。及至侯景之乱,肤脆骨柔,不堪行走,体虚气弱,不耐冷热,多死在乱离之中。"富家"穿着罗绮,怀着金玉,伏在床帐里,听天由命地等死"。经此一乱,建康的门阀大族几乎全部消灭,带给广大人民的则是无穷的灾殃。

侯景攻下台城后,自称汉皇帝,派兵向三吴(吴郡、吴兴、会稽)进发。所过之处,杀人如草,以为戏乐。宗室萧绎自江陵起兵,部将王僧辩与广州的振远将军陈霸先协同作战,拦截侯景。在姑孰(安徽当涂)大败侯军。侯景逃回建康。陈军逼近建康,侯景败逃,途中被部下杀死。萧绎在江陵自立为帝(梁元帝),命陈霸先驻守建康。梁承圣三年(554年)魏军攻下江陵,封梁宗室萧詧为梁王。元帝被杀。梁朝立国凡五十二年,其中梁武帝在位四十八年。

陈朝 陈霸先攻占建康。梁元帝被杀后,在建康拥立元帝的十三岁幼子萧方智称帝(敬帝),自为丞相,封陈王。三年后,敬帝让位,陈霸先称皇帝(陈武帝),建陈朝。这时,益州、汉中、襄阳和江陵等地都已被魏国占有。陈与北朝以长江为界,较梁朝的领域小了很多。

陈武帝在位三年,病死,年五十七岁。兄子陈蒨即位(文帝),再传至弟顼(宣帝)。宣帝死,传子叔宝,是陈朝最后一个皇帝。史家称为"后主"。

陈后主二十九岁即位,纵情声色,广建宫殿,赋敛繁重。掌管起草诏书的北地人傅縡（音 zài）上书说:陛下顷来酒色过度,视生民如草芥,"后宫曳绮绣,厩马余菽粟,百姓流离,僵尸蔽野,货贿公行,帑藏损耗,神怒民怨,众叛亲离。恐东南王气,自斯而尽。"文士章华也上书说:"陛下即位,于今五年,不思先帝之艰难,不知天命之可畏,溺于嬖宠,惑于酒色。""陛下如不改弦易张,臣见麋鹿复游于姑苏台(在江苏吴县)矣。"傅縡、章华先后上书劝谏,说这样下去就要亡国。陈后主大怒,杀傅縡、章华。

陈后主醉生梦死,等待着灭亡。

自晋朝南移建康以来,经宋、齐、梁、陈四朝,走过了约二百七十年。晋朝初建时,领域包括荆(治湖北江陵)、扬(治江苏南京)、交(广西钦州及越南境)、江(治湖北武昌)、湘(治湖南长沙)等州,以及徐州部分地区和豫州的谯郡。晋灭成汉,得成都蜀地。宋朝灭秦后,潼关至青州一带也归属于南朝。在这期间,北方汉族民众陆续南下避乱。据记载,宋朝时侨州郡县已有人口九十万。南方人口总数和南下的人口总数,都没有确切记录。据估计,北方南下的侨民约占南方总人口的六分之一。南下的民众主要集中在长江下游地区,开垦了广大农田。扬州、荆州农业最发达。闽江和珠江流域经由当地农民和中原南下的民众的开发,也得到发展。农业的发展和水上交通的开辟,促进了商业的繁荣。建康是政治中心,也是商业中心。城中设四个"市"(商业区),据说市井的繁华,可与汉长安、洛阳媲美。京口(江苏镇江)、山阴(浙江绍兴)、寿春(安徽寿县)、襄阳、江陵、广州、成都都是商业都市。海外贸易也有了一些拓展。原来处于落后状态的江南地区,经过南朝的开发,经济发展水平超过传统的中原地区,是社会经济发展的一次重大转折。全国统一后,国家的财赋主要来自江南。江南成为经济开发的基地,对此后的历史进程产生了深远的影响。

第三节　魏国的分治

一　六镇起事

鲜卑拓跋氏建立的北魏,到孝文帝拓跋宏时,达到极盛。太和二十三年(499 年),宏死,十七岁的太子恪(宣武帝)即位。在位十六年,太子诩继位,年仅六岁,母胡太后临朝执政。北魏日渐衰朽,州郡官职,按级定价,公然买卖。各地大修佛寺,穷极奢丽。胡太后在宫侧修建的永宁寺,以金玉傅饰佛像,侈靡无度,为前所未有。布施僧侣的财物,动以万计。诸王贵族也纷纷修佛寺,建佛塔。广大农民担负着难堪的重役,造成民力疲弊,农事不修。在龙门山修造的佛龛,前后经二十四年,用民工八十余万。这个著名的石窟一直保存到现在,是罕见的艺术珍品。石窟闪烁着古代劳动人民智慧的光辉,也展示着此地当年曾经弥漫多少悲愁和血泪。

宗室权臣,竞为豪侈。有的宗王,宫室与紫苑相侔,役使僮仆六千、女伎五百,出门则仪卫塞路,归来便日夜歌吹,一饭费数万钱。有人以金龙玉凤作窗饰,以银器代马槽,宴饮时用水晶杯、玛瑙碗,府库中填满了数不清的缯布和金钱。贵族们的侈靡耗费自然是来自对广大群众的敲剥。史家评论说:"牧守令长,率皆贪污之人,由是百姓困穷,人人思乱。"

魏宣武帝时,农民群众即不断举行武装起义。幽州起义者以王惠定为首,自号明法皇帝。泾州民陈瞻聚众称王,建元圣明。吕苟儿、王法智率领秦州起义军,攻打州郡,发展到十余万人。作为北魏农民起义一个重要特点是各地受压迫的僧众也相继起义。延昌三年(514年),幽州沙门刘僧绍起义,号明法王。次年,冀州沙门法庆领导起义,以"大乘"作称号。所到之处,毁掉寺舍,斩除僧尼,烧灭经像,宣传"新佛出世,除去众魔"。北魏镇压了起义,杀死法庆,但一年之后,大乘军又重新聚集,继续战斗,攻进了瀛洲。此伏彼起的群众斗争日益猛烈地摇撼着枯朽的北魏王朝。

在群众起义的同时,边远的六镇爆发了大规模的动乱。正光四年(523年),怀荒镇和沃野镇人群骚动,杀死镇将。六镇陆续出现武装起义的浪潮。魏宣武帝禁止六镇流民内迁。边兵和百姓遭受着镇将和贵族的奴役,比内地的农民更加贫困。从事畜牧的奴隶,承受着日益残酷的宰割。部落中流落的自由民沦为奴隶。农民和奴隶群众反压迫的正义斗争,是爆发动乱的基本因素。北魏王朝在动乱发生后,立即下诏释免边地奴隶为平民,改镇为州。但是,这个诏令已经太晚了。乱势已成,不可遏止。

动乱中还有被奴役部落的起事。高平镇被奴役高车(敕勒)族,以酋长胡琛为首起义,称高平王,率众部落反抗北魏。

六镇的鲜卑贵族是鲜卑族中反对汉化的保守势力的残余,长期遭到北魏王朝的压制。"强宗子弟"号为"府户",如同奴仆,不被列入族姓高门。积怨已久,也乘机起事。

起事者的成分是复杂的,组织是松散的,但都集中目标反对北魏。贵族们率领的乱兵,到处残杀和掠夺。由鲜卑人葛荣率领的丁零族鲜于修礼的队伍,攻陷信都(河北冀县)时,把城内居民逐出,死者十之六七。攻陷沧州时,居民死者十之八九。葛荣败后,部众分散到四方。

六镇起事也影响到西北边地各族人。今甘肃一带的氐人、羌人相继起兵。南秀容爆发了以葛于乞真为首的"牧子"(牧奴)群众的起义。这个部落的酋长尔朱荣通过镇压起义加强了自己的力量。六镇动乱中的贵族贺拔岳、高欢等率众投附尔朱荣,形成为旧势力的新结集。

武泰元年(528年)尔朱荣攻下了北魏的都城洛阳,杀胡太后,并下令杀死北魏朝廷的官员。接着,又击败了葛荣和西北边境的队伍。六镇动乱,以尔朱荣的暂时胜利而结束。

两年后,尔朱荣被他自己所立的皇帝魏孝庄帝(子攸)杀死。尔朱兆攻入洛阳,杀孝庄帝。统率六镇流民的高欢,太昌元年(532年)在洛阳立魏孝武帝修,击败尔朱兆,灭尔朱氏,把政权夺到自己的手里。

但是,魏孝武帝并没有听从高欢的摆布,两年后投奔占据关西的镇将宇文泰。高欢另立十一岁的宗室善见为帝(魏孝静帝)。这样一来,魏国便分裂了。实际上由高欢执政的魏国和实际上由宇文泰执政的魏国,两个政权对立,展开长期的斗争。

二 东西分治

高欢在洛阳立魏孝静帝后,迁魏帝于邺(河北临漳),自己统兵在晋阳(山西太原)驻守。宇文泰在大统元年(535年)七月迎立孝武帝入长安,当年年底就把他毒死。另立魏宗室宝炬为帝(魏文帝),年号大统,自任"督中外诸军事",掌握军政实权。

高欢随即在天平三年（536年）发大兵讨伐宇文泰。次年正月，前锋军攻潼关，战败，班师。十月，高欢自统大兵，号二十万再次西讨。宇文泰自率大军决战，在沙苑（陕西大荔）大败高欢军，杀六千余人，俘虏四万人。武定元年（543年）高欢与宇文泰在洛阳东北的邙山交战，高欢获胜，俘斩上万人。两次大战表明，两个魏国谁也消灭不了谁，只能维持东、西魏并存的格局。

高氏是鲜卑化的汉人，宇文氏是汉化的鲜卑人。六镇兵民是东魏立国的基础。关西世族是西魏立国的支柱。东西魏情况不同，实行不同的政策，巩固各自的统治。

东魏　高欢是汉人，据说原籍是渤海蓨县（河北景县）。先世曾在晋朝做官，后来又在鲜卑慕容氏的燕国和拓跋氏的魏国任职。高欢自幼生长在鲜卑人当中，通鲜卑语，熟知鲜卑风习，还有一个鲜卑语的名字贺六浑。他自六镇的队主（小队长）起家，升至镇将，统率六镇，得到鲜卑官兵的拥戴。扶立魏孝静帝以后，代魏国统治汉地，既需要控制王室，又不能不争取汉人大族的支持。高欢把女儿嫁给孝静帝，立为皇后，又到信都（河北冀州）认渤海世族高氏为同族，信都守将高敖曹为叔。高敖曹统领的汉人军队，成为东魏的一支劲旅。高欢对鲜卑官兵讲话用鲜卑语，自称贺六浑。对汉人讲话用汉语汉名。对鲜卑人说："汉民是你们的奴隶，男人给你们种地，女人给你们织布，不要欺压他们。"对汉人说："鲜卑人为你们打仗，让你们安居，不要仇恨他们。"高欢力求缓解鲜汉矛盾，以维护他的统治，促进了民族间的融合。

东魏依鲜汉兵力立国，与西魏两次大战，一负一胜。邙山战后三年，高欢病死。长子高澄继续都督中外诸军，总揽朝政。两年后被一个汉人俘奴暗杀。武定八年（550）高欢次子高洋继任其职，进封齐王。魏孝静帝以禅让名义退位。高洋称皇帝，立齐国。

西魏 宇文泰系出鲜卑族宇文部，在长安立西魏，官员多是关西世族。倚用世代为官的武功人苏绰依照汉人传统的政治观念，制定六条施政方针："清心、敦教化、尽地利、擢贤良、恤讼狱、均赋役"，推行汉化政治。但西魏的军兵主要还是源于氏族部落旧制的鲜卑人。邙山之战失败之后，宇文泰广泛招募汉人豪强武装，编入军旅，叫做"府兵"。编入府兵的民众，免除赋税，接受军事训练，应召出征。府兵由宇文泰及八位鲜、汉将领统帅，号为八柱国，柱国之下设十二大将军，各统两个开府各有一军。大将军也兼用鲜、汉。府兵制增强了西魏的兵力。大将军杨忠等领兵攻下江陵，俘梁元帝，取得重大胜利。（见前）。

西魏国内汉人势力增长，汉化程度加深。为保持鲜卑贵族的优越地位，宇文泰又倡导保持鲜卑旧俗。原来改为汉姓元氏的贵族恢复旧姓拓跋氏，甚至命有权势的汉人将帅也改为鲜卑姓氏。这一强制举措行之不久，即被取消，显示民族间的融合已是不可逆转的潮流。

高洋立齐国称帝之后，西魏名义上仍然尊奉魏帝。魏文帝于大统十七年（551年）病死。太子元钦嗣位，两年后，宇文泰废元钦，另立齐王廓为帝（魏恭帝）。恭帝三年（556年）十月宇文泰病死。子宇文觉嗣位执政，封周公。当年十二月，魏恭帝退位，宇文觉称天王。

魏国自道武帝拓跋珪建国，至魏恭帝退位，前后共历一百七十年。

三　北齐北周

高氏与宇文氏分别建立的齐(北齐)和周(北周)都只存在二十几年。宇文氏在北齐建立七年后建北周,二十年后灭北齐,北方地区又归一统。

高洋代东魏建齐国称皇帝(齐文宣帝),倚用汉人世族弘农杨氏的杨愔(音 yīn)执政,任尚书令、骠骑大将军。魏帝退位后次年死。高皇后(高洋姐)改嫁杨愔,结为姻亲。高洋二十一岁建国称帝,在位十年。前几年依靠以杨愔为首一批汉人官员,以汉法治国,大体保持安定。年长后,统治既定,骄纵荒乱,任意诛杀大臣,渐失民心。高洋娶汉女李氏,生子殷,立为皇后。天保十年(559年)高洋死,十六岁的太子高殷继位。杨愔独揽朝政。高欢第六子高演夺取帝位,杀杨愔,次年高演病死。弟湛(高欢第九子)即位。五年后传位给九岁的儿子高纬,自称太上皇,仍然专政。四年后病死。高纬是北齐最后一个皇帝。宠信乳母宦官,朝政混乱。北齐朝廷,土崩瓦解,众叛亲离。

北周建国之初,即爆发了宗室间的争斗。宇文觉以周公受魏禅,建国称天王,年仅十六岁。宇文泰兄子宇文护为丞相,把持朝政。当年年底杀宇文觉,另立宇文泰长子毓为天王,两年后称皇帝,年号武成(559年)。次年三月,也被宇文护毒死。宇文泰第四子邕奉遗诏即帝位(周武帝),宇文护都督中外诸军事。十年后,武帝的统治已很巩固,得知宇文护谋害先帝事,斩宇文护。强化皇权,改年号为建德。

周武帝在位致力改革鲜卑旧俗,倡导汉化。宇文泰攻破江陵,依鲜卑传统,俘虏大批汉人做奴隶。周武帝诏令六十五岁以上的俘奴一律释放。其他公私奴婢年在七十以上者放免。又下诏把江陵俘奴充当北周官奴的人,全部释放为平民百姓。

建德三年(574年)诏令"改诸军军人并名侍官",即把各军的兵士都改为官府统领的侍卫军。更广泛地招募汉人百姓当兵,免除在本县的户籍,即免除赋税。史家评论说:"是后夏(汉)人半为兵矣。"源于鲜卑氏族部落制的府兵制,百姓平时种地,农闲时受训,实际上还是民兵性质的服役。改制后,百姓应募当兵,免除县籍,成为专业的官兵,不再负担赋税,因而多来应募。江陵俘奴多半是俘虏的梁朝士兵,释免为百姓后,也就可以应募作周兵。

建德四年(575年),周武帝下诏伐齐,中途得病班师。建德五年(576年)十月,周武帝又亲自统率大军伐北齐。十二月,一举攻下晋阳。次年正月,攻入邺城,俘虏齐帝高纬,消灭了衰乱中的北齐。

周军灭齐后,北方地区重归于一统。周武帝随即采取一些重大措施,加强治理。

释放奴隶——北齐境内,自北魏建国以来,历次战争俘虏的各族奴隶和犯罪被罚的奴隶统称为"杂户"。杂户分属官府和贵族私有,世代为奴,是庞大的人群。周武帝灭齐后下诏"凡诸杂户,悉放为民。"还诏令周国境内以前自齐国俘掳来的奴婢,不问官私,也一律放免,同于平民。

颁行刑制——灭齐后当年十一月颁行《刑书要制》即成文的刑法,处治极严。持杖抢劫财物相当绢一匹以上,监管官物的官员自盗(贪污)绢二十匹以上或诈请(冒领)官物三十匹以上,正长

（基层里长）隐瞒五户十丁或地亩一顷,贪污赋税,都处死刑。

禁废佛教——周武帝倡导汉化,尊奉儒学。曾令北周僧人还俗。北齐境内佛教兴盛,有佛寺四万所,僧徒三百多万人。周武帝灭齐后,随即在邺城召集僧徒集会,宣布禁废佛教。捣毁佛像,焚烧经卷,寺院分赐给王公大臣做住宅。没收资产赏赐群臣。僧徒都勒令还俗做平民。寺院中役使的奴仆,也放免为民。佛教被魏太武帝禁废后,又遭到一次"灭顶之灾"。

周武帝十八岁即位,在位十八年,完成了灭齐的大业。次年六月病死。汉人李皇后所生长子赟即帝位(周宣帝)。年二十岁。宣帝即位前娶弘农杨氏女,立为皇后,杨氏系出名门望族,祖父杨忠,周文帝时是攻下江陵的主帅。周武帝时,尊为太傅。父杨坚袭封隋国公,武帝时进为柱国。周宣帝即位,杨坚受遗命辅政。宣帝在位两年病死。八岁的幼子静帝即位,杨坚总揽朝政。相州总管、大将军尉迟迥(鲜卑尉迟部人)联合周宗室五王起兵反杨坚,兵败被杀。杨坚除灭诸王,迫令周静帝退位,自称皇帝,依原来的封爵,建号隋朝,年号开皇(581年)。

第四节　隋朝再统一

一　统一全国　建立制度

杨坚灭周国建隋朝,标志着自北魏以来鲜卑人建立的政权又转移到汉人豪门世族的手里。杨坚父子两代掌握兵权,又得到汉人官员贵族的支持,成功地夺取了政权。

抵制突厥 隋朝建立后,在它的南方有腐朽的陈朝,北方有强大的突厥。隋文帝首先集中力量来对付突厥的威胁。

突厥起先住在高昌的北山(贪汗山,今博格多山)。北魏时,柔然在漠北兴起,突厥被迫迁移到金山以南,此后仍然受着柔然的统治。突厥居民以畜牧射猎为业,随逐水草,在北方游牧民中,以长于锻铁而著名。部落长的产生要经过选举,各部落结成联盟,但各有自己的分地。氏族、部落中已经出现了叶护、设、特勤、俟利发等各级世袭贵族。对外杀掠被看作光荣。人死后要依据他生前杀人的多少,在墓前立石纪念,多者可有千石。

北魏末季,突厥的奴隶制逐渐发展起来。西魏时,击破柔然,建立起突厥奴隶制国家。随即征服西域和东北方诸部落,控制领域东自辽海以西,西至西海(里海),南起漠北,北达北海(贝加尔湖),并且还在继续向外扩张。北周、北齐受着这个大汗国的严重威胁,都要向它纳赂送礼。

但是,当隋朝建国,中国北方的分裂局面复归于统一时,强大的突厥汗国却正在出现分裂的趋势。沙钵略可汗在于都斤山(蒙古杭爱山东脉)建牙帐,名义上是全突厥的大可汗,但他属下各地区的可汗们,却并不一心。于都斤山西的阿波可汗,乌孙一带的达头可汗和统领贪汗山故地的贪汗可汗都不拥护沙钵略的统治。隋文帝看出了突厥可汗之间的矛盾,即位后便主动派遣使臣联络西部的达头,借以削弱沙钵略的势力。

开皇二年(582 年),沙钵略统率各部兵大举侵隋,次年,隋朝集中兵力,分八道出击。在长城北白道山(今呼和浩特北)大破突厥兵,沙钵略败走。同年,隋秦州步骑三万出凉州,击败阿波军,阿波遣使者朝隋。这样一来,突厥可汗内部便开始分裂了。沙钵略听说阿波降隋,自白道山领兵回击阿波领地。阿波无家可归,投奔达头,达头助阿波反击沙钵略,收复了故地。东自于都斤山,西越金山、龟兹、伊吾等地都被阿波占有,号西突厥。突厥由此分裂为东、西两部。

突厥内部的分裂,使隋朝坐收渔利。隋朝先遣使支持阿波,以削弱沙钵略,等到沙钵略穷困请援时,便又反过来援助他攻打阿波,从而使沙钵略对隋臣附。开皇七年(587 年),沙钵略死,弟处罗侯继立为可汗。在隋朝支持下,擒获阿波。

隋朝配合大军出击,利用突厥的内部矛盾各个击破,阻止了突厥的入侵。北方边境得以暂时稳定下来。

攻灭陈朝　隋朝消除后顾之忧,便可以着手消灭南方的陈朝了。

隋朝在对付突厥的年代,同陈朝表面和好。隋陈之间,聘使通往来。隋捕获陈的间谍,给予衣马遣还。甚至陈朝州城的将军遣使降隋,隋朝也拒而不纳。隋朝以这些举动,麻痹了陈朝。

陈朝的皇帝后主(陈叔宝),自即位时就已经面临着隋朝消灭它的危险。但是,这位荒淫昏暗的皇帝,却从不作抗敌的准备,而只是整天在宫廷中同嫔妃饮酒作乐。宫廷侈费既多,府库空虚,便增加关市之税,每年聚敛过于常规几十倍。

隋文帝早就作灭陈的准备。开皇七年召集群臣制定了渡江灭陈的计划,修造了可容兵士百人至八百人的各种战船。次年春,隋文帝列举陈后主二十条罪状,写成诏书三十万张,散发江南。隋大军五十一万八千,由杨广节度,水陆并进。开皇九年,一举攻下建康,消灭了陈朝。陈后主被隋军捉去,当了俘虏。

西魏扶立的江陵后梁,原来附属于北周。隋文帝在伐陈的前一年就下一道命令轻而易举地把它废掉。

隋王朝在全国统治的确立,结束了三百年来南方与北方对峙的局面,随即对国家制度作了改革。

政权制度——朝廷中枢废除北周依托《周礼》设置的官职。改设尚书、门下、内史(中书)、秘书、内侍五省。由尚书省总管全国的政务,设令一人,左右仆射一人。尚书省下设吏部、礼部、兵部、刑部(原称都官)、民部(原称度支)、工部六曹。各设尚书一人。

地方政权组织,废除北周的三级制(郡、州、县),改为两级制(文帝时称州、县,后改称郡、县),以灭除"民少官多"的流弊,加强皇权的统治。隋朝还参照北齐制度,规定地方政权的一般官吏均不得再由官长自举,而统归吏部选授。这样,就把地方官吏的任免权全部集中到朝廷。

科举制度——废除魏晋以来汉人世族凭门阀定品位的九品官人制,创行科举制。州县推荐士人,考试文字,以文章的优劣,作为朝廷取士命官的标准。隋朝用这个新制度,限制了鲜卑人的仕途,也用来消除长期形成的贵族门阀的特权,更广泛地争取地主士人的支持。

军事制度——隋朝统一以前,各地区实行不相同的兵制。在江南,一直是在实行征发农民服兵役的传统制度,晋和宋、齐时也有时招募部曲和奴隶当兵。北齐是实行"十八受田,二十充兵"的征兵制。北周武帝改革府兵制,官兵免除县籍。

隋朝建国后,开皇十年五月下诏说:"魏末以来,编入坊府的兵士军人,凡是军人可悉属州县,垦田籍账,一与民同"。这就是说,原来收编入"府兵"的农民又恢复了负担租赋和兵役的旧制。诏书又说:"军府统领,宜依旧式。"原来八柱国十二大将军统领的府兵,仍保存原有的军事组织作为十二卫禁卫军,它在隋朝征伐镇戍的整个军事系统中,不再起重要的作用。

隋朝所推行的新制度,仍是参照北齐兵制的所谓汉魏旧制,即征发农民服兵役的征兵制。北齐二十充兵,隋改为二十一岁。北齐六十免役,隋定五十岁可免兵役。在对外征伐中也实行募兵。

制定法律——隋文帝建国后,就命裴政、苏威等十余人,拟定律令。史载政等"采魏晋刑典,下至齐梁,沿革轻重,取其折衷"。取代北周的隋朝,把北朝的律令放在一边,而上溯魏晋,以南朝作参考,依然是遵循复汉的宗旨。开皇三年(583年),隋文帝命苏威等,再度删订,务求简要,修成新律十二卷,成为后来唐朝制定法律的蓝本。

二 隋朝的弊政

隋朝承北齐的旧制,按户口规定农民的租课和徭役。开皇五年(585年),各州县举行户口大检括,甚至查阅各人的面貌,来检验所报年龄。从隐漏的人口中,查出一百六十万余口。此后,又数次检括,记录在籍,作为向农民征收租赋和征发服役的依据。开皇十二年,官吏报告说:"国家府库都已装满粮食放不下,堆在廊子里。"原因是"现在朝廷的收入常常多于支出"。隋朝此时的入多于出,一方面是由于检括户口,增加了租税的剥削收入,另一方面是由于陈朝灭后,原来只靠北方租税收入的隋朝廷,现在又增加了陈朝廷的那些租税,这就一时显得入多于出了。隋朝陆续在今陕西、河南境内各地设立仓廪。大仓储存米粟多至千万石,小者也有几百万石。可是,人民的悲惨生活并没有多少改善。开皇十四年,关中一带有严重的饥荒发生。隋文帝并不打开仓廪,赈济饥民。

"入多于出"的后果,是统治者恣意挥霍。文帝的太子勇就是一个好奢侈的人。文帝曾对他说:"自古帝王没有好奢侈而能长久的。你做太子,要以俭约为先。我当年穿过的旧衣服,各留一件,你随时看看,可以自警。我怕你现在做了皇太子就忘了过去,赐给你一把我旧日带的刀;再给你一盒咸菜和酱,这是你过去吃的东西。你如果记住以前的事,就体会我对你的期望了。"这个太子勇终于由于皇后和左右的攻击而被废黜。文帝另立领兵灭陈立功的次子杨广做太子。杨广(炀帝)用伪装的节俭蒙蔽了文帝。仁寿四年(604 年)文帝死,炀帝即位,即显露出骄奢荒淫。当年就营建洛阳作东京。每月要有两百万农民服劳役。又在洛阳附近修建显仁宫,命长江以南、五岭以北各地运送奇材异石、珍禽异兽,充实宫室。

同年,炀帝征发黄河以南淮水以北诸郡的民夫百余万,开凿通济渠,使洛水与淮水相通。又发淮南民十余万开邗沟,自山阳(江苏淮安)引淮水经江都(江苏扬州)入长江。两渠自大业元年(605年)三月开修,八月即完工,督役民夫是严急的。大业四年,又征发河北诸郡百余万人开永济渠,引沁水南达黄河,北连卫河至涿郡,全长二千公里。征发的丁男不足用,又征发民间的妇女。大业六年,开江南河,自京口(江苏镇江)通到余杭(浙江杭州)。这样一条南起余杭,北到涿郡,全程近四千公里的大运河便建成了。大运河的凿通,对加强南方和北方的经济联系有重大的作用。但征发民夫数百万人,督役严急,却给人民带来了极大的负担。

隋炀帝开凿通济渠、邗沟和江南河的目的,是便于江南财富北运,并便于他到江南去巡游。繁盛的江南几百年来和北方隔绝,深为北方贵族所向往。大业元年八月,永济渠和邗沟刚一修成,炀帝就率领皇室贵族去江都游赏。自长安至江都建造离宫四十余所,造龙舟及杂船数万艘。沿途勒令人民献纳名产美食。供献多的地方,官员即提升,否则就被贬黜。贵族们乘坐的船只还要用八万人挽引。为这次游赏服各种劳役的民夫,死亡十之四五。炀帝乘着富丽的龙舟纵情歌舞,道路上载运役丁死尸的车辆往来不绝。

炀帝最大的虐政是征役民众,侵略高丽。高丽国建都平壤,国王姓高氏。开皇十八年(598年),隋文帝发兵侵高丽,战船遇风沉没,兵士死去十之八九。炀帝即位后,又作侵高丽的准备。修建永济渠的目的之一,就是输运长安的物资到涿郡,以供应北侵的军需。大业七年(611年),炀帝亲自沿运河到涿郡。次年,自涿郡发兵一百一十余万,号称二百万大举侵高丽,大败而回。渡鸭绿江攻平壤的一支三十万隋军,只剩下二千七百人。大业九年、十年,炀帝又继续发动两次对高丽的侵略,也都是无功而返。

炀帝有诗云:"我梦江都好,征辽(高丽)亦偶然。"侵高丽和游江都一样,只是儿戏般地炫耀声威,并没有什么道理可说。但是,侵略战争的发动,却给民众带来了沉重的灾难。从战争的准备阶段起,史称"扫地为兵"。送上前线的兵士前后近二百万。负担供应战马、制造戎车、战船运输粮米的农民,还要倍于士兵的数目。

远至江淮以南的民夫和民船都被征发来运送河南等地的仓米到涿郡。沿途死尸堆积,臭秽满路。本来早已被各种徭役压得喘不过气来的农民,现在又加上侵略高丽的重役。耕稼失时,田亩多荒,官吏们还要乘机贪污勒索。史料记载当时的情形是:"百姓困穷,财力俱竭,安居则不胜冻馁;死期交急,剽掠则犹得延生。"不甘忍受黑暗统治的广大民众,不能不奋起反抗隋朝的残酷压迫。

三　农民起义　隋唐换代

农民起义　今山东省西部和河北省交界地带本来是生产发展的地区。但这里地主豪强压榨很残酷,水灾最严重。侵略高丽的战争中,这一带的农民又负担了最为繁重的徭役。农民起义首先在这里爆发了。大业七年即炀帝发动侵高丽战争的那一年,邹平(山东邹平)县民王薄在长白山聚众起义。王薄作"勿向辽东浪死歌"说:"忽闻官军至,提刀向前荡,譬如辽东(高丽)死,斩头何所伤!"号召群众抵制隋朝的征发,举兵反抗。逃避征役的农民纷纷参加了王薄的队伍。漳南(山东平原县)的一个里长窦建德因帮助当地农民起义,家属被官府杀死,愤而起兵。窦建德所领导的农民起义军,多至万余人,发展成为一支强大的力量。此外,平原郡(治山东德州)、清河郡鄃县(山东夏津县西北)、信都县(河北冀州)等地,到处爆发了农民群众的起义。

大业九年,隋炀帝准备再侵高丽,农民起义的波澜更为壮阔。原有的起义军迅速发展,各地又陆续兴起了新的起义队伍。济阴郡(治山东曹县)、北海郡(治山东益都)、济北郡(治山东茌平)、渤海郡(治山东阳信)、河间郡(治河北河间)的农民纷纷起义。大的队伍十余万人,小者也有几万。郡县官兵久不习战,一遇农民军便望风溃败。齐郡(治山东济南)将官张须陀率郡兵阻击王薄等起义军,为隋朝暂时保住了山东。

当炀帝亲率大军第二次侵高丽时,贵族杨玄感在洛阳起兵,震动了隋朝。杨玄感是隋朝的礼部尚书。大业九年他受命监督民夫运军粮。看到天下将乱,炀帝在外,便乘机选出运军粮的少壮民夫五千余人、江南船夫三千余人起事。杨玄感在贵族李密的协助下,攻到洛阳。前来投奔他反隋的兵民,络绎不绝,不到两月的工夫,就聚集了十万人。炀帝得到杨玄感起兵的消息,赶忙停止侵高丽,派大军赶回洛阳镇压。杨玄感兵败自杀。炀帝残暴地屠杀了起义者。因为和杨玄感起兵有关而被杀的达三万人,流徙六千余人。炀帝的大规模屠杀,当然并不表示他的强大,倒是表示了他在面临死亡前的恐惧和惊慌。

炀帝消灭了杨玄感,没有也不可能消灭各地的农民起义,反而更加促进了起义的发展。如他自己所说,当时天下确是"犹大有人在"。炀帝在这年再征江南兵,准备三侵高丽。杭郡(浙江余杭)、梁郡(治河南开封)、吴郡(治江苏苏州)、信安郡(治广东高要)、东海郡(治江苏东海)、苍梧郡(治广东封川)、东阳郡(治浙江金华)、扶风郡(治陕西凤翔)等地农民相继起兵抵抗征发。山东章丘人杜伏威、临济人辅公祏聚众起义,转战到淮南。原来爆发在山东的起义,蔓延到关中和江淮以南,形成前赴后继席卷全国的巨大浪潮。

大业十年,炀帝三侵高丽,农民起义的烈火更猛烈地燃烧。两年来,起义领袖纷纷称王号,建官属。上谷郡(治河北易县)起义首领王须跋自称漫天王,国号燕。鄱阳(江西鄱阳县)操师乞自称元兴王,建元始兴。师乞战死,乡人林士弘代统其众,国号楚,建元太平。河间格谦自称燕王。涿郡人卢明月转战淮北,自称无上王。窦建德势力强大,在乐寿(河北献县)称长乐王,置百官。

东郡小吏翟让避罪逃亡,在瓦岗(河南滑县境)起义。杨玄感败后,李密流亡到这里。翟让用李密计,大败隋军,斩隋将张须陀及官兵数万人,声威甚盛。李密劝翟让灭隋朝取天下,像刘邦那样"起布衣为帝王"。翟让辞谢,推李密为魏公,称行军元帅府,下置官属。

各地农民军称王建号的事实,表明农民战争的发展已经超越了初期反抗征发的阶段,而把推翻隋朝的黑暗统治,夺取政权,作为起义的战斗目标,隋朝灭亡的形势形成了。

大业十二年,隋朝的太原留守、袭封唐国公的贵族李渊,在次子李世民的推动下,起兵攻下了长安。李渊宣布废除隋的苛政,立隋皇室代王杨侑(恭帝)做傀儡皇帝。李渊是隋臣,入长安后还不敢马上称帝,但另立傀儡,也等于宣告取消了炀帝的名号。

炀帝在大业十一年就从国都洛阳逃到江都。此时隋朝的统治事实上已经瓦解,炀帝已无法重整败局,只是整天纵情声色来消磨他最后的岁月,排遣忧虑和惊慌。他自己照着镜子,摸着脑袋说:"好个脑袋瓜子,该谁来砍掉它。"大业十三年,隋朝的右屯卫将军宇文化及率领卫士斫掉了这个暴君的脑袋。

宇文化及统率隋军回长安,路上被李密军击败,逃到魏县(河北魏县)被窦建德的起义军杀死。

对人民残暴压榨的隋朝覆灭了。

李唐兼并　自从农民战争爆发以来,一些起义军在作战中被消灭了,不少的领袖人物英勇牺牲,也有些小股起义军逐渐合并。到隋炀帝的朝廷破灭时,江南林士弘、杜伏威两支仍然雄劲。北方李密和窦建德是两支最强大的力量。

自从农民战争爆发以来,一些贵族官员,看到隋朝大势已去,也相继割据称雄,企图篡夺农民战争的成果,获取天下。炀帝被杀后,占据长安的李渊便废去傀儡皇帝杨侑,自立为皇帝,建国号唐,随即兼并了王薄等几支起义军。占据洛阳的隋东京留守越王杨侗也自称皇帝,改元皇泰。隋江都郡丞王世充先后杀了格谦和卢明月,奉炀帝命北上洛阳,讨李密。王世充入洛阳,夺取皇泰帝权力。炀帝死后,王世充自称皇帝,建国号郑。

一方是李密和窦建德领导的农民军,一方是李渊和王世充的贵族军,形势迅速变化。起于瓦岗的农民军首领、出身贵族的李密,在投附翟让后,夺得农民军的领导权,谋害了翟让。当王世充的隋军到来时,李密叛变农民军,投降了洛阳的隋皇泰帝。李密被王世充击败,又逃到长安,投降唐国。唐国给他的职位并不能使他满足,于是再背唐出关谋叛,被唐军杀死。

窦建德在大业十三年自称夏国王,在起义农民中树立旗帜,足以鼓舞人心。可是,窦建德在炀帝死后,派人朝见隋皇泰帝,夏王的称号算是皇泰帝加封。起义的战斗旗帜没有举起反而降下了。直到皇泰帝被废后,窦建德才自称皇帝,在当时仍是最强大的力量。唐武德三年(620年),转战河北,屡败唐军,安州以南的州县都从唐国手里夺来。以农民起义军为基础的夏国,仍然完全有力量和以隋官军为基础的郑、唐两国展开搏斗。

唐军在河北败于夏军。李世民率主力出关转而攻打王世充的郑国,围困洛阳。这两支贵族军的互斗,又为夏国农民军提供了从中取胜的时机。可是窦建德采取了错误的策略,亲自率领旧有和新收未加整顿的三十万大军全力援救坐困洛阳的王世充,设想先与王世充合作灭唐,然后再来灭郑。李世民见夏大军到来,改变原来的作战部署,先放下王世充,集中全力攻窦建德。结果夏军大败,窦建德被擒,随后被唐国处死。唐军因而大盛,王世充被迫降唐,后死狱中。李世民一战消灭了夏、郑两支大军,黄河南北的广大地区,全为唐有。

窦建德败后,他的残余部众仍然坚持战斗,继续反唐。残部由刘黑闼率领,反击唐军,屡获胜利,半年之内,又收回了原来夏国的州县。唐军以主力击刘黑闼军。两年间,两军激烈搏斗,互有胜负,直到唐武德六年(623年)正月,这支队伍才被唐消灭。

武德五年,唐派兵去江南,消灭了林士弘的楚国。据有淮南的杜伏威留辅公祏守丹阳,自己却来长安降唐。唐杀杜伏威,随后又在武德七年消灭了辅公祏的队伍。李渊(唐高祖)、李世民(唐太宗),建立起唐朝的统治。

第六章

屹立世界的大唐

自后汉末年群雄逐鹿以来的四百多年间,各地区各民族之间长期争战。战乱中汉族人口大量减少,民族间的融合又使汉族人口大量增加。融入了多民族成分的汉族依然是中华民族的主体。隋朝灭陈,实现全国的再统一,为唐朝的一统和兴盛准备了条件。北方的民族融合,南方的经济开发,又为唐朝的统治奠立了基础。历史上出现了超越前代的强大的唐朝。

第一节　制度与疆域

一　统治制度的建立

皇权争夺　李渊在长安立国号唐,年号武德(618 年),经过七年的兼并战争,建立起唐朝对全国的统治,唐朝皇室随即出现了争夺皇权的争斗。

本来李渊起兵,是基于次子李世民的建策,在作战过程中,世民也始终是主要的军事统帅。但依据传统的惯例,李渊立长子建成为太子,世民封为秦王。

号称"功盖天下"的秦王,当然是太子建成的一个威胁。李渊的四子元吉站在建成一边,同秦王府严重对立。双方不断地策划消灭对方,各自在宫廷卫士中培植势力。

武德九年(626 年)六月,李渊命元吉代世民领兵北征,秦王帐下的主要将领,都归由元吉统领。这显然是向秦王夺取军权的一个计谋。李世民和他的部下于是决定立即夺取皇权。

李世民亲自率领秦王府的军兵埋伏在宫廷北门(玄武门),当建成、元吉入宫上朝时把他们射死。秦王府的将军尉迟敬德入宫,挟制李渊,迫使他当日下诏:"国家庶事,皆取秦王处分。"李渊(唐高祖)宣告退位,称太上皇,传帝位给李世民(唐太宗)。唐太宗即位,改年号为贞观,逐渐建立起统治制度。

自汉代以来,历代帝王死后都有谥号,近代史家因而习用谥号作为皇帝的称谓,如汉武帝、隋文帝等是。唐朝以后,帝王死后,谥号之外又都有庙号某祖某宗。史家习用庙号称谓历代皇帝,如唐高祖、唐太宗、唐高宗。

政治制度 唐朝作为隋朝的继承者,基本上延续了隋朝所建立的政治制度。

中枢官制,沿袭隋制,权力集中于尚书、门下、中书三省,由于李世民曾任尚书令,此后不再授此称号给别人。左、右仆射成为尚书省的最高长官。门下省长官称侍中,中书省称令。左、右仆射和门下侍中、中书令,是朝中的宰相。凡军国大事,由中书议决,门下审议,经皇帝批准后,由尚书省执行。尚书省仍设吏、户、礼、兵、刑、工六部,分领政务,同于隋朝。

唐朝也沿隋制,设秘书省、内侍省,但不参与要政,政权重在三省。

地方政权,也基本上沿袭隋朝,分州、县两级。州设刺史,县设县令。

唐朝建国的过程中,为了招降各地隋官,往往分置州县,来满足他们所需求的官阶。这样一来,唐初的州县特别是州,比隋时多了近一倍(隋一百九十,唐并省后,仍有州府三百五十八)。唐太宗依地理形势,分全国为十道(关内、河南、河东、河北、山南、陇右、淮南、江南、剑南、岭南)。各道设有常设的政权机关,朝廷可以向各道派出各种名目的使臣,考察州县的政事。

唐朝的法律,也承袭隋朝。李渊初起兵时,效法刘邦约法三章的故事,宣布废除隋朝的法令,约法二十条,但到唐朝的统治建立后,就又全盘恢复了隋朝统治人民的法律。唐太宗命长孙无忌、房玄龄等修订唐律十二篇,凡五百条,基本上还是隋律十二卷的翻版。唐律在贞观十一年(637 年)颁行。以后长孙无忌又撰《唐律疏议》三十卷,对律文加以疏解,是现存最早的一部完整的封建法典。和隋律一样,唐律也规定笞、杖、徒、流、死五刑。只是在一些具体条文的轻重上,多少有些修改。唐律定有议亲、减赎、当免之法。犯法的贵族、官僚们凭借他们的功勋、官位或出一些钱财,就可以减免他们应得的罪刑。

唐律也沿袭隋律,规定"十恶"在任何情况下不得赦免。所谓"十恶",包括"谋反""谋大逆""谋叛""不道""大不敬"等,主要都是针对农民的反抗斗争。

唐朝的统治政策,曾由唐太宗总结在《帝范》十二篇里,传给他的太子。《帝范》已失传。现存《贞观政要》一书,记录了唐太宗同他的太子、大臣们,关于统治政策、理论的种种议论。唐太宗一再告诫臣下说:"隋炀帝之被推翻是由于百姓不堪,导致灭亡。做皇帝,弄不好,就会被人抛弃,真是可怕!"说民众好比水,人君好比船。水可以载船,也可以翻船。告诫他的太子,要知道马的劳逸,不使尽它的气力,才常得骑它。唐太宗由此得出的结论是"惟欲清静,使天下无事""去奢省费,轻徭薄赋"。唐太宗曾自称,好尧舜周孔之道,但又依据前代的和他自己的实践经验作了具体的发挥。因之,他的一些言论比起儒家的迂阔空谈更加切合封建统治者的需求。《贞观政要》一书,受到历代统治者的重视,甚至后来女真、蒙古、满洲的贵族们也把它译成本民族的文字,从中汲取统治经验。

中国封建社会到唐代已是高度发展的时期。封建的政治制度、法律以及统治政策、理论都已有了较完备的形态。此后历代封建王朝的统治者,只是在此基础上略有损益,没有重大的变动。

二 皇权的转换

唐太宗在全面继承隋朝制度的同时,又采取措施,重新扶植起隋朝力图消灭的世族特权。贞观十二年(638年),唐太宗命朝臣修成《氏族志》,列皇室李氏为第一等,关中、山东和南方的世族,都依次列入等第,非世族的唐朝功臣,也规定等第列入世族。这样,全国共得二百九十三大姓,形成具有政治特权的特殊阶层。唐太宗甚至还想实行州刺史世袭制(皇族和功臣子孙世袭刺史),只是由于朝臣们的反对,才又停止。很明显,唐太宗是企图建立一个以皇族、关中世族为中心,山东和南方世族为辅佐的特权集团,来维系李唐的统治。可是,事实的发展却走到了他的主观愿望的反面。

南北朝以来,依靠门第声望取得地位的世族,作为一个阶层,本已腐朽没落,如果门阀世族制得到恢复,由这帮人垄断政权,唐朝就只会走上衰落覆亡的道路。唐太宗死后,子高宗继位,政权逐渐落到皇后武则天的手里。出身低微的武后由于不是"天下令族"而遭到世族勋贵们的攻击。高宗显庆四年(659年),朝廷焚毁了旧《氏族志》,修新的《姓氏录》,以武氏为第一等。其余姓氏,不依世族门第,而依官位高下,共分九等。士卒以军功得五品者,也列入姓氏录。这一重大措施是对旧世族势力的沉重打击,同时也为武则天进一步夺取政权做了理论上的准备。

显庆五年(660年),武则天以受高宗委托的名义,完全掌握了朝政。弘道元年(683年)高宗死,遗诏太子显即位(中宗),尊武则天为皇太后。次年,武则天废中宗,另立皇子旦为帝(睿宗),政事全决于武后。六年后,武则天正式称皇帝,改唐国号为周,国都从长安迁到洛阳,年号天授(690年)。

武则天执政杀死太子李弘和长孙无忌,严厉镇压李氏皇族和特权世族。实行隋朝创立的科举制,不以门第而以文章作为选官的依据。创"殿试"制度,由皇帝亲自考试取决。又创"武举"制,兵部以考试的方法选取有军事才能的人做军官。此外,还有"自举"制,即可以自己举荐求官。武则天用这样一些办法,从多方面取消世族特权,使地主阶级中各阶层人士通过各种途径参加政权,武周王朝得以在这样的基础上巩固下来。

神龙元年(705 年),武则天病重,宰相张柬之等迫令她退位,传位给唐中宗。唐朝恢复了国号,政权又回归李氏皇室。以后经过短暂的皇族与后族间的纷争,唐玄宗李隆基即位,改年号开元(713 年),国都迁回长安。但是,世族的政治特权制还是被消灭了。所谓门第此后只是通过社会族系还保存着一些影响,人们以科举入仕为光荣。地主阶级内部分配政治权力的斗争,算是由此得到暂时的调协,唐朝的统治也由此取得暂时的稳定。旧史所称"开元之治",就是武则天以来所形成的这种局面的短暂的反映。

三　疆域的拓展

唐朝的领域　从太宗到玄宗开元年间的一百多年里,唐朝不断地对外作战,扩展了它的领域。

被隋朝战败了的东突厥,在隋末农民战争的年代里,又逐渐强盛起来,征服了阴山以北的许多部落。唐高祖李渊起兵时,甚至不惜向突厥可汗称臣投降。唐朝建国后,突厥多次深入唐境。武德九年(626 年),突厥颉利可汗亲率大兵攻掠到长安城外,李世民亲自出马,送上大批财物讲和,突厥兵才退走。

突厥兵退后,唐太宗即整顿军旅,做北伐的准备。这时,东突厥族统治下的薛延陀、回纥诸部落相继独立,削弱了突厥的力量。贞观三年(629 年)唐朝派遣十万大兵分道出击,一举擒住了颉利,灭亡了东突厥汗国。唐朝把颉利等贵族近十万家迁到长安。前此已经投降唐朝的突厥可汗所统率的部落,被移置在阴山以南。其余部分的突厥人则分散在幽州至灵州之间的地区。原属东突厥统治的阴山以北地区,唐朝设燕然都护府来统辖(原设单于台,后北移至土拉河畔,都护府改称瀚海,又改称安北)。

西突厥在隋末唐初不断向西伸展它的势力。东北起阿尔泰山,西北到达里海,西南越过阿姆河占领了吐火罗斯坦。可汗的牙帐,即汗国的政治中心设在龟兹以北的三弥山。另在碎叶城(托克玛克)附近的千泉设立行都。今新疆地区以至中央亚细亚地区都曾处在西突厥汗国的统治之下。

唐太宗灭东突厥后,贞观九年(635 年),派兵击败了占据在今青海北部、时常侵扰凉州的吐谷浑(羌族的一支),扫清了向西域进兵的道路。接着,又在贞观十四年(640 年)消灭了高昌。此后连年进兵,到贞观二十二年(648 年),先后占有焉耆、于阗、疏勒,并且攻下了西突厥可汗牙帐的所在地龟兹。唐朝在伊吾设伊州,高昌设西州,龟兹、焉耆、毗沙(于阗)、疏勒设安西四镇,由安西都护府统辖(原设北庭,后迁龟兹),派兵三万驻守。从此,葱岭以东,天山南北路今新疆地区,即完全脱离了西突厥的统治,归属于唐朝的领域。

唐高宗时,自永徽元年(650 年)至显庆二年(657 年),经过七年的激烈战斗,从石国(塔什干)擒获西突厥可汗贺鲁,最后消灭了这个强大的汗国。

在原属西突厥的中亚地区,唐朝在碎叶川东西两岸设置两都督府,任命西突厥贵族做都督,接受唐朝设在别失八里(吉木萨尔县北)的北庭都护府统辖。中亚属地各国称"羁縻州",成为唐朝的朝贡国。直到八世纪中叶以后,才逐渐为大食所占有。

唐朝盛时的领域,东北起自黑龙江以北,北到土拉河畔,西北越葱岭至碎叶川,南至岭南,超过了历史上幅员最广的汉朝。

边疆各族 突厥灭后,回纥、吐蕃、南诏相继与唐朝建立了密切的关系,接受唐朝的册封。

回纥——以游牧为业的回纥,起先往来在贝加尔湖以南的鄂尔浑河、土拉河和色楞格河的三河流域之间。共有九个氏族,药罗葛族的族长被推选为部落长。大约在隋朝末年,回纥组成六部落的联合,唐初发展成部落联盟。联盟长接受唐朝"瀚海都督"的封号,出兵助唐消灭了西突厥。回纥收并突厥统治下的部落,发展为九个部落的联盟。突厥多次向土拉河的回纥诸部落进攻。回纥联盟长骨力裴罗配合唐朝,消灭了突厥的最后一个可汗,俘虏了大批奴隶。骨力裴罗建立起国家制度,自称可汗。控制的领域北起贝加尔湖以南,南到河套和阴山以北,西至阿尔泰山,东至黑龙江流域的室韦部落,成为北方强大的奴隶制汗国。唐玄宗册封骨力裴罗为怀仁可汗,表示对汗国的承认。

吐蕃——处在唐朝西南方的藏族,差不多在唐朝建国的同时,由松赞干布建立了吐蕃王国。

松赞干布的先世是部落的联盟长。部落中有尊卑之分,逐渐形成阶级。唐贞观三年(629年),松赞干布建立吐蕃奴隶主贵族的国家,建立官制,制定法律,并制造了藏族的文字。吐蕃建国后随即征服了周邻诸部落,占有了整个西藏高原。

吐蕃建国后就和唐朝有了密切的联系。贞观十五年(641年),唐太宗送文成公主嫁给松赞干布,唐朝的封建文化由此传入了吐蕃。景龙四年(710年),唐中宗又送金城公主嫁给当时的吐蕃王弃隶缩赞。吐蕃对唐称"甥舅",上表说"遂和同为一家,天下百姓,普皆安乐"。吐蕃历代赞普即位,都接受唐朝的"册命"。

南诏——今云南西部地区,居住着称作"白蛮"和"乌蛮"的一些部落。白蛮从事农业,乌蛮则以畜牧业为主。乌蛮势力强大,组成六个部落,部落长叫做"诏"。人们把父亲的名字最末一字冠在自己的名字上,这样,子孙相传,每个家族都有自己的谱系。唐高宗永徽四年(653 年),六诏之一的蒙舍诏细奴逻,派遣他的儿子逻盛炎到长安见唐高宗,细奴逻由此得到唐朝所加给的刺史称号。唐玄宗时,蒙舍诏皮逻阁征服西洱河(洱海)一带的白蛮部落。开元二十六年(738 年),唐朝册封皮逻阁为"云南王"。随后,蒙舍诏又征服了其他五诏,建立起统一的奴隶制国家。由于蒙舍诏是最南方的一部,这个国家即被称作南诏,建都在太和城(云南大理)。

唐朝的东邻日本,先后十多次派遣几十人至五六百人的"遣唐"使团到中国来观摩。唐朝的制度、文化流传到日本。西邻的天竺则不断与唐朝有僧侣来往。唐朝是亚洲最强大的国家,也是当时世界上疆域辽阔、文明程度较高的大国,"大唐"的声名远播于四方。

第二节　贞观—开元间的社会状况

一　农民状况

长期战争之后的唐朝社会,用唐太宗的话说,是"州里萧条,十不存一"。但从太宗贞观(627—649 年)到玄宗开元(713—741年)年间,广大农民群众的辛勤劳动,逐渐改变了萧条的局面,农业生产得到超越前代的新发展。唐朝之所以有力量扩大疆域，正是建立在农业经济发展的基础上。

然而，农民群众却遭受着沉重的压榨。

受田农民——唐朝沿袭前代均田制，农民成丁人口领受官田耕作，叫做"受田"，所受田地叫"口分田"。受田农民多在战后出现大片荒田的关东地区，关中和江南较少。均田令说："一夫受田百亩。"实际上，贫苦农民根本不可能领租很多的土地。唐太宗到灵口，说是看到那里受田三十亩，不免夸张。现存唐代户籍残卷上记载，农民受口分田不过几亩，有的甚至只有一亩。但按照法令，不论实际受田多少，都要按丁口向朝廷交租二石。这样，种地越少的农民，负担越大。所谓"均田"，其实是对贫苦农民进行着非常不均的剥削。

受田农民所能得到的一点好处，是可领到口分田十分之二的小块土地，种植桑榆，算是归自己所有的"永业田"。但每一丁口，每年要把绫（二丈）、绵（三两）或布（二丈五尺）、麻（三斤）交纳朝廷作"调"税，还要随时承受繁重的兵役和徭役负担。

佃客——又叫"庄客""庄户""客户"或"佃家"，是租种贵族、官僚、地主土地的佃农。

唐朝皇室把战后出现的大片无主田地，拿来和诸王、勋贵们分享。凡有爵、勋、官的人，都可以在"宽乡"，即"土旷人稀"的地区，领受大量的永业田。正一品的亲王，可受一百顷，职事官受五十顷，按照官位，以次递减。有了这种规定，贵族、官僚们就可以放手侵占土地，而且往往超过规定。例如，唐高祖时赐给他的宠臣裴寂的田地，就达一千顷；玄宗时，一个工部尚书，也占有数万顷良田出租。不做官的地主,也广占良田,出租给佃客。邺中一个姓王的地主,有佃客约二万户之多,家中的存粮有一万石。

租种贵族、官僚、地主田地的佃农,属于不课户,可以不负担租、调等课役。但要承受地租剥削和从事无偿的劳役。据陆贽说,私家按亩收田租,每亩达到一石之多。佃户们要向地主借贷种子、粮食,租赁庄上的房子住。结果是整年劳苦,不得休息,把全部收成拿来交租还债,都怕不够。佃农被看做贵族、地主的"私属",没有任何政治权利,地主对佃农有随意打骂甚至处死之权。

自耕农民——拥有小块土地的自耕农,按照唐朝按人丁征租的规定,也要像"受田"农民一样向朝廷交纳租、调。武则天时,一个官吏上书说,江西彭泽的无田少田百姓,一户也不过五亩地,照制度纳租,即使十足收成,交官之外也要半年缺粮。

自耕农也要负担官府的徭役,叫做"庸"(雇佣),与租、调合称租庸调法。每丁每年服役二十日,如不服役,折合每日纳庸绢三尺。全年即需纳"庸"税绢六丈,相当"调"的三倍。这种制度,表面上似是农民可减免服役,实际上是加重了对农民财物的压榨。"天下编户,贫弱者众",被逼得"卖舍贴田供王役",仍然不免于破产。和受田的农户一样,他们遭到破产后,就只有逃亡或者去给地主做佃客。

唐太宗贞观时受田农民和自耕农就不断逃亡。武则天时,有人说,当时全国户口已"逃亡过半"。蜀中各州逃户,就有三万多。玄宗下令全国检括逃户,括得八十余万户。这个数字虽未必可信,但广大农民确是在大量逃亡,来抵制税役剥夺。

史书记载天宝十四年(755 年)全国人口总数五千二百九十一

万,其中不课口四千四百七十万余,课口只有八百二十万余。这个不精确的数字反映出编户(自耕农)和受田户大量减少,失地破产逃亡做佃客的农户在大量增加。

杜甫诗说:"忆昔开元全盛日,小邑犹藏万家室。稻米流脂粟米白,公私仓廪俱丰实。"这里所说的仓,当然不是农民的仓,而是地主的私仓和储备粟帛的官仓。贞观、开元间城市米价低廉,一石米不过二万钱。公私仓廪的充实和城市米价的低落,表示农民群众发展了农业生产,也表示着农民的劳动收获,遭到了官府和地主的剥夺。

二 城市居民

全国分布着许多大小的城市。最大的城市是国都长安。

隋朝兴建的长安城,唐朝屡加修筑,成为一座驰名国际的规模宏伟的大城。依据遗址的实测,周长约三十五公里,比明代建筑的北京旧城还要大些。皇室居住的宫廷位于城北部的中央。宫廷南部分列百官的廨署,即政府的所在地,四周有城墙围绕,称作皇城。皇城正南门"朱雀门"外,有一条长九里的笔直的朱雀门大街,把全城分做东西两半,共建有一百零六个坊,是居住区。东西两部各有一个大商市,叫东市和西市。长安不仅是全国的政治中心,也是经济和文化的中心。

仅次于长安的大城市是东都洛阳。此外,广州、扬州、泉州、楚州(江苏淮安)、洪州(江西南昌)、明州(浙江宁波)、成都也都是商业发达、居民众多的城埠。

在城市中,工匠、手工业者、贵族官僚们的奴婢、仆从、小商贩等被压迫的阶层,构成居民的大多数。

唐代的封建经济,依然是农业与手工业相结合的自然经济。在这样的基础上,唐王朝建立起庞大的官营手工业。朝廷设有少府监(主要掌织染和制作宫廷用具)、将作监(掌土木建筑),两监的工匠共有三万多人。工匠的来源除了一部分官奴婢和犯罪的刑徒,主要是依据徭役制征发来的有手艺的农民和手工业者。按照服役期限,轮番短期做工的叫"短番匠",有技艺被留下来长期服役的叫"长上匠"。

从全国各地挑选来的工匠,原来大致都有一定的技艺。两监还有专人传授专门的技能。他们生产的具有当时高水平的各种产品,主要是供皇室的消费。但有些产品,如纺织和其他工艺品,也由朝廷赏给勋贵大臣或作为变相的对外贸易,赐给外国来的使臣商人队。

工匠们生活极为艰苦。短番匠与一般农民服徭役一样,由自己准备食粮;长上匠由政府发给粮食,也是仅足以维持不死。此外,还有一种"和雇匠",即由应服役的人出钱雇佣,代他充役的工匠。和雇匠与短番匠、长上匠,基本上都还是从事无偿的劳役。武则天时,一个大臣说,工匠们大都很贫困。"朝驱暮役,劳筋苦骨",劳动很烦重,但生活只是"箪食瓢饮",又饥又渴,疾病很多。工匠们不顾政府的法令限制,时常逃跑。

地方官府也设有相类似的官坊,奴役工匠。官员们把产品拿来消费,或者进贡给朝廷。

破产的农民流入城市来,要想独立经营小手工业,是很困难的。城市里有势力的商人们控制着各行各业。他们分别组成叫做

"行"的组织,如金银行、铁行、大衣行、绢行、织绚锦行、枰行、肉行、鱼行、药行等等。长安西市就有二百二十行。各行有"行头"管理本行事务。商人们用这样的办法来保护自己的利益,同时也排挤着外来的人。

中国的丝织品历来驰名于世界。唐代的产品,品种和质量都达到新水平。一个女工柳氏,发明了印花法,用木版镂花,印染在织物上。柳氏是第一个创造印染术的发明家。造纸业,在全国各地出现了各具特色的许多新品种。造纸术在唐代传播到西亚,西方世界才开始有了纸的制造。民间用木板雕印日历、佛像和字书,印刷术的发展,又前进了一步。作为中国手工业财产之一的瓷器,也在唐代奠定了基础。邢州和越州瓷窑,出产精美的名瓷,流传到西域和南海。此外,造船、矿冶、铸铜等业也都有新的发展。

城市中聚集着大批富商。全国统一后,水路和陆路交通都得到发展。陆路以长安为中心,通达四方。水路以扬州为中心,经由运河把南方和北方沟通起来。唐代对外联系扩展后,西域诸国和大食、波斯的商人大批地来中国经商,长安市上就有几千人。他们把西域的珠宝、香料、象牙、犀角等运来中国,又把中国的丝织品、瓷器和金属品运走。

长安、洛阳和其他大城市,都开设有许多店铺和存放货物的客栈(邸),也有旅店供商人住宿。大商人还开设"柜坊",代人存款,放高利贷。柜坊附设"质库",借债人以实物作"质"抵押。农民进城来售卖粮、柴,购买需用物品,当粮食卖不出时,便只好交给柜坊作"质"借钱,承受高利剥削。大批的货物和钱币都集中在富有的中外商人手里,甚至皇室、贵族、官员们也要向他们借债。

贵族、官僚、地主和商人们，在城市里穷奢极欲地过生活。竞相建造堂皇富丽的住宅，甚至私课百姓服役，修造宅院。贵族们平日的饮食，非常奢侈，食用的肉类，除六畜外，还有鹿、熊、狸、鹑等，以精细的方法烹调。在植茶业发展的同时，士大夫们之间兴起品茶的风气。茶有名品多种，并讲求饮茶用的器皿。丝织业高度发达，掠夺了大量绢帛的贵族们讲究服饰。贵族妇人们模仿西域的风气，经常变换头发和服装的式样，做成各种奇奇怪怪的样子。

从皇室贵族到一般官员，在他们的生日广陈伎乐、大摆宴席。死了殡葬，也是"邻伍会集，相与酣醉"。一个大臣为他的祖父殡葬，车马供帐等殡仪，竟长达七十里，并且私课丁夫筑造大坟。

唐代的社会生产中奴隶制已基本上消灭。但皇室、贵族和官僚们占有大批的家内奴婢、仆从，供他们驱使。奴婢没有任何政治权利，在法律上比一般平民还要低一等。唐律规定：主人殴打自己的奴婢不算犯罪。不告官而自行杀死奴婢的，也只是"杖一百"了事，并且还可用钱来赎免。实际上，主人对奴婢是随意打骂以至处死。

贵族、官僚、地主、商人们过着豪侈淫靡的生活；农民、工匠、奴婢们饥寒交迫，死在路边。诗人杜甫凝练成传诵的名句：

朱门酒肉臭，

路有冻死骨。

荣枯咫尺异，

惆怅难再述。

贞观、开元"盛世",实际上是农民手工业者创造了大量社会财富,皇室、贵族、地主们尽情挥霍,广大人民贫穷困苦的一幅画图。

第三节　边镇叛乱与农民起义

一　边镇叛乱

唐玄宗天宝十四年(755年),平卢节度使安禄山发动了叛乱。

安禄山原是西突厥所属西域的"胡"人。母亲是突厥的贵族,从父是突厥所属安国的将领。突厥亡后,安禄山住在营州柳城(辽宁朝阳)一带,被唐朝边将收编在军队里做将官。天宝元年(742年),唐朝任命他做营州平卢节度使,辖制东北的室韦等部落。过了两年,又兼任范阳节度使,驻在幽州(北京市),安禄山利用他的兵权掳掠了大批部众,任用西突厥人阿史那承庆、史思明和契丹人孙孝哲等做将军,部下的"蕃将"多至三十二人。天宝十四年,安禄山统率这支以蕃将为统帅、以东北各部落兵为核心的两镇蕃汉边兵,在幽州起兵反唐。

这时,唐玄宗任用他的宠妃杨太真的族兄杨国忠执政,引起了广泛的不满。安禄山以诛杨国忠为名,直向长安进发。

唐朝皇室毫无戒备。国都周围并没有足以防卫的军事力量。唐初承袭隋朝的府兵制,征发各地农民轮番到京师充宿卫兵。轮番宿卫的兵士们,不到期限,便纷纷开小差逃跑。唐玄宗废除了这个旧制,从京兆周围的州府,募兵十二万驻防京师,称"长从宿卫"(后又称"彍骑")。这些卫兵不但有许多空额,而且整天在城里游荡甚至做买卖,没有什么战斗力可言。当时朝廷上的议论是:承平日久,兵备也可以取消。处在这样麻痹而又空虚状态中的唐朝皇室,当安禄山反乱的消息传来,不知所措了。唐玄宗慌忙命安西节度使在十天之内临时募兵六万人,到洛阳防守。安禄山轻而易举地攻下洛阳,自称大燕皇帝。

困守在长安的唐玄宗,派一个老病的将军哥舒翰出潼关抵御,哥舒翰兵败,成了叛军的俘虏。眼看叛军逼近了国都,唐玄宗率领杨国忠兄妹仓皇地逃出宫廷,向四川方向逃跑。安禄山部下孙孝哲率领的叛军攻占了长安。

当流亡的唐皇室走到马嵬驿(陕西兴平县),随从的兵士们愤怒地杀死了杨国忠和杨太真,拥立太子李亨做统帅。玄宗一直逃跑到成都去避难。李亨(肃宗)在朔方镇所在地灵武做了流亡的新皇帝,立年号至德(756年)。

面对长安沦陷的混乱局势,肃宗请求北方回纥族出兵,镇压叛乱。与回纥可汗约定:收复长安之后,"土地士庶归唐,子女玉帛皆归回纥"。至德二年(757年),唐肃宗以太子李俶做元帅,朔方节度使郭子仪为副元帅,把朔方、河西、陇右的边兵一起调来,协同回纥兵,收复了长安,接着又恢复了洛阳。回纥兵入洛阳,大肆掳掠,洛阳居民凑了一万匹罗锦送上,掳掠才停止。唐朝又认定,此后每年送绢两万匹给回纥可汗,作为这次立功的报酬。

然而,叛乱并没有就此结束。在此以前,安禄山被他的儿子安庆绪杀死,洛阳克复后,安庆绪据守邺城。安禄山部将史思明又杀安庆绪,自称大燕皇帝。史思明再度攻下洛阳,唐朝命李光弼(原河东节度使,改任朔方节度使)攻取,两军相峙,延续了一年多之久。结果是李光弼兵败被免职。史思明也被儿子史朝义杀死,史朝义在洛阳自立。

以后不久,唐肃宗死,李俶(代宗)继位做皇帝。新皇帝在无可奈何中,再次请回纥帮忙。这一回,回纥登里可汗亲自领兵攻进洛阳,击退史朝义,城里的大火烧了一二十天,抢劫了大批财物。唐朝的军队也趁火打劫,在汝(河南汝州)郑(河南郑州)之间沿途抢掠。这一带的农村,被弄得没有完整的房子,农民的衣服也被抢光,只得围上一些破纸。回纥可汗回国途中,又对沿路的居民大肆掳掠,满载而归。

由安禄山发动的叛乱,算是这样结束了。史朝义兵败后逃回河北,在次年自杀。唐朝只求保持它的统治,对安、史部下的蕃汉叛将仍任命他们为河北三镇(成德、魏博、幽州)节度使,以此取得暂时的妥协。

就在叛乱平定、回纥兵刚刚退走的这一年,吐蕃贵族的大兵又紧跟着到来了。

唐朝调遣西北驻防兵平叛,西北地区空虚,吐蕃乘虚而入,攻占了唐朝的河西(甘肃武威)、陇右(青海乐都)两镇所属州县。广德元年(763年),吐蕃二十万大兵自大震关(甘肃陇县)长驱直入,直逼长安。代宗仓促跑出国都,到陕州去避难。长安被吐蕃兵攻下。吐蕃兵在长安仅十五天,听说郭子仪的军队到来,就在劫掠后匆匆退走。但从此以后,凤翔以西邠州以北的州县,都为吐蕃占有。

第二年,唐朝朔方的边将仆骨部人仆固怀恩又和回纥、吐蕃联兵围攻洛阳。唐朝的国都再一次面临陷落的危险。仆固怀恩中途病死。郭子仪亲自去回纥军营,说服回纥,唐与回纥合兵击退了吐蕃。回纥掳走大批牲畜,从唐朝得到绢帛十万匹的犒赏。

唐代宗死后,子德宗李适(音 kuò)即位(779 年),河北三镇又一次发动了叛乱,与河南的淮西藩镇(河南汝南)联合,进攻襄城(河南襄城县),威胁洛阳。建中四年(783 年),唐德宗调派泾原边兵来救援。当泾原边兵来到长安时,突然哗变,攻占了京城。德宗逃出长安,躲到奉天(陕西乾县)。唐朝第三次丢掉国都,德宗成为第三个流亡皇帝。

哗变的士兵受到原泾原节度使朱泚的操纵,他随即同河北的叛镇联系,在长安自称大秦皇帝。德宗又从奉天逃到了汉中。次年,唐朝收复长安,朱泚被部下杀死。但从此以后,对于河北的藩镇,朝廷就更没有办法控制了。河北三镇,实际上已是割据一方的独立王国。"既有其土地,又有其人民,又有其甲兵,又有其财赋。"唐朝廷只有依靠东南江淮地区的赋税来苟延。

安禄山发动的边镇叛乱是唐朝由兴盛到衰乱的转折点。唐王朝逐渐陷入分崩离析、内外交困的局面之中。

二 财赋危机与宦官擅政

安禄山起兵以来,边镇的叛乱延续了三十年。首都长安三次沦陷,皇帝三次出逃。长安、洛阳两都屡遭洗劫。北方农村经济再次被破坏。朝廷平叛耗费巨大资财,战乱过后,财赋收入又大为减少,陷入严重的财赋危机。各地方镇也还有再叛乱的潜在危险。

赋税改制 战乱期间,关东地区有大批农民被俘虏到河北。各地农民纷纷逃往外地,北方农民逃往江东。有些州县,乡居土著的农民只剩下百分之四五。原来以人丁为本的租庸调税制实际上已无法实行。代宗时，即不断增加各种名目的杂税，多到百余种。人丁旧税外，又收新税。德宗建中元年（780年）依宰相（门下侍郎同平章事）杨炎的建议，取消租庸调法，改行按户籍和田产收税的两税制。

改行两税制的目的是整顿杂税，划一税法，以增加朝廷的收入。行新法后，朝廷财政收入一度有所增加，因而得到人们的赞许。但广大农民却增加了沉重的负担。

两税制最主要之点是"户无主客，以现居为籍"，即以当时居住状况登记户籍，作为征税的依据。这样一来，原来为逃避赋税破产逃亡到外地求活的广大农民，又都被纳入交税的范围无可逃避。

田税是以大历十四年（779年）的垦田数作依据，按亩均收。这似乎是比按人口收税要好些。但实际情形是，广占阡陌的大地主，十分田地纳税不过二三分。原因是兼并了农民的大量土地，却不"移户"，税额依然算在那些失掉土地的佃农的户籍账上。他们要向地主交地租，又要向国家纳地税。

由于唐朝连年大举征发农民服兵役和劳役，大批成丁的农民死亡了。两税制规定，不论还有没有丁男或是只有未成丁的"中男"，只要自立一户还有资产，就都要按户交户税。新制实行后，地方官甚至强迫农民析户分家，以便多收一份税。

新税制被称为两税，每年收税两次，夏税不得过六月，秋税不得过十一月。这就是说，当夏收和秋收之后，随即把收获物夺走，不让农民得到喘息的机会。税制还规定，两税都按钱计算。农民只有粟帛，官吏和商人肆意压低价格，从中侵渔。初定两税时，绢一匹折钱三千二百文,后来只折一千六百文,农民的负担增加了一倍。再过几年,八匹绢才值钱一万,实际负担增加了两倍。

两税以外,朝廷和地方官府依然还有各种名目的杂税,对农民进行"巧取",相辅而行的是暴力"豪夺"。农民的绢还没有织好,粟还没有舂完,官府就来抢走。有一首诗描写一家农妇"织绢未成匹,缫丝未盈斤,里胥迫我纳,不许暂逡巡"。在风雪交加的夜里,农家"幼者形不蔽,老者体无温,悲喘与寒气,并入鼻中辛"。县官们打听到谁家有粟帛,甚至叫暴徒们来包围,把十之八九抢走,如果不服,就严刑镇压。诗人白居易的一首诗反映了人民的愤怒控诉:"剥我身上帛,夺我口中粟,虐人害物即豺狼,何必钩爪锯牙食人肉!"

朝廷财政拮据,皇室宫廷照旧消费。德宗时,设立所谓"宫市",由宦官到市上直接收购宫廷的消费品,不给钱或很少给钱,其实就是抢夺。有个农夫牵驴驮柴到长安市上来卖,宦官给他几尺绢买柴,却要把驴子也抢走。农夫把绢还他,只求要驴。宦官还是不依。这个农夫气坏了,指着宦官说:"我有父母妻子,都在等着卖这个吃饭,现在我把柴给你不要钱,你还不肯,我只有跟你们拼命。"农夫不顾一切,痛痛快快地把宦官揍了一顿。发生在皇宫近旁的这个事例并不是个别的,它典型地说明了唐朝的暴力掠夺,也说明残酷压迫下的农民正在起来搏斗。

两税制本是用来检括逃避赋税的农民,结果造成更多的农民"典桑卖田输官租",破产逃亡。户籍已经勘定,逃亡农民应负担的赋税,便摊派给本地其余的农户。这只有把这些农户也逼得逃亡。德宗的后继者宪宗时,一个官吏路过渭南县的一个乡,说那里原有四百户,现在只剩下一百户了。

唐玄宗时又作了一项改革,即把朝廷和地方的税收明白分开,定为三份。一份"上供"(上交朝廷),一份"送使"(送方镇节度使),一份"留州"(留给州县)。各方镇州县以上供为名,勒索农民多交税,却据为己有,还是不上交。

朝廷财力困窘,甚至将作监官署管理的工匠,也衣食不济。穆宗长庆四年(824年),将作监染坊被奴役的工匠,一百多人把兵器藏在染料车里运来,在染工张韶率领下,手持兵器,闯进宫廷。正在打球的穆宗皇帝跑到禁军当中藏起来。张韶杀进宫殿,登上了皇帝的"御榻"。当唐朝的军队进宫后,起义被镇压了。张韶和起义工匠们壮烈牺牲,无一屈服。起义震动了朝廷内外,穆宗还宫后,大臣们还不敢来上朝。

宦官擅政 唐朝初年设内侍省由宦官统领,只管宫廷事务。唐玄宗时,派宦官到各地驻军中任监军使,监督军帅。安禄山叛乱后,监军形成制度,军中设监军院,下置僚属。唐德宗又任命宦官为左、右神策护军中尉,率领禁军神策军。禁军兵员扩大到十五万人。

唐德宗倚用近侍宦官,意在捍卫皇室。宦官掌握重兵,权势日大,又成为皇室的威胁。德宗在位二十五年,贞元二十一年(805年)正月病死,太子李诵即位(顺宗)。太子东宫旧臣翰林学士王叔文、王伾与中书、门下省宰臣八人合谋收取宦官兵权。宦官俱文珍抢先发动政变,迫令即位不满八个月的顺宗退位,传位给太子李淳(宪宗)。宪宗在位十五年,宦官与朝官相结纳,操纵朝政。宪宗与宦官不时发生冲突。元和十五年,宦官陈弘志等杀死宪宗,另立太子李恒（穆宗）。侍奉皇帝的宦官竟然杀死皇帝,朝官不敢过问,将帅袖手不管,是历史上不曾有过的奇闻。

穆宗在位四年。宦官拥立穆宗长子十六岁的李湛（敬宗）即位。两年后就又被宦官杀死,另立穆宗第二子李昂（文宗）。文宗与近臣策划谋杀宦官首领左右护军中尉仇士良、陈弘志。密令凤翔节度使郑注领兵进京接应。仇士良发现密谋,劫持文宗,囚禁宫中。尽杀参与谋划的大臣,郑注兵在途中,返回原镇,被监军宦官杀死。四年后,文宗死于宫中。仇士良等拥立穆宗第五子李炎（武宗）,在位六年病死。护军中尉马元赟扶立宪宗子李忱（宣宗）继承帝位。

自宪宗以来六个皇帝都是由宦官扶立,其中两个皇帝被杀,一个皇帝被软禁。宦官掌握皇帝废立生杀的大权,成为皇帝之外和之上的朝政操纵者。宦官集团声势浩大,往往分成两派,相互对立。朝官中自宪宗以来即形成以牛僧孺为首的"进士"科举出身的官员和以李德裕为首的非科场出身的官员两大朋党,分别得到宦官势力的支持,相互倾轧。牛李党争一直延续到宣宗在位时才得以停止。

宣宗在大中十三年（859年）十二月病死。长子李漼（懿宗）成为宦官扶立的第七个皇帝。

三　农民起义　唐朝灭亡

浙东裘甫起义　懿宗即位当年,浙东象山就爆发了农民起义。起义者只有一百多人,在裘甫领导下,一举攻下象山县城,次年正月,又攻下剡县（浙江嵊县）。招募壮士,聚集到几千人,杀退来攻的官军。被迫逃亡的农民,从四面八方赶来参加起义,形成三万人的大军。裘甫把起义军分成三十二队,自称"天下都知兵马使",铸印曰"天平"。三月间,起义军继续前进。连破唐兴(浙江天台)、上虞、余姚,又东破慈溪,入奉化,占领了宁海。

唐朝派王式为浙东观察使调动各路大兵,与浙东的地主武装相结合,占据唐兴,围攻宁海。裘甫的起义军奋起抗敌,前后与敌军十九战,不能取胜,不得不放弃宁海,退守剡县。唐兵来攻,裘甫率领起义军坚决守城,三日之内,与唐兵交战八十三次。唐兵受挫,久攻不下。裘甫固守六十六日,六月间率小队突围,误中唐朝的伏兵,被捕牺牲。起义军的将领刘从简率领起义军突围成功,至奉化县西北的大兰山据守,七月间转往台州,被杀害。浙东农民起义前后持续了八个月之久,预示着更大的起义就要到来。

濮州王仙芝起义　咸通十四年(873 年),懿宗病死,十二岁的唐僖宗被宦官扶上了皇帝的宝座。一个官员上表说:"关东去年闹旱灾,从虢州直到海边,麦子才收了一半。秋天几乎没有收成,冬菜又极少。贫苦的农民捡蓬子磨了当面吃,收槐树叶当菜。衰病的人连这些也难得到。往年不收,还可逃到邻县。如今到处闹饥荒,无处可投,只有坐在乡里等死。可是官府收税还很急。官吏们动不动就打人逼钱。老百姓拆屋伐木,抛妻卖子,还不够招待官吏们酒食。朝廷除了要租税,还有其他的徭役。百姓们实在没有活路了。"

就在这一年,濮州(河南濮阳)的盐贩王仙芝聚集数千农民起义。继承裘甫起义的"天平"名号,自称"天补平均大将军",发布文告揭露唐朝的腐朽,指责官吏贪污,租赋繁重,赏罚不平。以黄巢为首的曹州冤句（山东菏泽）数千起义农民投入了王仙芝的队伍。

乾符二年（875 年），农民军相继攻下濮州和曹州，横扫山东州县，几个月之间发展到数万人。从山东到淮南，各地农民纷纷起来攻打州县，大部千余人，小部数百人。

乾符三年（876 年），农民军自山东入河南，前后攻下八个县城。唐朝调重兵守潼关和洛阳。农民军攻破汝州，威胁两京，洛阳城里的官僚们多吓得逃跑。郑州一战，农民军遭到失败，随即避开唐朝重兵防守的两京地区，转向南方。

这年年底，农民军攻到蕲州城下，唐蕲州刺史开城招降，宣布加给王仙芝官职。王仙芝一度动摇，黄巢大怒，说："当初大家发誓，齐心协力，横行天下。如今你要去做官，战士们到哪里去？"王仙芝不得不拒绝受官，攻下蕲州。但黄巢和王仙芝从此分裂了。王仙芝继续南下。黄巢率领一支队伍北上再攻山东。

乾符四年（877 年），王仙芝军攻破鄂州（武昌）。次年，攻入江陵，又转到申州。转战到黄梅时，王仙芝败死，起义军的余部陆续投附了黄巢。

黄巢领导的农民起义　黄巢的家世也是贩卖私盐的盐贩。黄巢自幼长于骑射等武事，又读书能文，曾应进士考试不中。王仙芝败死后，黄巢被推为王，称冲天大将军，建年号王霸，率军攻入河南，长驱南下，渡越长江，自湖北、江西，入浙东，开山路攻下福州，深入岭南。农民战争得到巨大发展，有兵数十万，号称百万。乾符六年（879 年）六月，农民军攻克广州后，决定"北还图大事"，攻打唐朝的两京。起义军不经东南，而是向西攻取桂林，然后沿湘江北上,攻取潭州(长沙),另一支军队攻下江陵。黄巢军在襄阳战败,渡江东进,攻陷鄂州,转攻饶州、信州、宣州、杭州等十五州。次年,黄巢军大败唐军,发展到六十万人。长驱渡过淮水,指向唐朝的两京。农民军整顿纪律,只许接收丁壮扩大队伍,不得剽掠。黄巢通牒各道唐军:"各守本营,不得犯我兵锋。我军将入东都,再转长安问罪,与你等无涉。"

广明元年(880年)十一月,黄巢军攻占汝州,进围东都洛阳。洛阳唐官开城迎降。农民军纪律严明,闾里安定。十二月初尽歼唐朝潼关的守军,胜利入关。初五日,唐僖宗匆忙逃出长安,直往成都,成为唐朝第四个流亡皇帝。

当日傍晚,农民军进驻长安,受到城内居民的夹道欢迎。农民军向民众宣布:黄王起兵本为百姓,不像李家不爱惜你们,尽管安居,不要害怕。农民军把财物分赠贫苦民众,严惩了贵族、官僚。

黄巢进长安七天后,随即进驻皇宫,举行即皇帝位的典礼,建国号大齐,年号金统。依照唐朝的官制,任命农民军的将领和留在长安投降的唐官做宰相。原来唐朝廷的官员,三品以上待职,四品以下仍旧留任。另选健壮的勇士五百人组成侍卫,由黄巢的外甥林言统领。

新建的大齐朝并不巩固。当他们还没有来得及颁布政令时,已陷入唐军的包围之中。

黄巢发给诸道的通牒表明:他过于天真地希望方镇保持中立。但当流亡的朝廷呼吁各镇消灭黄巢时,西北以至河北的方镇纷纷派重兵前来,围攻长安。这样,唐失长安后,由守势转成了攻势。农民军得长安,由攻势转成了守势。战略地位变化了。

几年来,黄巢率领的农民军,在各地流动作战,取得很大的胜利,但只是满足于攻打州县城镇,攻下一地后,招兵买马扩充队伍,而没有留兵驻守。农民军驰驱万里,攻而不守,得而复失,始终没有自己的稳固的据点。黄巢率领农民军的主力集中在长安地区,遭到围攻后,陷入非常艰难的境地。

广明二年(881年)春,黄巢曾派出两支大军向外拓展。一支西攻凤翔,大败,农民军受到严重的损失。另一支由部将朱温率领攻占了邓州,企图扼制荆襄。这年四月,唐军一度攻占长安,黄巢退出城外,但随即举行反攻,收复长安。但农民军占有的同、华两州却相继失守,失去了长安东西门户。接着,朱温又失邓州,败退到长安。唐军的包围圈更加缩小,形势对农民军更加不利了。

唐朝招纳的沙陀兵来助战。沙陀原是西突厥统治下的一个部落。唐朝曾收编为边防兵,赐姓李氏。中和二年(882年)十二月,沙陀酋长李克用奉唐诏令,领兵至河中,与唐诸镇兵会合,向农民军大举进攻。黄巢曾企图打开长安东面的通路,令朱温取同州。在关键时刻,朱温投降唐朝。次年,黄巢弟黄邺、黄揆领兵占据华州固守,但败于李克用军,华州再度失守。

中和三年(883年)四月,李克用进攻渭南。农民军战败,唐军进入长安。黄巢退出长安,经蓝田走入商山,仍有十几万人。黄巢在战败之余,企图收兵转回山东的故地,途经河南陈州。唐朝派重兵在陈州扼守,农民军围攻十个月之久不能攻下。中和四年(884年)三月撤离陈州,路上遭李克用袭击。农民军连续失败,溃不成军了。六月,黄巢经过一路上与追兵搏斗,逃到泰山狼虎谷。统领侍卫兵的林言叛变,杀黄巢和黄揆、黄邺兄弟和他们的妻子,带着首级到唐营去投降。路上,唐兵抢去黄巢的首级,杀林言。

轰轰烈烈的农民起义失败了。起义自发动以来,前后经过十年之久,发展到六十万人,席卷了自岭南至长安的广大地区,纵横数万里,声势之浩大,在历史上是空前的。

黄巢死后,黄巢的侄子黄浩率领一支七千人的队伍,转战在长江、洞庭湖地区,自称"浪荡军",又坚持斗争二十年之久,直到唐朝灭亡。

唐朝覆亡 黄巢起义失败后,唐僖宗又从成都回到长安。三年后病死。神策军观军容使(位在中尉之上)杨复恭扶立懿宗第七子李敏(昭宗)即位,成为宦官扶立的第九个皇帝。

唐初在边境重镇设都督府统兵。玄宗时各军事重镇设节度使,综管一方军政,号称藩镇。"藩"的原意是藩篱,用指边防。安禄山乱后,内地各军镇也遍设节度使,兼领数州,综管一方军政,又称方镇,权势渐重。黄巢起义,各地方镇出兵镇压。战后各自扩大势力,割据一方,相互争夺,不听朝廷指挥。

黄巢部下同州将领朱温率部叛变降唐后,唐朝赐名朱全忠任为同华节度使,后又升为汴州(河南开封)刺史、宣武军节度使,多次出兵镇压起义,兵力扩大。光启三年(887年),蔡州节度使秦宗权来攻汴州,被朱全忠战败,次年投降。此后数年,朱全忠连续兼并今河南、陕西、山东、湖北境内的二十一镇,控制了黄河流域的广大地界。

昭宗在位,不堪宦官的欺压,曾企图依靠朝官除宦官,不得成功。景福元年(892年),昭宗下诏罢免杨复恭,指令一些禁军攻打杨宅。杨复恭逃往汉中。凤翔节度使李茂贞出兵汉中,杨复恭逃往阆州(四川阆中)。光化四年(901 年),唐昭宗再与宰相崔胤密谋除宦官,被宦官韩全诲得知,劫持唐昭宗去凤翔,投依李茂贞。次年,朱全忠率大军到凤翔,李茂贞求降,交出唐昭宗,杀韩全诲。天复三年(903 年),朱全忠军护送昭宗回长安,杀死朝中所有的宦官,解散神策军,又令各道杀宦官监军使。朝内外的宦官势力被一起消灭了。

朱全忠返回汴州大梁(河南开封),留兵一万人在长安,由他的侄子朱友伦统领,次年,得知崔胤在长安招募卫兵。命朱友伦杀崔胤,挟持昭宗迁都洛阳。昭宗到洛阳后就被朱全忠杀死,另立他的十四岁的幼子李柷(音 zhù)做傀儡皇帝。三年后,天祐四年(907 年)四月,李柷以禅让名义,让帝位给朱全忠,建国号大梁。唐亡。

唐朝自唐高祖建号至李柷退位,共历二百九十年。

第四节　宗教与文化

一　多种宗教的传播

上古时期的汉族,对天体原是自然崇拜。周朝的国王称天子,把天人格化,但并没有创建宗教。孔子创立儒家学派,不谈神怪。汉武帝"独尊儒术,罢黜百家",实际上是吸纳百家革新儒术。革新的代表人物,是董仲舒。孔子恢复周礼的主张,已很少有人信奉,董仲舒把社会统治秩序概括为"三纲",即君为臣纲,父为子纲,夫为妻纲,从而在更广泛的意义上树立起皇权和家长、丈夫的统治权。孔子所讲修身处世之道,核心是仁与礼。董仲舒吸收孟子、荀子、老子和法家诸学说,概括为仁、义、礼、智、信,叫做"五常"。又依据传统的阴阳五行(金木水火土)对自然界的构成与变化的观念来解释人类社会的发展,把三纲五常阴阳五行化、神秘化,但也没有发展成宗教。前汉的经学有所谓今文(经师传授)与古文(古籍流传)的派别之争,主要是关于经书的文字校勘和注释的异同,并没有多少理论创造。今文学又派生出纬学,从另一种途径解说经文,假托孔子名义制造各种预言,叫做"谶"。编造谶语,越来越怪,说是来自天命。王莽篡汉,先制造谶语。此后,夺取政权的人也往往先造谶语,宣扬迷信骗人,但也没有发展成宗教。

唐太宗命孔颖达纂辑《五经正义》,对《周易》《尚书》《诗》《礼记》《春秋左氏传》五种经书,各选一种注释,再加疏解,作为标准本。前此诸儒的各种神秘化的说解都被废弃。南北朝时期,曾称佛道儒为三教。但儒家始终是一个学派,并不是宗教。

后汉时期,佛教自印度传入中国。汉族自创的宗教只有道教。唐朝盛时,与西域交往频繁。中亚西亚地区又传来了多种宗教。

佛教 周武帝反佛教之后,隋文帝又大力扶植佛教。唐代北方和江南各地,佛教广泛传播。大寺院有四五千所,出家的僧尼约有三十万人,成为唐代的第一大教。

唐代佛教史上最重要的事件是僧人玄奘的取经译经。贞观三年(629年),二十七岁的高僧玄奘去天竺求取真经。自长安出发,经过今甘肃、新疆和中亚地区绕道到达印度各地。前后经历十七年,克服种种困难,搜集到佛教著述六百五十余部。携带回国后,又用了二十多年的时间主持翻译成汉文,共译出佛经一千三百多卷。玄奘奉献终生的事业,扩大了当时人们对佛教的视野,也为后代保存了遗产。其中好多佛典在印度早已失传,只有汉译本保存到现在。佛教当时分成多种宗派,互相对立。玄奘博览广译,不拘宗派,高人一筹。佛教各宗派在唐代陆续传入中国,也有一些苦心研究佛典的人,对宇宙和人生,提出不同的理解。还有一些高僧从事佛经的整理注释和佛教史的研究,蔚为一种新兴的学术。

大寺院都占有大片田地。一些住持僧人并不遵守佛教的戒律,不是自耕自给,而是把土地占有作为求富的手段,甚至侵夺田宅,兼并土地,役使奴婢耕作或出租给佃农。不少寺院还经营各种商业和高利贷,积聚财富。高僧义净揭露说:"寺家巨富,谷麦烂仓,奴婢满坊,钱财委库。"高级僧侣成为披着袈裟的富豪,大寺院好像世俗的庄园,但又可以不担负朝廷的赋役。唐高祖李渊初建国时,太史令傅奕就上书说佛教与朝廷争利,应该消除。高祖因佛徒"苟避征徭,不守戒律",曾令僧尼还俗,削减各地寺院,但并未能实行。唐太宗以后,佛寺又迅速发展。佛教在唐代遭到毁灭性打击,是在唐武宗会昌五年(845年)。朝廷诏令毁灭各地的寺院和佛像,没收寺院土地财产,所有僧尼勒令还俗。只准长安留寺四所、东京洛阳留两所,各州只留一寺。据说全国没收寺院良田有数十万顷,僧尼还俗二十六万人,寺院奴婢释放十五万人。这是继魏道武帝、周武帝之后的又一次大规模的反佛,被僧徒称为"三武之祸"。但武宗以后,佛教又逐渐恢复起来,继续传布。

道教　道教来源于古代求神仙的方术和阴阳五行的理论。后汉末季,沛郡人张陵(又作张道陵)在今四川境内创道,作道书二十四篇传布,入道者交五斗米,被称为五斗米道。后世尊称张陵为张天师。南北朝时,北魏和江南的宋朝都有过天师道传布。道教依托老子,奉为太上老君。传说老子姓李,与唐朝皇帝同姓,唐朝历代皇帝多信奉或支持道教。道教传教的宗旨是教人修炼成神仙。修行的方法主要是用符咒(画符念咒)治病,炼丹服药求长生。唐朝自皇帝到文士,多有服长生药致死的记录。佛教教人修行,死后入天堂,道教教人活着成神仙,信教可以祛病延年,因而得以在民众中广为传布。道教又说会作法,祷告上天,可以求雨祈福,所以皇帝也参与祈祷。唐武宗反佛而信道,武宗以后,道教更为流行,是仅次于佛教的第二大教。

景教 基督教的聂思脱里派,创立于西历五世纪时,创始人是叙利亚人聂思脱里,广泛传布于波斯。自波斯传入唐朝,被称为波斯经教。陕西周至出土唐代"大秦景教流行中国碑",称为景教。撰写碑文的教徒署名景净。这大概和佛教徒以释为姓一样,以景为姓。唐太宗贞观九年(635年),景教僧阿罗本来长安传教。贞观十二年,唐太宗准在长安建寺一所,收教徒二十一人。高宗时又准在各州建寺。碑文称为景寺,习称波斯寺。唐玄宗天宝时的诏书说:"其两京波斯寺,宜改为大秦寺,天下诸府郡置者亦准此。"所以景教也被叫做大秦教。从诏书可知,两京(长安、洛阳)及全国各府郡都有景教的寺院,景教曾在各地广泛传布。唐武宗令僧尼还俗,景教僧也被禁约。

摩尼教 波斯人摩尼在西历三世纪创建的教派。立明暗二元论,说宇宙有明暗两极,摩尼教是明的代表。摩尼被波斯王处死,摩尼教主要在中亚地区流传。武则天在位时,波斯人拂多诞进献摩尼教经典《二宗经》,开始在唐朝传播。唐玄宗时曾禁止汉人入教,但来唐的西域各国人不禁。摩尼教又由唐朝传入回纥,长安建造寺院,名大云光明寺。南方商埠荆州、扬州、洪州、越州也都有摩尼教传布。武宗罢废佛寺,摩尼寺院也被焚毁。

祆(音 xiān)教　波斯萨珊王朝(226—641 年)的国教。传说创始于西历前六世纪,创始人是琐罗亚斯德。立善恶二元论,火是善的象征,又称火祆教,俗称拜火教。唐代中亚各国多奉祆教。随西域商人传入中国,长安城内有祆教祠寺多处。唐朝设立专官萨宝(回鹘语,原意是商队首领)管理。武宗反佛,祆教也遭打击。

伊斯兰教　约在唐朝初年,大食(阿拉伯)穆罕默德创立伊斯兰教。大食商人大批来中国经商,称清真寺教,广州和长安都有建寺的记载,但信教者主要是大食商人,不在汉人中传布。

唐代社会流传多种宗教,道教以外,都是从外国传入。与外国情况不同,唐朝从没有以任何一种宗教为"国教"。僧侣们可以个人身份参与政治活动,但不能以教派干预朝政。各种宗教和同教的各宗派之间,可以有教旨的争论,但不发生行动上的冲突,更没有所谓"宗教战争"。具有不同信仰的多种宗教,同时并存,各自传教,和平共处,是唐代宗教界的一大特色,形成优良传统。

二　文与诗

唐代学术文化的很多领域,都有很大的发展,而以文与诗最为繁荣,开一代之新风。文推韩柳,诗推李杜,是杰出的代表。

后汉魏晋流行"骈体文",注意文章句法的整齐和声调的抑扬。南朝发展成绮丽对偶,唐初又形成所谓四六文,以四字六字作句。南朝以来的骈文,规范越来越琐细,字句固定,上下句对仗,大量援用成语掌故,并要求韵律平仄协调。虽然也出现过一些佳作名篇,但总体说来,繁琐的规范束缚思想的发挥,形式的统一扼制了文句的创作。堆砌掌故,排比丽句,使人读来,昏睡耳目,把文学创作引入了绝境。唐朝初年的傅奕,武则天时的进士陈子昂都曾提倡古文,反对骈文。唐宪宗时,进士出身的韩愈(河北昌黎人)大力推行古文,形成所谓“古文运动”。所谓“古文”,即骈文形成以前的古代散文。如孟子见梁惠王,说“王何必曰利,亦有仁义而已矣”。明白如话,应是接近当时的口语,后人读来,也并不难懂。韩愈提出“文以载道”,文章是讲说道理的载体,怎么说就怎么写。《旧唐书·韩愈传》说他“抒意立言,自成一家新语”。所谓“新语”,即接近口语的新体“古文”。韩愈一举打破当时奉行的文章规范,直抒己意,气象清新,在文坛上产生了很大的影响,文风为之一变。

韩愈以孟子的继承人自律,所说的“道”,具体就是孔孟之道。著“原道”“原性”诸文阐述儒家学说,并以“辟佛老”为己任。唐宪宗遣使者往凤翔迎接佛骨入京,时任刑部侍郎的韩愈上书反对:“乞以此骨付之有司,投诸水火,永绝根本。”宪宗大怒,当天就把他免职,贬任潮州刺史。韩愈有诗云:“一封朝奏九重天,夕贬潮州路八千。”穆宗时又奉召回朝,任京兆尹。

与韩愈约略同时的柳宗元,二十一岁中进士,以文章知名。唐顺宗时,任礼部员外郎,因参与王叔文等反宦官的谋划,事败,被贬为永州(湖南永州)司马(闲官)。元和十年,迁柳州(广西柳州)任刺史。永州与柳州都是非汉族群居的地区,当时视为“蛮荒”,是得罪官员的贬谪之地。柳宗元谪居抑郁,探究天人之际、古今之变的哲理,作"天说""封建论"等文,说理出于沉思,行文朴实无华。韩愈称柳文"雄深雅健",自成一体。平居寄情山水,作"永州八记"等游记,境界清澄,情景交融,是古文中的杰作。居柳州时,数千里外的文士也来求教,请指点文词。《新唐书·柳宗元传》说他"名盖一时"。韩柳齐名,同为古文运动的巨擘。

唐代诗坛的繁荣胜过文坛。唐代文学中诗歌最为发达,中国诗史上唐代是最繁荣的时代。

举世闻名的诗人李白与杜甫,都是处在唐玄宗开元、天宝年间。唐朝考取进士,要作诗应试。唐初以来,文人作诗就形成风气。但作为文学创作,到李杜才登上高峰。李白出身富侨家庭,生于中亚的碎叶城(在今吉尔吉斯斯坦共和国楚河附近)。五岁时迁居今四川江油。青年时期,游历各地十五年,所作诗文,才华洋溢,受到一些名士的赞许。天宝元年(742年)曾奉召入京,做翰林院供奉两年,此后就周游大江南北各都邑。安史叛乱后因介入皇室之争犯罪。以后再没有做官,六十二岁病死。李白曾有志做大官辅弼朝廷,但不能得志,有句云:"我本不弃世,世人自弃我。""人生在世不称意,明朝散发弄扁舟。"李白所作诗篇中有不少关于社会政治的见解,对当时的弊政,多有指责。但最大的特色还是突破传统礼教和儒学的思想束缚,纵情驰骋。"我本楚狂人,凤歌笑孔丘。"思想开放,想象力丰富,纵横天地山水之间,飘然物外,因而被誉为"诗仙"。在语言运用上,摆脱南朝的绮丽,汲取古乐府和民歌,文词平易,意境深远。如"床前明月光,疑是地上霜"一首,有景有情,明白易懂,至今传诵不绝。

杜甫生于河南巩县,比李白小十一岁,卒年五十九岁。唐代诗坛,李杜齐名,两人从事创作的年代,约略相当。杜甫的祖父审言,以诗文名世,官至修文馆直学士。甫年幼家贫,考进士不中。安禄山叛乱,曾被俘虏,脱身逃走。后来曾出任华州司功参军(辅佐)。弃官流寓成都,剑南节度使严武授他检校工部员外郎。"检校"乃虚衔,不任事。杜甫去沅江、湘江漫游,登衡山。代宗大历五年(770年)死在耒阳。杜甫也想做大官辅佐皇帝"致君尧舜上",但也不得志,一生中的大半时间都在各地遨游。李白游历各地,多结交上层名士,杜甫较多地深入民间,因而较多地反映民众的呼声。有句云:"不敢入官府,怕人嫌我真。"官场上讲真话讨人嫌,把真话凝结为诗句,饱含着忧国忧民的真情,令人感动。"穷年忧黎元,叹息肠内热"是杜诗的特点。《兵车行》描绘兵役害民,"新鬼烦冤旧鬼哭,天阴雨湿声啾啾"。三别(《新婚别》《垂老别》《无家别》)、三吏(《新安吏》《潼关吏》《石壕吏》)深情描述民间疾苦,被后人视为古诗经典。杜甫作诗,极为严肃认真。"读书破万卷,下笔如有神。"自称"新诗改罢自长吟""语不惊人死不休"。诗中叙事,多来自真实的现实,因而被后人称为"诗史"。

　　李杜以后的杰出诗人是白居易。代宗大历七年(772年)生于今河南新郑,进士出身,比柳宗元大一岁。韩柳倡导的新体文风也影响到当时的诗风。白居易的诗比李杜更加平易,更接近口语,据说不识字的老太婆也能听懂,把唐诗的创作带入了一个新境界。革新古乐府体创为新乐府,共作五十篇,"篇无定句,句无定字,系于意不系于文"。自称是"为君为臣为民为物为事而作,不为文而作也"。所作诗多谈民间的疾苦、愁怨,"但伤民病痛,不识时忌讳"。对朝政时有指责,揭露宦官宫市的巧取豪夺,讽喻贵族富商的奢侈靡费。文字与内容都贴近民众,因而广泛流传。据说官衙、寺观、旅舍的墙壁上都写有白诗,自王公至牧牛童子都念白诗。名作《长恨歌》吟咏唐玄宗杨太真的悲欢离合。《琵琶行》咏叹一个嫁给富商的歌女的凄凉身世,以诗的形式作长篇叙事,委婉动人,远近传诵,开创了传世的歌行体。生平有诗文三千八百余篇,数量之多,流传之广,都是前此所未有。身居相位的元稹与白居易交好,也作新乐府,世称"元白",又与同龄诗人刘禹锡并称"刘白"。

唐代文人,无不吟诗,著名诗人还有很多。清人编《全唐诗》,选编流传的诗篇多至四万八千余首,作者两千多人。体裁包括古体、新体、绝句、律诗,诗风不拘一格,群花同放,汇为千红万紫的百花坛。

三　文化交流

唐朝国势强盛,文化繁荣,与东西方各国开展了广泛的文化交流。

首都长安是文化交流的中心。长安城规划严整,气势恢宏,是当时世界上所仅见的名城,吸引着东西方各国人。各国使臣、僧侣、文士、留学生、乐舞艺人和商人留居长安,形成国际化都会。唐太宗设弘文馆聚集各地文士。弘文殿收藏图书二十余万卷。国子监招收中外学员八千余人,朝廷敕建的译场,设置专职译员,翻译佛经和其他著述。

诗文　唐朝诗文繁盛,来长安的外国人把唐人的诗文集带回本国,从而传播到域外。时称"诗随过海船""无胫而走"。日本僧人圆仁所著《入唐新求圣教目录》,佛经以外还包括在长安收集到的《白家诗集》《杜员外集》等诗文集多种。日本醍醐天皇曾说："平生所爱《白氏文集》七十五卷也。"村上皇子说："我朝词人才子以《白氏文集》为规摹。"日本留学生橘逸势和来中国的僧人空海都能作汉语诗文,回国后与擅长作汉诗的嵯峨天皇号称"三笔"。空海还著有《文镜秘府论》,对唐诗的韵律作了精细的研究介绍。日本平安朝曾把日本人所作的汉诗,先后编为《怀风藻》《凌云集》《文华秀丽集》《经国集》等诗集,作者近百人。朝鲜半岛的新罗国留学生也学作汉诗文。崔致远作诗一百首,著有《桂苑笔耕集》。

乐舞　唐太宗即位后,命臣下依据唐朝建国前后征伐四方的事迹,制作"秦王破阵舞",又称七德舞或秦王破阵乐。乐与舞结合,舞者百二十人,披甲执戟,声韵慷慨。白居易《七德舞》诗说："太宗意在陈王业,王业艰难示子孙。"使子孙观乐舞不忘创业之艰难。传入日本,有破阵乐琵琶曲传世。

唐太宗立十部乐,只有燕乐、清乐是汉族的传统音乐,传入日本发展为"雅乐"。其余八部有四部是今西北地区西凉、龟兹、疏勒、高昌等民族音乐,另四部来自天竺、高丽、安国和康国。今撒马尔罕地带的康国、曹国和布哈拉一带的安国都有著名的乐师常居长安。玄宗时,西域装束和西域乐舞流行。元稹诗："女为胡妇学胡妆,伎进胡音务胡乐。"来自石国(塔什干)的胡腾舞珠帽长靴,柘枝舞穿窄袖罗衣。来自康国和中亚各国的胡旋舞"左旋右转不知疲"。据说安禄山杨太真也都学此舞。白居易有诗云："天宝季年时欲乱,臣妾人人学圆转。""禄山胡旋迷君眼,兵过黄河疑未返。贵妃胡旋惑君心,死弃马嵬念更深。"

学术　文化交流必须研习外语。中国僧人智广依据印度字书《悉昙章》作《悉昙字记》，是唐人编纂的一部古印度文梵文的字书。高僧义净撰《梵语千字文》(一名《梵唐千字文》)，是梵文汉文对照的读本。汉字的构成原是以象形、形声为基础。梵文作为拼音文字传入中国，给予了汉语音研究重大的启示。僧人守温在隋陆法言所著《切韵》基础上，制定汉语的三十个声母(宋代增为三十六母)，为此后汉语音韵学的发展奠立了基础。日本在唐朝以前通用汉字记事，来唐的留学生吉备真备在中国十七年，精通汉语文，归国后依据汉字偏旁制作"平假名"标音字母，空海归国后又仿汉字草书制作"片假名"。平假名与片假名沿用至今，不能不归功于唐代的文化交流。新罗国原来用汉字记录朝鲜语叫做"吏读式"。新罗来唐的留学生薛聪回国后用吏读式译出中国经书，便利了儒学在新罗的传布。

日本依仿唐朝国子监制度建大学寮，设明经科，以孔颖达《五经正义》为教学课本。吉备真备回国后，教授学生四百人读中国的五经、三史(《史记》《汉书》《后汉书》)，还带回《唐礼》一百三十卷。日本先后十多次派"遣唐使"来中国，把中国的经史文集等各种书籍陆续带回日本。日本天长元年(824年)开始分类摘编，历时八年编成规模巨大的类书《秘府略》，多至千卷。新罗开科取士，也把《左传》《礼记》《孝经》《文选》等书列为考试内容。玄奘曾把《老子》译为梵文流传印度。

佛学　佛教从印度和西域诸国传入中国，又由中国传到日本、新罗等国，是唐代文化交流中的一个重要方面。

玄奘以后，高僧义净也往印度学佛取经。高宗咸亨二年(671

年）自广州搭乘波斯商船去印度，二十五年后回国，带回佛经近四百部，在洛阳译场主持翻译六十一部二百三十九卷。此后翻译佛经的高僧又有数十人。玄宗时智升撰《大唐开元释教录》，编入一千余部五千余卷。开元以后相继新译，至德宗时又译经约五千卷。玄宗天宝十二年（753 年），扬州高僧鉴真应日本僧人邀请到日本，带去《华严经》等经典，创建唐招提寺传法。唐朝的译经经由来华的日本僧侣陆续传入日本。日本僧侣信奉的佛经主要是来自唐朝的汉文新译经。

大量佛经译为汉文，一些学问僧吸取儒家注疏经书和历代编纂史书的传统治学方法，应用于佛典整理研究，使唐代的佛教演化为佛学。一部佛经的注疏往往多至数十卷。明隐撰《华严论》注解《华严经》，多至六百卷。注疏不免烦琐枝蔓，但佛经中包含的历史文化知识却得以传布。一些经疏也流传到日本。僧人神清作《释氏年志》三十卷是编年体的佛教史。各宗派也编有本宗的源流史。慧立撰《慈恩寺三藏法师传》记述玄奘生平。义净撰《大唐西域求法高僧传》记述唐初去西域诸国学佛的高僧五十六人事迹。道宣著《续高僧传》，历述南朝梁朝至唐初的高僧三百三十一人传记。唐高宗时，长安西明寺僧道释自浩繁的佛经和有关著作中摘取佛教有关史事，分类编纂，成《法苑珠林》一百卷，是一部佛教史的大类书。此外，玄奘著《大唐西域记》，义净著《南海寄归内法传》，记述西行见闻，包含丰富的历史地理知识，是传世的学术名著。

唐代的文化交流包括众多的文化领域。唐文化吸取外来的新成分，更加丰富多彩。东西方各国也从唐文化中获得助益。中外文化交流，共同为世界文明的进步作出了贡献。

第七章

辽宋金和战

第一节　方镇割据与契丹建国

一　方镇割据立国

唐朝灭亡后,朱温自立为帝,以大梁为都城,改名开封,建国号大梁。

大梁只有十六年的短命。在此期间,同割据河东的李克用、李存勖父子争夺河北地区,连年混斗。龙德三年(923年),李存勖夺得河北后,消灭了梁朝,建国号唐,基本上统一了黄河流域。

唐比梁的寿命更短。十三年后,被河东节度使石敬瑭所推翻,建立晋国。

南方的新旧方镇,在此期间也先后建立了大小不等的割据国。

吴国——在淮南,高骈部将杨行密在唐中和二年(882年)被任命为淮南节度使。唐天复二年(902年)称吴王。建都扬州,不断在长江流域扩展他的领地。

南唐——吴国的执政者徐知诰（后改名李昪）在升元元年（937年）灭吴，建南唐，成为江淮流域较大的割据国。

吴越——镇海节度使钱镠在唐天祐四年（907年）称吴越王。建都杭州，只领有越州等一隅之地。

闽——唐朝福建观察使王审知在唐天祐四年（907年）称闽王。天德三年（945年）被南唐灭掉。

南汉——岭南一带，唐朝的节度使刘隐建立南汉国。

南平——荆南节度使高季兴依附后唐，同光二年（924年）在荆州建南平国。

楚——湖南节度使马殷，割据湖南全境，唐天祐四年（907年）称楚王。南唐保大九年（951年）灭楚国。楚将周行逢等又在潭州等地割据独立。

蜀——四川地区先后建立了蜀和后蜀国。

黄巢军入长安后，随唐僖宗入蜀的禁军都头王建，在唐昭宗时，攻取西川，大顺二年（891年）自立为西川节度使。随后又并有东川和汉中。天祐四年（907年）建号蜀国，称皇帝，都于成都。咸康元年（925年）被后唐李存勖消灭。

后蜀——后唐灭蜀后，任孟知祥为西川节度使。应顺元年（934年），孟知祥在成都称帝，建后蜀国。

唐朝后期逐渐形成的方镇，唐朝亡后，发展成为大大小小的割据国相互混战，大梁统治时期，陈州农民千余人在董乙等人领导下，攻打州县，相继占有陈州、桓州和蔡州。起义持续了半年之久。岭南农民起义反抗南汉的统治。起义者在张遇贤领导下，建号称王，占领了惠州、潮州，并进而向唐统治区进军，发展到十余万人的巨大规模。当起义军攻占虔州后,于保大元年(943 年)十月被南唐镇压而溃败了。

此外,小规模的农民反抗斗争,也在各地不断兴起。

二 契丹与晋

居住在潢河(西拉木伦河)流域的契丹人,以渔猎和畜牧为生,在森林里射猎,捕鹿,在河边捕鱼和凿冰钩鱼。人们穿着用兽皮做成的衣服,住在随时可以拆卸的帐篷里,为了渔猎或畜牧的方便而经常迁徙。

契丹人在北魏时已经脱离了母权制而进入父权制的社会。各部落保持着互为兄弟的血缘关系,各自以马匹和兽皮与北魏交易互市。隋朝统治时期,契丹各部落曾基于共同对外的需要而联合作战,但渔猎生产,仍是各部自行。唐朝前期,他们开始组成了八个部落的联盟,选举联盟长领导各部落的生产活动和对外作战。选任联盟长的是大贺氏,接受唐朝"松漠府都督"的封号。八个部落互为兄弟。此外,还有一些契丹部落独立自存。

武则天统治时期,契丹大贺氏联盟,掀起大规模的反唐战乱,遭到失败后,部落溃散,依附于突厥。玄宗时,契丹以乙室和迭刺两个兄弟部落为中心,结集一些流散部落,重又编组为新的八部联盟。各部选举自己的部落长,共同推选遥辇氏的成员任联盟长"可汗",而由迭刺部选充执掌联盟兵马大权的军事首长"夷离堇"。可汗和夷离堇由部落议事会选举,举行叫做"柴册仪"的传统礼仪。

安禄山割据河北时,和契丹有过反复的战斗。安禄山的番兵中即有大量俘虏和收集来的契丹部落流散的分子。当唐朝后期走向衰落时,契丹社会却得到了飞跃的新发展。契丹人开始自己冶铸铁器,并且出现了最初的城市。连年征伐周邻各族的胜利,俘虏到大量的奴隶。军事首长夷离堇和各级部落首领成为拥有奴隶、财富的特权显贵。随着契丹族内阶级对立的形成,神册元年(916年)联盟夷离堇、迭剌部落的耶律阿保机,推翻了氏族部落的旧机关,建立起阶级压迫的新机关——国家。这个国家号为哈剌契丹(黑契丹,即大契丹),后来占领汉地又建立汉语国号大辽。

作为契丹奴隶主贵族的总首领,阿保机是在经历了与氏族部落制旧势力的斗争,才创建了契丹的国家。当这个国家刚一建立,随即遭到了阿保机的同族兄弟,即同具有当选夷离堇资格的贵族的反抗。反抗者夺去了传统选汗象征的"天子旗鼓",攻打阿保机的营帐,纵兵大杀。反乱延续了两个月之久,据说"孳畜道毙者十七八","民间昔有万马,今皆徒步"。反抗者公然打起维护部落选举制的旗帜。阿保机平乱后,才建立起奴隶制的国家。

阿保机建国后,摒弃了来自突厥的"可汗"称号,而按照汉人国家的体制,自称皇帝(辽太祖),立太子,确立了世袭的皇权。国家政权掌握在皇族耶律氏和世代通婚姻的审密部的述律氏(后改称萧)的手里。皇族和后族是辽国的两大统治家族。

阿保机的从侄突吕不,仿照汉字创制了契丹的文字,并制定了法律。

在契丹建国前后,阿保机相继征服了近邻的奚、室韦、女真等部落,统治到今海拉尔河、克鲁伦河一带地区,向东消灭了渤海人建立在辽东的渤海国。回鹘在唐朝末年被北方的游牧族黠戛斯击

败,汗国瓦解,部落分散到西州和甘州(甘肃张掖)等地。契丹的
势力向西和西北扩展到了大漠。

在契丹南面的汉地,在唐末战乱中一些居民被迫流亡到契丹
统治的区域。不少大地主相率投降。阿保机攻陷幽州(北京)、涿
州(涿县),也陆续俘虏了大量的汉人农民。

阿保机在占领区,采取了不同的统治方法。被征服的从事渔
猎畜牧的各族人,分别收编到契丹各部落的统辖之下,实行按地区
的部落统治。犯罪籍没和俘虏来的奴隶,则归贵族私属。对于渤
海和汉地的农民,则仍实行州县制的统治,居民仍按旧秩序耕作。
封建的生产方式被保存下来。

不同的生产方式在辽国内同时并存,统治者就不能不建立起
两套相应的政治组织,即所谓"以国制待契丹,以汉制待汉人"。
在阿保机的继承者辽太宗耶律德光时,随着汉地占领区的扩大,明
确地建立起所谓北面官和南面官两大系统。"北面治宫帐、部族、
属国之政","南面治汉人州县租赋军马之事"。南面官制基本上
是沿袭唐代的制度而有所损益。

阿保机死后,帝位的继承发生了争执。太子倍曾被封为统治
渤海旧地的东丹王。他非常热衷于汉人的文明,并擅长汉族的诗
文。在他统治区里"一用汉法",完全沿用汉人的封建统治制度。
但正因为如此,他的继承权被剥夺了。述律太后扶立阿保机的次
子耶律德光(辽太宗)为帝,耶律倍被迫逃亡到后唐国,改汉名李
慕华。

述律太后和耶律德光之间也有分歧。太后主张,保守契丹已
有的统治领域,维持旧制,不向南与汉人接触。她认为:"我有西

楼羊马之富，足以娱乐"，"虽得汉地，不能居也。万一蹉跌，追悔何及"。与此相反，耶律德光则主张向南攻占汉地，进行掳掠，扩大契丹奴隶主贵族的统治。

辽天显十一年（936年），唐国的河东节度使石敬瑭向契丹求援兵反唐，这正好适合了耶律德光的贪欲。德光自己率领骑兵打到晋阳城下，消灭了唐国。石敬瑭依附契丹建立了晋国。交换的条件，是把雁门关以北，今河北、山西北部的燕、云等十六州献给契丹，并尊奉契丹德光为父。石敬瑭自称"儿皇帝"。

辽会同五年（942年），石敬瑭死，石重贵继位，拒不向辽称臣。辽兵前后三次攻入晋地。最后一次，耶律德光亲自领兵南下，在大同元年（947年）攻下了晋都城开封。石重贵一家当了俘虏，被押运到辽朝。

耶律德光进开封后，即下令契丹兵四出掳掠，叫做"打草谷"。又命晋臣括取财物贡献。各州县任命契丹贵族将领来统治。

契丹奴隶主贵族的掳掠，激起了人民的反抗。起义者大部数万人，小部千百人，攻打州县、杀辽官。澶州（河南濮阳）、宋州（河南商丘）、亳州（安徽亳州）、密州（山东诸城）相继被起义者夺去。在人民群众的强大力量面前，耶律德光不得不哀叹："我不知汉人之难制如此！"只好留下将官守开封，自己领兵北还。

耶律德光在北返途中，在栾城病死了。他在死前，总结他这次遭到反抗的原因，是有三个错误。第一是括取财物，第二是令契丹兵掳掠，"打草谷"，第三是没有及早任命汉人节度使还镇统治。他从失败的教训中看到，在汉地实行奴隶制的掳掠，破坏汉人原有的封建统治秩序，契丹的统治是无法维持的。

耶律德光死后，耶律倍的儿子，号称"慕中华风俗，多用晋臣"，并且"轻慢诸酋长"的兀欲（辽世宗），在汉人和契丹贵族的支持下，取得了帝位。这就再次引起了述律太后一派的强烈反抗。太后和皇太弟李胡调遣大兵发动了争夺帝位的内战。战争结果，兀欲取得胜利，把太后囚禁起来，确立了他的统治。

三　汉与周

当契丹兵进入开封灭晋时，河东节度使刘知远在晋阳独立称帝。待契丹兵退走后，便自太原出发，进兵洛阳，随即攻下了开封。在晋的废墟上建立起汉国。各地契丹守将纷纷逃回，黄河以南的州镇，又归于汉国的统治之下。

汉国建国仅四年，就又被掌握兵权的枢密使郭威推翻了。广顺元年（951年），郭威在开封建周国。拥兵太原的节度使刘崇（刘知远弟）则自立为北汉，依附于辽求苟安。

周在黄河流域统治了十年。显德元年（954年），郭威死。养子柴荣（周世宗）继位，锐意加强国内的统治，整顿军旅，募集壮勇组成强悍的禁军。柴荣计划用十年"开拓天下"，把统一全国作为他的奋斗目标。在他刚即位的一年，就亲自领兵击败了北汉与辽兵南侵，极大地振奋了军心。显德三年，柴荣亲征淮南。五年南唐兵败称臣，把淮南江北的十四州献给了周国。

显德六年（959年），柴荣乘胜北征契丹。统领禁军的赵匡胤攻战瓦桥关，收复了瀛洲（河间）和莫州（任丘）（两州均为燕云十六州地）。当柴荣决意进取幽州时，却在途中得病，不得不转回开封。"出师未捷身先死"，柴荣病死，周的统治也随之结束了。

自从朱温在黄河流域建立大梁以来,历经唐、晋、汉、周等五个小朝廷。江南地区先后建立了九个割据国。连同太原的北汉,共有十国。史家所谓"五代十国"的局面,延续了约五十年之久。

第二节　宋朝集权制的建立与变法之争

一　宋朝集权制的建立

宋朝的建国　周世宗柴荣死前,在征南唐和对契丹作战中立有大功的将军赵匡胤被擢任为"殿前都点检",是中央禁军的统帅。显德六年(959年)六月,柴荣的七岁幼子宗训继位。次年,新正元旦,得到兵报,北汉和契丹兵大举南侵。赵匡胤立即把都城的禁军带出城去北征。

原来这是赵匡胤一伙的谎报军情。在此以前,人们已在盛传着"点检为天子"的舆论。当大兵开到开封城北二十里的陈桥驿时,赵匡胤弟匡义、盟弟统领禁军的石守信和匡胤军中文官赵普等人,把皇帝的黄袍加在了赵匡胤的身上,高呼万岁,拥立他做皇帝。赵匡胤率领大军南返,开进守卫空虚的开封,轻而易举地夺取了皇权。由于赵匡胤原任宋州的归德军节度使,新建的政权,建号宋朝,定都开封,号东京。

赵匡胤定议,不杀柴氏子孙。柴宗训封郑王,出居房州(湖北房县),十三年后病死,谥恭帝,葬周世宗陵旁。依柴氏宗谱,子孙世代奉祀。赵匡胤(宋太祖)即位后便以兵力指向经济发展的南方,去完成统一江南的事业。

建隆三年(962 年),割据湖南潭州等地的周行逢死,内部分裂。次年,宋朝出兵消灭了这个割据政权,便道消灭荆南(南平)。

乾德二年(964 年),宋伐后蜀。次年,蜀主孟昶(孟知祥子)奉表投降,被押解到开封。宋兵入蜀后,大肆掳掠,屠杀降卒,激起蜀兵的反抗。宋朝派大兵镇压,平定四川。同年,宋朝也出兵进攻割据岭南的南汉,未能取胜。开宝三年(970 年),宋朝再次出兵,次年灭南汉。

南唐是割据江南的大国,但国主李煜却是个"工诗画、晓音律"的文人,沉湎声色,因循苟安。宋灭南汉后,自动削去南唐国号,称"江南主",对宋朝臣服。开宝八年(975 年),宋兵十万自荆南东下,攻下金陵,俘虏李煜,灭南唐。

宋朝伐南唐时,吴越王钱俶即接受宋朝的命令,发兵五万配合作战。南唐灭后,钱俶亲自到开封朝见,只是吴越的国号还暂时地被保留。

开宝九年(976 年),宋朝出兵北汉,攻太原不下,回师。

这样,宋太祖赵匡胤先后用了十五年的时间,基本上统一了江南地区,只剩下吴越、北汉还没有最后消灭。他在这时病死,胞弟赵匡义(宋太宗)取得皇权,继承未完成的统一事业。太平兴国三年(978 年)迫令钱俶献出吴越国十三州土地,钱俶被留在开封,随后被毒死。次年,宋太宗亲自领兵四路围攻北汉的都城太原,打败契丹援兵,灭北汉。

唐末以来形成的割据局面,至此结束了。

太平兴国四年(979 年)五月,宋太宗自太原发兵北伐契丹,去收复燕云。宋兵所到之处,辽国统治下的易州、涿州和顺州、蓟州的汉人官员先后开城迎降。宋军从四面包围了辽国的南京幽州，直打到幽州城下。七月间辽国派大兵来援，宋军在高粱河一战遭到惨重的失败。军士战死者万余人。宋太宗退至涿州，也被射中两箭，狼狈逃回。

雍熙三年（986 年），宋太宗再度发动大兵，分三路北进。主力军十万自涿州北上，遇到契丹承天太后和耶律隆绪（辽圣宗）统率的援兵，首先败退了。另一路自定州出飞狐（河北涞源），也跟着退了下来。由潘美、杨业率领的西路军自雁门关出兵，攻占了朔州、应州和云州。当涿州主力败退，太宗下令回师时，宋兵在朔州遭到邀击而失败。杨业被俘不屈，绝食三日而死。潘美领败兵逃回。宋兵所攻占的地区又被辽国夺去。

经此两次失败，宋太宗收复燕云的抱负落了空，此后对辽国即转取了守势。

集权统治的建立　宋太祖、太宗兄弟以前朝为鉴，把防范农民起义和消弭方镇割据作为他们的施政方针，一切军政大权最大限度地集中到皇帝。

宋太祖首先解除了随同他夺取政权的禁兵统帅石守信等人的兵权，接着又以各种方法陆续把各地领兵节度使的兵权收归朝廷。

全国军队分为禁兵（卫京师、备征戍）、厢兵（镇守各州）、乡兵（地方丁壮）、藩兵（边镇驻扎）等四种。各地精悍的士兵，都被选调充禁兵，地方军队多无实力而且数量较少。禁兵占全国军队的半数以上。无论京师或地方的各兵种，都由朝廷的枢密使统辖，枢密院又接受皇帝的直接指挥。这样，宋朝的皇帝便掌握了全国的军队。地方节度使成了空头的虚衔。他们可以不到地方上任。

地方的行政权也被削减了。唐朝后期以来,方镇节度使往往一人兼领数州,称为"支郡"。宋朝取消一切支郡,直属京师。全国设为十五路(相当唐朝的道一级),路下设府(或州、军)、县。朝廷握有任免各地方官的权力,并在各州直接委派通判官。地方官办事必须取得通判的同意,通判并监视地方官的行动,随时向朝廷报告。为了防止地方的军事叛乱,朝廷任命地方官多用不懂兵事的文臣。

晚唐以来,地方控制财政税收,是方镇强大朝廷衰弱的原因之一。宋朝规定,地方除必要的行政开支外,一切税收完全上缴,并由朝廷直接委派掌握各地财政的官员转运使。通过转运使,全国的财政权也集中到朝廷。朝廷还委派提举官直接管理各地的盐、茶、酒、矿冶和商业税收。

地方的司法权也受到限制。朝廷在各地多派提点刑狱官,参与司法。重大案件并要报请朝廷判决。

地方权力集中到朝廷后,又进而集中于皇帝。朝廷的政治机构列为三个大系统,即管理政务的中书省,长官称同平章事即宰相,副相称参知政事;管理军事的枢密院长官为枢密使;管理财政的长官为三司使(统辖户部、盐铁、度支)。三个系统互相平行,各自向皇帝负责。太宗时,又增设皇帝直辖的"审官院",审核考课官员;"审刑院"复核刑部奏上的案件。此外,还设有专司监察的御史,把朝廷官员们的过失,直接报告给皇帝。

用南宋哲学家朱熹的话说:"兵也收了,财也收了,赏罚刑政一切收了",这就是宋朝巩固统治的基本方针。

鉴于前朝败亡的故事,宋朝不准外戚干政,不准宦官领兵,又相约不杀言官（谏官）。鼓励言官讽谏皇帝，弹劾百官，也鼓励大臣讽谏弹劾，不加罪责。倡导言事，可使皇帝了解下情避免独断失误，是皇权集中制的一种补充。由此形成大臣议政之风，不同政见得以上达。由此产生的流弊是朝臣结为朋党，相互攻击，争议不止。宋朝轻易取代周国，顺利征服江南，需要广泛争取支持以巩固统治。在因袭唐制的基础上，又增设了许多新官。大批军政官员，居官食禄，并无实权，所谓"居其官而不领其职者十常八九"。只有加上所谓"差遣"名义的官员，才有职权。这样，有权的官和无权的官、朝廷委派的官和地方的官、旧官和新官，层次重叠，叠床架屋，官僚机构变得空前庞大。

宋朝又有所谓"恩荫"的办法。遇到朝廷的各种庆典，官员们的子弟、姻亲甚至门客，都可由"恩荫"得官。一个宰相的子弟恩荫可达三四十人。由于重用文臣，隋唐以来的科举制大为发展起来。科举取士成为选任官员的主要途径。唐朝一科取士，起初不过一二十人。宋朝一科可多到四五百，以至上千人，逐年增加到官员的行列。

赋税制度基本上沿袭唐朝的两税法，称为"二税"。各个割据国里原来实行的杂税，宋朝统一后也全部继承了下来，并且不断地巧立名目，增加各种各样的税役。所谓"古者刻剥之法，本朝皆备"（朱熹语）。宋朝的统一，并没有使广大农民得到多少实际利益，依然承受着苛刻的压榨。

川蜀农民起义　宋朝灭蜀时，大肆屠杀当地的兵士和居民。灭蜀后又把四川府库的存储，全部运往开封，宋朝派往蜀地的官吏，肆意贪污勒索，迫使贫困农民丧失了家业田产。太宗淳化四年

（993 年），青城（四川都江堰市）地区爆发了茶农王小波和他的妻弟李顺领导的农民起义。十天之间，聚集了几万人。王小波对众人说："吾疾贫富不均，今为汝均之。"起义者攻下青城，占领彭山，把贪官污吏、地主豪商的财物，散发给农民。农民军迅速壮大，到这年年底，便发展到了数十万人。

王小波在攻下彭山后不久，便在江原战死了。王小波死后，李顺被推为领袖，连续攻下汉州、彭州，在淳化五年（994 年）正月，攻占了成都。在成都建国号大蜀，称大蜀王，建立纪律，号令严明，所至一无所犯。农民军所到之处，一往无前，各州县官纷纷开城迎降。连续攻占绵州、阆州、巴州、蓬州、剑州。宋太宗派出"四川招安使"率大军去四川镇压，进取川北的绵、阆、巴、蓬、剑等州，五月间攻入成都。驻守成都的十万农民军抵抗失败。三万余人战死。李顺也壮烈牺牲了。

民间长久地流传说，李顺并没有死。有的说他逃往湖北，有的说他在岭南。起义领袖虽死犹生，因为他代表了广大农民不屈不挠的战斗意志。

二　宋与辽、夏的战与和

宋朝在真宗（太宗子，998—1022 年）、仁宗（1023—1063 年）、英宗（1064—1067 年）统治时期，官僚机构变得更加庞大，也更加腐化。英宗时的官员人数比真宗时增加了一倍多。执政者多是因循的文人，以"老成持重"相标榜。真宗时任用寇准做相，年轻的寇准服药使须发变白，才就任了相位。所谓"袭故守常"成为官僚们所奉行的指针。宋制：文官按年叙进，三年一迁。官员们在任内无所事事,只是敷衍塞责,坐待升迁。为了谋取官位,又往往相互援引,贿赂公行。

宋辽盟约　宋朝日益腐化,契丹族建立的辽国正在强盛起来。

辽国在圣宗耶律隆绪统治时期,任用汉人韩德让执政。农业生产逐渐在辽国经济中占有重要地位,封建的租赋制也随之成为主要的剥削方法。圣宗下诏释放诸道被迫做奴隶的民户,属籍州县。地位卑下的捕鹰和冶铁的契丹奴隶,也取得部民的地位,编为稍瓦(鹰)部和曷术(铁)部。原来分属于契丹八部的被奴役的部落,重编为直属于国家的独立部落。历年战争中征服和俘虏的奚、女真、党项等部民也分别置部。这样,便从阿保机时奴役的九部扩大为三十四部。原来贵族俘虏的奴隶也变为向主人交租向国家纳税的"二税户"。圣宗时各方面的重大变化,反映着辽国的历史正在进入一个新时期。虽然仍然保留着奴隶制形态的残余,但已基本上完成了封建化的过程。

宋真宗咸平五年(1002 年),辽圣宗大举南侵。攻掠祁、邢、洺等州,自德州过河,攻掠淄、齐。宋真宗也亲自率兵抵御,自澶州至大名。契丹兵掳掠而返。

宋景德元年(1004 年)九月,辽承天太后和圣宗统兵二十万南进,攻下祁州,经贝州,直抵澶州(河南濮阳)城下。距离宋朝的国都开封不远了。宋朝内部引起了极大的恐慌。迁都逃跑和反抗的两种意见激烈地争论起来。宰相寇准是坚决主张反抗的。宋真宗采纳他的建策,亲自到澶州北城督战。这一行动,鼓舞了宋军的士气。战争开始后,宋兵获得胜利。契丹的统兵将领被射死。在军事有利的形势下,宋真宗同辽国订立了"澶渊之盟"。

盟约规定,宋、辽两国仍维持原来的国境线,即以白沟河为界。宋朝每年要送交辽国绢二十万匹,银十万两。宋仁宗时,辽兴宗又扬言出兵南下,遣使来宋朝诈取岁币。庆历二年(1042 年)议定,宋朝每年增送辽朝银十万两、绢十万匹。

宋夏和战　党项族建立的夏国,是宋朝的另一个劲敌。

党项是羌族的一支,原来在四川西部一带游牧。吐蕃王朝统治时,被迫迁移到今甘肃东部和陕西北部地区,依然受到吐蕃的奴役。唐懿宗时,吐蕃王朝瓦解,党项各部在西北得到发展。居住在夏州(陕西靖边)的党项拓跋部酋长拓跋思恭,唐末参与镇压黄巢,唐朝给予夏国公的封号,赐姓李氏。

宋太宗时,拓跋部长李继迁出夏州掳掠居民。真宗即位,授给继迁夏州刺史的称号,并割给夏、银、绥、宥、静五州归他统辖。继迁又进而攻下灵州(宁夏灵武),称西平府。继迁死后,子德明继任酋长,受辽封册为西平王。宋朝承认既成事实,每年送给帛四万匹,钱四万贯,银四万两,茶一万斤。

党项羌对外作战的胜利,使奴隶大量增加,当宋仁宗宝元元年(1038 年),德明子元昊建立了奴隶主贵族的国家——夏国,都于兴庆府(宁夏银川)。元昊征服了甘州回鹘(回纥改名),夺取了甘州,又攻占藏族六谷等部所占据的凉州,占有汉人居住的瓜、沙、肃等州。西界玉门,东尽黄河,南接肃州,北控大漠,成为西北高原上的一个新起的强国。宋人称他们为西夏。

党项原来借用吐蕃文字,建国后,元昊命贵族野利仁荣创造了西夏字行用,并用以翻译汉文典籍。夏的统治区原有蕃落和州县的区别,居民中有大量的汉人和藏人。元昊参照宋朝体制,制定政治制度和法律,吸收汉人参与统治,也广泛容纳藏族的贵族。元昊自称皇帝,在他的周围有一支强劲的侍卫军。夏国的军队,由党项各部贵族分统其众,随族大小出丁助战,同时又收编了大批的汉人、藏人和回鹘的士兵。夏国把它的军兵分布在边境各地,并把主要的兵力指向宋朝。

宋宝元三年(1040年),夏兵进攻延州(陕西延安),包围宋军,把宋朝的两员主将掳走。如果西夏攻入陕西南部,切断四川和朝廷的联系,就将会动摇宋王朝的统治。宋朝派韩琦和范仲淹去陕西防守。次年,夏军进攻渭州(甘肃平凉),韩琦军在好水川惨败,兵士损失一万多人。仁宗庆历二年(1042年),夏军又进围镇戎军。宋军十六名将领战死,军士近万人被俘。夏兵乘胜直抵渭川,在周围六七百里的土地内大肆烧杀,把大批居民掳走。范仲淹率领的庆州援兵到来,边境的局势才暂时稳定下来。

宋军连遭失败,转而谋求妥协。使臣往来议和,庆历四年(1044年)议定,元昊接受宋朝所封给的"夏国王"称号,以延州保安军蕃汉居地为界。战争中掳去的宋朝将领和蕃汉人户,一律不再放还。宋朝每年要送西夏绢十三万匹,银五万两,茶三万斤。各种节日,还要以"回赐"的名义,共给银二万两,绢二万匹,茶一万斤。

英宗以后,西夏又在边境上发动了两次战争,最后仍维持了原来的和约。

夏辽和战　德明与元昊都接受辽朝加给的夏国王称号,向辽朝贡,依辽抗宋。夏与辽以大河相隔,交界处的党项部落原来处于辽朝统治之下,夏国建立后,多叛辽归夏。辽兴宗于宋夏议和的当年发兵十万进攻夏国,战于贺兰山北。元昊拒守,突围反攻,俘虏辽将萧胡睹等数十人。辽夏议和,夏国放回萧胡睹,辽国放回前此扣留的西夏使臣。夏国抗辽自立,北方广大地区形成宋辽夏鼎峙的格局。

三　城市与农村

宋朝征服江南后,南北道路畅通,促进了城市工商业的发展。农村中的土地占有状况和阶级结构出现了新变动。

城市工商业　宋朝自太宗至神宗(1068—1085 年)时期,城市工商业逐渐趋于繁荣。

煮盐和矿冶是两个最大的生产部门,都由朝廷专营。生产者是朝廷抑配的"灶户""冶户",他们被强迫劳役。矿冶生产规模很大。例如铅山采铜的矿丁就有十几万人。全国铜的年产量,最高时达两千多万斤,铁的最高年产量达到八百多万斤。

宋朝几个发达的手工业部门,如纺织、漆器、瓷器、造纸等业,主要的产地都在江南。宋朝征服江南时,掳获了一些纺织工匠,集中到朝廷绫锦院、机杼院管理的纺织作坊。文思院和造作所有手工业作坊一百二十多种,为皇室、贵族制造各种用品。朝廷还设有所谓"官窑"烧造瓷器。

地方官府也设有官营手工业作坊。如四川的纺织作坊,募军匠五百人织造,有屋百余间。许多官僚、地主、寺院也经营手工业谋利,与大工商业者比高低。

城市里还有大量的民间小工商业者经营的小作坊。从事生产的工匠多半来自农村,生产的规模都很小。同行业的手工业者通过"行会"联合起来,"行头"主宰一切。为了抵制大工商的排挤,各行各家世代传授独有的生产技术,严禁对外泄露。尽管如此,他们还必须向官吏和大工商纳贿送礼,否则就无法立足。

作为副业的农民手工业,主要还是生产自己需用的东西。只是在农闲时纺织一些粗布或制造粗糙的纸张,拿到附近的"虚""集"上出卖。

首都开封是宋朝的政治中心,也是一个交通便利的繁华的商埠。它不像唐代长安那样,只在法定的时间、地点(东市、西市)经商。黎明前,十字大街就有鬼市,晚间马行街有夜市,直到四更。相国寺等寺院内也有定期的市场。街市上有南北各地运来的货物,也有外国的商品:日本的扇子,高丽的人参,大食的香料、珍珠。四川的成都、陕西的兴元(汉中)商业都很发达。广州、泉州、明州是对外贸易的商埠。

官僚士大夫们扬弃了"轻贱商贾"的传统观念,争着经商谋利。官员上任或外出公干,便沿途贩运货物。外交官假公济私,经营对外贸易。到京城投考的举子,也带货运销,考试不中便留在京城做商人。自宰相以下的官僚们,凭借权势,挪用官款,贱价购货,役使吏卒贩卖。他们还在大城市开设邸店(货栈),控制商人,操纵市场。大寺院的僧侣也勾结官商做买卖。

为数众多的小商人受到大商人的敲剥。他们中间有些是手工业者出卖自己的产品,有些是"客商"在各地往来贩货。城里的"兼并之家"(官僚、地主、大商人)勒索小商人"馈献"钱物。他们抬高或压低市价,小工商就要大受亏损。

随着商业的发展,宋朝发行了最早的纸币,叫做"交子"。朝廷还设立"便钱务",代商人办理汇兑。商人在京师交现钱,纳汇费,到各州县兑钱。

工商业发展带来的一个后果是:皇室、贵族、官僚、地主、商人无止境地讲求享受,恣意挥霍。他们生活之侈靡、腐烂,甚至超过了唐朝的贵族。

工商业发展带来的另一个后果是:朝廷的财政收入越来越依靠商业利益。盐、茶、酒和矿产都由朝廷专卖。宋朝设立"市舶司"收取对外贸易的大批关税。国内商业的"过税"(货物运输)和"住税"(货物存放)也是很大的数量。宋朝每年掠取的各种专卖之利和各种商税,甚至超过了农业税收。

农民状况 前朝依据门第等级特权占有土地和奴婢的状况已经逐渐消失。唐朝初年实行的分授无主荒田的所谓"均田制",也早已不能继续实行。经历农民起义和方镇割据之后的农村出现了不同于唐代的新局面。和唐代时的情况不同,宋王朝直接占有的"官田"为数不多,耕种官田的农户在全体农民中只是少数。广大农民是租种地主土地的佃户和占有小块土地的自耕农、半自耕农。

当时被称作"客户"或"庄客"的佃农,据记载在全体农民中占一半左右,事实上还要多些,并且在不断地增加。唐代前期贵族地主役使人身隶属的"部曲""奴婢"的现象,到了宋代,已基本上消失。佃客和地主是通过租佃土地而建立起剥削关系。法律规定,佃客交租后,可以从地主那里离开。但事实上,无地或少地的农民,被束缚在土地上,地主可以用收回土地租给别人的办法,威胁佃客,迫使他们无地可种,无以为生。

地主对佃客收租,流行的分成方法,是先除掉种子和赋税,然后再把五成、六成以上拿来做地租。这样,地主就把应向官府交纳的赋税转嫁到了佃客的头上。另一种办法,是由地主规定定额收租,不论年成好坏,佃客都要交足定额。遇到水旱灾荒,佃农就只有向地主借高利贷,每年再负担六分到一倍的利息,终年劳动,不得温饱。春债未毕,秋债复来,永远还不清。

和唐代部曲的情况不同,宋朝把佃农编做"客户"。他们除向地主交租外,还要直接向政府交纳"身丁税"和负担"力役"。

和佃农的数量约略相当的,是大量的自耕农、半自耕农。他们自己占有少量土地耕作,不向地主交租,但要向官府交纳田赋、身丁税和各种杂税,还要服各种徭役。修城、筑路、掘河、造堤、运送官物等差役,都由他们负担。遇到公税私债交迫不能偿还时,放高利贷的大地主就没收他们的土地,强迫他们做佃户。占去土地的地主却不纳税,而用所谓"诡名挟佃"的办法,要挟原来的农户去负担,产去而税存。结果是"贫者急于售田,则田少而税多;富者利于避役,则田多而税少","富者益富,贫者益贫"。

宋朝把占有土地的民户编为所谓"主户",又分为九等。五等以下的主户,多是占有小量土地的自耕农、半自耕农。四等以上,则是大小不等的地主。当时人即指出,上三等户"乃从来兼并之家"。全国的民田,有百分之七十以上都被大地主、官僚所占有。如果加上中小地主计算,地主阶级所占据的土地总数在百分之八九十,而占有主户十之六七的自耕农、半自耕农的土地,只有总数的十分之一二。

在地主阶级残酷剥削农民的同时,宋王朝又在不断地增加繁重的赋税。除地税和人丁税外,随时设立新的名目,统称为"杂变之赋"。征收赋税的方法又有所谓"支移""折变"。支移即规定北方地区的农户应交粮米,要直接送到边镇各地充军需。运输的负担全部加给了农民。不直接运送的则要加交"脚钱"。折变即政府按照需要,任意强令农民应纳的钱米,折成绢、麦或钱。辗转折算,使农民纳税无形中增加到几倍。宋太宗时,朝廷的赋税剥削收入已是唐朝的两倍,仁宗时又是太宗时的六倍。

宋王朝从多方面加强了对农民群众的统治。

各地州县政府都设有镇压农民反抗的专官"捉贼使臣"。四等以上的主户,即大小地主也承担所谓"差役",充当向农民催缴赋税和镇压农民反抗的"里正""户长"和"耆长""弓手"。宋王朝依靠地主豪绅作为它的统治基础,以加强对农村的基层统治。

宋王朝还采用"募兵"的办法。遇到灾荒或出现大批破产的农民,就在当地大量招募兵士,甚至强迫饥民当兵,以至仁宗时,宋朝的军队比宋初增长了六倍。统治者们指望用这种办法来防止农民起义的发生,起义农民却由此得以与士兵结合反抗宋王朝的统治,构成这一时期的新特点。

农民士兵起义 真宗时益州(四川成都)驻守的士兵起义建号大蜀国,农民与士兵结合,发展到数万人,十个月后被镇压。宜州(广西宜山)士兵起义,称南平王,进攻广州,被镇压。仁宗时,陕西商山农民起义,南下与光化军(湖北老河口)士兵结合,纵横千里,被宋军战败。首领张海战死。山东沂州驻军在王伦领导下起义,南下渡淮河,到达和州(安徽和县),兵败,王伦被俘斩。贝州(河北清河)军校王则率领士兵和农民起义,占领贝州,建国号安阳,称东平郡王。庆历八年,宋廷派出参知政事文彦博率大兵镇压,王则被俘处死。

四　变法之争与农民起义

王朝的腐化　宋太祖、太宗建国,力图容纳官员、招揽文士,以稳定新朝的统治。真宗、仁宗、英宗三朝遵循祖宗成法,标榜"袭故守常",官僚机构越来越庞大。真宗时朝廷差遣的官员近万人,仁宗时又增加了一倍。宗室受禄的吏员多至一万五千人。各州县地方官没有定额。真宗时一次裁减的官员就有近二十万人。仁宗时,大臣上书说,州县官已是国初的五倍。宋太祖选练禁军不满二十万人,仁宗时增加到八十二万六千人,地方厢军增加到四十三万人。主要来自募兵。此外,各地在农民中抽丁的乡兵也在大量增加。英宗时河北、河东、陕西三路因防御西夏,乡兵多至四十二万人。由于军权集中,地方将帅频繁调动,形成"兵不识将,将不识兵",作战能力薄弱,但每年的兵费,却占朝廷赋税收入的十之六七。真宗迷信道教,在首都开封和外地广建道观,亲祭泰山,耗费巨大。仁宗宫中妃嫔几千人,赏赐动以万计。皇室贵族侈靡浪费。国库历年积存都被用尽,仍然年年亏短。据英宗治平二年(1065年)统计,朝廷收入一亿一千六百十三万贯,仍然亏短一千五百多万,陷入严重的财政危机。

不断有大臣上书指责冗(多余)官、冗兵、冗费,提出各种改革建议,都不被采纳。仁宗庆历年间,宰相范仲淹推行"新政",裁汰冗员,因受到官员们的抵制,不能继续实行。范仲淹也遭攻击,离开相位。

变法之争 英宗在位不满四年,治平四年(1067年)病死,子赵顼(音 xū)神宗继位,年二十岁,喜读《韩非子》。神宗说"天下弊事至多,不可不革"。任用翰林学士(掌起草制诰)王安石做副相,实行变法。王安石在仁宗时,就曾上过"万言书",列举应革的弊政,并以防止汉之张角、唐之黄巢为鉴,提出警告。任相后,以"富国强兵"为宗旨制定新法推行。

"强兵"的新法,主要是:(一)减兵置将法。减少招募逃亡农民、"饥民"当士兵的数目,以防范农民士兵的反抗;在各军常设将官,训练兵士,以强化军兵。(二)保甲法。将全国农村居民不论主、客户,按十户组成一保,五十户为一大保,十大保为一都保。各户有两丁者即出一人做保丁。由富户充当保长、大保长和都保正,对保丁作军事训练,轮流值夜巡查,严密统治农民。王安石曾自称,此法实行后"盗贼十减七、八"。

"富国"的新法,主要有:(一)方田均税法:重新丈量全国田地,按亩收税。实际上只丈量了一部分,即行停止。(二)青苗法:由官府向农民放贷取息。每年春夏纳税时交付利息。(三)市易法:由官府垄断若干商业,评定市价,收买货物,并向小工商放债取息。(四)免役法:伴随保甲法的实行,原来四等以上户的衙前里正等职役,改为按户等交钱免役,称"免役钱"。朝廷可由此得到一笔收入。

王安石的新法实行后为宋朝增加了收入,实际上是剥夺了富户商贾放贷经商的部分利益,因而招致一些非议。朝臣中也形成两派。

以王安石为首的变法派,主张行新法以"富国"。以翰林学士司马光为首的保守派,反对变法,主张提倡节俭,维持现状,不去损害地主商人的利益,稳定宋朝的统治。两派激烈地争论起来。保守派指责变法派,不守祖宗成法,不顾人们的议论。王安石的回答是:人言固不足恤,祖宗之法也不足守。

变法之争演变为两派官员的相互倾轧。神宗信用王安石。神宗的母亲高太后则是保守派的支持者。神宗晚年,王安石在反对声中去职。元丰八年(1085年),神宗病死,幼年皇帝哲宗继立。政权完全掌握在高太后的手里。这样一来,保守派便得势了。司马光被起用为相。维护新法的人都从朝廷中排挤出去,并把新法一项一项地废除掉。

元祐元年,王安石、司马光相继病死。八年(1093年),十九岁的哲宗亲政,又起用变法派官员,以王安石同僚章惇为首相。变法派再度当权,保守派官员又遭到排挤。

哲宗以后的皇帝徽宗,纵情享乐,不理政事,信用宦官童贯。因童贯的举荐,起用原开封知府蔡京为相。蔡京自称是变法派,但已不是实行王安石的新法,而是以变法为名加紧搜刮。本来已很庞大的官僚机构,经由卖官鬻爵,扩大了十倍左右。力役、茶息等税钱急剧增加。又订所谓"括田法",抢占民田算做"公田",即官田。在苏州和杭州设立"造作局",奴役数千名工匠为宫廷制造金、玉、织绣等各种工艺品。所需材料,全自民间掠夺。又设"应奉局",掠取民间的石竹花木,用船只运送至开封,供徽宗和贵族们观赏,称"花石纲"。应奉局以花石纲为名,到处敲诈勒索,民间遭受逼迫,甚至鬻卖子女来供其需求。

宋王朝由腐化变为腐烂。王安石警告过的张角黄巢式的农民起义风暴终于到来了。

方腊领导的农民起义 徽宗宣和二年(1120年)冬季,浙江睦州的青溪(浙江淳安)爆发了方腊领导的农民起义。

方腊原以经营漆园为业。江浙一带农民从来遭受沉重压榨。"花石纲"的搜刮使江浙地区民不聊生,很多"中产之家"被逼得破产。方腊也是其中的一个。

起义爆发前,方腊利用摩尼教明暗二宗说组织群众千余人,号召推翻黑暗争取光明。方腊向群众控诉说:"如今的当政者都是些龌龊奸佞之徒,他们只知道用声色土木来谄媚皇帝,根本想不到改善政事。""天下国家本同一理,如今我们老百姓整年劳苦耕织,得到一点粟帛,却被那些官老爷们全数拿去浪费掉。而且稍不如意,就要鞭打,甚至随便处死。这还能甘心忍受么!"大家齐声说:"不能!"

"如今赋税繁重,官吏侵渔,我们单靠农桑不能过日子,就全靠漆楮竹木,可又都被他们取走,一点不给留。那些官老爷们声色、狗马、花石等等靡费之外,每年还要拿给西北两国(契丹、西夏)银绢几百万。这也都是我们东南老百姓的膏血啊!朝廷屈辱纳币不止,宰相们还说这是安边的上策。可唯独我们整年勤劳,妻子还是挨冻受饿,吃不到一天饱饭!我们大家该怎么办呢?"

方腊进而号召说:"东南之民,苦于剥削久矣。近年花石的骚扰,尤其不堪。诸君若能仗义而起,四方必闻风响应,旬日之间,万众可集。我们一鼓攻下江南各郡,划江而守,轻徭薄赋,十年之间,就会统一。"

起义发动后,青溪的农民闻风响应。旬日之间,发展到十万多人。方腊自称圣公(摩尼教的称谓),建立年号,建置将帅,分为六等。扎各种头巾作标志。诛杀官吏和土豪,焚烧宅院,夺取金帛财物。

起义军攻下了青溪县。随即北上攻下睦州(浙江建德)和歙州(安徽歙县),到这年年底,经桐庐、富阳诸县顺利进驻杭州城,取得重大胜利。浙东及苏州等地农民相继起义响应,震动了东南。

宋徽宗不再遵行宦官不领兵的旧例,任童贯为江淮荆浙宣抚使,率领京师禁军和防御西夏的秦晋番汉兵十五万镇压起义,分两路向杭州和歙州进发。

宣和三年(1121年)正月,方腊率领主力军,转向南方进取,攻占婺州和衢州,二月又攻占了处州。另派农民军将领方七佛率领七万人去夺取杭州东北的秀州。遇宋朝的大军自北而来,方七佛军寡不敌众,退守杭州,九千人在作战中牺牲。秀州之败使形势发生了急剧的转折。

童贯率领的宋军陆续集结。起义军退出杭州,睦州被围,歙州失守。四月间,方腊被迫率领农民军退回了青溪帮源峒据守。宋军从小径攻入峒中。方腊被俘,押解到开封处死。

方腊起义,聚众至十余万人,半年左右即遭到镇压而失败。宋朝军政高度集中,地方兵力薄弱,因而起义军起,得以顺利攻下各州县,势如破竹。朝廷派出禁军,调动兵力镇压,分散各地的起义军便难以抵抗。各地农民起义频繁但又不能持久,正是军事集权制度下出现的历史特点。

宋徽宗与蔡京、童贯等人逃脱了农民军的惩罚,但他们灭亡的日子也不远了。

第三节　金朝的建国与宋金和战

一　金朝的建国与扩展

女真族建国　长白山以北、松花江流域和黑龙江下游一带,居住着女真人。以渔猎为生,也经营原始的农业。这里土地肥沃,又有很多名贵的出产。女真人乘着车马在山林里往来过活。用树木和泥土搭成几尺高的小屋。屋的周围做成土炕。

女真族中保留着一个历史传说。完颜部的一位六十岁的妇女,嫁给了一个外来人函普,生二男一女,遂为完颜部人。这个传说,反映着人们对于女真族母系族制的长久的记忆。函普的时代当是处在由母权制到父权制的过渡期。

与此相关的一个记载是:完颜部与邻部相约,杀伤人者要征取其家人口和牛马,给予被杀伤者之家。此时的女真族中,已出现了家庭和私有牲畜财产,并且有了犯罪者被罚做奴隶的事。

完颜部定居在按出虎水(女真语金河,今阿什河),从外面输入大量的铁器来制作弓矢器械,逐渐成为最强大的一部。奴隶制首先在这里得到发展,形成几个部落的联盟。乌古乃成为联盟长,接受辽朝授予的女真部族节度使的称号。

女真族的温都部是另一个强大部落,擅长冶铸铁器。部长乌春就是一个锻铁的能手。他阻止他控制下的加古部用铁器和完颜部相交换,进而联合完颜部的一些反对者发动进攻,经过激烈的战斗,完颜部取得胜利并在斗争中进一步壮大起来。

联盟长完颜阿骨打,随即去攻打统治着他们的辽朝。

女真部落联盟的联盟长称都孛堇,诸部之长。部落长称孛堇,部落军事首长称猛安,氏族长称谋克。奴隶占有者和部分充当士兵的奴隶,都按照这个猛安、谋克的军事系统编制起来,总共只有两千五百人。阿骨打率众誓师说:"你们同心尽力。有功者奴隶可作平民。平民可作官长,已有官的可以叙进。如果违反誓言,身死梃下,家属也不能赦免!"

阿骨打统率女真军侵入辽界,进军宁江州,把辽朝直接统治下的所谓"系辽籍女真"收集到周围。在鸭子河畔出河店一战,掳获大批车马甲兵,分赐将士。大批的俘虏,也使女真军得到了补充。随着连续的胜利,女真军扩大成万人大军。阿骨打规定,以三百户为谋克,十谋克为猛安,原来的氏族部落组织,在发生变化。

女真族中犯罪为奴和"卖妻子以偿债"为奴的现象本来已在发展。掳掠的奴隶也日益增多。富有的显贵占有奴隶役使,甚至死后,要用奴婢殉葬,奴隶主和奴隶的阶级对立已经确定形成。猛安、谋克中外族分子的大量涌入,也加速冲击着氏族部落组织,加速国家的诞生。

收国元年(1115年),阿骨打在攻辽途中建立了女真奴隶制国家,以居地的地名为国号,建金国。阿骨打称皇帝(金太祖),设置官属,确立了以弟吴乞买为首的统治机构。这个国家的职能是:对内镇压奴隶,对外掠夺财物和人口,以扩大奴隶的来源。

攻灭辽朝 当女真族的历史进入一个新时期时,辽朝正在一天天衰落下去。

辽朝在圣宗耶律隆绪时,发展到全盛时期,此后即逐渐衰微。

地主和农民的矛盾日益激化,辽朝的末代皇帝天祚帝时,农民起义此仆彼起,辽朝皇族、贵族之间相互倾轧,相互杀掠,削弱着它的统治力量。当金兵到来时,辽朝已然失去了抵御的能力。

宋朝得到了金兵攻辽的消息,便派遣使臣去和金朝联系,相约夹攻辽朝。交换的条件是乘机索还契丹占去的燕京地区。进攻辽朝的宋军并没有获得多大的进展,但使辽兵受到牵制,便利了女真军的进攻。天辅六年(1122 年)金兵攻下燕京(辽南京)。次年,金太祖病死。天会三年(1125 年)金太宗吴乞买俘虏了出逃的辽天祚帝。

宋朝联金伐辽并没有因战争的胜利得到多少好处。金人交还了燕京,但宋朝要把以前每年送给辽国的银、绢,照数给金,还要加送"燕京代税钱"一百万缗。金兵从燕京退走时,劫去了城中的大批居民和财物。

南侵宋朝　金国并不满足于宋朝的屈辱妥协,天会三年(1125 年)冬,金太宗军分为两路,一路进攻太原,一路进攻燕京,企图在宋朝的首都开封会合。

南侵太原的金兵,遇到了当地军民的顽强抵抗,被困在那里,无法前进。但是,宋朝驻守燕京的契丹降将郭药师却投降了金人,带领金兵南下,进逼开封。宋徽宗把帝位传给他的儿子赵桓(钦宗),自称"道君太上皇",带领着一帮亲信蔡京、童贯等,逃往镇江。

钦宗即位后,一些官员和太学生纷纷上书要求严惩蔡京、童贯等权臣。钦宗被迫下诏将他们流放边地。随后又派人处死童贯,蔡京也死于流放途中。

靖康元年(1126 年)春,钦宗在群情激愤的形势下,下诏亲征,任命兵部侍郎李纲为东京留守、亲征行营使,守卫东京开封。

河北、河东路军帅种师道率领秦晋军赶到京师,协力守城抗敌,金兵暂退。徽宗又从镇江回到开封。

次年秋季,金国完颜宗翰、宗望再发大兵南侵,攻下太原、真定,直指开封。宋钦宗决意投降,亲自去金军营送上降表,金军将他扣留。金兵一举攻下开封,宣告废除宋朝徽、钦二帝。扶立宋朝宰相张邦昌称帝,国号楚。靖康二年(1127 年)四月,金兵在开封大肆掳掠后,俘虏宋徽宗、钦宗及皇室、臣僚三千多人,满载着宋朝的图籍珍宝财物,自开封回师。

钦宗的九弟康王赵构,曾由钦宗任命为河北兵马大元帅,与副帅宗泽领兵抗金,有兵八万,驻在济州(山东济宁)。徽钦二帝被俘后,宗泽建言赵构转移到南京应天府(河南商丘)。这年五月,拥立他在这里做皇帝(宋高宗),改年号建炎。张邦昌在金兵走后不能立足,也来投奔赵构作臣属。

北方人民的反抗　宋钦宗降金,沦于金国统治下的北方人民纷纷组织抗金武装,坚持战斗。

各地结成山寨水寨的抗金义军,有几万处。河北、河东一带的义军,用红巾作标志,号红巾军。分散各地,与居民联合,攻打金兵的营寨。仍用宋朝的年号,盼望着宋军过河北上,一起杀敌。

宋朝的一个军官王彦,曾经率领一支七千人的队伍渡河抗金。他和一些分散各地的义军相联合。受他号令的义军有十万余人。义军在脸上刺上"赤心报国,誓杀金贼"八字,因此被称为"八字军"。八字军活动在太行山一带,屡次打败金兵,并准备进攻太原。

河北庆源府(赵县)五马山,有一支以赵邦杰、马扩为首的义军,人数也在十万以上。多次请求宋军过河,抗击金军。

金兵自开封退后,宗泽为东京留守知开封府。建炎二年(1128年)春,在滑州两次打败金兵。宗泽招集河北河东等地几十万义军联合抗金,指令王彦军屯驻滑州。马扩也过河来见。宗泽前后给高宗上二十次奏章,提出还都开封,北上进兵的计划,但都被高宗拒绝。七月,这位七十岁的老将,忧愤而死。临死时,还高呼"过河",念念于未竟的壮志。

二　宋朝的南迁与重建

高宗南逃　建炎二年(1128年)秋,金军从山东、河南、陕西三路南下,连续攻占城镇。十月间,高宗逃到南方的扬州去躲避。建炎三年正月,山东一路攻陷徐州,随即向扬州进发,宋高宗又逃到杭州。三月,杭州驻军在两个军官率领下,发动兵变,杀死主降的军官王渊和宦官康履。高宗被迫宣布退位。但当各地官军赶来后,又拥立高宗复位,进驻建康,上降表给金朝,"愿奉大金正朔,比于藩臣",削去帝号。八月,金将完颜宗弼(兀术)领兵指向建康。宋高宗再次写降书给金军,说他"守则无兵,奔则无地,只有请阁下哀怜。前者连奉书,削去国号,是天地之间,皆大金之国,不必再劳师远涉"。宗弼不理,继续进兵。高宗又从建康逃往杭州。金兵到达建康时,宋守将杜充叛变降金。属官杨邦义在衣上血书"宁作赵氏鬼,不为他邦臣",大骂而死!

金兵侵占建康后,继续南进,连续攻下杭州、越州(绍兴)、明州(宁波),大肆焚掠。高宗从杭州逃到越州、明州、定海,节节逃窜,最后乘船入海,漂泊到温州去避难。

这时金军南侵的主要目的还在掳掠奴隶和财物。在江南各地大肆掳掠后,建炎四年(1130年)春,退兵北还,在镇江黄天荡遭到了宋将韩世忠军的邀击,当宗弼军退到建康时,宋朝的青年将领岳飞,大败金兵,收复了建康城。

金军退后,高宗又从温州回到越州。

金兵北退时在大名府把一个宋降官刘豫立作傀儡皇帝,建国号齐,统治河北、河南、陕西等地。

洞庭湖农民起义　建炎四年(1130年)二月,洞庭湖畔的鼎州(湖南常德),爆发了声势浩大的农民起义。

金军南侵,鼎州武陵人钟相结合当地农民集结为忠义民兵,立寨自保。钟相子钟昂曾率领义兵三百人到建康抗击金兵,被高宗遣还。建炎四年初,金兵攻陷潭州,屠城而去。宋朝的叛将孔彦舟收集溃兵侵犯鼎、澧。钟相起兵抗击孔彦舟的叛军,建号楚国,称楚王,立年号"天战"。起义发动后,鼎州、澧州和荆州南的农民纷起响应。起义者焚烧官府,诛杀官吏和土豪,夺取财物分给贫苦农民,称为"均平"。相继攻陷桃源和澧州。

三月,钟相败逃入山,被叛军杀害。起义农民,在杨太(小名杨幺)领导下,继续战斗。在洞庭湖建立水寨,作为起义的据点,作战事训练,经营农业生产。农民军在鼎州、澧州,砍伐各种木材,制造作战车船。大船可载千余人,人在船前后踏车,进退自如。船上有十余丈长的拍竿,上置巨石,下设辘轳,遇官船接近,即倒拍竿击碎。绍兴初年,起义军发展成二十万人的强劲水军。水寨数十

处,车船数百只。以洞庭湖为中心,控制的地区,北达公安,西到鼎
澧,东至岳阳,南抵长沙。

绍兴三年(1133年),宋水陆军六万人到荆南镇压杨太的起
义,被农民军车船战败退走。水军统制崔增、吴全留在洞庭湖口,
驻守下游。农民军得知崔、吴的水军都是海船,在湖中使用不得。
十一月间,乘其不备,大破宋军。宋战船大小数百只全部被打沉,
宋军万人败死,崔增、吴全落水死。农民军获得重大胜利。

杨太领导农民军乘胜前进。四年(1134年)七月又在鼎州大
败宋军。

金朝扶立的齐国刘豫见农民军声势日盛,派出三十五人的使
臣队,带着官诰、锦袍、金带到农民军中,想和杨太相约,配合金齐
联军灭宋,分地而王。农民军把这三十五人投入江中处死,显示了
坚贞不屈的严正立场!

绍兴五年,宋高宗把驻在淮西抗击金兵的岳飞军调来荆湖,镇
压杨太。岳飞军到后,农民军首领杨华、杨钦等相继叛变。杨钦吁
请杨太领兵来援。当杨太军到来时,岳飞伏兵两侧出击,杨太泅水
而去,被岳军俘获,慷慨就义。

洞庭湖农民起义前后持续了六年之久,为宋代此前所未有。
农民军内抗宋军,外拒金齐,大义凛然。水上立寨,制造车船,春夏
耕耘,秋冬作战,为农民斗争积累了经验。

临安建都　宋高宗南渡十多年间辗转流移在建康、越州、杭州
等前代的旧都,并无定所。镇压杨太起义后,绍兴七年(1137年)
在建康定议,次年移都吴越的旧都杭州。杭州曾在建炎三年七月
驻在时升为临安府,称"行在所"。绍兴八年正月,皇室自建康迁

移。二月,高宗到达临安,建立朝廷。此后即定都在这里,经历了一百多年。史家习称南宋,把建都开封时期的宋朝,叫做北宋。

南宋的领域,东起临安,西至秦岭,南至海南。绍兴十一年(1141年)定议北方与金朝以淮水为界(参见下文),统治的地区约当北宋的十分之六。北与金朝为邻,西北有西夏、西辽,西南有吐蕃诸部和大理(南诏亡后建国)。

北宋开封的庞大官僚机构已完全被消灭了。高宗依靠原属康王的部属、江南的官员和寓居江南的京朝官组成南宋朝廷。北宋神宗时曾改革朝廷机构和官职名称,设尚书、中书、门下三省。高宗又将中书、门下两省合并,仍称同平章政事,为宰相。副相仍称参知政事。统管军事的枢密使,也可由宰相兼任。宋初专管财政的三司使,神宗时已并入户部。高宗时对六部机构和人员又有裁减。官僚机构比北宋精简,宰相的事权却加重了。

南宋统治领域比北宋缩小,但江南地区是经济最发达的地区。北宋的财政税收大部分来自江南。南宋建都临安后,金朝统治下的北方农民不断逃到南宋。高宗绍兴二十九年(1159年)不完全统计,有人口一千六百八十四万,三十年后,增加到两千八百五十万。南下的农民,开垦了大量农田。农村中的生产关系主要还是地主占有土地,出租给佃户收租。大地主一年收租十万石,所在多有,是北宋时期所少见。

南宋的税制,仍沿袭北宋的夏秋二税制,但不断增收各种名目的杂税。高宗绍兴二十七年(1157年)朝廷一年收入六千余万贯,相当神宗时的最高岁入。三十年后,又增加到八千万。

工商业逐渐繁荣。临安城周围七十里,南通闽广、北通两淮、西连川蜀,客贩往来不绝。城内自大街到坊巷,大小店铺昼夜营业。不同行业分别聚集成市。酒楼歌馆,遍布市井,连夜鼓吹喧呼。临安是南宋的都城也是最大的商业城市。建康与成都商业也很发达。长江两岸还有许多商业城镇。

三 宋金和战

北宋的主要兵力禁军,在金朝攻下开封后,已全部瓦解。高宗南渡,原属康王部下的兵士八万,是随从的主力。南方驻屯各地的军帅各自募兵抗金,收编"忠义民兵",在抵御金兵作战中逐渐强大。镇江、池州等地刘光世军,江州江阴韩世忠军,宜兴、蒋山岳飞军,凤州、大散关吴玠军分别屯驻各地,形成几支大军。朝内外共有兵力近二十万人。

宋朝自宋太祖收兵权,一直把防范方镇割据的重演作为立国的方针。高宗的南宋朝廷不能不依靠诸将抗御金兵,又时时防范诸将握兵难制,多方制约。江南兵民热切盼望收复中原,宋高宗力求在江南偏安。对诸将且用且防,对金朝且战且和。高宗、孝宗、宁宗三朝先后与金朝订立四次屈辱的和议,不惜称臣割地,增加岁币(赔款)以求得一时的苟安。

初订和议 金太宗在大名府建立的属国刘豫,几次发兵南侵,都遭到失败。金天会十三年(1135 年)金太宗死,金熙宗完颜亶即位。天会十五年废齐国,降封刘豫为蜀王。

宋高宗定都临安后,任秦桧为宰相,同中书门下平章事兼枢密使,总掌军政大权。江宁(江苏南京)人秦桧,进士出身,北宋末任御史中丞,被金军俘虏,建炎四年十月回到杭州,任礼部尚书,力主和议,倡言"如欲天下无事,须是南自南,北自北"。高宗委任秦桧派出使臣与金朝谈和。这时,被俘的宋徽宗已于三年前在金国死去。南宋要求迎还徽宗的棺木,交还齐国统治的河南陕西地区。金朝提出的条件,是宋高宗对金朝称臣,成为金朝的属国。金朝派出谈和的使臣以上国自居,称"诏谕江南使"。韩世忠上书说这是以齐国刘豫相待,坚决反对议和。岳飞上奏说"金人不可信,和好不可恃",指责秦桧误国。高宗决意求和,接受金朝的条件,绍兴八年(1138年)十二月命秦桧代他拜受金朝的诏书,自认为金的属国。每年向金朝进贡银二十五万两、绢二十五万匹。次年正月遣使往迎徽宗棺木,交割河南地界。这次所谓和议等于是南宋对金的投降。

再订和议 绍兴十年,金朝完颜宗弼等大兵分路夺取还给宋朝的河南陕西地区。河北一带李宝率领的忠义民兵从后方多次邀击。攻打顺昌的金兵,被湖北兵帅刘锜军打得大败。进侵扶风的军队又被吴璘军打退了。岳飞军北上进取河南诸州。投入岳军的忠义民兵首领梁兴等人,渡河与太行山等地的忠义民兵相联系,夹攻金军。郾城一战,岳飞大败金军,相继克复洛阳、郑州,逼进开封。这时,北方各地民军纷起响应,声势浩大。高宗急令岳飞退兵回朝。

高宗秦桧一意求和,认为抗金得胜,彼此强弱相当,更有利于议和。相继解除岳飞、韩世忠、刘光世、刘锜等人的兵权,派遣使臣,称"金国禀议使"向金国求和。绍兴十一年十一月再订和议,宋金以淮水为界,割唐、邓二州给金国。南宋向金称臣纳贡如旧。高宗赵构在誓表中自称"臣构""世世子孙,谨守臣节",甘做金朝的降臣。

宋金议和过程中,金完颜宗弼告诉秦桧,"必杀岳飞,方可议和"。秦桧将岳飞拘捕入狱,捏造"莫须有"(或许有)的谋反罪名,将岳飞及其子岳云杀害。

汤阴人岳飞,二十岁从军,原在宗泽部下,到三十九岁被害前的十九年间,为宋朝镇压农民起义和抗击金兵,始终效忠于宋朝。岳飞因抗金得胜而被害,秦桧因降金而杀害忠良,激起官民上下的义愤。军校施全在秦桧乘轿上朝的路上行刺不成被捕,对秦桧说:"全天下人都要杀敌,唯独你要降金,我就要杀你!"秦桧处死施全,又怕人们崇敬和怀念岳飞,下令把带岳字的地名改掉。岳州改为纯州,岳阳军改名华容军。

完颜亮南侵 金皇统九年(1149年),平章政事完颜亮发动政变,杀金熙宗,自立为帝(谥海陵王)。从金旧都上京(黑龙江阿城)迁都燕京(北京市),改名中都。汴京开封府为南京,中京大定府为北京,辽阳府为东京,大同府为西京。完颜亮夺位后,征调番汉兵士近四十万,制造兵船,策划攻灭宋朝,统一江南。正隆六年(1161年)九月,金军分四路南侵。完颜亮自率一路进攻寿春,另一路攻荆襄,一路攻川蜀,水军由海道攻临安。十月,完颜亮经和州到达建康江边的采石镇,指挥兵士驾船渡江。宋军参谋虞允文领兵阻击,金兵不习水战,多死在江中。完颜亮不能渡江,移驻瓜洲渡。其他三路金兵也遭到宋军的抵抗,相继败退。

金朝政局这时又有变动。金东京留守完颜雍在东京自立为皇帝(金世宗),宣布废除完颜亮帝号,进驻中都。消息传到军中,金军部将耶律元宜杀死完颜亮,领兵北返。

南宋主战官员奏请乘胜追击,北上作战,高宗不允。次年六月,五十六岁的宋高宗宣告退位做太上皇,传位给养子赵眘(音shèn,孝宗)。

宋孝宗北伐 宋高宗无子,收养宋太祖九世孙赵眘,立为太子。宋朝自真宗以后,历代皇帝都是太宗的子孙。孝宗即位,皇位回到太祖一系,朝野耳目一新。高宗退位,朝中官员和岳飞旧部纷纷揭露秦桧罪恶为岳飞诉冤。孝宗三十五岁继帝位,很想有所作为。六月即位,七月就下诏为岳飞平反,恢复原官职,依礼改葬。随后又对岳飞的孙子六人授以官职。秦桧已在绍兴二十五年病死。依附秦桧的官员都被罢免,驱逐出朝廷。孝宗意在备战,贬秦崇岳,人心大快。

孝宗召见遭秦桧排挤的名将张浚,说久闻你的大名,现在朝廷只有靠你。张浚在南宋初年多次抗金作战得胜,后被贬斥去朝近二十年,绍兴末年重被起用,驻军建康。孝宗任命张浚统率军马,进为枢密使,北上作战。隆兴元年(1163年)四月,张浚派兵自濠州、泗州分道出击,两路合兵,胜利攻取宿州,中原震动。金兵自睢阳反攻宿州,宋军两路配合不利,自宿州退出。金兵追至符离,宋军溃败。张浚被解职,出任福州,途中病死。孝宗派遣使臣与金军议和。隆兴二年十二月达成和议。宋朝屈从金朝提出的要求,将海、泗、唐、邓四州及商、秦两州也割让给金国。宋朝不再向金称臣,改称侄皇帝。原来的"岁贡"改为"岁币",银、绢各减五万,改为二十万两、匹。这项和议订立后三十年间,宋金之间不再有大的战事。

嘉定和议 宋淳熙十六年(1189年)正月,金世宗病死,皇孙完颜璟(章宗)即位。二月宋孝宗退位称太上皇,传位给太子惇

（光宗）。绍熙五年（1194 年）六月孝宗病死。知枢密院事赵汝愚、知阁门事韩侂胄与孝宗母吴后合谋，废光宗，另立光宗子二十七岁的赵扩（宁宗）为帝，光宗称太上皇。

赵汝愚是皇族宗室，宁宗即位，任宰相兼枢密使，综理军政。绍熙六年（1195 年）言官说他"以同姓居相位，不利于社稷"，又有人弹劾他图谋不轨。罢相出朝，次年病死。参知政事京镗任相。韩侂胄是北宋名相韩琦的曾孙、宁宗皇后韩氏的叔祖，加"开府仪同三司"称号，权位高于宰相。

这时的金朝，遭到北方鞑靼等族的侵扰，各地农民起义。嘉泰四年（1204 年）韩侂胄起用为浙东安抚使的名将辛弃疾到临安面奏宁宗，说"金国必乱必亡"，建策出兵北上。主战的官员也建策乘机伐金。次年，韩侂胄加"平章军国事"最高官职，总揽军政大权，作北伐的准备。孝宗曾封赠岳飞谥号"武穆"，这时又加封鄂王。高宗加秦桧谥"忠献"，封申王。宁宗削去秦桧王爵，改谥号为"丑谬"。高宗以后，岳与秦是战与降的象征。崇岳贬秦以示志在必战。开禧元年（1205 年）五月，韩侂胄请宁宗正式下诏北伐。

韩侂胄部署宋军自四川和江淮两路北上。四川一路，任命被夺去兵权出川的吴璘孙吴曦统军。吴曦到四川就与金朝谈和，自称蜀王叛变。部将安丙杀吴曦，出兵对金朝作战，屡次得胜，收复金兵占领的大散关。安丙军中诸将内讧，自相残杀，大散关又被金兵夺去。

金兵主力集中在江淮一线。宋军攻取宿州、蕲州、寿州、唐州、蔡州的各路军连遭失败。韩侂胄任用丘崇为两淮宣抚使，丘崇放弃泗州，退守和州，金军渡过淮水反攻，淮西县镇都被金兵占领，韩侂胄罢免丘崇,自出家财二十万助军需。宋朝的使臣与金朝谈和。金朝提出条件是割江淮地,斩韩侂胄,增加岁币,出银犒军。

宁宗的韩皇后于庆元六年(1200 年)病死,八年,立杨氏为皇后。礼部侍郎史弥远与杨后密谋降金,在韩侂胄上朝时派人秘密把他杀死。事后奏报给宁宗,请宁宗遣使议和。嘉定元年(1208 年)宋金达成第四次和议。宋朝斩韩侂胄头,放在木函里献给金朝。金军从占领地撤回。宋朝的岁币从银、绢二十万两、匹增加到三十万。另外还要送给金朝"犒军银"三百万两,是从未有过的巨额赔款。

和议之后,史弥远知枢密院事,进为宰相执政。随即恢复秦桧的王爵谥号,打击主战的官员。辛弃疾已病死,也被加上"迎合开边"的罪名削爵。宁宗在嘉定十七年(1224 年)病死。史弥远废掉太子。另立一个来自绍兴的民间男子,说是太祖后裔,起名赵昀,继位做皇帝(理宗)。史弥远总揽大权。

这一时期,北方出现了新情况。蒙古族兴起,建立蒙古国,不断向外扩展。金朝和宋朝都走到了最后阶段。

第八章

蒙元一统

第一节　蒙古国的扩展

一　蒙古国家的建立

唐代的史册里已经有了关于蒙古人的记事,译名作"蒙兀",居住在额尔古纳河上游一带。北宋时,向西迁徙,直到三河(土拉河、克鲁伦河、鄂嫩河)源头的广大草原上,往来游牧,不从事农业耕作。肉类是主要食品,马奶和牛羊乳酪是最好的饮料,有时也射猎鹿、兔,或放鹰扑捉飞禽,作为食物。住在可以随时拆卸的帐篷里。按照畜牧的需要,经常迁徙到新的地方去寻找丰美的水草。帐篷顶上都开有出烟的天窗,用羊脂油点灯,用牛马粪烧火。贵族的帐篷可以放在车上移动,人们照旧住在里面。蒙古人通常都穿着右衽的长服系着腰带。妇女戴着叫做孛黑塔(固姑冠)的帽子,上面插着美丽的羽毛。

随着手工业的发展,已能制造较好的毛毯、车辆和其他木制器具。从外族学到铁冶的技术后,也开始制造甲胄、马具和各种武器。

蒙古人原来组成为许多部落和氏族。牲畜以氏族为单位来牧养并归全氏族所有。随着生产力的发展,蒙古部落里逐渐出现了私有制。沿袭草原突厥族的旧例,部落长称作汗,汗和他周围的把阿秃儿(勇士)、那可儿(伴当)们奴役着统治下的部民。抢掠和俘虏来的奴隶,主要应用在家内服役和手工业部门里。新兴的贵族们占有大量的牲畜和大片的牧场,剥削贫苦的牧民。

氏族制度瓦解,各部落混战,适应着社会发展的要求,出现了蒙古国家。建立者是孛儿只斤部的贵族帖木真(又译铁木真)。

帖木真是孛儿只斤乞颜部的领袖也速该汗的儿子。也速该是被额尔古纳河一带的塔塔儿(鞑靼)人害死的。也速该死后,部下的人们纷纷地离开了。帖木真的幼年时代,时常遭到邻部的欺压。但当他成年之后就又迅速地恢复了汗的权力,并重新收拢了曾经离叛的那些人。当金国向塔塔儿人进兵的时候,帖木真乘机打败了塔塔儿部,并进而把他们全部消灭。此后,帖木真的势力越来越大,征服了曾与他结盟的克烈部,又西进征服信奉景教的强大的乃蛮,北上征服蔑儿乞部。一贯和帖木真对立的蒙古札苔阑部札木合集团,也被消灭了。经过十几年的部落间的混战,帖木真占据的地区,东起额尔古纳河,西至阿尔泰山,南至阴山(大青山)牧地。丙寅年(宋开禧二年,金泰和六年,西历 1206 年),蒙古贵族在鄂嫩河源集会,建立国家。原来的部落长称号"汗"已经不能显示帖木真作为国家首领的崇高地位。大会给他加上"成吉思"尊号,源于突厥语,原意是勇武。成吉思汗就是"雄武之王"。这和他死后加给的汉语谥号"圣武皇帝"是一个意思。后来加给他的庙号是元太祖。

新建的蒙古国家与古老的氏族部落组织不同,蒙古各部落和被征服的部众,按照十进制分编为十户、百户、千户,逐级设置官长"那颜"统领,建国大会上分封九十五个贵族、那可儿和作战有功的将领为千户那颜。这已经不是血缘关系的组织而是军事行政单位,领兵作战,管理部民。在成吉思汗周围,还建立了一支由他直接指挥的宿卫军"怯薛"。这是挑选优秀的兵士组成的。宿卫军有各种装备,是一支强悍的武力,并为大汗服役。成吉思汗颁布了国家的法律"扎撒",并设立大断事官"也可扎鲁忽赤"。凡是违反扎撒的人,通常要被处死。

成吉思汗的国家仍然是依靠武力建立起来的。国家机构建立后,把进行对外掠夺的战争看成自己的天职。依恃强大的军力,展开大规模的侵掠。

二 畏兀归附 辽夏灭亡

畏兀归附 元代史书上的畏兀或畏兀儿,是今维吾尔族的先民,唐代回鹘的后裔。唐朝末季,西迁到天山地区,宋朝称他们为"西州回鹘",也叫"高昌"(火州,新疆吐鲁番)。乃蛮和篾儿乞部的残部逃向畏兀儿地界,成吉思汗派兵追剿。畏兀儿归附蒙古,协同蒙古军打败了篾儿乞的残部。辛未年(1211年)畏兀儿的亦都护(首领)到克鲁伦河朝见,成吉思汗把女儿嫁给他为妻,由此进入贵族的行列。畏兀儿是文化水准较高的古老的民族。在乃蛮供职的畏兀儿族文士塔塔统阿在蒙古征服乃蛮时投附。成吉思汗命他用畏兀儿文拼写蒙古语,创造了最早的蒙古文字,教授给蒙古皇子贵族。成吉思汗建国后,颁发诏旨开始使用印章制度,也是从塔塔统阿学到的。畏兀儿归附后,又以其先进的文化为蒙古国家的建设作出了贡献。

侵掠金朝　金世宗定都中都,力倡汉化。女真贵族都已不会女真语而习用汉语汉文。文风渐盛,武风渐衰。猛安、谋克不事生产,把分授的土地租给汉族农民耕作收取地租。到处爆发农民起义。成吉思汗征服塔塔儿后,曾得到金章宗加给的封号"札兀惕忽鲁",即番部首领。蒙古建国后,成吉思汗亲自到净州(内蒙四子王旗)向金朝陈报进贡。金朝接待的使臣不加礼遇,不予承认。成吉思汗得知金朝的统治衰落。辛未年(1211年)二月,发动了对金朝的大规模的侵掠。

成吉思汗和他的四个儿子——术赤、察合台、窝阔台、拖雷,统率大军,越过阴山,分两路进兵。西路攻至金西京大同,南路在宣平附近的浍河堡大败金兵,先锋军到达居庸关南口。壬申年(1212年)蒙古军攻下金东京辽阳。次年秋,成吉思汗再统率大军南下。派一支军队进至居庸关,围困中都。大军分三路掳掠。一路沿太行山至代州(山西代县),一路经平州(河北卢龙)至辽西。成吉思汗自己统率的一路南下,经过今河北南部、河南北部直到山东登州海滨。三路军掳掠了大批奴隶财物后,甲戌年(1214年)春季会集到中都城北,围攻金朝的都城中都。

这时,金中都城里发生了政变。金章宗的继承者允济(世宗子)被杀。金世宗孙完颜珣(宣宗)即帝位。四月间,金宣宗向蒙古进贡求和,把允济的女儿献给成吉思汗为妃。成吉思汗率蒙古军撤离。

蒙古军退后,金宣宗怕他们再来,中都难保。五月间,迁都南京开封。成吉思汗得知金朝迁都,派出一支军队轻而易举地攻占了中都。

丙子年(1216 年),成吉思汗返回离开六年的克鲁伦河营帐。金朝地区交付给那可儿木华黎去治理,依照汉人的官称,封他做"太师国王"。次年,成吉思汗率领蒙古军继续西征。

灭西辽　辽天祚帝被金朝俘虏后,辽皇族耶律大石率领一支部兵西去,集结北方十八部的部众,组成万人大军。经过畏兀儿地区,到达叶密立(新疆额敏县),征服突厥系的各部落,发展到四万余人。在这里重建辽朝,号哈喇(黑色)契丹即大契丹国。汉语国号仍称大辽,世称西辽。

耶律大石加汉语尊号称天祐皇帝,突厥语称古儿汗即各部落的共主。大石原是辽朝的林牙(翰林),通晓汉字和汉文化。依汉制建年号延庆(1131 年)。皇帝死后也立庙号,大石庙号德宗。延庆四年(1134 年)迁都到楚河南岸的八刺沙衮,号称虎思斡耳朵(强有力的宫帐)。连年作战,扩展领域,统治地区北至巴尔喀什湖,东起今新疆西部别失八里、和田,西南界阿姆河,西达咸海统领花刺子模。德宗大石传子仁宗夷列,再传至仁宗次子直鲁古,改年号天禧(1178 年)。

天禧三十一年(1208 年)乃蛮部的残部在屈出律(已故乃蛮汗之子)率领下,经过畏兀儿地界逃到西辽。天禧三十四年(1211 年),纠集部众联合花刺子模,推翻直鲁古夺取了西辽政权,仍号哈喇契丹。成吉思汗当然不能容忍这个残敌的存在。自金朝地区返回蒙古草原后,随即命大将者别率领大军攻打西辽,屈出律败逃,被蒙古军杀死。喀什噶尔、和田、叶尔羌等城相继归附于蒙古。

成吉思汗又在次年亲自率领大军,偕同四个儿子攻打花剌子模。战争进行了三年之久。蒙古军攻下布哈拉、撒马尔罕,花剌子模的算端(王)摩诃末逃到海岛病死。成吉思汗自领兵越过阿姆河追击继立的算端札阑丁,直到申河(巴基斯坦境内印度河),札阑丁跳入河中逃走。蒙古军得胜而回。

灭西夏 宋金对峙时期,西夏向金朝称臣,划分地界。在夏仁宗仁孝统治的五十多年间,没有重大的战事。蒙古建国前后,已开始对西夏侵掠。夏襄宗(安全)应天四年(1209 年),蒙古军围攻西夏都城中兴府。夏襄宗献女儿给成吉思汗求和。此后夏神宗(遵顼)在位,蒙古不断向西夏征兵。成吉思汗西征再次征兵,被夏神宗拒绝。木华黎仍不断命西夏出兵随同攻掠金朝。神宗的继承者献宗(德旺)改变国策,与金朝议和,联金抗蒙。成吉思汗西征返回蒙古草原后,就在次年(1226 年)正月发动了对西夏的进攻。二月,成吉思汗亲自领兵攻下西夏的黑水城和兀剌海城,又分派重兵攻占沙洲、肃州和甘州。七月,蒙古军攻下西凉府(甘肃武威)。夏献宗病死,帝睍(音 xiàn)即位,继续抗蒙。

十一月,成吉思汗自西凉府进兵,围攻灵州,西夏军民英勇抵抗,经过激烈战斗,灵州被蒙古军占领。丁亥年(1227 年)春季,成吉思汗命蒙古军围攻中兴府,自己率领一支军队攻下金朝的临洮府,闰五月在六盘山驻夏避暑,派出使臣向西夏招降。

西夏中兴府被围困半年,城中缺粮,六月间又发生地震,宫室被破坏。帝睍请降,要求宽限一月献城。七月十二日,成吉思汗在军中病死,年六十六岁。建国称汗凡二十二年。

成吉思汗临死前遗嘱,秘不发丧,以免又发生变故。死后三日,西夏帝睍出降,被蒙古军杀死。夏国立国西北,凡一百九十年。

三　金朝灭亡　吐蕃归附

成吉思汗生前把西征占领的地区分给三个儿子作为世袭的领地。长子术赤分封巴尔喀什湖以西地区至花剌子模。死后由次子拔都袭封。察合台封地自畏兀儿地区至阿姆河。窝阔台封地以额敏河为中心,西至和布克(新疆和布克赛尔)。按照蒙古幼子"守灶"管理家务的旧例,第四子拖雷驻守克鲁伦河蒙古国故地。

蒙古国家建立后,汗位的继承还是依照旧制,需经贵族议事会"忽里勒台"选举,但可由原任大汗提名推荐。成吉思汗死后,幼子拖雷"监国"两年。己丑年(1229 年)八月,蒙古宗亲贵族在克鲁伦河畔集会,依照成吉思汗的遗嘱,推举窝阔台为大汗,不再加上尊号,按照传统的惯例称合罕(可汗)。

窝阔台(元太宗)即位后,随即全力攻灭金朝。然后再度西征南侵。

攻灭金朝　迁都开封的金宣宗在元光二年(1223 年)十二月病死,子守绪(哀宗)即位,改年号正大。正大八年(1231 年)五月窝阔台与拖雷分路进兵,夹攻开封。窝阔台军攻破河中府渡河,自北而南。拖雷军自宝鸡出大散关,自南而北。次年正月,在钧州三峰山大败金兵。金兵主力全部败溃。三月窝阔台驻军郑州,金哀宗向蒙古求和。窝阔台与拖雷北返,留军三万攻打开封,十二月金哀宗逃往归德。次年六月，又逃到蔡州。九月，蒙古军围攻蔡州。金天兴三年（1234 年）正月，金哀宗在城中自杀。金朝灭亡。金朝自太祖阿骨打建国，共经历了一百二十年。

蒙古占领了金朝统治下的整个地区，从事农业的人口估计近一千万。原来掳掠奴隶财物的办法不行了。窝阔台采纳一个汉化的契丹人耶律楚材的建议，在燕京等十路任命征收课税使，向居民征收赋税，上交汗廷。地税旱田每亩二至三升，水田每亩五升，商税三十取一。原来蒙古军作战得到的人口、牲畜、财赋分配给宗室各支亲贵（爱马）和有大功的军将，叫做"份子"（忽必），现在也不行了。改为分拨中原若干州县民户，属于各人位下。每两户出丝一斤交朝廷，五户出丝一斤交给受赐的宗亲功臣。如拔都分拨平阳民户四万一千余户。窝阔台子阔端分东平四万七千余户，木华黎国王（已死，子孛鲁袭封）分东平三万九千余户等等，多少不同。

成吉思汗和窝阔台对金作战过程中，金朝统治下的一些军阀和地主豪强，如易州张柔、大兴史秉直、史天倪、东平严实等相继投降蒙古。蒙古国授予他们军政官职，要他们继续统率地主武装，统治当地的人民。

窝阔台灭金后，中原的大批汉人工匠被带回蒙古草原，在鄂尔浑河畔回鹘古城旧址为蒙古建造了第一座城市，作为蒙古国的都城，取名"哈喇和林"。城内还依照汉族宫殿制度修建合罕的宫殿，名"万安宫"。

西征南侵 窝阔台灭金后，随即分兵两路，西征南侵。西征的蒙古大军由拔都总领，察合台孙不里、窝阔台长子贵由、拖雷长子蒙哥分别率部从征。西征的战争进行了六年之久。蒙古军首先攻占了伏尔加河左岸的不里阿耳,攻灭钦察,进兵俄罗斯,攻占梁赞,继而攻入兀拉基米尔公国,连破莫斯科等十四城。又攻破基辅,侵入孛烈儿(波兰),进军马札儿(匈牙利)。辛丑年(1241年)窝阔台在位十三年病死。拔都得到消息,停止进兵,返回伏尔加河驻营。

南侵的蒙古军由窝阔台次子阔端率领,经陕西攻入四川,在成都掳掠后,返回。另一路由窝阔台第三子阔出率领,进攻襄汉。阔出在军中病死。宋蒙议和。

窝阔台死后,他的第六位妻子脱列哥那代行国政四年。丙午年(1246年)七月举行大会,阔端等宗王推选窝阔台长子贵由继任大汗(定宗)。

吐蕃归附　吐蕃地区自唐朝末年以来,各教派部落分立,不相统属。阔端军自陕入川时,招徕沿途各部落,授任各部首领。原属西夏的凉州归属阔端封地。甲辰年(1244年)八月阔端自凉州王府写信给吐蕃最大的教派萨迦派的主持者萨迦班底达,邀请他来凉州议和。信中说:"你要是为佛教和众生着想,就请尽快前来,我将让你管领僧众。"丁未年(1247年),阔端选汗后回凉州,会见应邀前来的萨迦班底达。见他随带来两个侄儿,九岁的八思巴和六岁的恰那朵儿只,表现至诚,高兴地说:"你带领这么年小的八思巴兄弟前来是对我的爱慕。"又说:"倘若你我都来护持佛法,佛教哪能不宏扬海内?"萨迦班底达得阔端信赖,愿归附蒙古。他留在凉州幻化寺传教,写信给吐蕃乌思藏纳里僧俗首领,劝谕归属蒙古,由使者送回。信中说汗王(阔端)对佛法很是崇敬。各地方各部落的官员都可委任原职,蒙古只派达鲁花赤(监临官)监督。要各地把官吏名单、民众人数、贡赋数量等造册上报。另绘制一幅地图标明已降未降。从此,蒙古通过扶植萨迦教派确立了对吐蕃的统治,萨迦班底达所属款氏家族也由此世袭为吐蕃政教领袖。未降的各部落在此后陆续降附蒙古。

四　分道侵宋　灭大理

定宗贵由在位两年,就在西征途中死去。汗位的继承,宗王意见不一。暂由贵由的妻子斡兀立海迷失摄政。辛亥年(1251 年)六月由拔都定议,宗王大会推选拖雷长子蒙哥(宪宗)为汗。汗位由窝阔台系转入拖雷一系。

拖雷正妻唆鲁禾帖尼生子四人:蒙哥、忽必烈、旭烈兀、阿里不哥。蒙哥即位后,命旭烈兀西征大食,忽必烈南征大理。阿里不哥依传统惯例,驻守和林。

西征　旭烈兀在壬子年(1252 年)受命,次年领兵出发。三年后进军到撒马尔罕。丙辰年(1256 年)攻灭波斯的伊斯兰教的"外道"(木剌夷),次年,攻破阿拉伯(黑衣大食)阿拔斯王朝的都城巴格达。蒙哥把阿姆河以西的占领地委付旭烈兀统治。

灭大理　忽必烈在壬子年(1252 年)受命,攻打云南地区的大理国。唐代统治云南的南诏国在唐末天复二年(902 年)灭亡。晋天福二年(937 年)白蛮段氏建大理国。传位二十二世至段兴智,主要统辖洱海为中心的云南西部地区。甲寅年(1254 年)忽必烈率军包围大理城,段兴智弃城逃走。忽必烈攻灭大理后北返治理汉地,留大将兀良合台率蒙古军追击,俘虏段兴智献给宪宗蒙哥。蒙哥释放段兴智,要他回去继续统领原属各部落。段兴智献出地图,协同蒙军征服了未降各部。

分道侵宋 蒙哥在丁巳年(1257 年)秋,召集宗王大会,定议次年大举攻打宋朝,企图一举灭宋,成就大业。蒙古大军分三路进兵。蒙哥自统主力军自六盘山分道攻打四川,忽必烈领兵攻打鄂州(湖北武汉),兀良合台自云南经交趾,北上长沙。计划三军在长沙会师东进,围攻南宋首都临安。

攻打四川一路,攻破成都,长驱而下。蒙哥自己领兵攻打合州,却在钓鱼城遭到宋将王坚的奋勇抵抗,败退。己未年(1259年)七月,蒙哥在军中病死。

忽必烈在己未年春才受命出征,九月围攻鄂州,得知蒙哥死讯,便与宋朝议和,领兵北上,夺取汗位。

第二节　元朝一统

一　元朝的建号与建都

蒙古汗位的继承,依旧例,需要在三河源头蒙古兴起地带举行宗王大会推选。如有不同意见,在协商一致后才能开会。所以,推选贵由、蒙哥的大会都是经过几年协商才正式举行。蒙哥汗在军中病死,忽必烈得讯后,随即返回他的王府所在地开平(内蒙古正蓝旗)。在开平召集部分宗王集会,推选他为大汗。阿里不哥也在和林召集宗王大会,经选举称汗。忽必烈与阿里不哥兄弟之间争夺汗位的战争展开了。忽必烈自率蒙、汉大军攻打和林,阿里不哥西逃。忽必烈返回开平,调遣张柔等七处汉军随蒙古军与阿里不哥继续作战。中统五年（1264年）春，阿里不哥兵败投降。忽必烈问他说：我和你谁是对的？阿里不哥回答说：要在以前，我是对的。现在算你对。不久，病死。

忽必烈在蒙哥即位后，受命总管漠南汉地军国事，在桓州金莲川附近的开平建城，设立王府。招纳一批汉人文士儒生为他出谋划策。这些人希望影响忽必烈，维护汉族的封建制度和传统文化，忽必烈期望利用他们谋划对汉地的统治，双方都取得了成效。

忽必烈选为大汗后，便由王府的幕僚、金朝的状元王鹗撰写诏书，用汉语称皇帝，说是"俯循舆情，勉登大宝"。蒙古原以十二生肖纪年，无年号。依汉制立年号"中统"（1260年），说是"讲前代之定制"。又下诏书命各地官员对历代"圣帝明王忠臣烈士"照旧按时祭祀。"庙宇损坏，官为修理"。

中统五年阿里不哥败降后，八月间改当年年号为至元。开平加号上都，燕京（北京市）仍称中都。至元三年（1266年）在中都修建太庙完工，依照汉族制度供奉祖先牌位，兼通蒙语的文士赵璧奉命拟上汉语庙号谥号。也速该称烈祖神元皇帝、帖木真称太祖圣武皇帝、窝阔台为太宗英文皇帝、拖雷追上庙号睿宗、贵由号定宗、蒙哥号宪宗，各有谥号。皇帝正妻称皇后，也有谥号。

至元八年（1271年）十一月，建立汉语国号"大元"。建号诏书说，太祖以来"舆图之广，历古所无"。建国号大元说是"取易经乾元之义"。"元"的意思是至大、极大。原来行用的蒙古语国号"也可蒙古兀鲁思"（汉译"大蒙古国"或"大朝"）仍然继续沿用。蒙汉语国号都突出"大"字，以表明不同于原来的蒙古兀鲁思（部、国），而是地域广大的多民族大国。

建国号的次年,定议自上都迁都中都,改名"大都",表明这是多民族的都城。蒙古语叫"汗八里",意思是"皇帝之城",即国都。金中都城在蒙古军攻占时已被破坏。忽必烈命刘秉忠在旧城东北,依汉族城坊制度另建新城。至元十一年(1274年)正月,忽必烈在大都御正殿接受朝贺。此后,元朝就定都在大都。北方的上都仍作为夏都,夏秋之际皇帝住在这里听政。皇帝每年来往两都之间,是元朝的特色。

至元十年(1273年),又遵照中原帝制的传统,颁布诏书,"立后建储"。立皇后弘吉剌氏,授玉册印章,立皇子真金为皇太子,授玉册金印,宣布为皇位的继承人。

忽必烈即位以来的十多年间,采纳汉族帝制,逐步改变蒙古旧俗。依汉制称皇帝(蒙语仍称合罕),立年号、庙号、谥号,以至重建国号和都城,立后建储。一系列改革的实现,显示他所统治的国家虽然仍保留若干蒙古旧制,但总体上已不同于突厥蒙古式的草原汗国,而是依据汉族传统模式建立的中原王朝。诏书一再申明,这个王朝"纂承大统",是殷周秦汉以来帝统的延续。

二　灭南宋　江南统一

忽必烈定都大都后,至元十一年(1274年)六月就颁布诏书攻打南宋。

南宋理宗死后传子度宗,任用贾似道当政,日益腐败。这年七月,元兵还没有出发,度宗病死。贾似道拥立四岁的皇子赵显做皇帝,理宗的皇后谢太后听政,贾似道独揽大权,朝野离心,败亡不可免了。

攻打南宋的元军,由蒙古八邻部人伯颜统领。蒙汉陆军二十万人,七月间出兵南下。此前一年,兀良合台子阿术已攻下襄阳。伯颜先到襄阳,与阿术合兵。十二月到汉口,大败宋军,占领鄂州。次年(1275 年)初,伯颜军沿江东下,各地宋军相继投降。二月,贾似道领水路军来战,全军败溃。谢太后罢免贾似道,任陈宜中为相。伯颜军进驻建康,指向临安。南宋朝廷的官员纷纷逃跑。谢太后颁诏,号召各地宋军来援临安,保卫皇室。只有驻守鄂州的张世杰和赣州知州文天祥响应起兵"勤王"。张世杰到临安。七月率水军在焦山与元军作战失败。八月,文天祥到临安,谢太后与陈宜中已决意投降,不准出战。十二月宋朝派出使臣向元军求和,伯颜不准。至元十三年(1276 年)正月,元军兵到临安。陈宜中逃往温州,谢太后命文天祥以丞相名义去元军营议降,被元军扣留。二月,谢太后与赵㬎上表降元。三月,伯颜入临安,将谢太后与赵㬎俘虏,宣告了宋朝的灭亡。上距宋太祖建国,三百一十六年。

南宋亡后,张世杰与礼部侍郎陆秀夫去温州,与陈宜中会合,五月间拥立度宗子赵昰去福州称帝,仍想据守闽广。十一月,元兵南下,攻占福州,赵昰君臣乘船逃到广州海面。次年三月,赵昰病死。张世杰、陆秀夫又立八岁的赵昺称帝,困居崖山。陈宜中逃往安南。至元十六年(1279 年)正月,元朝水军攻崖山,张世杰败死。陆秀夫和帝昺一起跳海自杀。

文天祥被元军扣留,在押解途中乘机逃跑,到福州去见赵昰。其后领兵自福建攻打江西,顽强战斗,攻下兴国,进兵赣州。至元十四年(1277 年)八月,兵败被俘。元水军攻打崖山时,把文天祥押解在船上,劝他投降。文天祥作诗明志,说"人生自古谁无死,留取丹心照汗青"。押解到大都后,元朝又一再劝他降元,都被他拒绝。在狱中作《正气歌》,说"是气所磅礴,凛冽万古存,当其贯日月,生死安足论"。在狱中关押三年后,至元十九年(1282年)十二月,被杀害。

元军在四川也遇到顽强的抵抗。赵显降元后,曾诏谕各地投降,四川合州守将张珏拒不奉诏。听说赵昰在福州称帝,准备迎赵昰来合州钓鱼城重建宋朝。至元十四年,元军攻破泸州,进围重庆。次年,张珏在重庆与元军激战,不胜。元军入城,张珏率部巷战。败退后乘船东下,被元兵俘虏,拒不投降,至元十七年(1280年)被杀害。

元军在攻下临安后,又相继占领闽广和四川,江南地区归于一统。

三　大都政变　宗王反乱

大都政变　元朝灭宋,江南一统两年后,大都城里发生了刺杀宰相的政变。

窝阔台时任用耶律楚材征税,又任用被称为"回回"的西域人奥都剌合蛮搜括民财。汉回之间不免冲突。忽必烈即位,用汉人王文统理财。中统二年(1261年)王文统的亲家、山东军阀李璮起兵反元被镇压,王文统因有牵连也被处死。忽必烈擢用西域人阿合马综理财政,任为中书平章政事,位列宰相,权势很大。

忽必烈即位后,原来招揽的汉人文人儒士,都在朝做高官,形成颇有势力的集团,并且得到赞行汉法的太子真金的支持。阿合马执掌大权,一再和这个集团发生冲突。同在中书的平章政事赵璧,由于阿合马的指控,被贬官出朝。儒学经师许衡因与阿合马争辩,解职还乡。御史中丞张文谦也因反对阿合马被迫辞职。

阿合马得忽必烈信用二十年,越来越骄纵。植党专权,广收贿赂,强占民间田产。又结合一些"色目"(诸色名目,指西域各族人)商人,倚仗权势谋取大利。阿合马子侄几十人在各地做大官,肆行不法,也招致人民的怨恨。

至元十九年(1282年)二月,忽必烈与太子真金去上都。阿合马留在大都驻守。三月十七日夜晚,一个千户王著谎称太子回都,要阿合马出迎。事先已谋划好,由一个僧人高和尚伪装成太子,纠集八十余人做随从仪仗。枢密副使张易率领卫兵在宫门护卫。阿合马到来,王著从袖中拿出铜椎,打击阿合马脑,当场毙命。王著挺身就擒。

事出突然,朝野震动了。忽必烈在上都得到快报,命司徒和礼霍孙、枢密副使孛罗等蒙古大臣立即回大都查办。随即将王著、高和尚、张易处死。王著临刑,说他是"为天下除害"。忽必烈亲自过问此事,在深入调查过程中觉察到王著的行为得到汉人官员们的支持,也了解到阿合马及其子侄作恶多端。忽必烈的处理方针是对于参与谋划和知情的汉人官员不再深究。对阿合马的恶行彻底清查。清查工作进行了两年,先后处死阿合马的儿子四人,罢黜依附阿合马的官员七百四十人。没收阿合马强占的田产发还原主,以平民愤。忽必烈对臣下说:"王著杀他,实在是应该的。"任命倾向汉法的和礼霍孙为丞相,张文谦代张易为枢密副使,一场风波,得以平息。

张易、王著杀阿合马案,是元世祖忽必烈一朝发生的最大的政治事变,是汉人儒臣集团与色目官员长期冲突的集中爆发。处理不好,就会影响元朝的统治。忽必烈采取果断措施,争取汉人儒臣的拥戴,稳定了局势。

西北战乱　忽必烈战胜阿里不哥以后,蒙古宗王的战乱并没有终止。窝阔台的孙子海都占据额敏河一带,曾支持阿里不哥称汗,反对忽必烈实行"汉法"。遣使质问忽必烈说:"蒙古旧俗与汉法不同,你在汉地建城市行汉法,这是怎么回事?"忽必烈命他的第四子那木罕与右丞相安童镇守北边,以防海都,蒙哥子昔里吉等宗亲随同出守。不料昔里吉竟在至元十三年(1276年)联合宗亲起兵反元,绑架那木罕、安童,领兵东向,攻下蒙古旧都和林。忽必烈调遣南下灭宋的伯颜大军北上,收复和林,昔里吉败逃。

至元二十六年(1289年),海都起兵围攻和林,元朝的和林宣慰使倒戈响应,漠北震动。忽必烈亲自领兵出征,海都西逃。此后,海都仍不断在西北侵扰。至元三十年(1293年)即忽必烈逝世前一年,命皇孙铁穆耳率大军进驻谦河,海都战败,逃遁。此后十年,海都病死。窝阔台一系的宗王才归附于元朝。

东北战乱　元朝东北地区,蒙古故乡呼伦贝尔地区至辽河一带,分封给成吉思汗的几个弟弟的后裔。成吉思汗最小的弟弟斡赤斤的后裔塔察儿,是忽必烈夺取汗位的最有力的支持者。塔察儿死后,他的孙子乃颜,不满于忽必烈对东北地区的处置,联合东北诸王,在至元二十四年(1287年)四月响应海都反元。忽必烈派遣汉军出战,乃颜战败被擒。其他几个王也相继战败。元朝加强了对东北地区的统治。

四 统治制度的形成

元朝灭宋,统一江南,平服岭北,上距成吉思汗建国,经历了七十多年。自唐末方镇割据以来延续三百多年的各民族国家并立互争的局面,得以结束。中华民族由此形成统一的多民族国家,意义是重大的。

南宋末年在籍人口近三千万,金末人口近一千万,合共约四千万。元朝统治下的汉族人民仍是多民族国家的主体。

元朝统治的疆域北至漠北,南至海南,超过历史上任何一个朝代。蒙古国原有的统治制度随着占领区的扩大,不断发生变化。汉地的旧制也经历了一再改变的过程。大约在元世祖忽必烈晚年到他的继承者铁穆耳即位的初年,才逐渐形成蒙汉糅合的较完整的统治体制。

蒙古旧制 元朝建号后,蒙古传统的旧制,多有变动。

忽里勒台——蒙古旧制,宗王大会"忽里勒台"议决大事,选举大汗,是最重要的制度。窝阔台以后就难以实行。忽必烈继承汗位,虽然也召集一些拥护他的宗王集合选举,实际上是以武力战胜阿里不哥,夺得汗位。即位后,依仿汉法立长子真金为皇太子。至元二十年(1283 年)真金病死。至元三十年即忽必烈死前一年,诏立真金第三子皇孙铁穆耳(成宗)为皇太子,授金印。这所谓"皇太子",意思已不是大儿子,而是皇位继承人。次年正月,忽必烈病死,在位三十五年,八十岁。四月间真金妻阔阔真在上都召集诸王举行忽里勒台,选举铁穆耳继承汗位,真金长子甘麻刺驻守和林。太傅伯颜仗剑宣布遗诏,与会诸王不敢再有异议。忽里勒台早已失去议事的功能,选举大汗也只是一种程序。

怯薛——原是成吉思汗周围的宿卫军,协助大汗办事,管理宫帐(斡尔朵)事务。由四名怯薛长统领,元朝仍保留这项旧制。怯薛执事人员约有万人,分编四班,轮流当值。每班不过两三千人。元朝另建蒙汉侍卫军保卫都城,朝廷另有若干专设机构管理宫廷事务。怯薛只是轮流守护宫城,提领部分宫廷内务。但在皇帝左右轮流值班临朝,转呈臣下奏章,传达皇帝口诏,因而得以向皇帝进言。元朝怯薛的职能比旧制大为缩减,但作为皇帝身边的亲信,仍具有荣显的优越地位。

食邑分封——太宗窝阔台分拨中原州郡民户封赐给各支系宗亲。汉人习称封邑为"分地"或"食邑"。受封的宗王在分地设置王府即总管府收税,往往不按规定,横征暴敛。宪宗蒙哥乙卯年(1255 年)依据实际状况,重订税制。原来的五户丝一斤改为二斤,其他附加的杂税统一征银,一户二两,叫做"包银"。忽必烈即位后,沿用这一新制,税额没有变动。一项重要的改革是:分地的税银改由各地官府统一征收,上缴朝廷,再由分地总管府向朝廷中书省支领。蒙古各宗支,蒙语称"爱马",汉语又习称为"头下"或"投下"。忽必烈这一改革,使投下总管府的权力受到很大的限制,投下税银实际上已同于朝廷颁给的赏赐。江南一统后,增拨江南州县民户给各投下宗亲。改为按五户丝应得数征收银钞,称"江南户钞"。中原民户的五户丝与江南户钞同属朝廷的"岁赐"。

达鲁花赤——元朝各地区各部门普遍设立的一种特殊官职。

始于太祖癸未年(1223 年)征服西域各国,在各地设置蒙古达鲁花赤官监治。元朝普遍设立于各州县各部门和军队,权位在汉人官员之上,掌握最高统治权,监督汉人官员。这是原来汉人军政系统中没有的官职,有"掌印官"、"镇守官"、"监临官"等汉译,都不能完全表达它的职能,所以习用蒙古语音译的"达鲁花赤"作为专称。达鲁花赤遍设于各地区各部门,是确立蒙古族的全面统治地位,实行民族歧视和民族压迫的突出表现。江南一统后,各州县也都设置了这个官职。但一些州县的蒙古达鲁花赤只是拥有特权、搜刮财富,并不办理具体政务。地方实权也还在官员乡绅的手里。

汉法制度　忽必烈即位前就号称以汉法治中原,但他本人并不通晓汉语汉文,不像北魏孝文帝、金世宗那样全面接受汉文明。所谓行汉法就是参照宋朝、金朝的办法和制度,利用汉臣统治汉地。但朝廷各部门都由蒙古官员主持,汉族官员只能担任次要的、辅佐的官职,多有限制。

官制——金承宋制有所变动,元承金制又有变动。金朝综理政务的机构是尚书省,元朝称中书省。皇太子是名义上的中书令。右、左丞相是实任的宰相。平章政事、右丞、左丞和参知政事是副相。下设吏、户、礼、兵、刑、工六部,各置尚书、侍郎。又依旧制设枢密院管理军事行政事务,御史台管监察。

地方行省的设置是元朝建置的特点。金朝尚书省派出官员到各地区管理军政事务,叫做"行尚书省事",元朝叫做"行中书省事",简称"行省",成为常设的官职。管理地区有一定的界划,"行省"因而又成为行政区划的名称。先后设立河南、江浙、江西、湖广、陕西、四川、甘肃等行省,原大理地区设云南行省,东北地区设辽阳行省。以和林为中心的漠北蒙古地区原设和林宣慰司,成宗时改设岭北行省。全国共有十个行省。行省长官为平章政事。行省下设路、府州、县各级统治。黄河以北,太行山以东、以西各地区,叫做"腹里",由中书省直接统辖。

宣政院是朝廷专设的机构,管理吐蕃全境政教并统管全国的佛教事务。忽必烈即位后,封赠年已二十二岁兼通藏、蒙、汉语的八思巴为国师,统领宣政院事。另设院使二名,由朝廷任命。

兵制——元朝的军兵有蒙古军和收降的北方各部族军、金朝地区的汉军、南宋的新附军等四支。蒙古军是守卫"腹里"京畿地区的侍卫军,并派驻各地镇守。部族军也驻守各地,作战时多充前锋。汉军主要是金朝的降军和河北地区汉人豪强世侯的地方武装。李璮乱后,收编为官军汉军。世侯被解除兵权,由元朝任命作汉军统帅。元军统一江南、平定岭北,汉军都是一支重要的劲旅。新附军是南宋亡后败降的溃军。其中少数精锐被选调入侍卫军或镇戍军。另在江南签发民丁补充,是一支松散无力的弱军。江南一些重要的城市,由北方调遣汉军镇守。

法律——成吉思汗制定的"札撒",原是行军之法,违者处死。蒙古建国前惩罚犯罪的惯例,叫做"约孙"(原义道理)。两者并行。灭金后,原属金朝的汉地,仍然实行金章宗泰和年间制定的法律"泰和律"。元朝建号后废除泰和律。至元二十八年(1291年)分类汇编蒙元历年的案例文书供断案参据,名为"至元新格"颁行。基本上沿用宋金汉法,但又纳入蒙古旧法"约孙"的若干内容。此后,"札撒"仍作为祖宗大法供奉,但不再是实行的常法。成宗以后,历朝又对法律文书一再增补续编。蒙法与汉法并存,贯串着民族歧视和民族压迫的原则。如蒙古人打汉人,汉人不得还手,只准告状。蒙古人打死汉人不偿命,只断罪。

赋税——元朝汉地的赋税制度,北方与南方不同。

北方地区收取地、丁税。亩税每年三升,丁税三石。丁税数倍于地税。少地无地的农民负担沉重。占有大片土地的地主交税倒少。投下诸王食邑的丝料、包银称为"科差"。改由官府征收后,官府得十之七,王府得十之三。蒙古灭金过程中掳掠大批农民做奴隶,叫做"驱口"。他们属于主人,受主人奴役,还可以被当作物品赏赐或卖给别人。驱口也可有一点私产,因而也要交丁税,约当农户的三分之一。农民交税外,还要负担各种官派的徭役。破产后就沦为佃户,或逃往江南,寻找栖身之地。

江南经济的发展优于北方。元朝灭宋不再像灭金那样肆行掳掠,江南的社会经济关系基本上延续下来,没有多大变动。

元朝在江南继续实行南宋的两税制,秋季税粮,夏季征绢布。此外还有各种课税几十种。元朝的财政收入,主要是指靠江南。江浙行省每年的税粮就占全国赋税的十分之七。

拥有小块土地的自耕农,要负担朝廷名目繁多的各种苛捐杂税,还被强迫无代价地服劳役,并签壮丁充军。服役户和充军户应缴税,令众户均摊,须要不失原额。这样,未服役的农户甚至一亩田要纳三倍的官赋。自耕农被迫卖掉土地给地主后,也仍按原额纳税,产去而税存。全部产业都已卖完了,应交纳的赋税还并不减少。自耕农被逼得无路可走,就只好充当佃户。南宋时农民中三分之二是佃户,三分之一是自耕农。元朝统治时期,佃户数量增多,自耕农减少,继续经历着破产的过程。

　　佃户租种地主土地通常是平分收成,即把收获的一半交地租,但还要负担地主的各种额外勒索。地主们还用高利贷的方法剥削佃农。到期不还,将利作本。农民被束缚在土地上,甚至生男便供奴役,若有女子,便为婢使,或为妻妾。地主典卖田土时,便随田转移。江南地主对农民的剥夺没有因为元朝的统一而削弱,有些豪绅买通蒙古地方官吏,把持官府,仍然有权有势。

　　工商业在南宋的基础上又有发展。工商税称为"课税"。"盐课"、"茶课"和各种矿冶的"岁课"都是重要的税收。全国统一后海外贸易空前繁荣。色目人和汉人中都出现了家资巨万的富商。据记载,有二十几个国家的商人经由海道来中国做买卖。因著有游记而闻名的意大利商人马可·波罗,在中国经商十七年,赚了很多钱。回国后,人称"百万先生"。海外贸易的发展也使元朝政府获得巨大利益。

　　西北诸王　海都败后,原属窝阔台后王的大部分封地,为察合台王都哇占有,都哇向别失八里等地扩张被元军打败。成宗时,作为兀鲁思向元廷臣服。术赤子拔都的后裔,占据俄罗斯公国及钦察等地区,东起也儿的石河,南与伊朗为邻。拖雷子旭烈兀后裔的兀鲁思,东起阿姆河,西接叙利亚,北至花剌子模与术赤兀鲁思为邻,南至波斯湾和阿拉伯海。如忽必烈统治汉地实行汉法一样,拔都、旭烈兀后王也不能不在他们的统治地区,适应当地的社会政治制度和宗教文化习俗,形成与元朝行省不同的独立的统治制度和行政区域,各自发展。史家或称术赤兀鲁思为钦察汗国、金帐汗国,称旭烈兀兀鲁思为伊利汗国即从属汗国,都是为了叙事便利而加给的称谓,并不是他们自立的国号。他们自认为是大蒙古国的一个兀鲁思,名分上认同元朝皇帝是蒙古的大汗,接受元廷的封赐。元朝称他们西北诸王。

第三节 皇位争夺与元朝覆亡

一 皇位争夺与衰乱

成吉思汗建立的蒙古国,继续保留了氏族部落制时代忽里勒台大会选汗的旧制。但窝阔台的当选已是遵照成吉思汗生前的遗嘱。忽必烈用汉法立"皇太子"做继承人,同时仍保留大会选汗旧制作为法定的程序。"皇太子"也不限于嫡子,不拘长幼辈分。这样,皇族宗室兄弟子侄都有资格被指定继承皇位,也都可以利用大会推举继承皇位,还会结纳党羽,夺取皇权。成宗以皇孙继承皇位,成宗死后的二十五年间,先后更迭了八个皇帝。元朝的统治越来越不稳了。

成宗生前曾在大德九年(1305 年)六月立子德寿为皇太子,当年十二月,德寿病死。别无子嗣。次年,皇后卜鲁罕和几个权臣谋划,联络安西王阿难答(忽必烈第三子忙哥剌之子),谋夺皇位。诏命成宗侄爱育黎拔力八达随其母答吉出居怀孟(河南沁阳)。大德十一年正月,成宗病死。爱育黎拔力八达随母返回大都,得诸王大臣支持,先发制人,率卫士入宫,捕杀谋位的权臣,自称"监国",说是迎候长兄海山继承帝位。海山曾率军平海都之乱,封怀宁王,领重兵驻守漠北。得知成宗病死无嗣,就在和林召集蒙古诸王集会,推选他为大汗继承帝位(武宗)。武宗至上都与爱育黎拔力八达相约,封他为"皇太子",兄终弟继,兄弟子嗣轮流承袭皇位。随即把卜鲁罕后和阿难答处死。

武宗在位不满四年病死。爱育黎拔力八达以皇太子的合法身份继承皇位(仁宗)。即位后背离原来的协议,立他自己的儿子硕德八剌为太子,封武宗子和世㻋(音 là)为周王,出居云南。和世㻋途经陕西,与武宗旧部起兵反,兵败,逃越阿尔泰山,投依察合台后王。

延祐七年(1320 年)正月,仁宗在位九年病死,年三十六岁。太子硕德八剌继承皇位(英宗),年十七岁。至治三年(1323 年)八月,英宗自上都启程回大都,行至上都西南的南坡,被随行的权臣铁失等杀死。铁失等遣使去漠北,迎立镇守北边的晋王也孙铁木儿(真金长子甘麻剌之子)。也孙铁木儿在克鲁伦河畔蒙古故地宣诏称帝,派遣臣下先去上都和大都将发动政变的铁失等处死。十一月到大都即帝位,改明年年号泰定。立幼子阿剌吉八为皇太子。也孙铁木儿承继皇位,并无"皇太子"身份,也没有经大会选举。死后没有庙号,只用年号称泰定帝。

泰定帝在位五年。致和元年(1328 年)八月在上都病死,皇位继承又起纷争。

留守大都掌握兵权的枢密院大臣燕铁木儿是武宗攻打海都时倚任的大将床兀儿的儿子,系出钦察,属于色目族类。泰定帝死后,他在大都发动政变,宣布迎立武宗的两个儿子和世㻋与图帖睦尔继承皇位。和世㻋远在西域。图帖睦尔封怀王,近在江陵,八月底就到达大都。九月,宣告即皇帝位,立年号天历。说候大兄到来让位。泰定帝的皇太子阿剌吉八在上都,被诸王大臣拥立称帝,立年号天顺。这样,大都与上都各立一个皇帝,双方展开激战。上都方面战败,阿剌吉八被俘,图帖睦尔取得胜利。

图帖睦尔派遣使臣北上迎和世瓎。天历二年(1329年)正月,和世瓎回到和林之北,宣告即皇帝位。燕铁木儿奉皇帝印玺来迎和世瓎,依照武宗文宗的前例,命使臣去大都,封图帖睦尔为"皇太子",兄终弟继。八月初,和世瓎到达上都附近驻营,图帖睦尔来见,和世瓎设宴接待。图帖睦尔与燕铁木儿暗中下毒将他害死。图帖睦尔(文宗)随即颁诏正位,称"八月十五日即皇帝位于上都"。为和世瓎加上庙号明宗。

文宗谋害长兄而得位,在蒙古诸王中遭到非议。四川和云南的宗王并曾起兵反抗。文宗在位四年病死,年仅二十九岁。遗嘱皇后卜答失里立明宗次子懿璘质班(宁宗)继承皇位。年七岁,不满两月病死。又立贬居广西的明宗长子十三岁的妥欢帖睦尔为帝(顺帝)。皇位的争夺,才算告一段落。

长期延续的皇位争夺,相互厮杀,造成元朝统治秩序的混乱。顺帝即位,面对衰乱的败局。

朝臣倾轧——顺帝即位,皇位争夺仍未停止。谋害明宗的燕铁木儿在顺帝即位前病死。子唐其势任左丞相。至元元年(1335年)发动政变,拥立文宗的幼子燕帖古思。右丞相伯颜杀唐其势,加号大丞相,独专相权。伯颜出身蔑儿乞部,先世曾受宪宗蒙哥一系的奴役。因拥立文宗有功,得官高位。专政后,不得顺帝允许,擅自将蒙哥后王彻彻秃处死。又排斥蒙古宗王,更排斥汉人官员。仁宗时依汉法实行科举,考试儒学经书。伯颜反对蒙古皇子读汉人书,罢废科举。又奏请杀逐官员中的张、王、刘、李、赵五姓汉人,顺帝不允。伯颜骄纵,引起顺帝不满。至元六年(1340年)伯颜弟马札儿台及其子脱脱与顺帝谋议,下诏罢逐伯颜出朝,流放岭南,途中病死。脱脱继掌相权,恢复科举取士,提倡学习经史,以争取汉官的支持。因与某些蒙古官员不和,执政三年后罢相,罢相三年后又被召回。复相后对反对者挟嫌报复,排斥异己。朝臣相互倾轧不止,蒙汉矛盾也日益激化了。

朝廷政局混乱。地方官吏贪污聚敛,肆无忌惮。勒索名目繁多。下属拜见上级要"拜见钱",无事白要叫"撒花钱"(人事钱)。逢年过节要"追节钱",官员生日要"生日钱",官员办事要"常例钱",送往迎来要"人情钱"等等。至正五年(1345年)顺帝派出各路宣抚使考察各地吏治,惩治贪官。宣抚使大张旗鼓,并不认真查究。民间歌谣说:"奉使来时惊天动地,奉使去时乌天黑地。官吏都欢天喜地,百姓却啼天哭地。"

经济衰退——武宗即位,对拥戴他的蒙古宗王大加封赏,宫廷挥霍无度。即位刚四月,中书即奏报国库空竭。每年输入京师的赋税二百八十万锭(二十贯为一锭),这时已支出四百二十万锭。全国年赋税四百万锭,国用共需八百余万锭,相差一倍。武宗设尚书省理财,企图发行新钞以解决财政危机。元世祖时发行新币,叫做"中统元宝交钞"。以银为本,两贯合白银一两。至元二十四年(1287年),又发行"至元通行宝钞",一贯合中统钞五贯。武宗至大二年(1309年)新造"至大银钞",一两同至元钞五贯。废止中统钞,限期倒换。毁至元钞版,不再印行。至元钞本百万锭,拨给国用。另铸"大元通宝"、"至大通宝"铜钱通用。仁宗即位,又罢废尚书省,停止使用至大银钞及铜钱,依世祖旧制再造中统钞、至元钞发行,令民间倒换行用。币制反复更改,造成极大的纷扰,并不能解决财政困窘,就又来增收各种名目的赋税。到文宗时人民的赋税负担比成宗时增加了二十倍。顺帝时赋税不能再加,又大量发行新币"至正交钞"。至正十二年(1352 年)印造一百九十万锭,至正十五年印造六百万锭。交钞大量发行,无钞本抵换,越来越不值钱。钞十锭买不到一斗米。民间视交钞如废纸,市场上甚至以物易物。元朝的财政经济体系崩溃了。

兵力衰弱——蒙古以武力建国,一时所向无敌。百年来不断发生变化。忽必烈立国,统治汉地,攻灭南宋,汉军是兵力中的主力。守卫宫廷、驻防漠北,主要依靠西征收编的各族军。镇守北边的宗王起兵争夺皇位,也依靠这些兵力。原属蒙古族的旧部,作战得胜,晋升为各级军官,得以子孙世袭,享有特权。元朝末季,镇守汉地各城镇的蒙古军官,已不是往日驰骋草原的天之骄子,多已是久居都邑的贵族子弟。江南经济繁荣,长驻这里的蒙古军,悠游享乐,甚至已不能骑马射箭,不比当年。蒙古兵力日益衰落,已没有足够的能力镇压汉族人民的反抗。

顺帝在位三十五年,是元朝最后的一位皇帝。衰败的元朝在农民战争的不断冲击下走向灭亡。

二 红巾军起义

起义的发动 元朝建立以来,各地人民的武装反抗从没有停止。至元二十六年(1289 年),官员奏报,江南人民暴动事件多到四百余起。这些反抗虽然还没有汇为一个全国性的巨流,但都在不同程度上打击了元朝的统治。顺帝时期,全国规模的农民起义酝酿成熟了。

起义农民利用白莲教在各地人民中进行联络。白莲教是来自佛教和摩尼教的一个混合的教派。它宣传将有明王出世,推翻现实的黑暗,重现光明。

元朝末年,黄河屡次决口,大水灾一直延续了五年。至正十一年(1351年),元朝征发十五万民夫修治黄河。走投无路的农民便这样聚集在一起了。白莲教的领袖韩山童和刘福通抓住这个时机,在黄陵冈(山东曹县)工地里埋下一个一只眼的石头人,广泛散播说:"石人一只眼,挑动黄河天下反。"果然,在治河过程中,一只眼的石人被挖出来了。十几万民夫轰动了。他们知道:已经到了推翻元朝统治的时刻。

这年五月,刘福通在颍州(安徽阜阳)拥立韩山童为明王,通知各地教徒以头裹红巾作标志,同日起义。起义之前,官府得到消息,捕杀了韩山童。这就迫使刘福通不得不改变计划,迅速进发。乘朝廷不备,攻下颍州和河南南部的许多州县。沿途农民纷纷参加起义。治河民夫得到起义消息,杀掉监工官吏,头上缠上红巾,起来响应。几处会合后,红巾军发展到十几万人。

南方和北方,越来越多的农民起义队伍形成了。徐寿辉等起蕲黄,布王三、孟海马等起湘汉,芝麻李起丰沛,郭子兴等据濠州。他们都自称为红巾军,表示着斗争目标的一致。各地广泛流传"天遣魔军杀不平","杀尽不平方太平"。

泰州贩盐的船工张士诚,不堪官府的压迫凌辱,在至正十三年(1353年)聚集盐场少年起义,有众万人,攻下高邮。次年正月建号大周,自称诚王,是红巾军以外的另一支反元起义军。

红巾军北伐 农民军起,各地豪强地主纷纷自建武装,元朝称他们为"义兵",授予官职和官印,鼓励他们去镇压起义。世居颍州沈丘的地主察罕帖木儿(汉名李廷瑞)与养子扩廓帖木儿(汉名王保保)组织地主武装与信阳汉人地主李思齐的武装联合镇压起义。元廷授察罕为汝宁府达鲁花赤、李思齐为知府,是红巾军的大敌。

刘福通率领红巾军与官军和地主武装激战。至正十五年(1355年)占领颍州、安丰(安徽寿县),迎立藏匿砀山的韩山童之子韩林儿到亳州(安徽亳州),加号小明王,建国称帝,国号宋,年号龙凤。刘福通自任平章政事,号召各地红巾军协同作战。年底,自亳州退守安丰。次年,元军围攻安丰,被红巾军打败。

至正十七年(1357年)六月,刘福通乘胜出兵三路北伐。西路攻打关中,中路深入河北,指向大都,东路自山东北上,占领济南。刘福通自率大军直取汴梁(河南开封),沿途一些"义兵"向宋军投降。驻守卫辉的元将答失八都鲁败死。至正十八年五月,刘福通攻占汴梁,声威大震。

一年后,察罕帖木儿奉命率大军攻下汴梁,红巾军官兵三千余人被俘。刘福通率数百骑拥韩林儿退守安丰,三路军也相继受挫。北伐失败。

刘福通在安丰坚守三年,徐图再举。这时,张士诚投降元朝,助元军攻打宋军。至正二十三年(1363年)二月,张部将吕珍进攻安丰,刘福通战死。

红巾军自举义以来,转战各地十三年,对元朝的统治给予沉重的打击。刘福通战败,元朝灭亡的日子也临近了。

三　元朝的覆亡

朝廷纷争　元顺帝十三岁即位,面对战乱的败局,懒于过问政事,整天在宫中悠游享乐,沉湎声色。朝政全由大臣们操纵,继续互相倾轧。至正十四年(1354年),执政的丞相脱脱亲率大军攻打张士诚占据的高邮,三个月没有攻下。朝中的政敌中书右丞哈麻得到第二皇后奇氏的支持,攻击脱脱"老师费财"。脱脱被罢免,流放边地。哈麻又派人在途中把他害死,代为丞相。奇后生子爱猷识里达腊,立为太子。至正十六年(1356年)哈麻策划发动政变,迫使顺帝让位太子。顺帝得密报,将哈麻处死。蒙古克烈部人搠思监任右相,汉人太平(原名贺惟一)任左相。奇后母子,又示意太平谋废立,太平不理。十九年,太平被诬陷罢相。四年后又被处死。二十五年,奇后又传旨扩廓帖木儿领重兵拥立太子。扩廓帖木儿不从,领兵退走。元朝亡国近在眼前,皇室权臣仍在为争夺权位,互相谋杀,不得休止。

领兵的军阀也在互相争斗。镇压红巾军起家的察罕帖木儿至正二十二年被部下杀死,扩廓帖木儿继续统领这支重兵。元朝加给他太尉、中书平章政事、知枢密院事等官衔。同时起兵的李思齐不服,与扩廓帖木儿争战。河南军阀孛罗帖木儿(答失八都鲁之子)领兵争夺山西、河北地区。新旧军阀在北方混战,江南农民军获得了有利的发展时机。

明军灭元　江南地区,朱元璋领导的农民军发展成反元军的主力。

朱元璋原是濠州凤阳的贫苦农民。十七岁那年,死了父母,到皇觉寺当小和尚,又被寺主赶出来做游方僧,到四方化斋乞食。在安徽河南一带流浪了三年,又回到皇觉寺来。皇觉寺被元军烧毁。他投入了濠州白莲教首领郭子兴率领的队伍。郭子兴死后,便继任为这支农民军的领袖。至正十六年(1356年)率领农民军攻占元朝的集庆(江苏南京),改名应天府,作为据点。韩林儿建号称帝,朱元璋接受宋国的诏命称副元帅。又加号吴国公。至正二十三年刘福通在安丰败死,朱元璋领兵去安丰,救出韩林儿,安置在滁州。小明王成为朱元璋尊奉的一面旗帜。

颖州起义以来的十多年间,农民军的状况已有很多变动。原来的起义领袖布王三(王权)、孟海马、芝麻李(李二)等都已在作战中牺牲。只有徐寿辉一支不断壮大,建号"天完",建都在汉阳,进据江西。至正二十年,部将陈友谅杀徐寿辉,建号汉国,自称皇帝。至正二十三年,朱元璋领兵救援安丰,陈友谅大举进攻朱元璋占领的洪都(江西南昌)。朱元璋回军救援,两军激战,陈友谅败死。次年正月,朱元璋在应天称吴王,设置官属,仍尊奉小明王为帝,用龙凤年号。

张士诚在灭宋后,要求据地称王,元朝不准。至正二十三年又叛元自立,在平江称吴王。占据的地区西起汝、颖、濠、泗诸州,东至于海,北越徐州,南至绍兴。张、朱两吴王并立,形成两大对立的势力。朱元璋对将领们说:现在江南只有张士诚和我,把他消灭,统一天下就有望了。至正二十五年(1365年)张士诚发兵二十万夺取诸暨,被朱军战败。次年,朱元璋发兵二十万出击,直抵平江。至正二十七年四月,张士诚战败被朱元璋俘获处死。

　　朱元璋兼并陈、张两大势力,不再需要小明王这面旗帜。征讨张士诚时,发布文告,已指责"明王出世"等宣传是"妖言不能成事"。至正二十六年十二月,派遣使臣迎接小明王韩林儿自滁州来应天,行至江中,凿沉乘船,暗害韩林儿溺水死。

　　朱元璋自占据应天以来,蓄积军粮,整训兵士,一再兼并小股农民军,收编地主武装,势力不断扩大。又招纳浙东文士,为他出谋划策。自称吴王时,武有郭子兴旧部徐达和常遇春等大将,文有李善长、刘基、宋濂等名士,组成应天小朝廷。灭张后又陆续消灭浙东、福建等地的反元独立势力。至正二十七年(1367年)十月,命徐达、常遇春领兵二十五万进兵山东、河南,攻取大都,推翻元朝。大军出发,宋濂草拟文告,提出作战目标是"驱逐胡虏,恢复中华,立纲陈纪,救济斯民"。所谓"立纲陈纪"即不再是"杀尽不平"而是重建统治秩序。"驱逐胡虏"是把斗争目标集中于蒙古皇室,以争取元朝统治下的各民族各阶级的广泛支持。

　　大军北上,胜利在望。次年正月初四日,朱元璋在应天的奉天殿举行大典,建国称帝。立国号大明,年号洪武。出身于贫苦农家的起义领袖做了新王朝的皇帝。

　　明军自山东北上。相互厮杀的扩廓帖木儿和李思齐败逃陕甘。洪武元年(1368年)闰七月,元顺帝自大都逃去上都,又逃往应昌(内蒙古克什克腾旗)。八月初二日,明徐达军攻占大都,宣告了元朝的覆亡。

　　自成吉思汗建立蒙古国家,历一百六十二年。元世祖忽必烈即位至元朝覆亡,凡一百零八年。

第四节　宋元科技、词曲、民族语文

一　宋元科技

在古代科学技术史上，宋元是最发达的时期，许多部门都有新成就。

天文数学　上古先民基于生产和生活的需要，观察天象制定历法，叫做"观象授时"，形成悠久的传统。东周时期，甘德、石申测定一百二十个恒星，用以观察木、火、土、金、水五个行星的运行。他们关于恒星位置的记录，是世界上最早的恒星表。汉武帝太初元年（前 104 年），制成《太初历》，以寅月（正月）为岁首，一年365.2502 日，并依据历史记录算出出现日食的周期。唐代历法多次修改，开元十五年（727 年）制成《大衍历》。宋代对恒星位置进行过九次观测，神宗时的一次观测，由黄裳制成天文图，后曾在平江府刻石复刊，即现存的苏州天文图刻石。宋代历法前后修订十九次。南宋宁宗时制定的《统天历》，测定一回归年为 365.2425日，精密度与现行西历（格列高利历）相同。元世祖时郭守敬编成《授时历》，依据全国二十七个观测点得到的天文数据做了七项考证，即冬至时刻、太阳位置、月亮位置、交食时刻、二十八宿（恒星组）距度、太阳出入时刻的订正和对《统天历》回归年长度的证明，各项推算精确，误差极小。后汉张衡创造浑天仪观测天象。唐代有过改进。郭守敬发明结构全新的"简仪"，观察天体赤道坐标，简便而精确，是当时世界上最先进的天文观察仪器。又制作"景

（影）符"，观察太阳投影，也是新的创造。

数学与天文历算关系密切，历来是科学中领先的部门，旧称"算学"。周代把算法分为九类，叫做"九数"。西汉张苍、耿寿昌相继补编成《九章算经》九卷，包括演算公式和解法近百条，是古代数学的经典。后代屡有注释。南北朝时，齐朝的祖冲之已算出圆周率为 3.14159 强。所著《缀术》一书是唐代学习算学的范本。宋元之际出现四大数学家：秦九韶、杨辉、李治、朱世杰，各有专著传世。金代已发明"天元术"即一元二次方程式的解法。元朱世杰进而发明"四元术"，求解四个未知数的二次方程，"以假象真"，"以虚问实"。又发明"垛积术"，以演绎和归纳法创造出多种高阶等差级数求和方法，在当时世界上是数学领域先进的新创，朱世杰也因而被公认为居于世界前列的杰出数学大家。

宋元之际发明了供计算用的"算码"，以代替计算使用不便的汉字。一、二、三、四作丨、刂、川、乂等等。近世民间计数和记账仍然沿用这套算码，叫做"苏州码子"。〇符号的制作是数学史上具有重大意义的发明。数字加〇表示十位，两个〇表示百位，以次增位，便利大数的计算。

医学与农学 中医学是具有民族特色、历史悠久的学科，对中华民族的生存和发展起过重要的作用。历代相传，积累了丰富的处方。唐代名医孙思邈摘编前人处方和自己新创的药方汇为一书。因人命重于千金，书名题为《备急千金要方》，简称《千金方》，凡三十卷。宋神宗诏令各地名医进献处方，经朝廷太医院试验有效，选编成书。后经修订出版，精选处方二百九十七方，题为《和剂局方》颁行各地遵用，为医学经验做了总结。金代的刘完素、张从正与元代的李杲、朱震亨号称金元四大名医。因诊治理论不同，形成四大流派，推动了医学的发展。

中医药物多用草药，所以统称为"本草"。古有托名神农的《本草经》，历代增补注释。唐代编成《新修本草》五十四卷，增订前人著述，共收药物八百五十种。宋朝初年，一再增订。宋仁宗诏令各州郡征集当地药物陈报，编成《图经本草》二十卷刻版刊行，精选药物七百八十种，绘图九百三十三幅。对所收植物、动物、矿物等药物的名称、产地、形状、性能以及收采、炮制方法等都有详细的说解，包含丰富的植物学、动物学和矿物知识。宋神宗时，又再增补，共收药物一千七百余种，编为《经史证类备急本草》三十二卷，简称《证类本草》。以后各朝续有修订。

农学总结农业生产经验，也是具有民族特色的传统学科。北魏贾思勰依据黄河下游地区的农业生产经验著有《齐民要术》十卷，是最早的农学专著。南宋陈旉著《农书》补叙江南地区种稻、养蚕等内容。此外，历代关于农业生产的记述也还散见于诸书。元初，管理农业的司农司主持收集历代农业著述，摘录其内容，分为十类，汇编为《农桑辑要》七卷。内容包括谷物、瓜菜、果木的栽培和家禽、家畜及蚕的饲养等技术。由官府颁行各地采用。王祯著《农书》分编"农桑要诀"、"百谷谱"、"农器图谱"三个部类共三十六卷。附有农耕工具和农业机械图三百零六幅，分别介绍构造和使用方法，是一部综合性的农学专著。

应用技术　活字印刷术的应用是宋元时期的一大发明。汉代已发明造纸术。唐朝初年，用木板刊刻佛像和日历，印在纸上传布。后来又发展为印刷民间日用的各种通俗小书。篇幅不大，印行很多。宋代杭州的刻书工人毕昇发明胶泥活字,一字一模,排列在铁板上,敷纸施墨,便可成篇印刷。这是最早发明的活字印刷术,是对人类文明的一大贡献。元代王祯又改制木质的字模,用竹片捆夹排版,更为牢固,可用以印刷几万字至十万字的大部头著述。活字印刷术渐至完善。王祯《农书》还记录了新创的轮转字盘,字模按字韵排列,旋转字盘即可拣字排版。敦煌千佛洞发现古畏兀儿文的木质活字模。古畏兀儿文是拼音文字,字母用活字,印刷更为便利。

元代发明的算盘,应用于计算,叫做"珠算"。算盘用竹木制作,若干竹棍穿上珠子,习称为"档"。中间用横木隔开,上二珠下五珠。上一珠代表"五",下一珠代表"一"。上下相加,合成一个数。积至"十"则进一档,成为上一档的"一"。计算是应用通行的计算口诀如"二五一十"、"二一添作五"等等,拨动算珠,进行计算。珠算远比心算快捷,而且方便、准确。元代以后,算盘作为一种先进的计算器,曾先后流传到日本、朝鲜、东南亚以至欧洲。在使用电子计算器以前,一直是我国民间普遍应用的手工计算器。

宋朝管理建造的官署将作监,编纂《营造法式》三十四卷,编录建筑技术和建筑经验,由将作监官员、建筑师李诫主编。中国古代建筑具有显著的民族特色和独具的丰富经验。《营造法式》对建筑设计、施工技术、建筑工具的使用、建筑材料的选用和计算以至琉璃构件的烧窑技术等等,都做了具体的记述,是对传统建筑技术的一次全面的总结,为后人留下珍贵的文化遗产。

宋元历史文献中有许多关于应用技术的记录。如宋人用磁石或磁铁制作指南针,用于海上航行。用火药制作爆炸性的火箭、火炮、火球用于攻城作战。又如关于钢铁的冶炼、大型铜件的铸造、海船的制作与航海技术等都有新创。科学理论研究与应用技术相结合,是宋元科技发展的显著特点。

二 词曲戏剧

唐人作诗,达到极盛。宋代出现新型的"词",文人填词,形成风气。元代作"曲"流行,进而发展为戏剧。宋词元曲是盛行的新兴文学。

词 词原来是唐末五代的流行歌曲。乐曲与歌词相配合,由伶工演唱。有拟定的词牌(词调),固定的字数,"小令"少只十六字,长调可多至两百多字。句式长短不一,不像五言、七言律诗那样一律,便于灵活运用,写景抒情。又叫"长短句"。作词须依据词牌,所以叫"填词"。宋初文人填词,不顾乐谱,不能歌唱。多作情恋相思的描写,供娱乐消遣。南唐国主李煜被宋朝俘虏拘禁,填词自遣,寄寓亡国之痛。"小楼昨夜又东风,故国不堪回首月明中";"多少恨,昨夜梦魂中,还似旧时游上苑,车如流水马如龙。"是传诵的名句。《岳阳楼记》作者范仲淹在文中提出"先天下之忧而忧,后天下之乐而乐"的名言,也填词寄语,情系边陲将士。如《渔家傲》词"浊酒一杯家万里,燕然未勒归无计。羌管悠悠霜满地。人不寐,将军白发征夫泪"。宋初以来的四五十年间不断有人填词,抒发世事感慨,但大量流行的词,还是闺阁闲情,文词绮丽,境界狭窄。神宗时,诗文名家苏轼(字东坡)作词,一洗所谓"艳科"的积习,由"婉约"转为"豪放",词的境界大为扩展,开一代新风。后人评论说:"词至东坡,倾荡磊落,如诗,如文,如天地奇观。"所作《念奴娇》词牌《赤壁怀古》："大江东去,浪淘尽,千古风流人物。故垒西边,人道是,三国周郎赤壁。"放眼江流,纵谈今古,是豪放风格的代表作。

宋室南迁,抗金志士写作诗词,以抒发复国壮志。代表人物是山东济南人辛弃疾。绍兴三十二年,二十三岁的辛弃疾率领一支抗金义军投宋。孝宗朝官至大理寺少卿、湖南江西安抚使。后被弹劾罢官,退居信州上饶。辛弃疾能文能武,渴望恢复中原,作词言志:"道男儿到死心如铁,看试手,补天裂。"思想家陈亮力主北上作战,填词赠辛弃疾,"二十五弦多少恨(比喻分裂),算世间那有平分月","只使君从来与我,话头多合。"辛弃疾得遇知己,作壮词寄陈亮,想象走上战场:"醉里挑灯看剑,梦回吹角连营,八百里分麾下炙(音 zhì,烤肉),五十弦翻塞外声(比喻统一),沙场秋点兵。"辛弃疾一生作词六百多首,壮词之外,还有不少闲适抒情之作,写景状物,清新隽永,自成一体。

比辛弃疾年长,以作诗闻名的陆游,早年曾在川陕幕府供职,后罢官回故乡山阴(浙江绍兴),也作诗词明志,渴望恢复神州。填写《诉衷情》词,抒写感慨。"当年万里觅封侯,匹马戍梁州。关河梦断何处?尘暗旧貂裘。胡未灭,鬓先秋,泪空流。此生谁料,心在天山(大青山),身老沧州(退隐)。"陆游词少诗多,词存百余首,诗近万首,十之五六是谈恢复。开禧元年(1205 年)宁宗下诏韩侂胄北伐,八十二岁的陆游赋诗言志:"中原蝗旱胡运衰,王师北伐方传诏。一闻战鼓意气生,犹能为国平燕赵。"嘉定二年(1209 年),陆游病死。临终前还赋诗一首《示儿》,向往国家的统一。"死后元知万事空,但悲不见九州同。王师北定中原日,家祭勿忘告乃翁。"

散曲　金元之际流行的"散曲",源于民间的通俗歌曲,按曲牌歌唱。一牌一曲叫做"小令"。同一宫调(曲调)的若干曲牌联唱,叫做"套曲"。元代文人作曲成为时尚。明初编纂的曲集收录元代散曲作者近二百人,内容雅俗互见,水平高低不一。散曲比词更能自由发挥。援用白话俗语入曲,明白易懂,接近口语文学。太原刘致(字时中)所作散曲两套《上高监司》是少见的为民请命的佳作。指责钞法败坏,"一日日物价高涨","剥榆树餐,挑野菜尝。""有钱的,贩米谷置田产添生放。无钱的,少过活分骨肉无承望。有钱的纳宠妾买人口(奴婢)偏兴旺。无钱的受饥馁填沟壑遭灾障。小民好苦也么哥,小民好苦也么哥,便秋收鬻妻卖子家私丧。"

杂剧　元代的杂剧又叫"北曲杂剧"。以同一宫调的套曲作唱词,配合念白和各种动作(科泛)表演故事。演员化装扮演旦(女性)末(男性)净(反面人物)等脚色,除剧中加入的小段"楔子"外,全剧由主角一人演唱到底,通常是由女演员扮演。剧中人男性主角也可由女演员装扮。一个剧分为四折(场),表演曲折情节。元杂剧已是体制完备、发展成熟的戏剧,是中国戏曲史和文学史上划时代的成就。

金元之际,杂剧开始在山西一带流行,元初进入大都及京畿地区,盛极一时。文人写剧本,也成为时尚。见于记载的剧作者近二百人,剧本七百多种,现存一百六十余种。内容包括历史故事、神仙道化和现实生活的各个方面。最有影响的剧作家是关汉卿和王实甫。

关汉卿号已斋。自金元之际蒙古占领下的山西地区来到大都地区。生平不做官,系籍医户,从事戏剧创作活动。写过杂剧六十几本,现存十五本。关汉卿学识渊博,才华洋溢,剧作题材广泛,造语清奇,是一代剧作家的巨擘。明初杂剧评论家称他是元代的"梨园领袖"、"编修师首"、"杂剧班头"。所作《单刀会》、《窦娥冤》、《拜月亭》、《望江亭》等名剧,流传至今,久演不衰。《窦娥冤》的唱词:"为善的受贫穷更命短,造恶的享富贵又寿延。""地也,你不分好歹何为地? 天也,你错勘贤愚枉做天!"深刻指斥社会不公,为人传诵。

王实甫,名德信,大都人,是晚于关汉卿的名家。作剧十四种,今存三种。金代流行一种说唱艺术,艺人连续歌唱不同宫调的套曲,辅以说白,讲说长篇故事,叫做"诸宫调"。王实甫以署名"董解元"的《西厢记诸宫调》唱本为蓝本,改编为杂剧,表演唐代传说中的崔莺莺与张君瑞的婚姻故事。杂剧一本限四折。王实甫写成相互连接的五本二十一折(加入楔子一折),形成连演的长剧,是杂剧体制的新创。后人评论"《西厢记》天下夺魁",元代最受欢迎。元代以后,陆续改编为多个剧种,各地方普遍上演,传承至今,是不朽的名剧。

关、王以外,马致远作《汉宫秋》,白朴作《墙头马上》,也都是盛行一时的佳作。纪君祥作《赵氏孤儿》,情节感人至深。十八世纪时传到欧洲,译为法文,后又译为英文、德文,是最早传入西方的中国戏曲。

南戏 南戏起源于南宋温州民间,又叫"温州杂剧"或"南曲"、"南戏"。剧作者多是不知名的"书会才人",即戏班中人。体制不像北曲那么规范。一剧可以有许多出(场),不限四折,演唱不限一人,可由两人对唱或多人合唱,有男有女。唱曲也不限一调一韵。创作比较自由,也比较粗疏。元朝灭宋后,关汉卿与女演员珠帘秀等来到杭州,北曲杂剧传到江南。《拜月亭》《错立身》等多种杂剧被改编为南戏演出。南北交流,促进了戏曲的发展。元朝末季,温州人高明作《琵琶记》,是南戏的代表作。

三 民族语文

自契丹族建立辽朝到元朝覆亡四百五十年间,辽宋夏金元相继争战,也相互交通。作为交际工具的各族语言文字,相互影响、相互吸收,有许多新创。

汉族语文 汉族语言文字出现一些新现象。(一)"官话"的形成。宋元时期汉语逐渐形成以元大都方言为基准的通用语言,习称"官话"。福建、广东等沿海省份以外的各省汉族居住地区,虽然仍有方音的差异,但都通行官话。官话的形成便利了各地区的交往,也增强了汉民族的凝聚力,是现行汉族共同语"普通话"的基础。(二)简字的流行。宋代文献中已出现汉字的简体字,元代尤为流行,屡见于石刻文字和刊本通俗读物。其中不少简字是现行简化字的前身。(三)语体文的应用。宋代公文已援用通俗的语汇。元代译自蒙古语的公文全用汉语白话直译。汉语公文也直接用白话。还曾用白话直译《孝经》等旧著。杂剧中的念白和说书人的"话本"都是当时的口语,是后来语体小说的先导。(四)拼音字的出现。元世祖命八思巴制造"蒙古国字",兼用以拼写汉字。元廷颁发给汉人的汉字诏书,同时用这种"国字"拼写。朝廷颁发的官印、铜钱等也都用拼写汉语的"国字"铸造。习称"八思巴字"的"国字"，是用改造的藏文字母拼写汉语，不能区别汉语的同音字和平、上、去、入声调，识读很不方便。在汉字发展史上，是仅见的一种实际应用超过百年的拼音文字。明朝以后，不再行用。

契丹文字　契丹语已经亡失，只存很少几个词汇纪音。辽朝建国后，曾依仿汉字制造契丹大字。尔后，又制成字数较少、更为简便的契丹小字。两种契丹字都没有手写或刻版的文献流传。二十世纪陆续发现辽朝帝后哀册及一些官员墓志铭文等石刻文字，分别用两种契丹字书写，都是标示契丹语。辽朝亡后，率部西迁的耶律大石兼通契丹字和汉字。金朝的契丹族后裔官员，也有人通晓契丹字。蒙古太宗时，耶律楚材在西辽学会契丹字，曾把前人用契丹字写成的诗篇译为汉诗。元朝以后，契丹字不再流传。

女真字　金太祖建国，依仿契丹字和汉字改制女真字，拼写女真语。熙宗时又创制笔画简省的新字，称女真小字，旧字称女真大字。金朝皇帝任命女真人、契丹人、汉人官员的诏书分别用新制的女真字和契丹字、汉字书写。南迁中原后，女真贵族接受汉文化，多已不会女真语。女真字主要用于官方文书和刻石纪事，行用范围有限。但东北地区一些女真部落直到明朝初年仍用女真字给明朝写表章。明朝四夷馆编有《女真译语》，是女真字与汉字对照的小字典，据以识读女真来文。满族兴起后，女真字不再行用。

西夏字　西夏建国后，依仿汉字制成会意与表音相结合的西夏字六千余字，广泛推行，与汉字并用，称为"国字"或"蕃字"。西夏刻版印刷发达，并已有活字印刷，便利了西夏字文献的流传。现存《音同》、《文海》是注释西夏字读音和字义的辞书。《蕃汉合时掌中珠》是西夏字汉字双解小字典。西夏曾用"国字"翻译藏汉文佛经三千余卷，儒家经书《论语》、《孟子》、《孝经》等多种。现存文献还包括有法律、公私文书、诗文集等多方面的内容，总数不下数百万字。西夏字的成功制作和推行，保存了丰富的历史文化遗产。

蒙古畏兀字　成吉思汗时，以回鹘文字母拼写蒙古语，制成最早的蒙古文字，元人习称"蒙古畏兀字"。作为官方文字，行用五十余年。元世祖时八思巴依据藏文字母制成"蒙古新字"，后改称"蒙古字"或"国字"，是法定的官方文字。原来行用的蒙古畏兀字，诏令禁止，不再用于官方文书，元人叫做"畏兀字"。这种文字以蒙古语的词为单位拼写，较符合蒙古语多音词的实际，便于识读。元成宗时，曾用以翻译《孝经》等汉籍，不再禁用。顺帝时行用渐广，民间曾用以纪事刻石，甚至有些汉人也在学习蒙古畏兀字。元朝亡后，经过改进，继续流传，逐渐形成现在通用的蒙古文。

蒙古国字　八思巴依藏文字母制作的"新字"，近人习称"八思巴字"。原来制作时立意，拼写蒙古语外，还能"译写一切文字"，主要是汉语。但因兼顾蒙汉两种语言，采用以音缀为单位的方体，致使蒙古语多音词被割裂，极易误读，很不方便。虽被元廷法定为"国字"，实际上只用于官方文书，并未能在蒙古人中广泛行用。现存文献主要是北京居庸关云台的石刻佛经译文和各地寺观保存的禁约骚扰的公告刻石，内容大同小异。另有中书颁发的牌符等文物、简短的石刻题字和一些断简残篇。元朝亡后，八思巴字逐渐成为一种死文字，不再在蒙古族中行用。

第九章

汉族王朝的再建——明朝

自元世祖忽必烈即位到元朝灭亡,蒙古贵族的统治延续不过百年。北方地区经辽、夏、金、元等非汉族王朝的统治已经历了四百多年。朱元璋领导的农民军推翻元朝,再次建立起汉族王朝的统治。新王朝建国号大明,建都应天府,称南京。凤阳号为中都。年号洪武(1368 年)。

自汉武帝开始立年号纪年,一个皇帝在位时可以更换几次年号,叫做"改元"。历代相承,颇为不便。从明朝起,皇帝在位不再改元,一个皇帝一个年号。所以,后来又用年号称谓在位的皇帝。朱元璋庙号太祖又称洪武帝。此后,如明成祖称永乐帝,明神宗称万历帝,形成惯例。

第一节　统治体制的重建

一　农村的整顿

元末红巾军起义以来,农民战争经历了十八个年头。元朝号召各地的大地主组织"义兵"镇压起义。战争经过的地区,农民军与地主武装反复搏斗。原已衰敝的农村变得更加残破,田地荒芜,人口减少,秩序混乱。农民出身的朱元璋建立明朝后,不能不把恢复农业生产、整顿农村秩序作为首要的任务,采取了一系列的有力措施。

屯田垦荒　明朝廷把原来属于蒙古贵族的大量"官田"和许多荒废了的土地转为国家所有。被蒙古贵族奴役的农奴们一概释放为农民。法律规定,役使农奴要被治罪。

朝廷用屯田的办法把一些无地的农民安置在官田和荒地上。这种制度称为"民屯"。一些人多地少的狭乡农民成批地迁到田多的"宽乡"去。史料记载:洪武三年,江南十五万民户迁移到凤阳屯垦。十五年,广东番禺等地二万四千余农民迁到泗州。明初几年里,山东山西狭乡农民也一批一批地迁到河北省境内的宽乡,两浙农民迁到淮河以南。农民迁移时的路费和屯田需要的耕牛、种子都由官府发给。新垦地三年内不征租税,三年后每亩收租一斗。移民屯田的结果,许多荒芜的土地又恢复了生产。

各州县人民对本地荒田的开垦也得到朝廷的奖励。所垦地不论有无原主,都归开垦者所有,并免税三年。北方城郊的土地,曾被蒙古人作为放马的牧场,也召民耕种。每人可得耕地十五亩、蔬地二亩,也是三年不交租。

朝廷还推行"军屯"。各地驻军由官府发给耕牛和农具,从事垦殖。每军受田五十亩为一分,每亩纳税一斗。每分田要生产十二石粮食,贮于屯仓,留本军自支。其余作为军队的俸粮。后来还规定了奖励增产的办法:超过定额六石以上者赏钞,缺者罚俸。从边疆到内地,从东北到西南,到处分布的军屯,对农业生产的恢复和发展,起了积极的作用。

明朝初年兴修了许多水利工程。由朝廷修建的江南和州铜城堰闸,周围二百余里。浙江东钱湖修浚后,灌田数万顷。凿江南汉阳河道四千三百余丈,役夫四十万人。规模相仿的水利工程,南方和北方修建了几十处,开塘堰四万九百余处。广泛的水利开发,促进了农业生产的发展。

以上这些巨大工程措施的实行,使垦田数字急剧上升了。洪武十三年统计,全国垦田数达到三百六十余万顷,比洪武元年增加了一倍。再过十三年,即洪武二十六年,全国垦田八百五十万顷,又增加了一倍多。生产发展后,人口也增加了。洪武十四年时,全国人口约六千万,比元代多了七百万。

为迅速恢复农业,明朝廷曾削减了江南的租税。但当生产发展后,朝廷的农业税还是显著地增多了。洪武二十六年,全国岁入两千二百多万石,比洪武十八年增加三分之一,比元代增加近两倍。朝廷掌握了雄厚的经济力量。

里甲粮长制 朱元璋在位时期,用了二十年的时间普遍丈量全国的土地,登记全国的人口。人口调查的记录,编在统一格式的户籍册里。这种册子规定要用黄纸作封面,称为黄册。各地黄册中包括旧管、新收、开除、实在等四项。每十年编制一次,送呈朝廷。地亩丈量后,登记田主姓氏和土地面积,并绘有简图,编上字号,这种田亩册称为鱼鳞图册。黄册和鱼鳞册都掌握在朝廷手里,作为征收赋税的根据。地主隐漏税粮的行为受到限制。

元代农村五十户结为一社,设有社长。乡镇设里正。朱元璋在普查户口以后,在各地农村编组里甲。每十户为一甲,设甲首一人。每一百一十户为一里,设里长十户。担任里长的,是全里土地最多的地主,里甲监视居民的活动,维持治安。

征税的办法也有改变。原则上税粮满一万石者划为一个税区,有时因地制宜,也可以多些或少些。每区设粮长一人到三人,由全区交粮最多即占地最多的地主充任粮长,负责向农民和其他地主征税解运京师。朱元璋称这种办法是"以良民(地主)治良民(地主)"。里长管理全里各项事务,粮长只管征粮,不管其他。里长管理地区小,粮长管理地区大。里长也可兼任粮长。

粮长制削弱了地方官的权力,限制了贪吏的从中侵渔。粮长制也限制着地主规避税课,使他们相互监视,必须按额完粮。推行粮长制的用意还在于,巩固和扩大朝廷的统治基础。粮长们既不是贵族也不是朝廷的官僚,他们只是因为占有较多的土地才得到这种职权。粮长和里长参与了基层的政治管理,更加拥护和支持明朝廷的统治。

富户迁徙 朱元璋自幼生长在农村,深知地主豪富的强横难治,采取强硬措施,强迫一些地方的地主富户,迁离本土,流离他乡。先令江南民十四万户迁到凤阳,又令各地富户约两万户迁到南京。南京是首都,凤阳是中都,军事政治力量强大,便于控制。号为江南首富的沈万三,自江苏吴县移居南京,明廷没收他的全部土地,流放到云南。

二 皇权专制的强化

加强专制 贫农出身的朱元璋登上皇帝宝座,具有强烈的自尊心,也还有潜在的自卑感。既担心元朝降臣对他不服,又担心开国功臣对他不忠。在位期间,一再兴起大狱,以强化皇权的专制统治。

洪武二年,留用的元朝降臣中书左丞杨宪诬告右丞汪广洋,被左丞相李善长揭发。朱元璋将杨宪处死。由此开始了对中书省大臣的处治。随从朱元璋起义的濠州人胡惟庸,进任中书右丞相,受贿专权。洪武十三年,朱元璋以有意谋反的罪名处死胡惟庸,由此兴起大狱,追查有联系的官员。在反元战争中有过大功的李善长、宋濂等人都被牵连致死。因此案牵连被杀的官吏有一万五千多人。洪武二十六年,屡立战功的大将蓝玉骄横,被指为图谋不轨,处死。追查和蓝玉有过联系的大臣官兵,两万人被杀。

朱元璋严厉镇压贪官。洪武十八年,户部侍郎郭桓与浙西地方官通同作弊,贪污税粮,被查处。由此清查六部及各省偷漏及盗卖仓粮事。礼部尚书、刑部尚书、兵部侍郎、工部侍郎等高官被处死。各地因此案被处死和流放的官吏数万人。官吏贪赃在银六十两以上者要被剥皮处死。地方官府的公堂上,摆着装有稻草的人皮,使后来的官吏动魄惊心。

有声名的文人也在被镇压之列。文人做文章凡有语句可能被解释为对皇帝不敬,就要被治罪。著名的杭州教授徐一夔用“光天之下,天生圣人”歌颂皇帝,朱元璋认为“天生”是骂他做过僧人,“光天”是说光头,因此被杀。像这样的例子,明朝初年屡见不鲜。

朱元璋曾说,治理中国“非猛不可”。在猛政统治下,官员们不知道什么时候会加上什么罪名。上朝归来,平安无事,就要饮酒庆幸,战战兢兢地驯服于皇帝的专制统治。

统治机构 胡惟庸案后,朱元璋废除了承袭元代的中书省丞相制度,日常政务由六部分别执掌。各部尚书直接向皇帝负责,所有权力都集中于皇帝。后来,皇帝左右设殿阁大学士,备咨询,并无实权。

朝廷设都察院,司监察检举。刑部和都察院都有权审讯案件,送交司法机构大理寺定罪。皇帝有权不经任何手续自行处理罪犯。官员被指有罪,在朝廷上就可以杖责,有时立即被杖死,称为"廷杖"。朝廷还有直接受皇帝指挥的"锦衣卫"组织,侦查官员行动,可以施用酷刑审讯,不管犯法的是什么人。

地方组织沿袭元朝行省制度,全国分设十二个省。元朝的行中书省是中书省的分支机构,行政长官称"知(管理)行省事"。中书省废后,各省直属皇帝,长官称"承宣布政使",即秉承皇帝宣命传布政令的使臣,不能各据一方,自行其是。司法官称提刑按察使。省以下取消"路"一级,设府州县三级。府有知府,州有知州,县有知县,逐级统属。各级官员必须回避本籍,不准在自己的家乡任职,以防地方势力的形成。

军队组织撤销了管理全国军队的大都督府,分设五都督府掌管兵籍,但不能调动和统带军队。

地方军队组成许多卫所。在驻军地区,大约五千六百人设一卫,卫的最高军官是指挥使。一千一百二十人组成千户所,一百零二人组成百户所,受卫统辖。卫之上,有大致相当省一级的都(总)指挥使司,统领长官叫都指挥使。

都司卫所的长官,平时负责统带军队,听候朝廷的调遣,当发生战事时,卫所军队要交由皇帝直接派遣的总兵官率领。遇有较大的战争,皇帝还可以派遣更高级的官吏担任督师。全国军队的指挥权都归皇帝掌握。

皇室分封 朱元璋建国称帝后,封长子朱标为太子,其余皇子二十四人皇孙一人陆续封为各地的藩王,说是为了"屏藩国家"。藩王由朝廷颁给俸禄,王府可设官属和护卫,但并不管理地方民事。只是河北、山西边防地区的藩王,可受命兼领军务。这种分封办法是沿袭元朝投下诸王分封的旧制,但元朝的分封只是利益的分配,明太祖分封藩王,主要是为了监督和防范地方官员,控驭地方势力,以维护皇权专制。

明太祖朱元璋比蒙元皇帝更加集中地掌握了军政大权,建立起新王朝的专制统治。

三 边疆措置与海外交往

朱元璋在洪武三十一年闰五月病死,年七十一岁,庙号太祖,谥高皇帝。明太祖自称"起自寒微",对文武臣佐,心存疑忌,多方防范,但没有料到,在他死后,不是外姓造反,而是皇族子孙之间展开了激战。

太子朱标已在洪武二十五年病死。明太祖遗诏朱标之子允炆以皇孙承继帝位,时年二十二岁的允炆即位,立明年年号建文。建文帝生长深宫,并没有执政经历,父辈诸藩王分布在全国各地,是严重的威胁。诸藩王中太祖第四子朱棣分封北平(元大都改名),号燕王,统领边防军务,作战有功,在诸王中权势最大。太祖第二、第三子此时都已死去,燕王在诸王中也最年长。同母弟朱橚封周王,封地在开封,与燕王关系最密。建文帝倚用兵部尚书齐泰、翰林院修撰黄子澄,策划削藩。密议欲削燕王,先除周王。仿照明太祖的老办法,指责周王有意谋反,废除王封,流放云南。又追查有联系的诸王。封藩大同的代王、青州的齐王、荆州的湘王都被削封治罪。湘王惧祸自杀。建文元年六月,密令北平都指挥使张信逮捕燕王。张信投附燕王告密。七月,燕王起兵反。叔侄之间的一场大战展开了。建文帝发大兵号三十万讨叛。燕王率边军以诛齐黄、清君侧为名南伐。两军激战三年,互有胜负。建文四年六月,燕军兵临南京,守臣开城迎降。建文帝在宫中放火自焚死。在位前后四年。

七月,燕王朱棣在南京奉天殿即位称帝,诏改明年年号为永乐。拘捕齐泰、黄子澄,全家处死。不愿降附的大臣多人自杀。名士方孝孺拒绝起草即位诏书掷笔痛骂,永乐帝大怒,割去他的舌头,把他的九族宗亲八百多人处死。侍郎以上的官员被处死的家属宗亲也有四五百人。永乐帝以武力夺得皇位,效法乃父的猛政,不惜诛杀群臣,建立起他的专制统治。

边疆措置 元朝亡后,大漠南北的蒙古诸部仍继续与明朝对峙,永乐帝北征获胜,取得暂时的和平。在西北的哈密设"卫"驻军,东北的奴儿干设都司卫所,防守边疆。封授藏族各教派首领,确立统治秩序。又在贵州建省,巩固了西南边疆的统治。

征讨蒙古——元顺帝逃往应昌后,洪武三年正月在应昌病死,子爱猷识里达腊继位称帝(元昭宗),立年号宣光。明军来攻,逃往岭北。洪武五年正月,明军十五万分三路远征岭北,有胜有负,十月班师。双方形成对峙。洪武十一年,元昭宗病死。次子脱古思帖木儿继位,仍奉大元国号,年号天元。洪武二十一年,蓝玉率领的明军在捕鱼儿海(内蒙古贝尔湖)大败元军,杀俘近七万人。脱古思帖木儿逃往和林,被蒙古宗王也速迭儿杀死。也速迭儿是与元世祖忽必烈争夺汗位、反对汉法的阿里不哥的后裔,在和林自立为汗,废除元朝国号,仍称蒙古国。明人沿袭元代汉人的旧称,叫他们"鞑靼"。

明永乐帝即位时,也速迭儿已死,和林汗位屡经更迭。统兵官阿鲁台另立忽必烈后裔完者都为汗。永乐六年,明朝使臣去诏谕,被杀。次年,明军北征战败。永乐八年正月,永乐帝发兵五十万亲征,至斡难河,大败蒙军,完者都逃走,明军得胜回师。

游牧在谦河(叶尼塞河)至阿尔泰山一带的蒙古瓦剌部,即元代汉译的外剌或斡亦剌部。永乐七年响应明朝的招谕入朝。永乐帝封其首领马哈木为顺宁王。完者都西逃,马哈木把他杀死,并请讨阿鲁台。阿鲁台在永乐十一年奉表纳贡降明,受封为和宁王,请讨瓦剌,为完者都报仇。鞑靼与瓦剌两部对立,永乐帝不明蒙古内情,轻易出兵与瓦剌作战。瓦剌马哈木遣使谢罪。

西北设卫——明太祖追击逃往甘肃的元兵,先后在甘肃各地设立卫所驻军。元朝的哈密王遣使进贡。永乐帝封哈密王脱脱为忠顺王,设立哈密卫。封授当地畏兀儿等族首领指挥、千户、百户等军职,另派汉人官员做王府长史,协同理事。哈密设卫确立了西北边陲的统治。

东北建都司——永乐帝即位,遣使招降东北地区女真族的各部落。先后设立建州卫(吉林省吉林市东南)、兀者卫(呼兰河中下游)、奴儿干卫(俄境特林)。永乐七年在奴儿干元朝征东元帅府旧地设立奴儿干都指挥使司（简称都司）统领诸卫,在当地建永宁寺立碑记事。都司辖境北起北山（外兴安岭）,南至徒门河（图们江）,东至鲸海（日本海）,西与大宁（辽宁朝阳）地区的朵颜卫为邻。辖境内各部落向明朝进贡,接受回赐。明廷对部落首领授予官衔。永乐帝成功地争取到各部落的归附,确立了东北边疆的统治。

吐蕃分封——元世祖封授八思巴为国师,大宝法王,藏传佛教的萨迦派世代统领吐蕃地区的政教事务。元末,此派逐渐衰落。古老的噶举派（口授派）势力强大。明初又有格鲁派兴起,创始人是出生在青海湟中一带的罗桑札巴。藏语称这一地区为"宗喀",所以又称他宗喀巴（藏语"人"）大师,在拉萨传教,形成新兴的教派。

永乐四年,明廷迎请噶举派的寺主哈立麻来南京,厚加赏赐,加封他"如来大宝法王"。永乐十一年,又迎请萨迦派的寺主昆泽思巴来南京,封授他"正觉大乘法王"。次年,宗喀巴弟子释迦也失应召来南京朝见,永乐帝封他为国师（后来宣德时又封大慈法王）。此后,三教派分别向明廷朝贡,接受回赐。永乐帝不介入藏传佛教的教派之争,分别封授各派宗教领袖,从而承袭元朝,建立起对藏族各地区的统治地位。

贵州设省——元朝在湖广行省的贵州（贵州贵阳）、思州（贵州岑巩）等地各设宣抚司,统治各族居民。永乐帝把内地各省的建置推行于当地。永乐十一年设贵州等处承宣布政使司,下设八府,自湖广行省划出。几年后又设提刑按察司,同于各省。贵州由此成为明朝的第十三个省,强化了西南边疆的建置。

明朝自建立以来,经过洪武、永乐二帝的经营,逐渐奠立了边疆的统治,又建成为疆域辽阔的多民族的大国。

海外交往　永乐帝即位后,就派遣使臣到南海周邻诸国通报即位,赠送礼品,建立联系。永乐三年,又派出郑和率领的船队,出使海外诸国。

云南昆阳州(晋宁)人郑和,原是伊斯兰教世家,父号马哈只(朝圣者)。元代称为回回。洪武十四年被明军俘虏,罚做宦官,小名三宝,年十二岁,在燕王府服役。明初,宦官依分工不同,分设十二监。各监自宦官中授任主管官员一人,叫做太监,正四品。左、右少监各一人,从四品。永乐帝即位后,三宝被擢任为内官监太监,赐汉名郑和。永乐三年,奉命率领兵士两万七千余人,乘大船六十二艘,从江苏刘家港出发,经福建五虎门出海。到占城(越南中部)后南航,经苏门答腊、阿鲁(亚鲁)、旧港(三佛齐)、满剌加(马六甲)、小葛兰(奎隆),永乐五年春到达印度的古里国。秋九月回到南京。郑和此行,曾带去永乐帝的封授诏书和大量礼品赠与各国,获得外交上的成功。各国派遣使臣随郑和到南京入贡。永乐六年九月,永乐帝命郑和再次出使,领兵二万七千余人,乘海船四十八艘,仍沿原路出航,经占城、爪哇到达锡兰(斯里兰卡)。刻石记事。由锡兰北行至印度的柯枝(柯钦)、古里(卡利卡特)。返回途中,锡兰王领兵堵截货船,郑和擒锡兰王,永乐九年押解到南京。永乐帝将他开释遣回。明朝声威远播。

永乐十年,永乐帝再命郑和作更远的航行,出使波斯湾的伊斯兰教圣地和著名的商港忽鲁谟斯(伊朗霍木兹岛),次年到达,向国王及群臣颁赠丝绸等礼物。永乐十三年七月返回南京。忽鲁谟斯在这年遣使到南京贡马。次年十一月,非洲东岸(今索马里境内)的木骨都束、卜刺哇和西域贸易中心阿丹(也门亚丁),随忽鲁谟斯来朝贡。十二月,永乐帝命郑和为钦差总兵太监率领舟师随同来使去非洲各国回赐。永乐十七年七月,沿原路平安返回南京。

永乐朝郑和四次率领兵船远航(另有两次为外国使臣回国短程护航),每次往返二至三年,前后经历三十余地区,远至西亚东非,是航海史上少见的壮举。船队有满载货物的商船,也有运输海军的兵舰,是造船和航海技术发达的标志。郑和传布永乐帝的诏敕,劝谕"共享太平",各国相继来朝,在外交上取得成功。

元仁宗即位前曾问儒臣王约:自古宦官败坏家国,有这事么?王约答,宦官中好人坏人都有,只怕处置失宜。明太祖朱元璋有一项虐政,作战中俘虏的兵民人口,少年男子割势(生殖器)做宦官,少年女子选为宫女或赏赐臣下做婢妾。所以,明初的宦官群体不都是来自市井贱民,还包括被俘的有才干的志士。郑和几次出航,都有得力的宦官辅佐。永乐帝还另外派遣宦官出使海外。郑和出使前,宦官马彬曾出使爪哇,尹庆出使马六甲。郑和远航忽鲁谟斯时,宦官少监杨敏奉命率领船队去孟加拉,封授新立的国王。以郑和为首的一批宦官为明廷的海外交往作出了贡献。

迁都北京 明太祖在应天府建国,号为南京,以开封府为北京。洪武十一年定南京为京师,废除北京建置,仍为开封府。永乐帝即位后,原封地北平改称北京,作为南京的陪都,设置六部等官署。元大都城在战争中已被破坏,永乐十五年开始重建北京城。东西城墙依大都旧城垣包砌。北城墙南移五里,南城墙南移二里,周回五十五里。城内南部十八里为皇城,皇城内建宫城,周回六

里,称紫禁城。永乐十八年建成,作为明朝的京师。南京改为陪
都,仍保存六部继续理事。两京同时并存,北京是首都。永乐十九
年正月元旦,永乐帝正式宣告迁都北京。南自苏门答剌西至忽鲁
谟斯十六国使臣前来朝贺。永乐帝在新建的奉天殿举行了盛大的
庆典。

迁都不久,传来鞑靼阿鲁台在边境扰掠的战报。永乐帝在鞑
靼与瓦剌的争战中,不必要地介入其间,偏袒阿鲁台,出征瓦剌。
听说阿鲁台侵扰,自知失策,盛怒之下,召群臣集议亲征,定要诛
灭。户部尚书夏原吉、兵部尚书方宾、刑部尚书吴中等极力劝阻。
永乐帝大怒,将夏、吴罢官下狱,方宾畏罪自杀。永乐二十年三月,
永乐帝领兵亲征,无功而返。次年七月,再次亲征,进军到万全,阿
鲁台已北去。不遇敌而返。永乐二十二年正月,又得报阿鲁台侵
大同。永乐帝再度亲征,五月到开平,阿鲁台又早已北去。永乐帝
晚年多病,一意孤行,三次出征,劳师费饷,追悔莫及。说:"夏原
吉爱我!"七月间,在开平附近的榆木川军中病死,年六十五岁,庙
号太宗,尔后嘉靖时改号成祖。

第二节　专制制度的变革

一　皇权专制的演变

宣德新政　永乐帝长子高炽(仁宗)奉遗诏即位,年已四十八
岁。自永乐二年立为皇太子,永乐帝出征时,即受命"监国",熟知
朝政得失。即位后就命夏原吉恢复原职。又将吴中等因谏阻北征

入狱的大臣释放。倚任太子东宫的师傅和旧臣杨荣、杨士奇、杨溥、金幼孜、黄淮等为各部尚书大学士，意在改革前朝猛政的积弊。在位不满十月，病死。皇太子瞻基在北京即帝位，年二十七岁，立年号宣德。在位十年，继承乃父的遗志，倚用东宫旧臣，实行了若干新政。

强化内阁——明太祖朱元璋实行皇权专制，皇帝亲自掌管六部。据说八天之内给皇帝的奏章多达一千六百多件，涉及三千三四百件事务。朱元璋晚年仿宋朝制度设立殿阁大学士，由文官兼任，备皇帝咨询。永乐帝简选文臣入值皇帝读书的文渊阁，代皇帝草拟制诰，称为内阁大学士，简称阁臣。宣德时，前朝旧臣杨士奇等七人以尚书、侍郎兼为内阁大学士，权位渐重。阁臣可直接向皇帝秘密奏事，弹劾官员，参与审决重囚，以至参决军务，随军出征。原来的侍读学士演变为皇帝执政的辅佐，内阁虽然还不是中书省那样的行政机构，但在皇帝左右，参决军国大事，逐渐成为决策中枢。专制政体的这一演变，对此后的明代政事，产生了深远的影响。

委派巡抚——明太祖取消中书省和行省，十三省区各设布政使，由皇帝直接统辖。承平日久，皇帝难以了解各地的民情，更不可能直接理政。洪武、永乐时曾派员"巡抚"各地，只是巡视安抚的泛称。宣德帝即位，得知江南土豪与地方奸吏勾结，隐漏税粮，称霸乡里。宣德五年，委派官员加给六部侍郎官衔，去浙江、湖广、河南、山西、山东北直隶（北京直属区）及南直隶（南京直属区）的苏州、松江等府奉诏"巡抚各地，总督税粮"。巡抚的官员将各地民情具实奏闻并有权在当地审问奸猾，处理诉讼。这一办法继续推广，职能也逐渐扩大。"巡抚"成为皇帝特命的省一级专职，加强了各省区的统治。

削弱藩王——明太祖分封朱姓诸王,意在屏藩王室。藩王势大,就变成王室的威胁。宣德帝即位后,永乐帝子汉王高煦在封地乐安(山东广饶)起兵夺位。宣德帝随即领兵到乐安逮捕高煦,乱事没有扩大。此乱之后,宣德帝命诸王削减护卫军,并对藩王的活动作出多种限制。藩王坐食厚禄,无所事事。或寄情词曲,悠游闲适,或置产经商,成一方豪富,不再可能割据谋反了。

海外遣使——宣德五年六月,再次派遣郑和率船队出使海外,向亚非二十国通告即位改元,进行货物交易。永乐三年郑和初次出使,即由宦官王景弘辅佐。此次出海,郑和、王景弘同为正使,太监李兴等七人为副使,大小船六十一艘,船队两万七千余人,当年闰十二月自南京入江启航。次年二月到福建长乐港出海。仍沿永乐时的旧路,自占城经爪哇、马六甲、苏门答剌、锡兰、古里到达忽鲁谟斯。宣德八年七月返回南京。副使率领的分队还曾去往东非诸国,并派遣通事到伊斯兰教的圣地天方(沙特阿拉伯麦加)采购特产。天方的使臣随船队来明朝进贡。亚非各国的使臣也随船来到南京。宣德帝在奉天门接待了各国来使。这是年逾花甲的郑和最后一次远航,也是他对明朝海外事业的最后一次贡献。庞大的船队满载货物,赏赐赠与以外,还在海外推销,并采购当地的物产回国。各国使臣随船来明朝,名为朝贡,也是为了进行货物交易。船队的往来繁荣了国际贸易,也为明朝与海外诸国建立了友好的政治联系。自东南亚至西亚东非开辟了一条和平的航路。

皇位更迭　宣德帝鸿图未展,三十八岁英年早逝,庙号宣宗,遗诏九岁的太子祁镇（英宗）继位,改明年年号为正统（1436 年）。尊祖母张氏（仁宗后）为太皇太后,委付老臣辅政。

正统七年,张太后病死。此后,辅政五大臣,或病死或引退,只剩下张辅一人参与国事。正统帝做太子时,司礼监太监王振侍读,即位后仍在左右,得正统帝倚信,参与议政。正统十四年七月初,蒙古瓦剌部也先不花汗率大军攻打大同,明守将败死。王振力主皇帝亲征,以树立声威。正统帝不顾群臣反对,七月十六日即发兵五十万亲征,率辅政大臣张辅等统军出战,王振随行,异母弟郕王祁钰与兵部侍郎于谦留守京师。明军仓促出师,进军到大同后,见形势不利退军。也先大兵追袭。在怀来土木堡大败明军。张辅等大臣五十多人战死。王振被部将杀死。正统帝被瓦剌军俘虏。明军死伤过半。也先以正统帝做人质,率领大军攻取明朝的京师北京。

蒙古军兵临城下,明朝亡国之祸近在眼前。翰林侍讲徐珵倡言放弃京城,逃往江南避难。于谦等大臣力主抗战守城,请立新皇帝以回应瓦剌的要挟,稳定京师人心。孙皇后颁诏立郕王祁钰为帝,改年号景泰,尊正统帝为太上皇。任于谦为兵部尚书,率领军民守城。于谦部署诸军分驻九个城门防守。总兵官石亨驻德胜门,节制诸军。于谦亲到德胜门督战,大败瓦剌军。瓦剌转向西直门进攻,也被明军击退。明军守卫京师取得了胜利。

次年六月,也先遣使来北京议和。景泰帝遣使迎接正统帝祁镇回京,尊为太上皇,居住南宫。此后七年,大致相安无事。景泰帝病危,又起风波。

景泰帝只有一个儿子,景泰三年立为太子,次年病死。景泰八年正月,景泰帝病体垂危。群臣请颁诏,确定皇位继承人。抗蒙有功晋为太子太师的总兵官石亨,统领京营精兵,与太监曹吉祥、左副都御使徐有贞(徐珵改名)密谋,不待颁诏,拥立祁镇复位。正月十六日夜,领兵至南宫,拥祁镇自东华门夺门入宫,黎明在奉天殿宣布太上皇复位,召群臣朝见。兵部尚书于谦、吏部尚书王文、司礼太监王诚等被逮捕处死。又追查"于谦之党",处死官员多人。景泰帝被废去帝号,仍为郕王,十余日后病死。

这次事变,被称为"夺门"。于谦有功无罪而被处死,人知其冤,石亨等阴谋夺权,朝野侧目。徐有贞以功为兵部尚书,半年后被宦官诬构罪证,流放云南。石亨独掌兵权,专横跋扈。天顺三年(1459年,英宗复位改元天顺),英宗得群臣支持,逮捕石亨入狱。次年死于狱中。

曹吉祥自知难保。天顺五年,与侄曹钦策划,再次发动"夺门"政变,废掉英宗。英宗得密报,逮捕曹吉祥处死。

两代承平　英宗朱祁镇杀石、曹后,追思当年"夺门"之事,不免生疑。征询文渊阁翰林学士李贤。李贤说:"迎驾还可以,'夺门'不可取。那时侥幸成功,如果事先泄露而失败,不知置陛下于何地?"又说:"如果等郕王病死,群臣奏请陛下复位,又何必造成混乱,这些人又怎么能够邀功升赏招权纳贿,老臣依然在朝,又何必杀逐降罢。"英宗悔悟,说以后不要再提"夺门",只说复位。天顺八年正月英宗病死。临终前召李贤面谕辅佐太子见深继位(宪宗)。见深年十八岁即帝位,改明年为成化元年(1465年)。李贤辅政,重议夺门之变,为于谦平反申冤,遣使去杭州于谦墓祭奠。在夺门之变中被罢免或囚禁的官员,相继恢复原职或升任要职。

李贤辅政三年病死。成化帝怠于政事,与嫔妃宫女游乐无度,从不上朝召见大臣。群臣奏事经由宦官,皇帝封授官员也由宦官传旨。宫廷事务由贵妃万氏操持。万贵妃控驭宦官势力,以稳定局势。李贤死后二十年,成化帝得万贵妃辅佐,朝中没有再发生祸乱。成化二十三年正月,万贵妃病死。成化帝悲叹说:"万侍长走了,我也快走了。"当年八月病死,遗诏太子祐樘继位。

祐樘(孝宗)十七岁即位,改明年为弘治元年(1488 年)。弘治帝即位几年,就不愿意理政,迷信道士符箓炼丹。按照他父亲的惯例,从来不上朝召见大臣议政,只在宫中批文决事。弘治十年三月,因礼部尚书徐溥力请,召见阁臣一次,各赐茶一杯,算是少有的盛事。弘治帝在位十八年,没有多少兴革,也没有大的战乱。成化弘治两朝先后四十年,政局基本稳定,被称为"承平之世"。皇帝不再上朝,与明太祖的大权独揽事必躬亲完全不同了。

皇权腐败 弘治十八年五月,孝宗弘治帝病死。死前托嘱大学士刘健辅佐十五岁的太子厚照继承皇位。改明年为正德元年(1506 年)。正德帝即位,与奉侍太子东宫的宦官刘瑾、马永成、谷大用等玩耍游乐,不愿理政。刘健无法辅政,辞官引退。其他几位老臣也相继辞官。刘瑾任为司礼监太监,代皇帝批阅章奏,独断专行。永乐时曾设东厂,由宦官统领,侦查官员行动,与锦衣卫合称厂卫,历代相承。刘瑾专权,马永成掌管东厂,谷大用掌管新建的西厂,又新设内行厂,刘瑾亲自掌管。三个厂秘密侦查官员言行,稍有不合就要被陷害下狱。刘瑾等掌握官员的生杀升降大权,广收贿赂,敲诈勒索,权大势大,朝廷一片昏暗。

正德五年春,驻宁夏的安化王朱寘鐇起兵反,发布檄文列举刘瑾的罪状,说是"今举义兵,清除君侧"。前右都御史杨一清奉命领兵平乱,太监张永监军。大军到宁夏,安化王已被部将拘捕,乱事已平。杨一清曾被刘瑾诬陷下狱,张永与刘瑾不和,两人谋划除刘瑾。班师回朝后,张永把安化王发布的刘瑾罪状,密呈正德帝,说刘瑾要谋反。正德帝命廷臣审议,查抄刘瑾家,有黄金二十四万锭又五万七千两,银元宝五百万锭又一百五十八万两,另查出宦官不该有的衣甲、弓弩、衮衣、玉带等物多种。正德帝大怒,说:"奴才真要造反!"刘瑾被处死。西厂和内行厂撤销,仍存东厂。

正德帝做太子时的讲官杨廷和与刘瑾不和。刘瑾败后,进为少傅、谨身殿大学士,主持内阁政务。正德帝仍然不理朝政,游乐无节。在宫中西华门修建豹房附设供娱乐的密室。与锦衣卫的官吏钱宁、佞臣江彬同宿豹房,与乐女淫乐。钱宁、江彬又劝正德帝去宣府(河北宣化)游玩,在宣化府建造行宫,称"镇国府第",收聚民女在府第陪侍。自正德十二年八月至次年七月,正德帝先后三次去宣府游乐。最后一次,自宣府西游榆林,东经太原,历时半年。十四年二月回京。沿途需索扰民,居民多逃亡躲避。回京后,杨廷和等请颁诏今后不再出游,以安民心。正德帝不听,三月间又要巡游江南。群臣上章谏阻,被斥责下狱。六月,江西南昌的宁王宸濠起兵反。正德帝正好以平乱为名去江南游玩。不顾群臣劝阻,八月间领兵出发,化名朱寿,自称威武大将军、总兵官,江彬随行。正德帝刚到涿州,便接到福建江西巡抚王守仁的奏报,已将宸濠擒捕,将押解来京。正德帝立即颁诏阻止,要他在江南候驾。正德帝更纵情游乐,江彬沿途勒索财宝,掳掠民女献给皇帝,一路游玩到南京。正德十五年七月,在南京举行献俘典礼,算是庆祝皇帝亲征平乱的胜利。十二月,正德帝"得胜"回京。次年三月,死在豹房,年三十一岁,庙号武宗。

明武宗是历史上少有的荒嬉过度的皇帝,正德一朝是明代最腐败的王朝。洪武、永乐年间皇权高度集中的政体,经过一百几十年的演变,全都变样了。

二 统治制度的改革

嘉靖革新 正德帝一生玩乐,纵欲亡身,死后没有儿子继承皇位。张太后(孝宗皇后)采纳杨廷和的提议,传位给孝宗的侄子、安陆(湖北钟祥)的藩王厚熜。朱厚熜这年十五岁,奉召来京即位,既没有东宫旧臣,又没有亲信宦官。只身入深宫,面对腐败的朝政,处境是艰难的。当年四月,在皇宫奉天殿宣告即位,改明年年号为嘉靖。杨廷和草拟即位诏书,说"兴道致治",必须"革故鼎新"。嘉靖帝来京前,杨廷和代理朝政,已令罢废豹房,释放侍女,将江彬拘捕。嘉靖帝即位后,随即将钱宁、江彬处死,抄没家产,揭开了革故鼎新的序幕。

嘉靖帝以皇侄继皇位,为前此所未有。对他已故的生父和健在的生母加上什么谥号和尊号,群臣议论不一,终年争论不止。杨廷和与嘉靖帝意见不合。嘉靖帝不肯屈从,杨廷和辞官引退。嘉靖三年,嘉靖帝擢用新进的翰林学士张璁为礼部尚书、文渊阁大学士,重建新阁,陆续做了一些清除积弊的改革。主要是:(一)削弱宦官势力。嘉靖帝即位后,就命杨廷和将东厂太监、司礼监太监等一批作恶的宦官下狱治罪。又将宦官掌管的京师四卫兵营改隶兵部统管。裁革出镇外地领兵的"镇守中官",消除了宦官的兵权。

（二）抑制外戚。历代皇后家族子孙世袭封爵,形成一大势力。嘉靖帝诏令,外戚子孙再不准世袭。嘉靖帝生母蒋氏家族和皇后陈氏家族都照此令,不得袭封。（三）改革科举。明初实行科举取士。后来吏治腐败,考试弊病很多。嘉靖帝采纳张璁的建议,各省乡试都由朝廷派出京官主考,朝廷的廷试由皇帝亲自阅卷,再和考官商定。吸纳新人,以清除积弊。（四）清查占田。京师的太监、外地的藩王、各地的皇亲国戚、高官贵族都有人依仗权势以各种方法强占民田,不交赋税。嘉靖八年,有人上疏说,天下的税田比洪武时减少了一半。嘉靖帝诏令各地清查庄田,非法强占者还给原主。这一改革未必能彻底实行,但限制了贵戚们的无限扩张。（五）改革赋役。权贵兼并民田不交税。农民失去土地还要承担差役和徭役,很不合理。嘉靖九年开始清查新占的田地,编审徭役。按占有的田地交粮税、服差役,按人丁派徭役,都折银征收,一起编造入册,叫做“一条编法”。赋役制度的这项改革,在江西地区实行,对全国各地影响很大。

　　嘉靖帝革故鼎新,每走一步都要克服重重阻力。在位十几年,自觉疲敝倦怠,不堪重负。道士劝他服食丹药,修习道术。嘉靖二十一年,自皇宫迁居西苑,号称“静摄修玄”。此后就不再召见大臣,日常政务,委付内阁。

　　内阁原指二阁（文渊阁、东阁）四殿（华盖殿、建极殿、文华殿、武英殿）,是皇帝读书议事的便殿。简选尚书、侍郎或翰林学士,备皇帝咨询,草拟文诰,叫做“入直”,即入宫值勤,并不是固定的官职,也没有法定的制度。宣德时,阁臣参与议政,权位渐重,但也还没有制度规定。嘉靖帝拟定内阁规制,在文渊阁正房设皇帝御座,两旁四间,阁臣办事,形同官署,班位在六部之上。殿阁大学士仍由各部尚书兼任,但地位高于尚书。大学士人数不定,其中一人居首席,叫做首辅,代皇帝草拟奏章的批答,习称"票拟"。阁臣受命"参预军国机务",范围可大可小,权力可小可大。嘉靖帝依靠内阁行新政,阁臣权力扩大。"静摄修玄",政务委付内阁,阁臣权力更大。内阁首辅和"首相"差不多了。

首辅张璁已在嘉靖十四年病死。嘉靖迁居西苑后,礼部尚书夏言和严嵩相继为首辅,相互倾轧。嘉靖二十五年,夏言获罪处死。严嵩再任首辅,长达十六年。当权日久,作威作福,贪污受贿。儿子世蕃代为理事,更加骄横不法,索贿授官,官员们"未见其父,先馈其子"。嘉靖三十二年兵部员外郎杨继盛上书嘉靖帝,弹劾严嵩"无丞相之名,有丞相之权",列举十大罪状。杨继盛被下狱处死。群臣不平,继续上书,揭露严嵩父子。西苑的道士也假托神仙降旨,说严嵩罪恶。嘉靖帝说:"果真这样,上天为什么还不灭他?"道士说:"留待皇帝正法。"嘉靖帝逐渐察觉到严嵩父子的不法,转而倚信武英殿大学士徐阶。御史邹应龙知皇帝已疏远严嵩,嘉靖四十一年,得徐阶支持,上书嘉靖帝,列举事实弹劾严氏父子。严嵩年已八十四岁,被削官为民,返回故乡。严世蕃处死。徐阶继为首辅。

嘉靖帝在位四十五年病死,庙号世宗。

革新的继续 明世宗传位给儿子载垕(穆宗),改年号隆庆。隆庆二年,徐阶退休。隆庆帝在位六年病死。太子翊钧(神宗)即位,改元万历。年方十岁,又是一位"少年天子"。万历帝即位后,内阁首辅张居正掌管朝政,继承前朝中断了的革新事业,陆续推行若干新政。主要是:(一)考核官员。嘉靖革新曾裁减各级冗滥官员,但阻力很大成效不多。张居正制定官员考成之法,对朝廷至地方的各级官员逐级考核。针对官员冗滥,"虚声窃誉"的积弊,考核依据实际情况,以"安静宜民"为上,沿袭旧套虚夸政绩,虽有虚名浮誉也算下等。吏部及朝廷派出的考核官员,如不能细心考察,以旧套了事,就算不称职,予以撤换。经过大力推行,裁减了一批冗滥人员,奖励一批清廉的能吏,整肃了吏治。(二)清丈田亩。权贵豪强兼并田地,隐瞒不报,朝廷赋税收入减少,农民破产逃亡,是遍及全国的严重问题。张居正提出全面清丈田亩,自万历六年开始实行,至万历九年清丈完毕。各地有田七百多万顷,比弘治时的统计,多出三百万顷。(三)改革赋役。嘉靖时在江西等地实行的一条编法,经过完善修订,万历九年在全国普遍推行,又叫一条鞭法,成为法定制度。

万历十年六月,张居正病死,五十八岁。万历帝这时年已二十,开始亲政,阁臣张四维继任首辅。张居正任首辅十年,多有建树,也不无失检。新政中整顿吏治和清查田亩两项,涉及面最大,得罪人也最多。万历帝亲政后,一些官员上书对张居正多方弹劾。张四维代为申辩,不能制止。被罢免的官员要求复任。已复任的官员报复旧怨,极力攻击。弹劾进而发展到指告张居正引用的官员结党。被弹劾的官员上疏抗辩。双方争论不休。年轻的万历帝检阅奏章,尽是相互攻讦,强词夺理,难辨是非。自称"头晕眼黑",需要调养。万历十四年以后就不再召见大臣。送呈的章奏也压下来不看。万历帝亲政而又怠政,群臣互相倾轧,朝政又陷于混乱。

三　边境风云

嘉靖以来,周边地区曾有过几次局部的战事,换来了和平。

蒙古和战　蒙古瓦剌部的也先不花,景泰元年自北京退走后,景泰三年,自称大元可汗,被部下杀死。瓦剌内乱,逐渐衰落。东部鞑靼兴盛。成化、弘治年间,鞑靼的达延汗巴图猛可与他的夫人(合敦)满都海,征服蒙古各部落,东起克鲁伦河西至河套地区归于一统,自称达延汗即全蒙古的大汗。弘治十七年,达延汗曾派遣两千人的使团到明廷"入贡"。边境大体安定,没有发生重大的战事。正德末年达延汗死。他的孙子俺答统领土默特部众西征乌梁海获胜。嘉靖二十三年(1544年)东征明朝朵颜卫(辽宁朝阳至河北宣府)、泰宁卫(辽宁锦州,义县至北镇)、福余卫(辽宁沈阳、铁岭、开原)地区已归附明朝的蒙古各部落,招纳各部首领降附。这就侵犯了明朝在辽东地区的统治。

俺答汗以丰州(内蒙古呼和浩特)为基地建立统治,迫切需要从明朝取得必需的粮食、丝绸等货物。派遣使臣到明廷请求"入贡",即以朝贡形式进京师贸易。嘉靖帝不准。俺答再遣使请贡,声言如不获准就要领兵南下。嘉靖帝将来使处死。双方的冲突激化了。

嘉靖二十九年六月俺答领兵攻掠大同,直到京师城外。明廷先在边地开马市,仍不准入贡。次年,俺答又在大同边境抢掠。此后二十年间,时战时和,边境不得安宁。隆庆五年(1571年)二月,宣大总督王崇古奏陈解决边境问题的建议。主要是:(一)封授俺答王号。(二)俺答及各部首领准予入贡。入京人数由明廷限定。

（三）开放边境城市，准民间往来贸易。照此建议，明廷封授俺答，即确定他是明朝统属的藩王。俺答得王封，即蒙古汗的地位得到承认，又可得入贡通商之利，也很乐于接受。当年三月，隆庆帝就采纳王崇古的奏议，封俺答为顺义王。五月，遣使到大同宣读诏书，颁赐封赏。俺答搭彩棚、设鼓乐迎诏，行礼谢恩，俺答以下各部首领一百一十二名也都授予明朝军官称号。俺答遣使入京进谢表贡马。受封首领随同贡献马匹五百余匹。明廷百官朝贺，说是"圣朝盛事"。

边境战事停止，重现和平。商市开放后，商民往来贸易，城镇繁荣。万历五年，俺答又在丰州建呼和浩特（青色的城），请明廷命名。明赐名归化城。万历九年，俺答汗病死，年七十七岁。子孙承袭顺义王爵。俺答的合敦三娘子佐理国政，明廷封她为忠顺夫人。三娘子掌握兵权二十年间，东起宣府西至甘肃边境，不再有战事。

达赖封贡 俺答受封后，就奏请明廷派遣高僧去蒙古地区传教弘法。隆庆帝和万历帝几次派送藏族僧人去蒙古。万历六年，藏传佛教格鲁派的哲蚌寺主锁南嘉错应俺答之请，到青海传教。俺答作为明朝的顺义王、蒙古的汗，加给锁南嘉错达赖（海宇）喇嘛（上师）称号。按照活佛转世的教法，追尊宗喀巴弟子根敦珠巴为达赖一世，锁南嘉错为三世。三世达赖经由甘肃官员写信给明廷首辅张居正，赠送礼物。信中说："我保佑皇上，昼夜念经。""祝赞天下太平。"并请求赏赐。万历帝称他"忠顺可嘉"，给予封赏。

打击倭寇 明朝建立后，日本通过进贡的形式也通过私商的来往，进行贸易，但受到"倭寇"的骚扰。

倭寇是日本的一些土豪奸商和流浪者。组成船队,携带武器,经常到东南沿海浙江福建等地侵扰。倭寇登陆后,抢劫居民财物后乘船逃去,破坏了沿海居民的安定生活,使正常贸易无法进行。朱元璋拒绝了日本的贡使,封闭海港,断绝贸易,并派出军队加强海防。

永乐时,明廷才又允许日本恢复"进贡",但给予很大的限制。每十年准许进贡一次,每次贡船不得超过两艘。

朝贡恢复后,倭寇的海盗行为并没有终止。倭寇所以不易消灭,在很大程度上是他们勾结中国沿海的奸商土豪的缘故。这些人接受倭寇的贿赂,在抢掠财物时也趁火打劫。

嘉靖时,倭寇的侵扰更加猖獗。自沿海深入内地,沿途抢劫财物,杀人放火,攻占城邑。嘉靖四十年,浙江参将戚继光在台州大败来犯的倭寇,浙东沿海平定。嘉靖四十二年,戚继光调任福建副总兵,协同驻福建总兵官俞大猷,出击福建沿海的倭寇,俘斩两千余人。次年,俞大猷又在广东肃清当地的倭寇。从此以后,倭寇不敢再来侵扰。东南沿海恢复了平静,海上贸易又可以正常进行了。

联朝抗日 洪武二十五年,高丽国李氏取代王氏,建国号朝鲜,遣使入明朝贡。永乐时接受明朝封授的朝鲜国王封号。与明朝聘使往来,和睦相处。万历二十年(1592 年),日本政府的摄政丰臣秀吉,发动对朝鲜的进攻。占领朝鲜的王京(汉城),又攻下开城和平壤。朝鲜王室被迫迁移到鸭绿江边的义州,遣使急向明朝求援。

万历二十一年二月,明廷派总兵官李如松领兵四万救平壤。李如松与李益为首的朝鲜军联合,分兵五路,一路进攻牡丹峰,其余四路分别攻打四个城门。平壤城里的日本军在大将小西行长率领下，在城上布满枪刀拒守。李如松指挥军士发射大炮和火箭，乘着风势，直冲城里。攻破城门楼后，整军而入，城中日军死伤殆尽。小西行长藏在土窟里，夜半逃去。收复平壤的战役前后只经过三天，获得大胜利，接着又攻下开城。日军丧失主力，被迫撤出王京求和。

万历二十五年，丰臣秀吉再发兵侵略朝鲜。明廷调动北方和南方的海陆大军，由兵部尚书邢玠督率，再度出击。邢玠坐镇王京，中朝军队合力打击敌人，日本侵略军被压制在釜山，无法前进。

次年十一月，明兵向釜山进攻，明朝大将邓子龙和朝鲜的杰出将军李舜臣率领中朝海军，在朝鲜南海与日本展开激战。邓子龙和李舜臣都在作战中牺牲，但战争的结果，胜利还是属于中朝方面。这次战役消灭来犯的日军万余人，残部逃回本国。

第三节　商品经济的发展与农民战争

一　商品经济的发展

明朝自正统以来的一百多年间，只有过几次局部地区的战事，没有发生过波及全国的大战。总体上说，大致保持和平状态，有利于社会经济的发展。富庶的江南地区，百年无战事，更是促进了商品经济的发达。

商业与商人　各地陆续出现了许多商业城市，较大的城市有三十三个之多。商人们从一个城市购买货物到另一个城市去贩卖，又在当地采购需要的物品运回本城。通过商人的活动，商品流通活跃了起来。

商品流通已建筑在货币的基础上。明初曾发行"大明宝钞"纸币,宣德以后,市场上使用的货币,主要是银子。有势力的权贵开设钱庄,经营货币的兑换,兼营高利贷。朝廷的税收改为一律征银,地主向农民收地租都还是征收实物。

货币商品关系的发展程度,全国各地并不是一样的。除少数大城市外,为数众多的中小城市间还很少联系,它们还没有被卷入国内市场。三十三个大商业城市的分布也很不平衡,其中二十四个在江南,江浙一带就有十个。广大的北方和边远地区,商业还不算发达。

明朝和南洋及中亚的许多国家建立了贸易关系。主要通过两种途径进行:一种是通过朝贡的形式,另一种是通过私人间的交易。亚洲各国的国王和贵族派出以使臣为名的商人队带来许多贡品,明朝廷又以"回赠"或"赏赐"的名义把中国货物送给他们。这实际上是一种实物商品的交换。有时甚至公然商议价格。来中国的使臣队一年内就有一百多个。除和明朝廷进行贡赐式的贸易外,还随带许多货物在沿海各大城市民间交易。外国商人运来的货物是本国的各种土产,从中国运走的货物则主要是纺织品和瓷器、玉器。

国际私人贸易虽然和贡赐式的官方贸易不同,但也完全是处在朝廷的控制之下。朝廷在沿海大商港设有市舶司,外国商船货物要受检验,并听任市舶司选购。只有那些市舶司不愿购入的货物才允许和民间商人交易,也要在政府的监督下进行。此外,朝廷对外国货进口要征收高额的关税,地方官还有许多额外的勒索。

所有这些都阻碍着对外贸易的扩大。无论对外贸易和国内贸易，都一律受封建国家和封建贵族的操纵。大商人都和贵族官僚有密切的联系，而且富有的商人本身就是贵族。有人写过一个富豪名单，全国头等富豪十七家，几乎都是王侯、大官僚、大地主和太监。城市商人有自己的行会组织，外来的商人按照同乡关系组成会馆。行会和会馆也都是封建权贵把持的，因为商人只有依附他们才能使自己的利益获得保障。明代富有的商人也还有"买爵"的事，不惜付出代价，投身于封建贵族的行列。

随着国内外商业的发展，商人的作用越来越显著了。他们成为城市中最富裕的阶层，社会地位也在逐渐提高。有一个到过商业城市湖州的文人，慨叹地说道："以前商人只会做买卖，不敢公开叫子弟读书，信仰巫术，没有文化。现在居然都摆设华侈的宴席，装饰富丽的屋宅，穿着豪华的衣服，而且整天钲鼓鸣笳作乐！"

手工业与工人　元朝被编为"匠户"的大批工奴，完全由明朝官府管理。明朝规定，匠户一律按照以前的编籍，不准变动。和前代不同的是，明朝廷把匠户分为住坐和轮班两类。住坐匠户在当地从事官营的手工业生产。轮班匠户用三分之一或二分之一的时间轮流到京师为朝廷服役，其余时间可以自行从事农业或手工业生产。这种轮班匠户分属一百八十几种行业，共有二十三万多人。此外，各地卫所军队中还有几万户性质相同的军匠。朝廷所拥有的匠户，虽然已不像元朝那样处于奴隶地位，但他们的处境仍和农奴差不多。匠户的子孙要世代做匠户，不许改易。他们在官营手工业作坊里生产，被看作应尽的义务，就像农民必须服官差一样。因此，凡是轮流服役的匠户，得免去其他杂差。在明朝推行一条鞭法前后,匠户也和农民一样被允许折交银税来代替服役。

明朝的官营手工业具有很大的规模。官匠户不仅生产宫廷和军队所需要的各种各样工艺品,还供应朝廷在经营对外贸易时使用的各种赏赐品。这无疑会妨碍民间手工业的发展。

金银和铁矿的开采,都被朝廷垄断。一些专门匠户和被迫服官差的民夫,从事矿冶生产。一些犯罪的刑徒也被驱使着从事这项劳动。由于生产技术落后,采矿常常毫无收获,而无数的民夫和匠户被压死。这些人的命运几乎和罪犯一样。私人开矿必须得到朝廷的允许,并在朝廷派去的专门官吏领导下进行。他们要向朝廷缴纳很重的税课,还要给官吏许多贿赂。朝廷常常下令禁止私人开采,民间开矿还是逐渐多了起来。

官营手工业外,个体小手工业者广泛分布在全国各地,使用简单的工具,从事分散的单独的手工业生产。个别城市的小手工业者已经和农村没有什么经济关系,他们从市场上的商人那里买得原料,又把自己的制成品拿去卖给商人。在东南沿海的少数大商业城市,民间丝织业的作坊有了发展。丝织业是最发达的手工业部门。由于国内外市场对于丝织品的广泛需要,开设这种作坊很容易获利。这种作坊主要还是由师傅帮工组成的小手工业作坊。但在纺织业中心苏州,有些作坊开始雇用自由做工的人,"机户出资,机工出力"。这样的作坊一般都很小,只有十几个到几十个机工,使用简单的纺织机用手来操作。机工差不多和农民一样困苦,只能得到很少的报酬。

新出现的雇用机工的现象并不是普遍存在的。它只是在苏州这样的大城市和丝织业这样的部门里才开始出现,而且机工的数量也很少。当时有一个太监建议朝廷每张织机税银三钱,估计全国将得税六万两,这就是说,全国民间至少已有二十万张织机。如每机有一两个人生产,全国即已有三四十万纺织手工业者,但苏州的织工也不过几千人。

土地集中与赋税的加重　明朝初年开垦的大量农田,随着农业生产的发展,日益集中到贵族大地主的手里。嘉靖以后,这种情形已经非常严重。

明朝王室占有许多田地,作为皇家私有,号称皇庄,皇庄分布各地,有三百三十多处。官田的数目也是惊人的。许多官田除国家所有外,大部分由朝廷分赐给王侯贵族。皇庄和官田的扩大,是由于朝廷贵族用各种办法侵占了民田。

王侯、太监、大官僚也都凭借权势大量侵占土地。一个王侯就可有田三四万顷。太监汪直占地两万多顷。这些权贵侵占田地的办法是很多的。他们除了任意侵占民田外,还把大量的军民屯田掠为己有。

民间土地集中的现象也很严重,一个大地主可有田几万亩之多。有些粮长依仗官府势力,收纳赃贿,并用应当上缴的官银买田造宅。粮长制逐渐变成培养新富豪的工具。有一个江苏人说,吴中大家缙绅多半是当粮长起家。

明末思想家顾炎武,曾经描述过江苏一带土地高度集中的状况。他说:"吴中之民有田者十分之一,无田者十分之九。"这种情形并不是特殊的。全国各地的农村中都可看到类似的现象。

与土地高度集中相伴随的,是无数农民的破产。由于城市经济的发展还很薄弱,手工业作坊也并不需要更多的劳动者,大量的破产农民不可能到城市中去谋生。和前代一样,他们只好投靠权贵或卖身给大地主充当农奴和家内奴仆。也有些农民欠大地主的高利贷,旧租了,新债促,无法偿还,就只好以贱价出卖妻子;再不能偿还,就把自己折价,改换姓名充当奴仆。有一个官吏奏报皇帝说,徐州河南等处,人民靠卖男女,价格极贱,有些外国人也来收买。豪绅地主使用奴婢的情形是很普遍的。一个富豪可有农奴和家内奴婢几千人。

在阶级矛盾日益尖锐的同时,明王朝屡次增加赋税。嘉靖三十年,额外增加江南田赋,名为"加派"。万历时以朝鲜用兵为名,三次增加田赋,名为"辽饷"。天启时加征各种杂税,相当田赋原额的一半。明朝末年,朝廷以各种借口屡次增加的赋税,比以前多了好几倍。

随着商业手工业的发展,朝廷也用各种方法加紧压榨城市的居民。万历时,商税额相当于明初的三倍。此后还不断增加。水陆交通要冲,设立税卡,对过往商民任意勒索。关税也陆续增加了。各地手工业作坊要负担繁重的赋税。朝廷派出税监到处督缴,这些税监多由宠信的太监充任。他们到处横行,擅自加征,甚至拦路抢劫,掠夺商人的财物。税监统带下的官吏,随意闯入居民家中,侮辱妇女,勒索钱财。城市居民遭受着无穷的苛扰。

朝廷还派出许多"矿监"到全国各地开矿和征收矿税。这些矿监也都非常豪横。如果他们一旦指认某处的田地或房屋下可能有矿脉,就可以任意毁掉挖掘。只有当他们收到满意的贿赂时,田宅才被保全。于是他们便利用这种方法到处敲诈。矿监和税监一样,是人们很大的祸害。

二　朝政衰乱与民众的反抗

神宗万历帝在位四十八年,是明朝在位时间最长的皇帝,但只召见大臣几次。他的孙子熹宗天启帝在位七年,也从来不召见大臣,朝官、言官、宦官相互结纳,形成朋党。朝政陷于混乱。

朝廷衰乱　万历帝怠政,政事委付内阁六部,又不甘被大臣挟制。阁部大臣出缺往往拖延不补,唯恐任人不忠。原来阁臣可多至六七人,后来只有三四人或两三人。万历三十五年,内阁只剩下礼部尚书兼东阁大学士叶向高一人。叶向高上奏说:现在有五件事导致"必乱必危"。一是朝廷空虚。二是上下隔绝。三是群臣争胜。四是聚敛财赋。五是风气日下,不可挽回。这个奏疏大体反映了朝廷衰乱的政局。

京察与朋党——明太祖制定官员考察制度,十年考察一次。弘治时改为六年一次。正德时定干支纪年的巳年和亥年为考察之年。京师官员的考察叫做"京察",由吏部主持,考察后,或升或降,皇帝亲自裁决。倘若主持考察的官员给以"不及"、"不谨"、"浮躁"等评语,就会罢官落职。被考察的京官通过各种关系结成大小不等的集团争胜,互相称誉援引,攻击别人,抬高自己,彼此指为"朋党"。每次京察都要引起朋党间的互斗。

宫廷三案——皇权继承陆续引发所谓"三大案"。万历帝晚年立太子事,引起朝臣激烈争论。万历帝原打算把宠妃郑贵妃的儿子常洵立为他的继承者,但因朝臣反对,万历二十九年恭妃所生的长子常洛立为太子。万历四十三年太子宫中捕获了手执木棍的刺客。刺客被人怀疑是郑贵妃主使的。这个案件当时称为"梃击案"。万历四十八年七月,神宗死,常洛(光宗)继位。一个月后,服食官吏进献的红丸药,忽然死去。这个重大的可疑事件,称"红丸案"。光宗死后,已故王妃所生子由校(熹宗)做皇帝,年十六岁,年号天启。光宗宠妃李选侍和皇帝同居乾清宫。一些朝臣坚决主张李选侍移居他宫,以免新皇帝受她操纵,就是所谓"移宫案"。梃击、红丸和移宫三案实际上是皇权的争夺。朝廷各集团间争论不休,以此为借口排挤政敌。

东林与阉党——吏部员外郎顾宪成万历二十一年癸巳京察中得罪权要,次年罢官回家。在故乡无锡的东林书院讲学。邀约罢官的文士赵南星、高攀龙、邹元标等也来东林,名为讲学,实是议论朝政得失。远近士人多来听讲,名声远播。经由阁臣叶向高和言官左光斗(御史)、杨涟(给事中)等支持者陈述政见,影响朝政。东林人士志同道合,彼此称为"同志"。支持他们的在朝官员被反对者指为东林党。

首辅叶向高向万历帝建言,起用顾宪成等东林士人入朝,万历帝不准。万历四十年顾宪成病死。叶向高被指责为东林党魁。

天启帝由校即位,叶向高为首辅,邹元标任为刑部右侍郎,赵南星进为吏部尚书,高攀龙为左都御史,东林人士陆续入朝执政。杨涟、左光斗等极力助成李选侍移居养老宫。熹宗转而依靠近侍宦官魏忠贤(原名进忠)和乳母客氏家族,在宫内理事。魏忠贤任为司礼监秉笔太监,代皇帝传旨,又掌管东厂和锦衣卫,可拘捕刑讯官员,权势日盛,被称作"阉党"。朝中朋党之争演为东林党与阉党之争,叶向高上疏请罢免魏忠贤,天启帝不听,叶向高辞官回乡。邹元标、高攀龙、赵南星相继被弹劾罢官。杨涟、左光斗被捕入狱,以酷刑处死。阉党进而追查东林,烧毁东林书院,被株连的官员有三百多人。天启帝在位七年病死。弟由检十七岁继位,改年号崇祯。群臣纷纷上疏揭露魏忠贤罪恶,崇祯帝诏令罢斥,流放凤阳。魏忠贤畏罪自杀。

民众的反抗　明朝建国以来,各地不断发生农民的武装反抗,遭到官府镇压。万历年间,城市中的工商市民起而反抗,是阶级斗争的新发展。

商贩抗争——万历二十六年,朝廷派出一批宦官做税监(税使)到各地额外征税。税监们在各地敲诈勒索,巧取豪夺。税监马堂在临清招纳亡命无赖作爪牙,强征富户家产,小商贩也被抢夺,如有违抗就拉去做苦工。万历二十七年四月,临清商贩王朝佐到马堂衙署请愿,追随的市民至万余人,焚烧衙署,打死爪牙三十余人,马堂逃走。山东巡抚查办此案。王朝佐挺身出首,说发难的人是我,愿独当罪责,不要牵累无辜。巡抚将王朝佐处斩,不再追查民众。据说王朝佐临刑神色不变。民众为他立祠祭祀。

织工抗争——苏杭织造太监孙隆兼充税监,自定重税,每织机一张税银三钱。机户多停机罢织。织工失业,生活无着。万历二十九年六月,织工两千多人,以葛成(又名葛贤)为首起而抗争。事前聚议,分成六队,摇芭蕉扇指挥。斗争发动后,打死孙隆的参随,直冲衙署,孙隆逃跑。斗争持续了三天,为孙隆逼税的恶棍受到惩处。官府下令逮捕作乱的织工。葛成挺身而出,说发起的人是我,把我正法就够了,不要株连平民。应天巡抚将葛成等八人判处死刑,不再追究织工。传说葛成判刑后遇赦得免。

生员抗争——宦官陈奉在武昌、汉阳等地,委用官吏征税,索取巨额贿赂。不能如愿就入室抢劫,甚至掳掠妇女。一些府县学生员的妻女,也不能幸免。万历二十八年十二月,生员们到巡抚衙门痛哭请愿,聚众至万余人。接着闯入税署,打伤陈奉。地方官员前来劝谕,才逐渐散去。次年三月,又有民众数万人围攻陈奉衙门,打死征税的爪牙。江西税监弹劾陈奉"征三解一",只把征税的三分之一解送朝廷。万历帝召陈奉回京问罪。

白莲教起义——山东、河北地区白莲教广泛传布。信教者以农民为主,也有城市各阶层的居民。万历四十一年曾遭镇压,教主被捕。天启二年五月,山东郓城的领袖徐鸿儒联络山东、河北教众,举行武装起义。徐鸿儒自称中兴福烈帝,建年号大乘兴胜,以推翻明朝重建新朝为目标。家有资产的教众献出家产,支援起义。起义军攻占郓城后败退,转而攻占邹县、滕县、峄县,发展到数万人。六月间曾打败进攻邹县的明军。七月,明大军围攻邹县。起义军中的叛徒捆绑徐鸿儒出降。徐鸿儒被处死。

起义为明朝敲起了丧钟。大规模的农民战争跟着来了。

三　李自成领导的农民起义

明朝末年的陕北　明朝末年大规模的农民战争爆发在陕西北部。

陕北是生产落后的地区,但农民的负担并不少。农民原来要拿收成的一半以上交官粮。明末屡次加派饷粮,全部收成几乎都被官府征去。农民的生路是借贷、吃树叶和逃亡。饿死和逃跑的农民越来越多。一甲常常只剩下一两户,但这一两户仍被迫交纳全甲旧额的残粮。官吏的蛮横勒索、大地主无休止的诛求和高利贷的剥削,都把这些虎口余生的农民逼上死亡的道路。

农民被压榨得迫近死亡,本来是全国各地普遍存在的现象。但陕北农民的处境比别的地方更加恶劣。这不仅是由于生产的不发达,而且还由于此地不断遭到严重的灾荒。

崇祯元年(1628 年),春天大旱,庄稼都干枯了。秋天大雨,天寒早霜,禾苗都被冻死。第二年,又继续遭到大旱灾。有的地方,只有百分之一的人,也就是那些有存粮的大地主,才吃得饱饭。十分之九的人根本没有饭吃。

次年,一个官吏路过延安,把当地的情形报告给皇帝说:"延安府自去年起一年无雨,草木都枯焦了。八九月的时候,农民争着到山上采蓬草吃。蓬草的味道苦而涩,吃了仅可以维持不死。到了十月,蓬草都被吃完了,人们就剥树皮吃。榆树皮较好,和其他坏树皮掺着吃,也只可缓死。等到年底,树皮也都被吃光了,就到山上挖一种石块吃。这种石块叫做青叶,味腥而腻。吃了之后,不过几天,就腹胀下坠而死……还有的把儿童杀死,用骨头烧火,煮人肉为食。吃人肉的人,几天之后也面目红肿,中毒而死。"这个官吏还报告说:"县城外挖了许多大坑,每个坑里埋着几百死人。离城较远的地方,死尸还不知有多少。"这种情形会激出什么事来,官吏们是很清楚的。他最后对皇帝说:"人们想到自己也将要被填在沟坑里,怎能不起来造反呢?"

起义的爆发　早在天启七年,陕西澄城县农民就已首先起义。起义的领袖是一个叫做王二的农民。他用墨把面目涂黑,纠集了几百个饥民,问道:"谁敢杀张知县?"饥民都回答说:"我敢杀。"他们冲入县城,杀死知县,打败官兵。并进攻邻近各县,打开监狱,把罪犯放走。

在王二起义的第二年，府谷爆发了王嘉胤领导的农民起义。起义的农民抢夺了富户的存粮，当官府前来镇压时，就转而反抗官府。

王二和王嘉胤领导的农民汇合为陕北第一支起义队伍。陕西三十几个县的农民相继起义，有些官兵也加入农民军的行列。这些官兵的粮饷被军官克扣了去，不起义就只有饿死。

起义地区迅速扩大。山西境内许多起义军陆续投入王嘉胤的部下。山陕一带的许多州县被农民军占领。

崇祯六年，起义军由高迎祥率领。王嘉胤早已在作战中牺牲了。高迎祥自称"闯王"。农民军已发展到五十万人，进而攻入河南、湖广、四川等省。崇祯八年正月，高迎祥把七十二营领袖召集到河南荥阳，集会计议，把农民军编为五路，一路进驻湖广四川，一路敌住陕西官军，一路扼守黄河，一路向东进军，另一路来往策应。向东进军的一路是农民军的主力，由高迎祥亲自率领，并由号称闯将的李自成和张献忠作辅佐。

集会之后，全国规模的农民战争展开了。

李自成领导的农民起义　李自成是陕西米脂县人。少年时因为欠了一个大地主的债，被官府拷打锁拿。李自成和他的同伴打毁枷锁逃跑。后来，跑到甘肃当兵。农民军起义后，投入高迎祥的队伍。

荥阳会后，农民军占领了黄河以南长江以北的广大地区。高迎祥和李自成率领一路农民军攻打河南，张献忠攻打安徽。明军大举反攻，集中力量攻打高迎祥部。崇祯九年七月，高迎祥被俘，处死。李自成称闯王,领导起义军转入四川,遇到明洪承畴的袭击,败走潼关。明伏兵来袭,起义军战败,几致全军覆没。李自成和十几个战友逃到商洛山中隐蔽。

次年夏天农民军出山,向四川转移,又被明军围困在巴西鱼腹山中。李自成率领着五千骑农民军突围,转入河南。

这时,河南到处都在发生农民暴动,一些州县还聚集有上万人的起义队伍。李自成军队到来后,各地起义农民纷纷来投。年底,农民军攻下宜阳、郾城。起义军又是一支几十万人的大军了。

经受过两次挫折的李自成,采纳文士李岩的建议,提出“均田”、“免粮”的口号。分得土地,免除赋税剥削,正是当时广大农民的迫切要求。民间流传说:“吃他娘,着他娘,吃着不尽有闯王;不当差,不纳粮。”李自成军尚未到达的地方,当地居民就已先酝酿着迎接。农民军占领一地,杀掉顽抗的豪绅富户,把他们的粮食财物分散给农民,得到各地人民的支持。到崇祯十五年,起义军在河南连获五次大胜,消灭了官军的主力,占领了整个河南。南下进攻湖广,攻下襄阳,发展到百万人。次年二月,李自成改称襄阳为襄京,自称新顺王。当年夏天,进军北上,攻打陕西,策划由陕西经山西攻打北京。崇祯十七年正月元旦,李自成在西安建国,国号大顺。

崇祯十七年二月,李自成军攻山西,沿途州县迎降。山西全境迅速被农民军占领。三月初,起义军进到北京城下。三月二十九日,明崇祯帝在皇宫后面的景山上吊自杀。李自成率领农民军自西直门入城,胜利完成了向北京的进军,宣告了明朝的灭亡。

李自成率领的农民军迅速取得胜利。明朝宗室在南京建立了南明小朝廷。山海关外,满洲贵族兴起,建立了大清国。

第十章

清朝的强盛与衰亡

第一节　清朝的建国

一　满洲的兴起与农民起义的失败

满洲社会　满洲人(满族)原住在松花江流域今吉林省境内,以渔猎为生,用弓箭射猎野兽。后来从事农业,开始定居,住在土筑的房屋里。屋中有烧火的土炕。住室的周围设有围栅,构成院落。习惯于在家中养猪,猪肉是人们喜爱的食品。男子把四周头发剃去,中间的长发编成辫子。信仰原始的巫教——萨满教。祭天的地方叫做"堂子"。石座上树立起三丈长的杆子叫做"神杆"。祭祀时由萨满祷告,吹奏螺角,祭者向南叩拜。氏族长老叫做"谙班",部落长叫"贝勒"。狩猎时十人编为一组叫"牛录",主持者叫"厄真"。大约在明嘉靖时已开始使用奴隶,用于家内服役,叫做"包衣阿哈"。主人死后要一起殉葬。满洲人把马匹、皮革、人参等土产卖给明朝的商人,又买回作为农业工具和武器用的各种铁器、纺织品以及其他必需的手工业品。

努尔哈赤建国　满洲人原来臣属于明朝。明朝在满洲住地先后设立建州三卫(辽宁新宾),授予部落长指挥使的官衔,邻近地区属于同一种族的部落,都泛称为"女真"。

明万历年间,建州部的努尔哈赤统一女真各部落,万历四十四年(1616年)建立起满洲人的国家,国号金(爱新),自号天命汗。原来由牛录组成的以黄白蓝红四色旗帜为标志的四大"固山"(旗),扩大为八旗。四旗各分为正旗和镶旗。旗是军事组织也是最初的政治经济组织。满洲人都被编入旗籍。贵族担任各旗的各级首领,依次统辖。后来,投降的蒙古人和汉人,也编入军旗,称蒙军旗和汉军旗。各佐领组织人民开垦荒田,设置专门官吏管理财赋。设置法官,沿袭蒙古制度叫做"扎尔固齐"。

努尔哈赤建国前后,满洲社会里已经出现了一些城市。为了摆脱对明的依附,满洲人已开始自己开矿和冶铁。和蒙古人接触的结果,藏传佛教在满族中传播。

满洲人原没有自己的文字,书写文书只好译为蒙古文。努尔哈赤命蒙古喇嘛噶盖和额尔德尼用蒙文字母制订了满洲文字(老满文)。后经修订,增加圈点,便成为通用的满文。

金国建立起统治秩序后,便开始向明朝进攻。万历四十六年,努尔哈赤率兵两万,攻下明朝的商业城市抚顺。腐朽的明朝在关外已无军事实力,从各地调集八万军队出关。万历四十七年,在抚顺东部的萨尔浒山展开激战。明朝全军溃败,兵士死亡四万五千多人。次年,努尔哈赤乘胜攻下辽阳和沈阳。辽东七十余城,全被金军占领。天启五年(1625年)金国定都沈阳。

天启六年,努尔哈赤率兵十三万进攻宁远(辽宁兴城),遭到明朝军民的坚决抵抗。明朝守城将军袁崇焕使用大炮攻打金军。努尔哈赤受重伤,退回沈阳后病死,年六十七岁,追上庙号太祖。

清朝建号与农民军的失败 努尔哈赤的第八子皇太极(清太宗)三十五岁,被推举承继汗位,称天聪汗。北征蒙古南掠朝鲜,明朝派出援朝的将领孔有德、耿仲明、尚可喜等人相继投降。天聪汗十年(1636 年),皇太极去汗号称皇帝,改金国为清国,立年号崇德。努尔哈赤称汗是依据蒙古制度。皇太极称帝建号是依仿汉人传统,意在与明朝对峙,进而取代明朝。此后,连年在河北、河南等地掳掠。崇德八年八月,皇太极病死,庙号太宗。满洲贵族拥立他的幼子六岁的福临(世祖)即位,改明年为顺治元年(1644 年)。

李自成进驻北京后,领兵六万攻打驻防山海关的明朝总兵吴三桂。吴三桂降清,开关迎接清摄政王多尔衮大军,联合攻打农民军。李自成在四月三十日退出北京,转战山西,进入陕西,以西安为基地反攻失败。这年冬季,向湖广转移,在湖北通山县的九宫山,被地主武装害死。

多尔衮迎小皇帝顺治帝入关,定都北京,建立起清朝的统治。

二 清军南下与人民的反抗

顺治帝六岁即位,经八旗贝勒共议由他的叔父多尔衮(太祖十四子)与济尔哈朗(太祖侄)共同摄政,称摄政王。即位后的次年,即发动大军南下江南。

东南人民的抗清斗争 崇祯帝死后,明朝陪都南京的大臣们,拥立明宗室福王由崧为帝,在南京再建朝廷,史称南明。有军队五六十万,但是,福王是个沉湎酒色的宗王,并不能奋起救国。拥立福王的内阁大学士马士英派遣使臣去北京,向清廷求和。清廷不允,说我们已发兵南下。顺治二年四月,贝勒多铎(多尔衮同母弟)率领的清军打到扬州城下。驻防在这里的兵部尚书史可法率领军民坚持战斗七日,城破被俘。部将刘肇基继续巷战,全军战死。清军进城肆行杀掠,居民死亡无数。多铎劝史可法降清,说"先生对旧朝忠义已成,当负重任替我大清收拾江南"。史可法严词拒绝,说"我来只求一死",慷慨就义。

清军继续向南京进军。南明自以为清军不易渡江,不加防备。福王还在那里饮酒设宴,写了一副对联"万事不如杯在手,一年几见月当头",前线败报传来,清军到了。福王逃往芜湖,被清军捉去。南京的文武大臣纷纷投降。清军攻陷杭州。长江流域的大部地区都被清军攻占。

清军占领江浙后,顺治三年六月颁布剃发令。十天之内所有汉人都要按照满洲的风俗,剃去长发梳辫子,违令的杀头,说:"留头不留发,留发不留头。"人民的回答是:"头可断,发决不可剃。"在一些已攻陷的城市里,人民反清斗争又展开了。江阴广大农民和城市居民杀死了清朝派去的知县,推举明朝的典史阎应元作领袖,坚决守城。清军派来二十四万大军,战争坚持了八十一天,清兵最后使用二百多尊大炮,才攻下江阴。城陷后,阎应元被害。居民十多万人被屠杀。

嘉定人民也展开壮烈反清斗争。嘉定民兵聚集十万人与清军激战近三个月。清军在嘉定前后进行了三次大屠杀。

湖广和西南农民军的斗争　李自成死后,族弟李锦率领余部三十万人进驻湖南。清军南下,李锦部下的农民起义军转而与南明将领何腾蛟联合,在湖广一带抗清。

随同高迎祥、李自成起义的张献忠多年来转战四川,崇祯十七年在成都建号大西国,顺治三年被豪格(清太宗子)和吴三桂率领的清军攻破。张献忠在北上的途中被害。这支农民军由李定国率领,转入贵州和云南,建立抗清据点。

顺治四年,降清的孔有德、尚可喜、耿仲明等人率领清军进攻湖南。何腾蛟和李锦被迫退入广西。明广西巡抚瞿式耜拥立明宗室桂王称帝,继续打出明朝的旗帜击退进犯广西的清兵。

顺治五年,原来降清的李成栋率广东兵反清投明。何腾蛟、李锦的队伍乘势反攻清军,收复湖南,桂王进驻广东。但不久,清军大举进攻。李成栋败死。何腾蛟、瞿式耜也先后殉难。湖南、广东和广西的大部分地区沦为清有。农民军领袖李锦病死,他的儿子李来亨率军北上,在湖北四川交界的山区继续抵抗清兵。

广东沦陷后,李定国提出拥桂王抗清。顺治八年,桂王去贵州。次年,李定国率领农民军展开反攻,击退吴三桂,收复广西、湖南南部和四川的大部。清廷集中大兵,派遣降清的明将洪承畴、吴三桂率领,进攻李定国部。李定国收复的地区又相继丧失。农民军坚持战斗了十几年,被压制在云南西部和缅甸交界地带。康熙元年(1662 年)桂王被吴三桂俘虏处死。李定国在忧愤中死去。

清军又去攻打李来亨率领的农民军。这支队伍在山区里也已坚持了十几年。康熙三年,清军攻下农民军的最后据点,李来亨全家壮烈牺牲。

郑成功抗清 顺治六年,南明将军张煌言率领一支军队在舟山群岛驻守。两年后被清军攻陷。张煌言逃到厦门,和抗清将军郑成功联合。以金门和厦门为根据地,顺治十六年出兵长江流域。沦于清朝统治下的江南人民看到穿着明朝服装的大军到来,激动得流下眼泪。人民群众支持和参加反清战斗,在郑成功和张煌言的领导下,收复了四府三州二十四县,并打进南京。但这次胜利也没有能够持久。清军大举反攻,郑成功和张煌言又被迫退回厦门。

顺治十八年,郑成功率领二万五千名兵士和一百多艘战船进驻台湾。张煌言仍然驻守着东南一些小岛,三年后在浙东海岛被清军捕获,解送杭州杀害。

台湾南部的一些城市,在明天启时被荷兰殖民者侵占。郑成功的军队和当地人民一起战胜了荷兰殖民者,迫使他们缴械投降。福建广东等省民众陆续来到台湾,投入开发建设。郑氏子孙在台湾一共传了三世。康熙二十二年郑氏降清。清朝设一府三县,属福建省管理。

三 平定三藩与招纳文士

顺治帝在位十八年病死,庙号世祖。遗诏八岁的儿子玄烨继承帝位,改明年年号为康熙(1662年)。多尔衮与济尔哈朗、多铎等人都已死去。索尼(正黄旗)、苏克萨哈(正白旗)、遏必隆、鳌拜(镶黄旗)等四位满洲大臣辅政。康熙帝即位六年开始亲政。索尼已病死。苏克萨哈遭鳌拜构陷,处死。鳌拜得遏必隆依附,独专大权。康熙八年五月,康熙帝得太皇太后(孝庄后)支持,拘捕鳌拜入狱,死于狱中。康熙帝一举夺回皇权,镇压汉人降将的反抗,争取汉人臣民的支持,建立起对汉地的统治。

平定"三藩"　　清朝廷利用投降的明将吴三桂、耿仲明、尚可喜等人镇压了西南和东南的人民反抗,把他们封为当地的藩王。吴三桂封平西王,统治云南,尚可喜封平南王,统治广东,耿仲明子耿继茂封靖南王,统治福建。号称"三藩"。

三藩势力逐渐强大。吴三桂选任官吏,不听朝廷调度,称为"西选"。藩府税收自行征敛,不受朝廷稽核。清朝廷本来对这些藩王心存疑忌,并不完全信任,三藩也没有以他们的既得利益为满足。康熙十二年,尚可喜因年老请求还乡,王位由子尚之信继承。康熙帝要他率领诸子和部佐全部归籍,撤销了藩王的建置。朝廷的这一措施使吴三桂和耿精忠(耿继茂之子)震惊了。为了试探朝廷的态度,也上疏请求归乡,结果也同样获得了朝廷的同意,要他们撤藩,迁移到山海关外。这样,朝廷对三藩的疑忌和准备削弱他们的用心,便完全被证实了。拥有强大军力的吴三桂、耿精忠相继起兵反清,吴三桂自称周王,以恢复明朝做号召,和各省降清的将领相联络。一时贵州、四川、湖南、广西、陕甘等地纷纷响应。耿精忠的军队占领了浙江的大部地区。尚之信也在广东起兵,受吴三桂指挥。

三藩起兵后,占领了江南的许多地区,战乱持续了好几年。清朝廷调动满洲的八旗兵,与降清的汉兵联合攻打三藩。康熙十五六年,耿精忠、尚之信先后投降。十七年,吴三桂退守衡州,自称皇帝,当年病死。康熙二十年,清军完全平定了三藩。吴三桂子吴世璠兵败自杀。湖南、广西、四川、云贵等地的反清战争也相继失败。

三藩起兵,以反清复明做号召,各地起而响应,对清朝的威胁是严重的。康熙帝胜利平定战乱度过了危机。

招纳文士　康熙帝从反清战乱中得到的经验是:适应汉族的文化传统,争取汉人臣民的支持,才能巩固清朝的统治。

顺治时,继续实行明朝的科举考试制度,是汉人做官的主要途径。应考者主要是府州县学的生员(秀才)。社会上有声望的文士,多不肯自投场屋。康熙十七年开设叫做"博学鸿儒"的特科,命各地推荐文士入京考试。应考者一百四十三人,考取五十人,其中四十三人都是江南名士。考中的文士入翰林院供职,授予不同官衔,参与纂修《明史》。应考的人士不论考取与否,都等于自认拥戴清廷的统治,在社会上产生了不小的影响。

江南地区是明朝亡后反清的根据地。平定三藩后,康熙二十三年康熙帝亲自去江南巡查,号为"南巡",说是为了"抚恤编氓,问俗观风",安抚民众,了解动向。九月间出发,十月经济南登泰山,祭东岳庙。十一月至江宁(明亡后,清改南京名江宁),亲自拜祭明太祖陵,诏谕地方官员,说明太祖"肇造基业,功德隆重",每年要举行春秋二祭。自江宁返回途中,在曲阜祭孔子庙,行三跪九叩礼,自撰祭文,说孔子"开万世之文明,树百王之仪范"。又亲自书写"万世师表"匾额悬挂。祭明陵表示继承明朝的帝统,消解明遗民对清朝的敌视。祭孔庙表示对汉族传统文化的尊崇,争取汉人文士和民众的拥戴。康熙帝的这些举动对缓解民众的反感起了作用。

康熙二十三年,擢任博学鸿儒科考试一等的汤斌(河南睢州人)为内阁学士,出任江宁巡抚。在此前后,先后擢升辅政时期罢逐的官员徐乾学、徐元文、王鸿绪等江南名士入内阁或翰林院,出任内阁学士、尚书、侍郎等要职。汉人武将反清失败后,大批汉人文士陆续加入了清朝统治集团的行列。

与元朝的蒙古皇帝不同,康熙帝作为满族皇帝,精通汉族语文。生母佟佳氏是汉军旗人,自幼受到汉文化的熏陶。皇宫内设南书房,随从汉人师傅习读儒家经书和史书,还学习汉字书法,赋诗作文。出巡各地,往往题字赋诗,以争取汉人的认同。康熙帝起用汉人文臣,倡导汉文化,成功地缓解了满汉民族间的矛盾,巩固了对汉地的统治。

上溯努尔哈赤建国,已经历了六七十年的历史进程。满洲八旗兵征服了汉人地区,汉文明征服了康熙皇帝。

四　朋党结纳与太子废立

朋党结纳　四大臣辅政时期抑制汉臣,满汉大学士、各部尚书和部员的品级都低于满官。康熙帝亲政后,划一制度,满汉官员品级相同。满官与汉官相结纳,形成"朋党",相互对立。

北党——康熙帝除鳌拜,依靠一等侍卫索额图(索尼第二子,正黄旗赫舍里氏)的支持。重建内阁,以索额图为保和殿(原建极殿改名)大学士,刑部尚书明珠(正黄旗叶赫纳喇氏)授左都御史,改兵部尚书,康熙十六年进武英殿大学士。索额图与明珠各植私党,相互对立。十九年,索额图因病请辞内阁职任。明珠专擅内阁,结纳户部尚书汉人余国柱(湖广大冶人)为他广收贿赂。又二十六年二月,余国柱授大学士。明珠、余国柱又与满人大学士勒德洪、汉人大学士李之芳相互结纳,被人叫做北党。

北党向各级官员敲诈勒索。余国柱要江苏巡抚汤斌贿送明珠四十万两,汤斌不理。康熙二十六年五月,明珠、余国柱上书诬陷汤斌。康熙帝不予采纳,九月调汤斌为工部尚书。一月后,汤斌病死。直隶巡抚于成龙密奏:"官已被明珠、余国柱卖完。"康熙帝询问入值南书房的钱塘文士高士奇,为什么没有人弹劾他们?高士奇说,人谁不怕死。康熙帝说:"他们的势力还能大过四辅臣么?我要除去就可以除去,有什么可怕!"高士奇说:"皇上作主,还有什么不能除去。"高士奇随即与左都御史徐乾学疏奏明珠、余国柱八大罪状,说地方要员出缺,余国柱无不辗转贩卖,所以地方官都在刻剥民众,小民重困。康熙二十七年二月,康熙帝召见内阁诸大臣,说:朝中大臣,三五成群,互相交结,徇庇同党,图取货赂,作弊营私,这些情况,我早已知道。随即诏令勒德洪、明珠革去大学士,交侍卫处酌用。余国柱、李之芳革职罢官。当时内阁满汉大学士共五人。四人而外,只剩下年逾花甲、"保全名节"的老臣王熙一人。满汉大学士四人同时被革,朝野震动,是中枢政权一次重大变动。

南党——明珠革职后,王熙留任。另任河北正定人户部尚书管兵部事梁清标与满人伊桑阿为大学士,重建内阁。江苏昆山人徐乾学为刑部尚书,原刑部尚书江苏丹徒人张玉书为兵部尚书。朝中江南文士形成以徐氏为主的集团,号为南党。

徐乾学随即遭到弹劾,揭出北党的湖广巡抚张汧(音 qiān)曾向他行贿。康熙二十八年五月,徐乾学自请辞官,获准。仍为修书总裁。弟徐元文以户部尚书授为大学士。次年,徐乾学返回昆山。徐氏是昆山大族,两江总督傅拉塔(满洲镶黄旗人)弹劾徐氏子弟家人招摇纳贿,争利害民。徐元文退职回乡。左都御史郭琇弹劾南党的高士奇与原左都御史王鸿绪(江南娄县人,今松江县)植党营私,招权纳贿。高士奇、王鸿绪退职回乡。

徐乾学与南党失势,北党起来报复,相互攻击,越演越烈。康熙三十年十一月,康熙帝诏谕吏部说:"近乃见内外各官,间有彼此倾轧,伐异党同,私怨交寻,牵连报复","如果还执迷不悟,都要以交结朋党的罪名治罪"。康熙帝力图制止朋党之争以稳定政局,优容南党以巩固对江南的统治。三十三年,又诏徐乾学、高士奇、王鸿绪进京。徐乾学病死,诏令恢复尚书官衔。王鸿绪授工部尚书,高士奇仍入值南书房。

南北两党相争,双方都被指责植党营私、贪污勒索。弹劾的奏章,不免有所夸大。朝官与地方官,满洲贵族与汉人文士都在相互结纳,谋取货赂,应是事实。行贿与受贿形成风气,不可遏止了。

太子党——康熙帝正后赫舍里氏康熙十三年生子胤礽,次年立为皇太子。赫舍里氏(孝诚后)是辅政大臣索尼的孙女,索额图的侄女,生子后当日就死去。索额图在明珠败后又被起用,屡立战功,授领侍卫内大臣,统领侍卫军。康熙四十年年老退休。索额图是功勋卓著的老臣,也是皇太子最为倚信的叔公,退休后仍拥有强大的势力。结集在索额图周围的满汉官员,被指为太子党。

康熙三十六年,康熙帝出征回京,见太子仪制与皇帝相同,所用器物都用黄色,已怀疑是索额图指使。四十二年,康熙帝下诏拘捕索额图,说是据他的家人告发"议论国事","结党妄行"。所谓"国事",后来更明白地说是"索额图助胤礽潜谋大事",即助太子谋夺皇位。索额图死于狱中。被指为"结党"的满洲官员多人被拘禁或革职。康熙帝此举,全出人们的意外,朝野震惊了。

太子的废立 康熙帝有满汉后妃三十人,生子三十五人,其中十五子早殇,一子出继,实有十九子。太子胤礽是第二子。长子胤禔因是惠妃纳喇氏所生,故不得立为太子。康熙帝指责太子胤礽与索额图谋夺皇位,并无实据。处死索额图后,仍然疑虑重重。五年后又下诏罢废太子,说太子鸠聚党羽窥伺朕起居动作,使朕不知今天被毒死还是明天被害死,昼夜不安。随后将胤礽囚禁,不得外出。又将索额图的两个儿子处死。

康熙帝年届五十,便陷于皇位继承的困扰之中。既担心皇子之间争夺皇位,又担心太子与臣僚结纳,发动政变,夺取皇权。疑心过大导致行动失常。此后,一再废立太子,囚禁皇子,杀逐大臣,朝廷陷于混乱。

康熙四十七年九月,太子胤礽被废之后,皇长子胤禔立即向康熙帝建议立八皇子胤禩(音 sì)为太子,说相面人张明德曾为他相面,说胤禩必大贵。胤禔不得立,心忌胤礽。皇三子胤祉揭发他曾与僧人用魔法谋害胤礽。康熙帝也说他党羽甚众,到处都有他的人。胤禔参与谋位,康熙帝大怒,将胤禔革职囚禁,张明德处死。胤禩也革去贝勒,做闲散宗室。康熙帝进而追查荐举胤禩的满汉大臣,将大学士马齐(满洲富察氏)拘禁。

不久之后,康熙帝又改变主意,再立胤礽为太子。说以前的事,都是由于索额图父子。康熙四十八年三月,正式宣布再立胤礽为太子,上距废太子还不满半年。再立之后,满朝都以为大局已定。一些大臣依附于太子门下,太子也结纳大臣,谋取财货,骄奢淫佚,不自检点。康熙五十年,有人告密,太子府常有满汉大臣聚会,结为朋党。康熙帝对此特别警觉,严厉查究。与太子交往的汉人兵部尚书、刑部尚书等大员被处死,牵连满汉官员多人。此案查结后,次年九月,又将胤礽废黜拘禁。再立再废,不满三年。

清太祖、太宗和世祖顺治帝的继位,都是遵循满洲旧制,经由满洲各部贵族推举。顺治帝在位时也还没有立太子的制度,只是死后的遗诏中说,以玄烨为皇太子继承皇位。康熙十四年采用汉人制度,立前一年出生的胤礽为皇太子。晚年却因太子的废立带来不尽的纷争。康熙帝再废胤礽后,不再立太子。有人奏请,就要受到惩处。康熙五十六年十一月,康熙帝召见诸皇子及满汉大臣入宫,说他已年近七旬,要向大家吐露平生心事。其间说到他并没有忘记"立储"即皇位继承之事,但"天下大权当统于一"。最后说,将来如有遗诏,也就是这个意思。康熙帝这时已准备沿用他父亲的传位办法,在遗诏中指定继承人,生前不再宣布。康熙六十一年十一月,康熙帝病死,年六十九岁,庙号圣祖。死后传出遗诏:皇四子胤禛"著继朕登基,即皇帝位"。

五 皇位传承与政权整饬

胤禛奉遗诏即位,改明年年号为雍正(1723 年)。

雍正帝生于康熙十七年,母德妃满洲乌雅氏。三十七年封贝勒,四十八年进封雍亲王。清代宗王并无封地,王府就在京师城内。诸皇子争夺皇位,或相互攻击或相互援引。胤禛处之泰然,不予介入,不露谋位的形迹。康熙帝说他"诚孝"、"深知大义"。继位时已四十五岁,熟知朝政得失。登基后独揽大权,多方整顿,加强专制统治。

宗室大臣 康熙末季因太子废立,造成朝政的紊乱。雍正帝即位后就宣布不再立太子,把他父亲和祖父的遗诏传位办法制度化。雍正元年八月在宣诏中规定,皇帝亲笔书写继承人名,密封在匣内,放在乾清宫的匾额之后,严格保密。皇帝死后,再开匣宣示,遵照执行。被称为"密封建储"。这一办法,为以后各朝所沿用,成为清朝特有的皇位继承的定制。

雍正帝初即位,任命胤禩、胤祥、大学士马齐与吏部尚书隆科多(满洲佟佳氏)总理国家事务,以稳定局势。雍正二年,自撰《朋党论》,指责宗室大臣结为朋党,是"逆天悖义","陷于诛绝之罪"。次年即撤销四大臣总理事务,下诏斥责允禩(胤改为允)等诸皇子在康熙时结党妄行。雍正四年正月将允禩削夺宗籍拘禁,八月死于狱中。允礽已在前一年在狱中病死。被指责为与允禩结党的皇九子允禟、十子允䄉、十四子允禵相继被削爵拘禁。原来依附于允禩的满洲大臣被处死。

隆科多是康熙帝皇后佟佳氏的弟弟,受命总理国务,权势日盛。康熙末季任川陕总督的汉军旗人年羹尧,雍正元年授任抚远大将军,驻兵西宁,称雄一方,自行任命官属,有人说他和吴三桂差不多。雍正帝得知他曾和允禟有书信往来,怀疑他和宗室结党,又怀疑隆科多包庇年羹尧。雍正三年诏谕指斥隆科多、年羹尧"竟有二心","幸为邀结","招权纳贿,擅作威福"。次年将年羹尧革职,逮捕入京,命他在狱中自杀。雍正五年,隆科多罢职拘禁,次年死于禁所。雍正帝一举除掉最有权势的文武两大臣,朝野震惊,树立了新皇帝的权威。

汉人文士　康熙一朝曾对汉人文士兴起两次大狱。一次是康熙帝亲政前的庄廷鑨(浙江湖州人)《明史》狱。庄氏死后,有人告发他续补的明天启、崇祯两朝纪事对满洲多有指斥。此案牵连七十多人被处死。另一次是康熙五十年的戴名世（安徽桐城人）《南山集》狱。集中收录南明抗清记事，被御史参劾，戴氏处死。两次文人大狱，都是因为涉嫌宣传"反清复明"而被镇压。

雍正时，又有轰动一时的文士三狱。浙江钱塘文士汪景祺在年羹尧幕府，撰《功臣不可为》一文，被指为讥讽朝廷，处死。江苏武进人翰林院侍讲钱名世作诗称颂年羹尧，被指为"以文词诏媚奸恶"，革职回乡。浙江海宁人礼部侍郎查嗣庭，是隆科多所荐引，被查出日记中有指责朝廷用人行政的谤语，被革职囚禁，死于狱中。三人都是江南文士，但都与"反清复明"无关，而与年羹尧、隆科多有牵连。雍正帝说惩治他们是为了"儆戒士人"，主要是警告文士不要与大臣结党指责朝政。

清初浙江文士吕留良隐居著书，论述华夷之别，宣传反满，康熙时病死。雍正七年，湖南文士曾静在吕留良之子吕毅中处，得到吕留良的遗著，派他的弟子张熙去川陕总督岳钟琪处宣传。岳钟琪拘留张熙，向雍正帝奏报。雍正帝命押解曾静来京，又令查抄吕氏家中藏书，将吕毅中斩首。雍正帝自撰长文，引据汉文经史，对吕留良的华夷之说逐条批驳。附录曾静、张熙等人的供状，题为《大义觉迷录》颁行，命各州县向"读书士子"、"乡曲小民"广泛传布。"大义"是指"君臣之义"，"迷"是指"华夷之说"，宣传人们消除反满观念，忠于清朝君主。汉人传统文明中的"忠君"理论成为清朝皇帝统治汉人的合用的思想武器。

地方官吏　雍正元年发布上谕十一道，列举官场积弊，告谕澄清吏治。随即裁革官员，清理钱粮。雍正帝亲自降旨革罢江西、湖广、山西、直隶等省贪贿无能的巡抚多人。又命各省清查冗员，贪污者治罪,平庸无能者革除。湖南上奏,处治属员已经过半。朝廷各部院官属,也加甄别,分处留任、改除(调任)或休致(退休)。康熙帝晚年,标榜"宽仁",对官员侵贪财赋不加追究。康熙四十九年,户部内仓银被官员侵贪六十四万两,涉及官员一百几十人。康熙帝只将一名户部堂官革职。参与侵贪的官员只令赔还,不再议处。地方各级官府经管的钱粮税赋,官员侵吞归己,习以为常,从不追究。呈报数额,多有亏空。雍正帝即位后,即诏令各省清理钱粮,限三年之内将亏空补足。三年期满,各地多不能补完,又诏许延期三年。到期后,各地仍然没有能够完全清退积欠,但继续侵贪钱粮的人明显减少。各地的钱粮亏空,是由于历任官员侵贪,亏空留给下任。新任继续侵贪,亏空越来越多。短期内偿清多年形成的积欠是不可能的。雍正帝又令雍正三年以前发觉者"酌情免追",只追查雍正四年以后贪污的钱粮。雍正帝清理钱粮,虽然未能补完积欠,但对整顿吏治、清除积习,还是取得了成效。

康熙末季,朋党纷争,吏治腐败。雍正帝即位,采取一系列强硬措施,大力整饬内政,清除积弊。施政过猛不免招致非议,但清朝走向衰敝的政局却由此呈现出振作的气象,为此后的发展奠立了基础。雍正帝在位十三年病死,年五十八岁,庙号世宗。四皇子弘历遵遗诏承继帝位,年二十五岁。改明年年号为乾隆。

第二节　疆域、制度与社会经济

自努尔哈赤建国(1616 年)到乾隆帝继位(1736 年)经历了五代帝王一百二十年岁月。大约到乾隆中叶,即建国一百五十多年之后,大清帝国才奠定了统治疆域和统治制度。长期战乱之后,社会经济逐渐得到恢复和发展。

一 疆域的奠立

内外蒙古 蒙古俺答汗的后裔,在万历末年反明失败,降附明朝。明天启时,蒙古达延汗的另一支后裔察哈尔部的林丹汗在西喇木伦河流域兴起,控制辽河以西至洮儿河的蒙古各部落,自称"统领四十万众蒙古巴图鲁(英勇)青吉斯(雄武)汗",写信给努尔哈赤称他为"水滨三万众英明汗"。努尔哈赤娶嫩江流域的蒙古科尔沁部女为妻。联姻会盟,共抗林丹汗东进。清太宗皇太极联络蒙古诸部出兵西进,林丹汗败退,逃奔青海,病死。儿子额哲降清。次年,皇太极建国号大清。漠南蒙古地区,都归于清朝的领域。

内扎萨克蒙古——清朝依仿满洲八旗制度将漠南地区的蒙古部落编为四十九旗。各旗设蒙族长官一人叫扎萨克(执政),统管旗政,由清廷任命。蒙古各部原有会盟制度,三年会盟一次。编旗后,邻近的旗组成固定的盟,清廷任命蒙古贵族为盟长,统领各旗。东部设哲里木盟、卓索图盟、昭乌达盟、锡林郭勒盟。西部设乌兰察布盟、伊克昭盟。统称为内扎萨克蒙古。察哈尔部降清后编为八旗。康熙时迁移到宣化、大同边外。不设扎萨克,由清朝的官员,直接统领。

外扎萨克蒙古——漠北地区是喀尔喀蒙古的牧地。由土谢图汗、扎萨克汗、车臣汗三大汗分别统治。皇太极征服漠南蒙古后,随即派使臣往漠北联络。三大汗都遣使臣来清朝通好,进贡。康熙时,三大汗相继降清。清廷编为三十四旗,后又扩编为五十五旗,直属三汗,不另设盟。三大汗仍保留汗号。各级贵族依清制授予亲王、郡王、贝勒等封爵。各旗长仍称扎萨克,所以又叫外扎萨克蒙古。

雍正时,土谢图汗分出赛音诺颜部,合为四部。乾隆时四部已发展为八十几个旗,分别重建盟会制度,各设盟长、副盟长。清廷在乌里雅苏台(今蒙古扎布哈朗特)设将军一人、参赞大臣二人统管四部军政。又在库伦(今蒙古乌兰巴托市)设库伦办事大臣一人、帮办大臣一人管理民政和对外贸易。此外,又在科布多城(今蒙古吉尔格朗图)设参赞大臣、办事大臣各一人。

东北边疆　清初泛称的东北地区,包括山海关以外,北越外兴安岭,东至于海的广大地带。顺治帝时满洲八旗兵民数十万人随从入关。旧都盛京(沈阳)留官兵驻守。黑龙江中上游一带还有索伦、达斡尔、鄂伦春等族,松花江下游有赫哲族。

大蒙古国在俄罗斯等地区建立的钦察兀鲁思(金帐汗国)在明代中叶败亡。明嘉靖二十六年(1547年)重建俄罗斯国,皇帝称"沙"(源于罗马帝号恺撒)。沙皇东向侵并西伯利亚地区。顺治时又派出哥萨克(流散诸族)兵侵入黑龙江流域,被达斡尔族民兵和清兵击退。康熙帝即位后在盛京和宁古塔设将军,统兵驻防。康熙四年,俄军再来侵略,攻占蒙古茂明安部牧地的城镇尼布楚(今俄国涅尔琴斯科)和达斡尔族的城堡雅克萨城(今俄国阿尔巴津)。

康熙帝在平定三藩后,着力处理东北边疆事务,亲自到松花江考察,又派人去雅克萨城了解形势。康熙二十二年任命黑龙江将军,统兵驻扎外兴安岭以南黑龙江中上游地区,与盛京将军和吉林(宁古塔)将军分兵驻守。康熙二十四年春调集京营八旗兵与瑷珲驻防兵共约三千名围攻雅克萨城。交战年余,俄军连遭失败,八百多人战死。俄国派出使臣到清京师,要求停战谈判。康熙二十八年(1689年)七月,双方使臣在尼布楚达成协议,签立《中俄尼布楚条约》。规定黑龙江绰尔纳河附近的格尔必齐河与额尔古纳河为两国国界。进入雅克萨城的俄国军民退出。两国人民持有护照可过界往来通商。《尼布楚条约》是清朝与外国缔结的第一个正式条约,也是第一个划定国界的条约。依此条约,俄国占有了尼布楚地区,清朝收回雅克萨城。

边疆划定后,清廷加强了东北地区的经营。满族及各少数族都实行满族的八旗制度,编组兵丁。旗人受田耕作称为"旗地"。明代中叶以来即有汉人农民陆续来辽沈地区开垦,纳税的耕地叫做"民地"。边疆稳定后,到关外谋生的汉人农民大量增加。据雍正二年的统计,东北垦地多至一千二百四十万亩,较顺治时增加了十多倍。瑷珲以外,又建造墨尔根、齐齐哈尔、伯都讷等城市。康熙一朝,吉林、黑龙江地区新建城市八座。东北地区共有城市十五座。新建的驻防城市发展成商业贸易中心。直隶、山西、山东等地的商人到盛京(沈阳)及各城市往来货贩,市井繁华,与明代的辽东大不相同了。

西北回疆 明代蒙古瓦剌部,清代汉译作卫拉特部,又称额鲁特蒙古。蒙古鞑靼部达延汗占据漠南后,他们向西北回疆(今新疆)地区求发展,分为和硕特、准噶尔、杜尔伯特和土尔扈特等四部,占据天山北路。清康熙时,准噶尔部的噶尔丹控制了卫拉特蒙古四部,称博硕克图汗。随即把汗国势力向南推移。康熙十七年越过天山,征服天山南路清代称为"回部"的维吾尔人。整个回疆沦于噶尔丹汗的统治之下。

准噶尔的贵族们继续扩展势力,侵入青海,并向外蒙古的蒙古喀尔喀部进攻。

康熙二十九年,准噶尔部以追击喀尔喀部为借口,侵入清朝统治下的内蒙古地区,掳掠人畜。清朝和准噶尔部的战事由此展开了。康熙帝亲自率领大兵出击,在乌兰布通(内蒙古克什克腾旗)大败准噶尔军,噶尔丹退走。康熙三十五年,清廷和噶尔丹汗展开决定性的激战。清兵分为三路,康熙帝亲自率领中路军出独石口,另分东西两路相互配合。清军到达克鲁伦河后,噶尔丹向西逃遁,遇到西路清军的阻击。两军大战于土拉河上游的昭莫多。噶尔丹大败,准噶尔军几千人被杀,两千余人投降,仅余少数残部随噶尔丹败逃到塔米尔河。次年二月康熙又率兵进驻宁夏,准备大举进攻。这时,准噶尔的各部已纷纷背叛了噶尔丹,占据伊犁一带的贵族策妄阿拉布坦拒绝噶尔丹汗返回伊犁。当清朝大兵压境时,噶尔丹汗孤立无援,在康熙三十六年春服毒自杀。清朝占领了阿尔泰山以东的地区,阿尔泰山以西的广大地区,仍为策妄阿拉布坦占有。策妄阿拉布坦,雍正五年病死。子噶尔丹策零继承汗位。派兵越过阿尔泰山东侵喀尔喀蒙古,被清兵打败求和。雍正帝定议,准予退兵。此后与喀尔喀蒙古划界游牧,不得越过阿尔泰山。暂息争端。乾隆十年,噶尔丹策零病死,准部贵族争夺汗位,陷于内乱。乾隆二十年清廷进兵伊犁,擒捕准噶尔达瓦齐汗,占据天山南北路。卫拉特四部之一的辉特部(原杜尔伯特部分出)阿睦尔撒纳起兵反清,再据天山北路。乾隆二十一年,清军出击。次年,阿睦尔撒纳兵败,逃往俄国界内病死。准噶尔部众相继降清。卫拉特蒙古与清廷争夺回疆的斗争前后延续了约七十年,才算告一段落。

清军占领伊犁后,被准部囚禁在伊犁的回部叶尔羌领主的后裔波罗尼都(尊称大和卓木)、霍集占(尊称小和卓木)兄弟得以释放。清廷命波罗尼都统领叶尔羌旧部,霍集占留伊犁。霍集占逃回叶尔羌与波罗尼都起兵反清失败。乾隆二十四年八月逃往八达克山(今阿富汗)被当地部落杀死。

天山南北路地区的居民,绝大多数是回部即维吾尔族,所以被称为回疆。天山南路西有喀什噶尔、叶尔羌、英吉沙、和阗四城,东有乌什、阿克苏、库车、拜城四城。哈密、吐鲁番、哈喇沙尔也都是回部驻地,合共十一城。各城长官,维吾尔语叫"伯克",兼管几个城的大城长官叫阿奇木伯克,均由贵族世袭。清廷占领回疆后,改由清廷在回部中任命,规定品级。清廷在各大城派驻办事大臣或领队大臣。南路喀什噶尔、北路伊犁和塔尔巴哈台各设参赞大臣,统领南北路军政。乾隆二十七年又在伊犁设置统管南北路的将军,下设都统一人驻在乌鲁木齐。清廷定制后的六十多年间,回疆大体保持安定的局面,农牧经济和商业贸易也有所发展。

西藏地方 西藏的三世达赖在明万历六年,接受蒙古俺答汗的封号和明朝的封赠后,又自青海去蒙古鄂尔多斯地区传教。万历十六年,明朝又封赠他大国师的称号。次年病死转世。达赖是宗喀巴创立的新派格鲁派的领袖,主持拉萨的哲蚌寺,俗称黄教。后藏日喀则地区由宗喀巴另一弟子克主结转世的呼毕勒罕(化身)主持扎什伦布寺。后藏地区的执政者,蒙古人称为"藏巴汗",与旧教噶举派联合,反对黄教,具有很大的势力。清太宗皇太极时,转世的五世达赖被迫逃离拉萨,向蒙古卫拉特四部之一的和硕特部寻求支持。和硕特部的顾实汗领兵入藏,杀藏巴汗,扶立五世达赖为全藏的领袖,其后又加给主持扎什伦布寺的罗桑确吉坚赞"班第达(学者)禅布(大)博克多(英明)"的称号,治理后藏。简称班禅四世,追尊克主结为班禅一世。

清顺治帝九年,第五世达赖来到清朝京师朝见,接受清朝的封赐。次年,返回拉萨。顺治帝也封赠蒙古和硕特的顾实汗,赐给官印,与达赖协同治藏。次年,顾实汗返回拉萨,病死。

康熙五十二年,清廷加封班禅额尔德尼(珍宝尊称)称号,以稳定后藏。康熙五十六年,准噶尔部的策妄阿拉布坦在噶尔丹败后自立,派兵侵入西藏,攻占拉萨。康熙五十八年,康熙帝定议,派出重兵入藏助剿。次年,大获全胜,收复拉萨。准噶尔军败逃。清军护送在青海转世的达赖格桑嘉措到拉萨布达拉宫,帮助他确立了政教领袖的地位。清朝廷留川陕兵两千分驻前后藏,以防外族的入侵。由四名称做"噶伦"的藏族官员管理政务。

乾隆五十六年,占据尼泊尔的廓尔喀人侵入后藏,并在扎什伦布抢劫。达赖、班禅向清朝廷报告西藏的危急形势并请求发兵救援。清朝派出福康安率领的精兵,赶走了廓尔喀的军队,使动乱中的西藏重新安定下来。

清代的西藏,处于清朝廷的统一管理之下。清朝派出正副驻藏大臣长期驻在西藏,和达赖、班禅一起管理政务。

乾隆五十八年,清廷制定了有关西藏政务的章程。章程规定,驻藏大臣与达赖、班禅地位平等,并有权会同达赖任免西藏地方官员。驻藏大臣还应审核西藏地方的财政状况,并在每年五六月间往后藏巡视边界和检阅西藏的军队。西藏和邻国的外交事务统由驻藏大臣代表朝廷处理。

为了解决达赖、班禅转世时发生的纠葛,清廷在乾隆五十六年颁发了金奔巴瓶。由驻藏大臣将已呈报的几个人的姓名生日用满汉藏三种文字各写一签,存放在金瓶里。然后齐集西藏官员僧侣,定期抽签决定。抽签时由驻藏大臣亲自监视。金瓶掣签制写入章程,成为法定的制度。

西藏地方政府是清政府的一个组成部分。藏族的高级军政官员并向清朝廷支领俸银。

藏族社会仍实行原有的农奴制,清廷不再额外征收租税,但藏人和汉人的往来贸易却受到限制。

清朝发展到乾隆时期,统治的疆域,北起外兴安岭,西逾葱岭,南至琼州(海南省),东至于海,是当时世界上罕有的幅员辽阔的大国。

二 统治机构的建立

努尔哈赤反明立国,不采明制而依仿蒙古。依据蒙古文字制造满文,仿照蒙古旧制建立起文书制度、司法制度,并且沿用了蒙古语的职名(笔帖式、巴克什、扎尔固齐)。清太宗皇太极建立汉语国号大清,立年号崇德,开始依仿明朝制度改订官制,沿用汉语官名。顺治帝入关后,历经康、雍、乾三朝一再改订,国家的统治机构和统治制度逐渐完备。清制基本上沿袭明制,但保留了满洲的若干旧制，以维护满洲的民族特权，控制汉人官员的权力。

皇帝的权威　明初建立的皇权高度集中的专制制度，中叶以后便松懈了。清承明制，但注入了满洲传统的家长制和奴隶制的残余，因而皇权更为集中，也更加专制。

皇帝具有至高无上的权力。所有政治军事经济大权完全集中在皇帝手里。皇帝有权惩罚以至杀戮任何人，包括有势力的贵族官僚在内。皇帝的诏命，各级官吏必须遵照执行。可以限制皇帝的，只有皇太后。因为按照宗法关系，皇帝也必须服从和孝敬母亲。

在皇帝面前，即使大贵族官僚也还是卑贱的。满洲官员觐见皇帝时，称皇帝为"主子"，自称"奴才"。汉官称"臣"。满汉官员写奏折时，都要用卑下恭顺的词句，以表示驯服。满洲贵族的家属也要听从皇帝的摆布。清朝有所谓"选秀女"的制度，三年一选。在任满洲官员的女儿年十三岁以上十七岁以下的，皇帝都可以选到后宫做嫔妃和奴婢。汉官之女只在特殊情形下才可入选。

为了显示皇帝的权威，朝廷安排许多烦琐的礼仪。皇帝上朝时，宫殿前后排列着仪仗。文武百官穿着不同等级的朝服，分站在东西两边。皇帝上殿和下殿时，奏起音乐。坐上宝座后，王公百官一起跪拜，三叩首后起来，连续进行三次，叫做"三跪九叩礼"。

中枢机构　顺治时沿袭明制，设内阁大学士总管政务。雍正时设立军机处，选大学士或各部尚书担任军机大臣，主持各种机要事务，内阁的权力因之削弱了。此后，军机大臣便成为协助皇帝总管一切政务的辅佐。

和明朝一样，清廷也设立吏、户、礼、兵、刑、工六部。各部的职责和明朝大体相同。和前代不同的是,六部尚书及左右侍郎都是两个,一个是满人,另一个是汉人。

清廷也设有都察院负责检察,大理寺负责司法。这两个机构与刑部合称三法司。重大案件先送刑部,再经都察院审核,大理寺定案,奏请皇帝批准。

清沿袭明制设翰林院,聚集一批有学问的满汉文人,备皇帝咨询,撰写文告。翰林院人员也常被任命做中枢或地方的各级官吏。

专管各民族事务的理藩院,首脑也称尚书和侍郎。下面设有四个司十一郎中分别管理各民族有关事务。清朝皇室通过他们对各族人民进行统治。

地方机构 清朝仍推行行省制,把全国分为十八行省(明代的湖广改为湖南、湖北,南直隶改为江苏、安徽,陕西分出甘肃一省)。东北另设盛京、吉林、黑龙江三省为特别区域。蒙古、回疆、青海、西藏为民族区,各有建置,不设省。

十八行省一般设有道府州县各级。省一级的最高长官是总督和巡抚。明代的总督原是督察税收和军事,巡抚是巡察抚慰军民,都是临时性的官职,清代成为省的常设官,总管一切军政事务。巡抚一般只管一省,总督可兼管两三省。有时候总督也可兼任巡抚。督抚以下,各省仍有管理政务的布政使和司法官按察使。又有提督学政专管全省文化教育事务。省下各级分设道员、知府、知州、知县。有些地方设有直隶州,不受府的统辖,直属省道。

另设管理某项专门事务的官职,如漕运总督、河道总督。各省也可根据需要设立督粮道、盐法道等道员。

军队 清朝军队分为以满洲人为主的八旗兵和汉人的绿营兵

两种。

八旗兵主要是原来的满洲民兵，也包括清军入关前投降的蒙军旗、汉军旗和索伦等族的编兵。清初八旗兵额定二十万人，分由八都统率领。这是清初赖以统治人民的基本武装。

八旗兵中最精锐的部队驻在京师，捍卫皇室。禁卫兵是皇帝亲信的侍卫亲军，保卫宫廷。驻在京师附近的旗兵，自山海关至河北省南部各地共二十五处，保卫京师的外围。八旗兵调到外省，称为驻防。驻防兵的唯一任务就是镇压当地人民对朝廷的反抗。

清朝统治下的各地区都还有许多汉人军队。这些军队在满洲八旗外树立绿旗，所以叫做绿营兵。绿营兵分成许多标营，各标之间没有联系，直属上级统辖。各省总督统带督标，下面有巡抚统带的抚标、提督统带的提标和总兵统带的镇标。此外，另有漕运总督和河道总督统领的漕标和河标。绿营兵虽然都是汉人，但朝廷任命的绿营各级军官则是满汉人都有。乾隆二十九年，全国绿营兵约有六十三万多人。军官贪污和虚报空额成为普遍的现象。

对外事务　乾隆时，清廷还没有专设的外交机构，对外事务交由理藩院办理。清廷对当时世界各国的情况还没有足够的了解，自认为清朝乃是全世界的"天朝"，而那些"外夷"不过是一些藩属般的小国，对外通商是对他们的恩惠。因而采取闭关政策，只准许广州一处设为通商口岸，并规定外国商人贸易必须通过当地特设的"公行"。

三　社会经济

农业的恢复　满族建立金国，占领辽东地区后，把占有的土地分配给八旗贵族,役使俘虏来的汉族奴隶耕作。顺治帝率领八旗臣民入关,继续推行这种制度。没收北京附近各府州县汉人地主和农民的田地,清查圈占,分配给满洲贵族,叫做"圈地",强迫汉人农民做奴隶,叫做"投充"。这些强制措施,引起汉人的强烈反抗,不得不在顺治三年宣布停止。

康熙帝亲政,全面接受汉文化,也完全认同汉地传统的封建社会制度、土地占有制度。康熙八年六月,再次诏谕停止圈地,已经圈占的民间房地,都令退还民间。无地的旗人另拨给古北口外的空地耕种。此后,又诏令各地在战争中掳掠的俘奴,赎免回家为民,被释放的奴隶有几万人。康熙帝自称要学习汉文帝的"与民休息"、"轻徭薄赋"。长期战乱之后,田园荒芜,大力奖励垦荒。不论本乡或外来的农民开垦荒田,由旧制的三年免税,改为水田六年,旱田十年,取得成效。

全国各地或某些地区减免一种或多种赋税的事,康熙一朝,有三十几次。康熙五十年的一次,通免各省的地丁粮税共达三千八百余万两。同年还颁布了"滋生人丁永不加赋"的规定。人丁税以此年为定额,以后人口繁殖不再多征。减免赋税的办法有利于农民恢复生产,也对地主阶级有利。把汉人地主扶植起来,让他们去统治农民,重建农村。

康熙帝在位时期,修治了屡次决口的黄河和淮河。康熙十六年任命靳辅为河道总督,疏导淮水入海,使两河复归故道。又在洪泽湖的高家堰和高邮北的清水潭筑起长堤,开浚河道,使河水宣泄,水患得到治理。

为了视察水患和社会状况,康熙帝曾先后六次南巡,巡视江南农村和扬州、苏州、江宁（南京）、杭州等繁华的城市。南巡经过的灾荒地区，都下令减免赋税，以示"皇恩"。又先后六次巡视山西和口外的边地，考察边防地方利弊和北方社会民生状况。康熙四十二年西巡后，康熙帝得出结论说："河北和山西陕西等地，人民生活已逐渐丰裕了，江浙比前几年更加繁华，只是山东河南两省百姓因遭水旱灾，仍然很艰苦。"康熙帝的结论在很大程度上是可信的。这一时期，社会安定后，农业生产恢复，人民生活也有些改善。史料记载，顺治十六年，全国垦田数字是五百四十九万余顷，康熙六十年垦田数达到七百三十五万六千余顷。这就快要和明万历时的情况接近了。到乾隆三十一年又增加到七百八十万顷。康熙六十年，全国丁口（成年男子）数是二千五百三十八万五千余。但据康熙帝自述南巡的情形是，"一户或有五六丁，只一人交纳钱粮，或有九丁十丁亦只二三人交纳钱粮"。实际丁口比统计数字要多一两倍。如果把"大小男妇"一起计算在内，全国实际人口是丁口的三四倍。乾隆二十七年各省通计大小男妇有二万万四十万。

地主与农民　农业生产发展后，土地兼并的现象就也急剧地发展起来。大部分田地集中到少数大地主的手里，小自耕农被排挤得越来越少。满族八旗农民的土地，也被汉人地主兼并了去。大官僚如徐乾学等人占田近万顷，不处在显要地位的大地主也常占有万亩良田。地主出租田地的条件苛刻。佃农租不起田地，只好为人佣趁作工。这时，农业中已出现雇佣劳动。雇工中有长年的"长工"，也有为期一个月的"短工"，还有季节性的临时的"忙工"。雇工在雇主家吃饭，领取工钱，没有主仆名分。雇工控告雇主，即使真实，也要治罪，如果诬告要处绞刑。当不上雇工的破产农民只有去充当奴仆。满汉贵族一家的奴婢，就可有千百人之多。一般大地主也使用丫环和奴仆。

破产农民的另一出路，便是逃亡到外乡去垦荒。山东河南两省生产落后灾荒严重，外出的农民为数最多。往口外边地垦荒的山东人就有十万余人。陕北贫民也纷纷往口外种地。湖广江西等地的几万贫民去四川开垦。

农村经济基本上仍然是自给自足的自然经济。拥有小块农田的农民自己种植谷物，留出一小块园地种蔬菜，还要种桑棉，纺纱织布，供自己穿用。农民的衣食靠自己的双手解决。但真正能自给自足的，只有少数境况较好的中农。日益增多的贫农，被官租私债逼得无衣无食，最后只能走上破产的道路。

地主向农民征收地租，一般仍然是实物地租。地主把获得的谷物放在自己的仓库里存藏起来，山西一个大地主亢百万曾自称"上有老苍天，下有亢百万，三年不下雨，陈粮有万石"。当地主需要本地不能出产的奢侈品时，便卖出一些陈粮去购买。随着工商业的发展，有些贵族大地主开始搬到城市中来，他们在城市里盖起大房子，使用各地出产的种种消费品，过着奢靡无度的生活。乡下的庄田交给管家去收租，到时候把租子送到城里来消费。

清代某些地区的农业生产中也出现了商业性的农业经营，如菜园、果园、烟草、茶、甘蔗等。这些农产物主要是作为商品来出卖的。经营这些生产的农民主要是城郊居民，因为他们可以较方便地把产品卖给包买商人。有些地主也开始经营这类生产，但这种现象还不普遍。这不仅由于有些产物必须在特定地区才能生产，而且由于地主用租佃的方法剥削农民比自己经营更方便稳当。商业性的农业出现,还远不足以破坏封建的自然经济的基础。

手工工场　乾隆时,许多地区的手工业部门出现了手工工场。

东南沿海地带的纺织业在手工业中占有极重要的地位。江宁、杭州、苏州等地都有官营的丝织工场。乾隆年间,这些地方的工场有织机六百多张,机匠一两千人。工场中已有专门化的细密分工。机匠主要是从民间雇来的雇佣工人。官府发给他们很低的工资,平均每工每月只拿到五六钱银子。官营工场并控制着一些民间的机房和染坊,把它们组织到大生产中来。

民间丝织业和棉织业的手工工场也有了发展。不只是苏杭一带,南方的广州,北方的直隶省,也都出现许多大的纺织工场。较大的民间工场有织机五六百张。苏州的工场主并把以前通行的计时工资改为计件工资,按照雇工生产成品的数量和质量,确定工资的多少。工场主剥削的加重,时常引起织工的罢工,称作"叫歇"。清朝政府帮助工场主惩罚反抗的雇工。工场主把朝廷禁止叫歇的法令刻在石碑上示威。

纺织业以外,矿冶、瓷器业、煮盐业等部门,也都出现了手工工场。为数众多的手工工人聚集在一起工作,并受着同一工场主的指挥。

手工工场中的工作,仍然是使用简单的原始工具用手工操作。但它和个体手工业者相比,无疑大大提高了劳动生产率。不过,工场手工业的最初发展,还不可能使广大的个体手工业生产变成自己的附属物。和农业相结合的家庭手工业依然星罗棋布在全国广大农村。以手工业作为家庭副业的农民牢固地附着在土地上。新兴的手工工场无法冲破封建社会的这个坚固的基础。即使在煮盐、矿冶这类生产部门,生产关系也还是多种多样的。号称几万人至几十万人的大矿区,并不是所有人都一起工作,这里有官营和民营的手工工场,有简单协作的小手工业作坊,也有广大的个体手工业者。

在城市中,各行各业以师傅、帮工、学徒的封建关系为基础的小作坊,还广泛地存在着,并在整个手工业生产中占有重要的地位。它们通过封建行会来保护自己的利益。传统工艺技术秘不示人,只传给自己的学徒和子孙。手工工场兴起后,还不能满足市场的需求,汪洋大海似的个体手工业生产得以继续保存下来。

商业贸易　由于商品经济的发展,各大城市间的贸易日益繁盛。商人们不顾旅途的艰难,往来贩货谋利。国内陆路交通虽然很不发达,但内河水运的畅通为商人提供了便利。

贸易的区域比以前扩大了,各地区的经济联系也更为加强。江宁丝织品的销售地区,北到北京,东北到辽沈,西北到陕甘,西南到四川和云贵,南到江西福建。陕西的烟草由商船载运到汉口。四川的大米运到长江下游,供城市消费。河南出产的棉花销到江南作织布的原料,云南的铜送到北京和南方各省去加工。这时的商业贸易,已和手工业的生产有着紧密的联系,而不止是以各地珍奇的奢侈品供贵族消费和赏玩。

大城市和小城市间,小城市和集镇间的联系是比较松弛的,但比以前还是加强了。这就为统一市场的形成打下了基础。

对外贸易也在继续向前发展。中国商人乘坐大商船,把丝织品、瓷器、茶、中药材、铁器等货物载运到南海。每年出海的商船有几千只。荷兰、葡萄牙、英国、法国等国家的商人也运来各种货物到广州销售。进口货物主要是哔叽、纱缎、织金毯、玻璃、钟表、香料、海味、葡萄酒等。这些洋货的输入，主要供富有阶层的消费，但也影响了城市居民的生活。

京师掠影　清朝废除明代北京、南京两都制，南京改称江宁，北京称京师，但民间仍习称为北京。北京的宫城建筑和居民生活，是当时社会经济发展水平的标志，也是城市的缩影。明朝在元大都基址上改建和扩建了北京。毁掉元大都的土城，北部缩短五里，兴建周围四十里的砖城，这就是后来所说的"内城"。城的四面共有九个城门。嘉靖时，又在内城以南，扩建周围二十八里的外城，三面七个城门。北京城的形体便从此固定了下来。

宫廷在内城的南半部。环绕宫廷的城壁，叫紫禁城即宫城。北半部有二十九所宫殿，是皇帝和后妃的住所。南部的大殿，是皇帝上朝的地方，召见大臣，处理国事，举行典礼。清康熙时修建的大殿太和殿，是全国最大的一座木构建筑。

紫禁城西的太液池（今北海和中海），是供皇族游赏的"内苑"。紫禁城的东面，分布着许多供给皇族需用物品的内府衙署，有大批的宫女、宦官服役。环绕这些地方还有一道城墙包围，叫做皇城。皇城的正门在南壁的中央，和太和殿相对；明初叫做承天门，清代重建后改名为天安门。

皇城占据了内城的很大部分。皇城以外还有很多大官衙和王公贵族的府第。这样一来，居民活动的范围就受到了很大的限制。人们要从城的东部到西部去，必须绕过皇城，走很远的路，很不方便。为了适应居民的生活需要，小商贩来往奔走在城内的各个地区，定期在一些大寺庙里聚集。这时，古老的寺庙成了繁华的市场,他们走后就仍然冷落如前。

外城修建后,逐渐成为商业中心。商人在这里开设了大大小小的许多店铺。这些店铺按照相同的行业集中在一起。比如一条街卖珠宝,另一条街卖玉器,还有的街卖文具,卖肉食等。从北边和江南来的富商大贾大都住在这一带,运来各地的名产供人们消费,从中获得厚利,在北京过起奢靡的生活。

居民的文化娱乐场所也集中在外城的中心。北京最早的剧院查楼(广和楼),就建筑在这里。一些民间艺人也在街头表演各种曲艺和杂技。

北京城里,住着从皇族直到最下层贫民的各个阶层。

贵族官僚住在宽敞的庭院里,役使着丫环奴仆养尊处优。大批八旗子弟过着富裕悠闲的生活,无所事事,或者臂鹰养雀在街上闲游,或者去茶坊酒馆里消磨日子。一些有权势的豪绅,欺压良民,为非作歹。

各行业的手工业者,以及整天跑大街叫卖的小贩、脚夫、车夫等下层贫民,住在狭窄街道的矮小阴暗的房子里,遭受官吏的欺压,随时都有失业的危险。外城东西小市有"穷汉市",穷人在这里买到他们所需要用的破旧东西。穷困无业的人在街上拾些烂布溷纸,黎明前拿到这里来卖给商人。

在北京繁华的街头,流浪着许多无依无靠的乞丐。据说,北京的乞丐比商人还要多。人们流传说,京师无隔年乞丐。一到严冬来临,就会在道旁冻死。

教育的发展只是停留在社会的上层。朝廷设立的国学和官学,是做官的阶梯,只有显贵子弟才有资格入学。贵族和官僚子弟一般都在自己家里受初级教育。他们的父兄有钱，可以把有学问的儒生请来做家庭教师。北京街上也有一些不得志的学究，在自己门前写上"秋爽来学"等字，开起学馆来。附近儿童只要交纳一定的"束脩"（学费），便可来馆学习。当然这些儿童也都是比较富裕人家的。一般贫民处于生活艰窘的境地，连学习认字的机会都没有，成为文盲。

妇女处于受压迫受歧视的地位。富家未婚的姑娘，整年被关在闺阁里，很少外出。一些叫做"卖婆"的女商贩把市场上的物品送到各家，任她们选购。少女的婚姻完全由父母决定，结婚以后又要听从夫家的指使。

明清两代，人们的服装曾有过一些变化。明代废除了元代的蒙古官服，恢复汉人服饰。各级官吏穿不同颜色的圆领袍服，戴乌纱帽。普通居民戴头巾，穿长袍。这种长袍离地只有五寸，袖子却长过手六寸。妇女上身穿袄，下面穿长裙。清代汉人官吏都改着满族服装。戴满洲式的"朝冠"，按照不同品级在帽子顶上镶着不同颜色的宝石，里面穿箭衣，外面罩上对襟的外褂子。这种衣服本来是满洲人骑射时穿的。富人和士大夫穿便服也摹仿满族式样，在长袍外面套上短短的马褂。至于汉人妇女，仍穿着和明代一样的服装，并没有去摹仿满洲妇女的"旗袍"。满洲妇女却学穿汉族的裙袄。直到清朝灭亡几年之后，旗袍才成为汉人妇女喜爱的服装。城市贫民的服装式样，一直没有多少改变。男人穿着便于劳动的短服，戴着毡帽和斗笠。妇女穿着朴素的蓝布衫。

北京居民，有着各种不同的宗教信仰。城里有许多佛寺道观，还有明代建筑的天主堂。北京人民怀念前代的英烈，为文天祥和于谦建立了纪念的祠庙。

北京是一个多民族的城市。汉人和满人占居民中的最大多数。此外,还有蒙古人、回人和藏人。满洲的服装、食品以及许多风俗习惯,丰富了汉人的社会生活。满人也吸取汉文化,并通用汉族的语言。经常有来自各地的各族人在这里相互接触。北京成了各民族经济文化交流的中心。

第三节　由盛而衰的清朝

清朝建国百年,经过几代的经营奠定了统治疆域,垦田与人口快速增长,社会经济呈现前所未有的发展。社会财富的增加却带来皇室的挥霍靡费,官员的腐败贪污。清王朝一步一步地走上由盛而衰的道路。

一　乾隆帝初政

乾隆帝依照"密封建储"制度,继位做皇帝,即位前久居深宫,学习汉文化,读书作诗文,他自己说是"于外事总未经历"。即位后,倚用前朝的满人军机大臣鄂尔泰和汉人军机大臣张廷玉辅政,采取若干措施争取人心,树立声威。诏谕中说,圣祖康熙朝"多有宽纵之弊",世宗雍正朝"多有严峻之弊"。将雍正帝严加惩处的皇族宗室从宽赦免。汪景祺、查嗣庭案株连流放的族人也都赦回。康熙朝举行的博学鸿儒特科,雍正时改称"博学鸿词"。乾隆帝即位的当年,就命各省推举博学鸿词文士到京师应试。次年,到京应试的有一百七十六人。同年,又举行例行的科举,考取进士三百二十四人。乾隆帝最重要的措施是减免赋税。即位后,就下诏把各省民欠钱粮十年以上者豁免。此后十年间,屡次减免通省或部分府州的欠赋。乾隆十年,又下诏普免各省次年应征钱粮,一时颂为盛事。诏中说他在位十年"躬行节俭,薄赋轻徭",很少"靡费之端",也没有"兵役之耗"。乾隆初年国库充裕,薄赋息兵对稳定社会秩序取得成效。此后二三十年间,乾隆帝皇位稳固,越来越自信与自负,靡费与兵耗也越来越严重了。

二 皇室靡费与兵力虚耗

皇室侈靡 乾隆帝生长深宫,没有经历外地。皇位稳固后,连年奉皇太后到各地巡游。乾隆八年去盛京谒祖陵,了解故乡风土。十一年、十五年西游五台山,号为"西巡",此后又游幸三次。十三年东游泰山,号为"东巡"。十六年,去江南苏州、杭州、江宁等地游玩,称为"南巡"。此后又先后南游五次。康熙帝作为创业之君,出巡是为了考察形势,乾隆帝出巡,虽然也曾视察河工、处理国事,主要目的还是游乐。地方官员迎合皇帝的爱好,迎来送往,越来越豪华。盛饰行宫,贡献珍宝文玩。一处所费就不止二三十万两,相当康熙帝南巡费用的十倍。征发民工服役,也耗费了大量民力。乾隆帝晚年似有悔悟,说:"六次南巡,劳民伤财,作无益,害有益。"

乾隆十六年十一月,为皇太后举行盛大的六十寿辰庆典。乾隆帝诏谕各省督抚先期派人来京,分段装饰街道,献礼祝寿,规模浩大。此后,皇太后七十、八十寿辰都举行庆典,一次比一次豪华奢侈。进献的寿礼,各种各样的金玉珍宝,无所不有。乾隆帝在承德避暑山庄庆祝他本人的七十寿辰。路上进贡寿礼的车辆多至万辆。在京师庆祝八十寿辰,内务府制定经费一百十四万两。两淮商人贡献二百万两。各省督抚也还各有贡献。上行下效,皇子、公主的婚礼也要官员们送上大宗贺礼。皇帝和皇室庆典要各省督抚送礼,实际上是对官员的敲剥勒索。督抚勒索州县,州县勒索百姓商民。皇室的侈靡,助长了官场的浮华,也使贪污受贿的颓风加剧了。

八旗衰败　乾隆时期满洲的八旗王公贵族,已不像他们的父祖那样转战疆场建功立业,而是承袭世职的封爵,坐享优厚的待遇。少数任职的官员多是显要的高官。绝大多数不任职的王公贵族仍然领取俸银,占有庄园人丁。宗室世袭亲王封爵,不分任职不任职,年俸多至一万两,贝勒也有二千五百两。功臣外戚世袭公侯等封爵,在任的一等公年俸七百两,不任职的闲散公爵二百五十五两,分别给俸,以次递减。王公以下袭封的贵族,自幼过着奢侈的生活,学习汉族的诗文,不再练习骑射,甚至不再会满文满语。闲散的贵族闲居无事,标榜高雅者寄情书画,吟诗唱曲,养鸟栽花。等而下者沉湎酒色,聚赌宿娼,无所不为。广大的八旗民户,旗丁一人拨给田地三十亩耕作,不准经营工商,以维护满族的尊严。旗兵发给饷银,每月一两至四两。满洲八旗兵总计约有十二万人,其中一半驻在京师,一半在外地驻防。京师的旗兵久居城中,不加训练,不习骑射。出入茶坊酒馆,四处游荡。旗丁受田不耕,出租给汉族农民,坐享其成。天长日久,旗民家口增多,地租不能维持生活,就把旗地卖给汉人。再不足,把住房也卖掉。人口越来越多,收入越来越少,难以维持生计。于是出现所谓"八旗生计"问题,成为朝野上下普遍议论的社会问题。乾隆帝提出一个解决办法,乾隆二十一年,命京师满洲八旗民户三千户迁到拉林(黑龙江拉林)去开荒。结果只有两千户前去,没有多久,又陆续逃回。少数留在拉林的旗户也把垦地雇汉人代耕,随后又卖掉。乾隆帝又想出一个办法,由官府出钱赎回各处卖掉的旗地出租,所得地租作为赏赐,赏给八旗兵丁。乾隆三十六年清查赎回旗地一万四千余顷,得岁租三十一万五千余两。满洲八旗兵十二万人,一户五人计算,每人得银不过半两,还是不能解决生计问题。

满洲亲王年俸上万,八旗兵月饷一两。皇室贵族侈靡无度,八旗民户生活无着。处于统治地位的满族,贫富差距日益扩大,战斗能力日益衰减,潜伏着深刻的统治危机。

滥杀文士　乾隆帝初即位,就曾处死吕留良案的主犯曾静、张熙,以压制反满思想。此后若干年内,任用汉人文士,满汉矛盾有所缓解。乾隆二十年以后,又加强对汉人的思想文化统治,连年出现"文字狱",延续了二十多年。被惩治的人少数是退休的官员,多数是一般的文士。见于记载的七十多起文字狱中,六十六起是惩治举人以下的文人以至塾师乡民。治罪的内容也并不都是宣传反满理论,摘取文字,加上"悖逆"的罪名,便严加处治,动不动就杀人。有人据《康熙字典》改编以备检索的《字贯》,对康熙、雍正、乾隆三帝的名字不加避讳,被斥为"大逆不法"、"罪不容诛",子孙五人都判死刑。有人的诗文中对前朝戴名世略表同情,有人撰《祭吕留良》文,都被处死。有个退休官员作"朋党说",与雍正帝《朋党论》的论说不尽一致。乾隆帝指责他"显悖圣制",皇帝还怎么能独尊于上? 立即以绞刑处死。诗文中有"明""清"字样,也会被指为影射,治罪。有人作诗"明朝(早晨)期振翮"被指为寓意恢复明朝。"问谁壮志足澄清"被指为煽动推翻清朝。任意曲解加罪,轻而易举。一些人便乘机以文字过失诬告仇家,陷害敲诈。乾隆帝原想控制思想,杀一些人以稳定社会秩序,结果是人心惶惶,更加动荡不安,不得不亲自批驳数案,以求扭转风气。乾隆四十七年,乾隆在一个诬告乡志的案卷上批示:如果都这样吹毛求疵,谬加指摘,让人们如何措手足? 在另一个诬告有"明""清"字样诗句的案卷上批示:并不是公然毁谤本朝。倘若一定要一一吹求,会使人人自危。风靡一时的文字狱风潮此后逐渐平息。文字狱兴起二十多年,办案七十多起,时间之长、范围之广都是前朝所未有,也是历史上所少见。因文字狱获罪的人,罪及家属门生,为他写过传记、碑文以至有过书信来往的人也要追查治罪。处刑的严酷暴虐,可谓前无古人。

镇压边民　雍正时在贵州设总兵驻守,苗民因反抗清廷征粮举行武装起义,清兵不能制止。乾隆元年,主持西路军务的大将军张广泗奉调来贵州镇压起义。聚集大兵,分八路进军,一月之间,捣毁苗寨一千二百余所,屠杀一万七千余人,俘虏二万五千余人。清军的残酷镇压,给苗民带来惨重的灾祸。战争过后,清廷仍不得不宣诏免除苗疆的钱粮,永不征收。

四川金沙江上游有大金川、小金川二水,居住在附近的部落居民有三万户是藏族的支系,信奉藏传佛教。大金川(四川金川县)首领号莎罗奔,雍正时授予金川安抚使官称,雄踞一方。乾隆十一年,企图兼并小金川(四川小金)部落,又与邻近的土司部民仇杀,清兵不能节制。乾隆十二年三月,镇压苗民有功的张广泗被任命为川陕总督,领兵三万往金川镇压。六月小金川首领泽旺迎降。随后大金川莎罗奔也向清军请降。张广泗奏报,乾隆帝不准,说这回官兵云集,断无以纳款受降草率了局之理。一定要把莎罗奔捉拿正法,毁灭巢穴。张广泗拒降进兵,大金川部众坚决抵抗。清兵不能取胜。乾隆十三年正月,奏请增兵一万,三个月后仍无进展。乾隆帝又命大学士吏部尚书讷亲为经略大臣前往督师。讷亲到川,冒然进攻,大败,一名参将战死。乾隆帝将张广泗、讷亲召回京师,革职处死。十月间再命大学士傅恒兼川陕总督,十二月领兵入川。这次战事原来只是起于金川部落间的纠纷。乾隆帝并非必要地发动大兵镇压,原以为可以"克期报捷"。不意战事经年,损兵折将,兵士三千余人战死,虚耗军饷近千万两。动用各省储备,仍嫌不足。乾隆帝说他反复思索,晚上睡不着觉。次年正月便决计撤兵。诏谕说:"朕思用兵一事,总系从前不知其难,错误办理。今已洞悉实在形势,定计撤兵。"圣旨传到军中,正值莎罗奔再来请降。傅恒受降班师,体面地掩盖了事实上的失败。

　　二十九年后,金川地区各部落又发生地界纠纷,乾隆帝再次派兵镇压。乾隆三十六年命兵部尚书温福为定边将军领兵赴川。十二月分兵进攻,大小金川请降,交还侵占地,乾隆帝不准。温福进兵,转战经年。乾隆三十八年六月被大金川打败,伤亡三千人,温福战死。清军退兵。八月,乾隆帝又以副将军阿桂为定西大将军,调集各省并索伦兵和新组建的满洲健锐营组成数万人的大军再度入川。次年七月攻下大金川营地。乾隆四十一年二月,莎罗奔和他的继承者侄孙索诺木被擒,解送京师。乾隆帝以残酷的碟刑(剐刑)把他们处死,算是达到了"必欲诛灭"的目的。这次战事前后延续五年。乾隆帝为建立声威不惜劳师费饷让满汉各族士兵与藏羌兵民相互残杀,作战双方都伤亡惨重。战争过后,清廷在大金川设阿尔古厅,小金川设美诺厅,后又合并为懋功厅,依照内地制度任命官员统治。

侵略邻邦 乾隆帝残酷镇压边疆民族,一再辩解说不是"好大喜功"、"穷兵黩武"。但曲辞巧辩并不能改变客观的事实。一有机会,就发兵作战,希图建功立业,树立声威。对邻邦缅甸、安南也发动了侵略战争。

侵略缅甸——乾隆二十一年,上缅甸的首领雍籍牙攻占了下缅甸。北部木邦首领起兵反抗失败,逃入云南境内。雍籍牙兵入境追索。缅甸孟艮首领攻占云南的车里。乾隆三十一年正月,陕甘总督杨应琚调任云贵总督领绿营兵去讨伐。二月收复车里,进而攻占缅甸的孟艮等地。缅军反攻,打败清军进入云南。杨应琚谎报得胜,说缅甸各部已被招降。乾隆帝不信,派人去调查,得知实情。次年三月,将作战不利的提督、总兵等人处死,召杨应琚回京,革职处死。调任伊犁将军明瑞为云贵总督再度出兵。乾隆帝诏谕说:"我国家正当强盛之时,准部回部都已平定,怎么还能有区区缅甸不去剪灭呢?"原来只是边界的局部冲突,再度出兵成为以侵占缅甸为目的的侵略战争了。

明瑞到永昌(云南保山),调集云贵川绿营兵两万余人满兵三千人,九月间向缅甸首都阿瓦(曼德勒)进军。沿途屡遭缅军抗击。乾隆三十三年正月被围困在木邦。乾隆帝传谕明瑞突围退兵。缅甸大军追袭。清军大败,两名领队大臣败死。明瑞在军中自杀。

　　乾隆帝不甘心失败,以大学士傅恒为经略将军,调集各省绿营兵数万人、索伦等族兵、成都驻防八旗兵和京师健锐营兵共约万人聚集云南,再侵缅甸。出境作战,有胜有负。乾隆三十四年十月,清军合兵攻打老官屯,用大炮猛攻。缅军坚守,久不能下。傅恒在军中一病不起。乾隆帝谕令傅恒撤兵议和。十二月,清军焚毁船炮,退出缅甸。傅恒回京后不久病死。侵略缅甸的战争,前后将近五年。清廷调兵数万人,总督以下各级将官败死和被处死多人,耗费军饷一千三百万两。最后还是以失败而告终。

　　侵入安南——康熙时安南黎氏当政,曾接受清朝的封号,为安南国王。乾隆时内部分裂,归仁府阮氏三兄弟,文岳、文昌、文惠率领当地农民起义。乾隆五十年,占领安南南方地区,移兵北上。次年国王黎维祁逃跑。家族约二百人逃入广西太平府边境。乾隆五十三年十月,乾隆帝派两广总督孙士毅领兵一万二千人自广西镇南关出兵,侵入安南,镇压阮氏起义军。阮文惠北上反攻,清军大败,提督许世亨败死,兵士伤亡过半。另一支入侵的清军也被击退。清朝侵略军损兵折将,无功而返。安南阮氏初建政权,无意与清朝为敌。乾隆五十五年阮文惠(改名阮广平)亲到清朝京师为乾隆帝祝寿。乾隆帝封他为安南国王,承认了阮氏政权。

三　吏治腐败与皇位更迭

　　吏治腐败　乾隆朝吏治腐败,越来越厉害。乾隆四十年以后的二十年间,满洲钮祜禄氏和珅任军机大臣,执掌大权。清廷的统治由腐败变得腐朽了。

　　贪污——贪污是腐败的集中表现。狭义的贪污主要是利用职权侵占国家财赋据为己有。贪污大案不断被揭露。乾隆三十三年,查处两淮盐政与盐商勾结,贪污历年税银超过一千万两。乾隆四十六年查处甘肃全省官员上下勾通,谎报灾情,私分赈银。陕甘总督、甘肃布政使处死。贪污两万两以上被处死的官员有六十多人。乾隆五十五年浙江盐运使贪污库银十七万两。乾隆六十年即乾隆帝在位的最后一年,福建揭露闽浙总督贪污案,查抄家产有白银四十多万两。这些都是当时的著名大案,自甘肃至闽江,自督抚至一般属员,地域广大,人员众多。比这小的案,参与的人更多。各地州县官"亏空"钱粮,实即贪污库银,已是习见的常规。乾隆四十七年查办山东属地的亏空,多至二百万两。一个知县就亏空四万两。州县官上任前,常找一些亲友盘算这一任要花费应酬多少,可以净得多少。做官为了赚钱已是官场公认的"常理"。人们公然谈论,不以为耻。

受贿——受贿是另一种形式的贪污,敲剥的财富主要来自下属官员和商民百姓。和珅于乾隆四十一年以户部尚书入职军机,首席军机是有军功的阿桂。和珅与阿桂不和,但得到乾隆帝的倚重和信任,几年后又兼任吏部尚书。户部主管国家财赋,吏部主管官员升迁。和珅兼管两部,独揽大权,放手索取重贿。治理黄河的河道总督就任前,先向和珅行贿巨万。两淮盐政一次行贿四十万两。朝廷六部官吏,地方督抚以下的军政官员纳贿多的升官,少者贬降,不行贿就难免丢官。人们评论说:"内而部院群僚,外而督抚提镇(提督、总镇),不走和珅门路的人很少了。"各级官员向军机大臣行贿,就要向下属官员索贿,层层盘剥。州县基层官员就加倍征收民众的税粮。加征部分,一半送给上司,一半留给自己。商人经商要向官员行贿。民间诉讼,原被告都要被勒索。民众被盗,不敢报案,因为官员的勒索甚于盗贼。自军机大臣至基层县吏,贪赃成风。清朝的国家机器越来越腐朽了。

欺隐——"欺"是欺骗蒙哄,"隐"是隐瞒真相。官场习称"欺隐",是腐败的表现。乾隆帝素喜夸耀自己的政绩,喜欢听人奉承。官员奏事,歌颂升平,多有不实。奏报的各项数字,也有虚造。官场上下,相互欺隐,不讲真话。谎报政绩以求升官,隐瞒过失逃避惩处。逢迎狡诈,诡计多端。雍正帝曾说:"一有欺隐,便生巧伪,什么坏事都会做出来! 巧宦误国,甚于贪官。"

因循推诿——乾隆帝初即位,曾标榜"宽严并济"。随着经济的发展和各种矛盾的激化,施政日益严酷。文士因文字之过全家处死,是前朝所少见。督抚将帅作战失利就被革职处死,也是前朝所少见。揭露贪污案,督抚多人被处死。官员平时的过失,一经弹劾也处治极严。乾隆帝严酷施政并没有能激励官员忠诚任事,倒助长了因循推诿的颓风。乾隆五十五年,乾隆帝巡视直隶山东等地,见到官府的腐败,慨叹说:"身为督抚的人,只知道养尊处优,不以民事为重。遇到刑名重案和城工等事,往往因循怠忽,辗转迟延。名为详慎,实是诿玩",即推诿责任,玩忽职守。朝廷六部办事,事关两部就互相推诿,各行省州县也互相推诿。办一件常事要拖延好几年。督抚州县怕担责任,因循旧章办事,不想兴革。按照"旧例"受贿,坐收厚利。养尊处优,成为通例。有人想为民办事做个清官好官也很难做。翰林院编修洪亮吉撰《守令篇》描述地方状况说:"地方官员中稍知自爱,实心为民办事的人,十个里头也没有一两个。而这一两个人常要被那八九个讥笑,说是迂腐笨拙,不会做官。上面的长官也认为这一两个人不合时宜,尽快调走。"腐败积习,风靡上下,难以改变了。

乾隆帝退位 乾隆帝弘历在位六十年,比康熙帝少一年。乾隆六十年九月宣布明年退位归政,传位给三十六岁的第十四子颙琰,改年号为嘉庆。

退位诏书中说:归政后凡遇军国大事和用人行政,还由他"指教",寻常事件由皇帝办理,奏报他知道。臣下奏事称他为太上皇。这年他已八十六岁。朝鲜使臣回国奏报,说他很善忘。昨天的事,今天就忘记。早上办的事晚间就记不清楚。晚年的乾隆帝记忆力减退,思维程序紊乱,有时明白有时糊涂。夸耀"十全武功",自称"十全老人",退位后又自称"归政全人",说治国政绩,是史册所少见。诸如此类的吹嘘多是出于老年痴呆,与汉武帝晚年的颁诏自责不可同日语了。

乾隆时期的清朝奠定了国家疆域,社会经济显著发展,乾隆末年人口增长到近三万万。但各种社会矛盾不断激化,清朝的统治由盛而衰。乾隆帝退位,把一个腐败衰乱的王朝留给了他的继承者嘉庆帝。

四 农民起义与嘉庆诸政

乾隆帝在位的最后二十多年间,不断爆发农民的武装起义。乾隆三十九年八月,山东寿张县王伦率领当地农民起义,攻占寿张,占领临清。清廷派出钦差大臣督军镇压,王伦自杀,起义失败。乾隆四十六年,甘肃回民苏四十三、马明心等起义,攻占河州(甘肃临夏),进围兰州,失败。乾隆四十九年,马明心弟子田五继续率众起义,被阿桂率领的清军镇压。乾隆五十一年台湾彰化爆发林爽文领导的天地会农民起义。凤山(高雄)农民庄大田率众响应。两部汇合,发展到十几万人,占领了台湾的大部分地区。福康安率领清军前来镇压,起义军转战十四个月而失败。乾隆六十年正月,贵州松桃苗民石柳邓率众起义,反抗清朝的官兵。清朝派大军镇压。这年年底起义失败,石柳邓战死。

白莲教农民起义　嘉庆帝即位,爆发了规模浩大的白莲教农民起义。白莲教一直在民间秘密流传,形成几十个派系,自立教名以躲避官府的查禁。乾隆六十年冬,白莲教支系的三阳教首领刘之协在湖北襄阳与各路首领王聪儿(女)、姚之富、张汉潮等集会,商定以"官逼民反"做号召,通知湖北各地教徒组织农民在辰年辰月辰日(嘉庆元年三月初十日)同时起义。湖北宜都的教徒张正谟等打造兵器,被官府发现。嘉庆元年正月提前举旗起义,有众一万人,内有教徒两千人。二月,长阳、来凤等地教众相继起兵响应。三月间,主要领导人刘之协、王聪儿、姚之富、张汉潮等在襄阳近郊率义军万人誓师反清,攻打枣阳、樊城和襄阳,发展到五万人。九月,四川达州白莲教众起义。十一月,陕西安康教徒起义。燎原烈火烧到三省。

嘉庆二年正月,清廷调遣镇压贵州苗民起义的清军,分路镇压三省起义。起义军在各地流动作战,湖北义军经河南入陕西,沿途教民前来参加。入陕后又扩充数万人。六月,各路义军入四川,在绥定府东乡(四川宣汉县)会师,商定以青、黄、蓝、白四色为号,统一编制,分头作战。嘉庆三年三月,王聪儿、姚之富率领的义军在湖北郧西被官军和地方乡兵包围。王聪儿、姚之富跳崖自杀,起义遭到严重挫折。

白莲教起义两年多来,转战三省一百多个州县,发展成二十万人的大军,声势浩大。郧西败后,继续在各地分散作战,为推翻清朝而搏斗。

嘉庆诸政 嘉庆帝即位三年间,太上皇弘历继续信用军机大臣和珅指挥朝政。嘉庆四年正月初二日弘历病死,庙号高宗。嘉庆帝收揽皇权,办了几件事。

除和珅——弘历病死五天之后,嘉庆帝就拘捕和珅问罪,命臣下揭发和珅罪恶。正月十五日颁布和珅二十条大罪,处以死刑,令和珅自杀。查抄家产,有私田八千余顷,开设当铺、银号、古玩铺几十家。家存黄金白银近两千万两,珠宝玉器文物三万多件。清查人员把家产编为一百零九号。正月十七日评估其中的四分之一即二十六个编号,约值白银两万万二千万两,相当国库岁入七千万两的三倍还要多。和珅得乾隆帝信用,专擅朝政二十年。几天内就被定罪处死,朝野震动。查抄和珅私产,数量巨大,又使朝野震惊。嘉庆帝颁诏安抚官民,说农民"铤而走险"(起义反抗)是由于官吏的勒索,州县督抚"层层剥削,皆为和珅一人"。嘉庆帝把吏治腐败,归罪于和珅,只把他亲信的一个尚书处死,朝野上下与和珅有过贪贿牵连的官员不再追查,以稳定局势。

用乡兵——州县吏治腐败,县令不实心办事,刑名钱谷等事多交给幕僚俗称"师爷"来处理。地主富户乡绅与师爷相结纳,操纵基层政务。吏治越腐败,地方势力越强大。农民起义扫荡各州县,地主富户招募乡兵(又称乡勇),武装自卫,相继效尤。四川、湖北两省各有乡兵三十七万左右,超过全国的八旗兵。嘉庆帝不加限制并给予鼓励,调用乡兵随同官军作战,镇压起义。招募的乡兵多是来自各地的游民。嘉庆帝又倡导各地团组本地的兵勇加以训练,叫做团勇或练勇,又称团练。常住原地保卫乡土,以守为攻。四川、湖北、陕西等省相继仿行,形成庞大的汉人地主武装。

开教禁——白莲教历来是官府查禁的民间秘密宗教。嘉庆五年六月,教首刘之协在河南战败被俘,解送京师处死。嘉庆帝传谕各地,由此开展招降教徒的广泛宣传,说,"教匪本属良民",听从刘之协起事。如果"翻然悔悟",当妥为安置。嘉庆帝亲自撰写《邪教说》一文发布,说官军是杀叛逆,在家信教无罪。嘉庆帝此举旨在分化起义,招降教徒。民众信"邪教"却因而成为合法。秘密宗教成为可以公开传布的宗教,农民起义利用宗教宣传倒是更便利了。

农民起义的发展　农民起义继续发展,由三省扩大到十个省。

川楚陕豫农民起义——白莲教起义军自郧西败后,主力转入四川境内。分兵进入甘肃巩昌、宕昌,又回四川。嘉庆四年春,清廷派出经略大臣驻四川,节制川陕楚各路清军出剿。起义军转战各地有胜有负。

陕西起义军在张汉潮率领下,几次攻进甘肃境内。嘉庆四年九月被清军战败,张汉潮战死。

湖北起义军在刘之协率领下转入河南。嘉庆五年六月在河南峡县立旗,誓师。刘之协自称天王,七月间被清军俘虏。

白莲教起义以来,一直没有统一的作战方略。主要是在各地流动作战,扩大队伍,夺取粮食。川、陕、楚各地乡村办团练,坚壁自守。起义军的活动越来越困难。一些分支向甘肃境内求发展,攻掠后又退回四川。嘉庆六年,各路起义军分散在川、陕、楚边界地区分别作战,被官兵和乡兵各个击破。这年年底,官军奏报"三省荡平",起义失败。余部仍在继续作战。这次起义,有几十万农民参加。清廷先后调动官军十余万,乡兵几十万,耗费军饷二万万两。起义农民遭到残酷镇压。清廷遭到沉重打击。

浙闽粤海上起义——浙江、福建、广东沿海地区的农民,多出海谋生,乘船往来海上,结为帮伙。清廷说他们是"洋盗",出兵船捉拿。两广总督向嘉庆帝奏报说:"洋盗本是内地民人,因为不能糊口,无计谋生,才相继下洋,并不知道是犯法。"福建同安县贫民船户蔡牵得到船户渔民的拥戴,率领五十几艘民船武装自卫。嘉庆八年正月,到浙江定海登岸进香。浙江水师提督李长庚前来剿捕。蔡牵逃往福建海面,得沿岸商民支持,制造比官船更大的战船,补给枪炮火药,往来海上,声势大振。嘉庆十年十月,率船百艘在台湾登岸,与台湾起义人民联合攻打府城(台湾台南市),自称镇海王。李长庚领兵来战,次年二月,蔡牵退出台湾。嘉庆十二年冬,李长庚在福建海面追击蔡牵兵船,蔡牵在船尾猛发一炮,李长庚中炮身亡,朝廷震动。清廷再部署浙闽将官率兵船围攻蔡牵。嘉庆十四年八月,蔡牵在浙江定海县海面被围,沉船自杀。次年,余部降清。三省海上起义,前后延续九年,是白莲教起义以后又一次大规模的武装起义。

直豫鲁武装起义——白莲教的支系天地会,又称八卦教,在直隶、河南、山东各地传布,教徒数万人,有农民也有城市居民。教首李文成是河南滑县的木匠。另一教首林清,在京师卖鸟为业。嘉庆十七年两人与各会首密商,发动会众在明年九月十五日起义,分兵攻打直隶保定与河南彰德(安阳),建号"大明天顺",林清为天皇,李文成为人皇。次年七月,又改订计划,乘嘉庆帝离京去承德驻夏,林清派一百四十名教徒入京,联络宫中的天地会教徒太监、王府包衣(仆役)、八旗人众作内应,九月十五日进入皇城西华门,在宫中树起"大明天顺"、"顺天保明"大旗。皇子绵宁与在京亲王率卫军健锐营、火器营等前来镇压。激战一昼夜,天地会众三十余人战死,四十余人被俘。林清坐镇京郊黄村指挥起义,被清军逮捕处死。李文成在滑县起义,称大明天顺李真主,清军来攻,领兵退入山东曹县,与曹县会众合兵抗清,失败。十月,绕道河南辉县向太行山转移。在辉县被围自杀。留守滑县的会众与居民合力,奋勇抵抗清军,四五千人战死,壮烈地结束了起义。这次起义发动仓促,急于求功,不满三月全部失败。但起义军打入皇宫,宫中有人内应,公然树起保明的大旗,是前此所未有,引起极大的震动。

此外规模较小的农民起义也不断在各地兴起。

嘉庆帝在位二十五年病死,年六十一岁,庙号仁宗。传位三十九岁的皇子旻宁(原名绵宁),改年号道光(1821 年)。

第四节　列强入侵与农民战争

一　英国的贩毒与入侵

清廷禁毒　道光帝中年即位,很想做个好皇帝,下诏停止修建宫苑,倡导"崇尚节俭"。自撰《声色货利论》颁布,劝谕臣下不要贪财。即位之初,便颁诏严厉查禁鸦片烟毒。

　　"鸦片"一词是英语 opium 的广东话音译，是从草本植物罂粟中提炼出来的有刺激性和麻醉性的毒品。民间又叫"大烟"，以区别于外国传入的"卷烟"。抽上大烟，就会上瘾，欲罢不能。英国设在印度的东印度公司，自清朝初年以来，就把当地出产的鸦片自广东等地贩运到中国，逐年增加，获得越来越多的利润，也为中国人民带来越来越大的祸害。嘉庆一朝每年输入的鸦片已多至四千箱（一箱约一百三十余磅）。嘉庆帝严厉禁止鸦片输入，外国来广东的商船不准夹带鸦片进入黄埔。但地方官员接受鸦片商人的贿赂，并不查禁。有禁不能止，有令不能行。

　　道光帝即位，重申前令。道光三年，又命兵部和户部制定失察鸦片条例，官员受贿，放行鸦片者革职，失察者给以降级等处分。但吏治腐败，积重难返，官员谋取私利，条例只是空文。输入的鸦片自广东流入闽浙、湖广、陕甘、云南以至京师地区，数量越来越大，吸食鸦片的人越来越多。上自宗室贵族、达官显宦，下至平民百姓、满汉兵丁，吸毒者遍布十几个省区。中英在广州的商业贸易原来以货物交换为主，不准白银出口。走私鸦片每年换去白银数百万两，造成国内银价上涨，也使社会经济秩序受到冲击。

　　道光十三年，英国政府撤销了垄断东方贸易的东印度公司，放手让六十几家洋行经营商务。任命商务监督驻广州，明确规定：不干涉和阻止鸦片走私。英国政府实际上已成为走私鸦片的支持者和参与者，从中获得巨额税收。道光十七年，走私鸦片的英国商行发展到一百五六十家。十八年输入中国的鸦片超过四万箱，相当道光帝即位时的十倍。

　　道光帝有志禁毒，毒不能禁，朝中官员议论不一。道光十八年,朝官黄爵滋上奏说,自道光十四年至今广东外流白银已有六千万两。沿海其他各省合起来也有几千万两。他建议限令吸毒者在一年内戒烟,过期不戒,处以死刑。道光帝把这个奏议交付大臣讨论。湖广总督林则徐上奏章赞同禁烟,并提出查禁办法六条。道光帝召林则徐进京,八天之内先后召见八次,密商禁毒方案。十一月,道光帝超授林则徐钦差大臣,授以全权,去广州查禁鸦片。

道光十九年正月,林则徐到达广州,与两广总督邓廷桢、水师提督关天培等商定查禁办法。传谕洋商,将违禁贩运的烟土全部交出,保证今后不再贩运。如有违反,人即正法(处死)。英国驻广州的商务监督义律(C. Elliot)阻止商贩交烟。林则徐调遣兵士包围商馆,撤出商馆雇用的中国人役,断绝商馆与外界的联系。义律与贩毒商人驻在商馆,不能活动也无法生活。二月间,义律呈禀林则徐,愿令商人交出商船上贩运的全部鸦片。林则徐、邓廷桢等亲自督缴。至四月初六日共收缴鸦片两万一千多箱(袋)。奏准就地销毁。道光十九年四月二十二日,林则徐与广东巡抚怡良、海关监督豫堃两位满洲官员登上在广州虎门搭设的礼台,鸣响礼炮,举行了虎门销烟的壮举。收缴的鸦片烟土放在两个大池里,加入盐卤水与石灰,浸泡二十天,全部销溶。在广州的中外商民都来围观,传为盛事。

林则徐颁布禁烟章程,在广东各地收缴鸦片烟土,逮捕贩毒吸毒人员,也收到成效。广州兵力薄弱,林则徐自国外秘密购买西洋大炮二百多门,装备炮台,由关天培训练兵士炮手,招募地方乡兵,捍卫虎门。英国驻印度的兵舰,几次在海面侵扰,都被清军击退。

英军入侵 英国在十七世纪完成了资产阶级民主革命。十八世纪即乾隆帝陶醉于侈靡享乐炫耀国威的年代,英国开展了工业革命即机器工业的技术革命,经济实力迅速增长,军事实力也随之加强。不断向海外扩张,占领了十多个殖民地。侵占印度后,进而谋求向中国东南沿海地区扩展。

虎门销烟后,义律向英国外交大臣巴麦尊(H. J. T. Palmerston)提出报告,请求英政府出兵索赔。道光二十年(1840 年)三月,英国议会通过决议派出远征军远征中国。作战的目标是索取赔偿烟价和军费,占领一处沿海岛屿。任命义律的堂兄懿律(G. Elliot)为总司令,义律为副司令,率领军舰十六艘,兵士四千人,配置大炮五百四十门,于当年六月到达中国海面,封锁珠江海口,侵入浙江定海,进城掳掠。七月,北上至天津大沽海口,向直隶总督琦善递交巴麦尊的信件,谴责林则徐禁烟,要求赔款割地。道光帝力求避免战争,屈词退让,命琦善回复,说销烟不是皇帝之意,是林则徐措置失当,必当治罪。劝告英军回广东商谈。随即将林则徐、邓廷桢革职,委任琦善为钦差大臣署两广总督去广东办理。

英军懿律因病辞职,义律受任为英国全权代表,十月间率军回到广州与琦善会商。琦善知道光帝意在避战,对义律所提各项要求虚与周旋,含糊其辞,拖延时日。十二月,英军发动对零丁洋面的沙角炮台和大角炮台的进攻。清守将战死。英军侵占沙角,次年正月又出兵强占了香港。

道光帝自知海防兵力不敌英国,摇摆不定。清军失沙角,又决心出兵作战,任命满洲宗室奕山(康熙帝子允禵四世孙)为靖逆将军,调集各省援军收复香港。二月初,英舰队进攻清军的主要防地虎门炮台,水师提督关天培战死。水师主力败溃。英军进至广州城外。闰三月,奕山到广州,各省援军一万七千人陆续到达。四月初增派水勇夜袭英舰,击沉英船两艘。义律调集占领香港的水陆军三千余人在广州登陆,攻占越秀山四炮台。奕山将清军撤至城内,升起白旗求和。义律勒索赔款六百万元,自广州回香港驻守。

英国侵华一年,未能实现原定的目标,将义律召回,改任陆军少将璞鼎查(H. Pottinger)为全权代表、海军少将巴加(William Parker)为远征军海军司令,七月初到达澳门,发动在香港的主力北上侵略。七月十一日攻占厦门,清总兵江继芸战死。八月,攻占定海,总兵王锡鹏、郑国鸿、葛云飞战死。攻占宁波府属的镇海,清钦差大臣两江总督裕谦兵败自杀。八月二十八日侵占宁波府城,宁波知府败逃。英海陆军分驻两岛(香港、厦门鼓浪屿)三城(定海、镇海、宁波)。

浙东连失三城,道光帝任命宗室奕经(乾隆帝之子永璕孙)为统帅,号扬威将军,自各省调集兵士一万二千人,又招募浙江地方乡勇、水勇会同作战,收复失地。奕经驻上虞县扎营,制定"同时并举"战略,兵分三路,企图同日同时收复三城。道光二十二年正月二十九日,宁波、镇海同日战败。准备进攻定海的清军已在两天前遭英军袭击败溃。收复三城的计划,全都失败了。奕经自上虞逃往杭州。道光帝又任命原盛京将军耆英为钦差大臣,署杭州将军驻守杭州。

英国侵略军连续攻城,各地军民英勇抵抗,自总督、总兵以下多人战死。英军也有不少伤亡。清廷屡败屡战,并不屈从割地赔款。道光二十二年春,英国政府增派陆军六千七百人,与原派远征军合组为一万二千人的大军,改订战略,侵入长江流域,威胁清廷。

四月初,巴加海军攻打浙江嘉兴的乍浦防地,攻入县城。转而攻打江苏上海县的吴淞防地,侵入上海县城。五月间,英援军到来,巴加军退出上海,海陆军合兵两万人,兵船七十二艘,驶入长江,攻打镇江。

镇江城内原有满洲旗兵约一千六百名驻防,由副都统海龄(满洲镶白旗人)统领。英军来攻,苏州、湖北共派兵一千七百名协防。六月二十一日,英军从北、西、南三面攻城。清守军奋勇抵抗,英军入城后仍坚持巷战,拼死搏斗。英军伤亡至一百七十余人,是前此未有。满洲官兵面对外国侵略者英勇迎战,宁死不屈,伤亡四百五十人,在满族史上写下光辉的一页。海龄全家自杀殉国,镇江失守。

江宁条约 英军占领镇江后,随即进军江宁,胁迫清廷就范。江宁原是明朝的陪都南京应天府,清朝废除"南京"称号,改应天府为江宁府。江宁是历史名城,又是江南经济的枢纽,绝不能让英国侵占。英军兵临城下,道光帝命钦差大臣耆英与璞鼎查谈判议和。英方提出割地赔款等八项要求,声言若不允准,就开炮攻城。道光帝得耆英奏报,说"览奏忿恨之至","虽愤闷莫释,不得不勉允所请"。七月二十一日,璞鼎查向耆英提出中英文条约的文本,不准做任何修改。耆英在条约上盖印订约,奏报道光帝批准。条约共十三条。包括:中国赔偿鸦片烟价、英国军费及行商的商欠,共两千一百万元;割让香港给英国;英国人民准住广州、福州、厦门、宁波、上海五处港口通商,英国派设领事管理;英国货物在五口纳税后销行各地不再加税;两国官员文书往来用平行照会以及释放被拘禁的英商等等,全面实现了英国政府预期的目标并有所扩展。名为"条约"，实际上是英国勒索权益的清单，清朝割地赔款的文契。条约订立后，璞鼎查见清朝已经屈服，又提出若干补充条款，索取更多的权益。在条约条文外加上"附粘条约"，又拟定《五口通商章程》作为附件。依据这些续补条款，英国获得制定进口商品税率的参与权、处理来华商民事务的所谓"领事裁判权"和住地的管理权。耆英在照会中明确承诺："英商贩鸦片进口者，由英官方照本国之例办理，中国亦不过问。"清朝放弃了查禁英商贩运鸦片的权利，鸦片走私更为猖獗了。

英国政府发动的这场侵华战争，前后历时三年，自称是保护商务利益的战争。马克思叫它"鸦片战争"即推销鸦片的战争。这场战争在中英两国历史上都留下了耻辱的记录。中国战败，割地赔款的耻辱，随着失地的收复而得到洗雪，英国政府凭借武力走私贩毒的耻辱，将永载史册，垂鉴后人。

英国的第一次侵华战争，为西方列强侵略中国开了个头。《江宁条约》订立后的几年间，美国、法国、比利时和瑞典挪威联盟相继要求与英国利益均沾，先后与清朝订立五口贸易章程，以《江宁条约》为依据，获得了相同或更多的贸易特权。

二　太平军农民起义

道光三十年正月，道光帝病死，年六十九岁，庙号宣宗。遗诏四皇子奕𬣞继位，年十八岁，改次年年号为咸丰（1851 年）。咸丰帝继位的当年，广西桂平县就爆发了太平军农民起义。这次起义延续十四年，转战十几省，起义军多至一百十几万人，形成历史上从未有过的声势浩大的农民革命战争。

金田起义 广东花县人洪秀全出身农民家庭，在村塾读书。道光十六年，去广州参加科举考试未中。途中得到基督教布道书《劝世良言》。与族弟洪仁玕、村塾同学冯云山建立宗教，称"拜上帝会"，组织农民起义。

冯云山进入广西桂平县紫荆山区传教，以烧炭为业的广西桂平人杨秀清、广西武宣人萧朝贵（壮族）与妻杨宣娇等人相继入教，推洪秀全为真主。称上帝之子耶稣为长兄，洪为二兄，冯为三兄，杨为四兄。金田村富户韦正（昌辉）因冯云山劝说入会，为上帝第五子，杨宣娇为上帝之女，位居第六，萧朝贵称妹夫。贵县富家石达开倾家产入会，为上帝第七子。七人组成拜上帝会的领导核心。入会的起义农民蓄留长发，不再剃发梳辫，号太平军。道光三十年（1850 年）十二月，聚集在桂平金田村宣布起义。

咸丰元年初，太平军自紫荆山西进武宣，在武宣东乡，建立国号太平天国，洪秀全称天王，立三岁的幼子天贵为幼主。

闰八月初一日，太平军北上攻下永安州城，分封诸王。杨秀清东王、萧朝贵西王、冯云山南王、韦昌辉北王、石达开翼王。又以杨秀清为左辅正军师，节制诸军。

清广西提督向荣、广州副都统乌兰泰两路围攻永安。咸丰二年二月，太平军突破包围，指向桂林。围攻桂林月余不下，撤围北上，进克全州。南王冯云山战死。

太平军自全州进入湖南，连克道州、江华、永明、嘉禾、桂阳、郴州。八月间，西王萧朝贵率军进攻长沙，中炮身死。

洪秀全率大军赶往长沙增援。多次攻城不克，十月撤离长沙。太平军北上，连克益阳、岳州。十二月，胜利攻克武昌。清廷震动。

咸丰三年正月，太平军水陆军号称五十万，撤离武昌，沿江东下，发布"奉天讨胡"檄文，历述清廷的"弥天罪恶"，说"今满洲撰为妖魔条律，使我中国之人，无能脱其网罗。满洲又纵贪官污吏布满天下，使剥民脂膏，士女皆哭泣道路"。檄文获得社会各阶层的广泛支持。太平军胜利进军，二月初十日攻下江宁府，分兵攻占镇江、扬州，军威大振。

清廷授向荣和原河南巡抚琦善为钦差大臣，分率清军在江宁城外建立江南和江北大营，包围江宁。

江宁建都　太平军攻下江宁后，建为都城，号天京。中枢机构号称"天朝"。

天王临朝而不理政。一切号令由正军师杨秀清发布。下设丞相、检点、指挥、将军等职。

建都后颁布《天朝田亩制度》宣称："务使天下共享天父上主皇上帝大福，有田同耕，有饭同食，有衣同穿，有钱同使，无处不均匀，无人不保暖。"表达了广大农民的共同愿望。

咸丰三年四月，太平军自天京分两路出发，北伐西征。

北伐失败——北伐军两万人由副丞相林凤祥、正丞相李开芳等统帅，经江苏、安徽、河南、山西等省，进入直隶，攻打天津，不得前进。退往直隶东光县连镇。第二年初，清军僧格林沁部追袭，围困连镇。五月，李开芳率马队约一千人自连镇进入山东高唐州，被清军包围。北伐军分隔两地。林凤祥部困守连镇，李开芳困守高唐。

咸丰五年正月，僧格林沁部攻陷连镇。林凤祥被俘，槛送京师处死。李开芳也在高唐被擒，处死。

北伐军孤军深入，几乎全军覆没，损失惨重。

西征得胜——咸丰三年四月，太平军正丞相胡以晃等率领战船千余艘，步兵两万余人，由天京出师西征。

太平军沿江进军，由安徽进入江西。围攻南昌不克。八月，改由南昌北上，进军鄂皖。十二月，攻克庐州。咸丰四年正月，太平军连续攻占汉口、汉阳，分兵北上至黄陂，西北攻至孝感、汉川，形成对武昌的包围。

原署吏部侍郎湖南湘乡人曾国藩奉命在家乡督办团练，建成水陆师两万余人，号为湘军。咸丰四年（1854年）正月奉诏出兵。四月，曾国藩亲率水师自长沙出击，被太平军打败，投江自杀，被救起。六月，太平军攻下武昌。闰七月，又被湘军夺回。曾国藩加兵部侍郎衔奉命督师东下，入鄱阳湖，遭太平军袭击，再次投水自尽，被救。

咸丰五年二月，太平军第三次攻克武昌，巡抚陶恩培投水自杀。九月，驻军安庆的太平军石达开部南下，进入江西。江西十三府中，已有八府四十多县为太平天国所占据。

江宁大战——清廷在江宁的江南江北大营，分驻两岸，相机进攻。咸丰三年五月，江北大营的琦善以重炮猛攻扬州不下。咸丰五年，清廷派江苏巡抚吉尔杭阿帮办向荣军务。十一月，吉尔杭阿在镇江击败太平军守军。太平天国燕王秦日纲、正丞相陈玉成、副丞相李秀成东援镇江。咸丰六年二月，陈玉成部冲入镇江，大败清军。乘胜渡江，踏破清军江北大营大小营盘一百二十余座，获得大胜利。吉尔杭阿兵败自杀。

石达开自江西率部增援，五月间，分兵攻占溧水。向荣派张国梁等前往争夺。石达开与秦日纲、陈玉成、李秀成等合兵对江南大营发起总攻,向荣退至丹阳,死于营中(一说自尽)。

太平军连破清军江北大营、江南大营,获得重大胜利。天京稳固了。

天朝裂变　太平天国建都后逐渐抛弃兄弟姐妹人人平等的教义,沿袭王权世袭和等级特权,诸王将领与广大军民之间的距离日渐扩大,将领间争夺权力的矛盾也在日渐加深。

天王洪秀全身为教主与国王,临朝而不理政。东王杨秀清以军师而执掌军政大权,向天王取旨,又可代天父立言。咸丰六年七月,正丞相陈承镕向洪秀全密奏,东王有篡弑之心,请下诏除奸。洪秀全密诏去江西的韦昌辉回京诛杨。八月初四日,韦昌辉领军回至天京城,杀杨秀清及其全家。随后对东王府所属官民大肆屠戮,死难者逾两万人。

石达开在武昌闻变,匆促回京,指责韦昌辉滥杀之过。韦昌辉不听,两王反目。石达开乘夜出京。韦昌辉将石达开在京的家属全都杀死。石达开至安庆,调集武昌守军四万余人,起兵靖难。上疏天王,请诛韦昌辉,否则将班师回朝攻灭天京。洪秀全被迫于十月初五日下诏杀韦昌辉,又将附韦的秦日纲处死。

翼王石达开奉诏回天京辅政,获得天朝官民的拥戴。他妥善处置善后事务,整顿朝政,天朝转危为安。但石达开很快又陷于与杨秀清相似的被疑忌的危境。咸丰七年四月,石达开率部离天京去安庆。

太平天国诸王将领自相残杀,太平军也陷于分裂了。

天王专政　杨韦事件后,洪秀全改变旧制,直接掌管军国大政。下设六部办理日常事务。设五军主将,分别领兵作战。陈玉成为前军主将,李秀成为后军主将,李世贤为左军主将,韦志俊为右军主将,分统诸军。蒙得恩为中军主将,兼正掌率,佐理国政。

石达开出走,太平军分裂,清江北大营乘机攻下镇江、瓜洲。江南大营围攻天京。咸丰八年八月,李秀成、陈玉成、李世贤诸军会攻浦口,击溃清江北大营。次年十月,陈玉成、李秀成在京西庐州大败清军,巩固了天京西部的屏藩。

咸丰十年(1860年)正月,清江南大营占领浦口,天京围急。闰三月,陈玉成、李秀成、李世贤等合兵攻破江南大营。大营主帅和春服毒自杀。天京解围。

太平军进军江浙,以解除清军对天京的威胁。咸丰十年四月,李秀成率太平军攻下常州、苏州。五月初,南下浙江,分兵北上,连克江苏太仓、嘉兴、嘉定、青浦、松江,逼近上海。英、法等国公使调兵守城。李秀成自上海撤兵。

清廷以曾国藩为钦差大臣,实授两江总督,督办江南军务,节制大江南北水陆诸军。咸丰十一年三月,曾国藩亲自统军攻下安庆,太平军陈玉成部战败,一万六千余人战死。陈玉成逃往庐州,转至寿州被擒处死。太平军失安庆又失大将,处境艰难了。

三 英法俄列强的侵掠

太平军在江南进军的年代,英法俄等列强乘机向清廷敲诈勒索,发动了武装侵掠。

英法联军入侵 咸丰四年(1854年)《江宁条约》签订十二年后,英、法、美等国向清廷提出修约要求,企图扩大权益,被清廷拒绝。咸丰六年,法国的一个传教士非法进入不对外开放的广西省西林县地区,被当地政府处死。法国要求将西林知县治罪。同年,香港中国商人经营的商船"亚罗"号,驶入广州海面,船上有十二名中国水手涉嫌从事违法活动,被广东水师拘留。英国公使扩大事态,写信给清两广总督叶名琛,说船上升有英国国旗,要求道歉,释放水手。但经广东水师调查,船上并没有升国旗。叶名琛命释放部分水手,拒绝道歉。

英法两国以这两件事为缘由,咸丰七年十一月,组成联合远征军,派出兵舰二十艘,地面部队两千七百余人,攻下广州,俘虏叶名琛,押解到兵舰,后又解往印度拘押。咸丰帝将叶名琛革职。广州被英法联军侵占。次年正月,英、法、俄、美四国公使在香港合谋,照会清廷派大臣到上海,谈判修约,被拒绝。四月,英法兵舰北上,攻进天津,胁迫清廷派大臣到天津谈判,否则进攻京城。咸丰帝生怕侵略军进京,派大学士桂良去天津谈判。英国提出续约草案五十六款,不许改动。五月十六日中英签约,主要内容是:五口通商外,长江一带各口岸俱可通商,另开牛庄、登州、台湾(台南)、潮州、琼州等处通商口岸以及划一海关税收办法等内容。附载专条:清廷赔偿英国白银四百万两,交清后英军退出广州。次日,又签订中法续约,五口通商外,增开琼州、潮州、台湾(台南)、淡水、登州、江宁等六口通商。海关税收等有关内容,与中英条约略同。另有"补遗"六款,规定赔偿军费二百万两。

六月间,英法联军退出天津大沽口外。按照约定,清廷派桂良等大臣九月间在上海与英法谈判,订立《通商善后章程:海关税则》。列入三百多种进出口商品的税额,其余按值百抽五收税。

章程明文规定"洋药(鸦片)准其进口",每百斤纳税银三十两。英军如愿以偿,达到了公开贩毒的目的。

英法的侵掠并没有就此结束。次年五月天津续订条约经英法两国政府批准后,英法公使自香港到上海,坚持去京师互换正式条约,由军舰护送到大沽口外。直隶总督照会英法联军,须经北塘登陆,勿走大沽。英军不听,闯入海河,进攻大沽。清军驻守大沽的僧格林沁部,开炮守卫,击中英军旗舰,击沉英法炮艇三艘。英法联军伤亡四百八十余人,败退南下,返回上海。

英法侵略军败退。两国政府恼羞成怒,协议派大军侵华。英国派出军舰七十九艘,地面部队约两万人,法国派军舰四十艘,陆军七千六百余人,组成庞大的联军,于咸丰十年(1860年)六月开到中国沿海,通告欧美各国,对中国正式宣战。联军绕过大沽,在北塘登陆,从侧后攻陷大沽炮台,自天津进军北京。僧格林沁部退守通州。咸丰帝派怡亲王载垣往通州谈判,谕令如谈不成,就将对方谈判人员留住,不准进京。双方谈判破裂。八月初四日,僧格林沁将英方谈判代表巴夏礼(H. B. Parkes)等三十九人拘留,率部两万人与英法军在通州张家湾激战,兵败。初七日在八里桥再战,又败。侵略军兵临城下,咸丰帝携皇子载淳与御前大臣载垣、肃顺等逃往热河行宫避难。皇弟恭亲王奕䜣授为钦差全权大臣留京师议和。

英法侵略军占领通州,八月十三日至京城朝阳门外。二十二日在德胜门外打败清守军,北行闯入皇家宫苑圆明园。圆明园始建于康熙末年,乾隆时大事兴修,周回二十里,有楼阁亭堂一百四十余处,号称"万园之园"。园中收藏文物珍宝及名贵器物数百万件。英法侵略军入园后,说是要对清军进行报复,纵令兵士任意抢劫。劫掠一空后,又四处放火,园中建筑,多被烧毁。侵略军强盗式的焚掠暴行,受到各国正义人士的谴责。在英法两国历史上,留下可耻的记录。

清廷送回巴夏礼等官员。奕䜣代表清廷在京城与英法公使谈判,英法两国在纵令兵士抢劫后,又向清廷敲诈勒索,在承认原订天津续约外,又分别签订续增条约。主要内容有:(一)对英法的赔款都增加到八百万两;(二)增开天津为通商口岸;(三)将邻近香港的广东九龙给英国,归属香港;(四)清廷前朝没收的法国天主教产赔还法国并听任法国传教士在各地租买田地。续增条约在九月十五日经清廷批准。九月十九日,英法侵略军满载抢掠的珍宝文物退出京城。

英法联军的这次武装侵略,英国是主角。指挥战争的英国首相就是当年主持侵华战争的外相巴麦尊。侵略的手段照旧是派遣远征军,胁迫清朝赔款割地,攫取通商特权,推销鸦片。名为"修约",其实是第一次侵华战争或鸦片战争的继续,所以又被叫做"第二次鸦片战争"。

俄国的扩张　俄国自道光时即蓄谋侵占黑龙江流域,扩张疆界。咸丰元年擅自在外兴安岭以南黑龙江以北地区建立军事哨所。五年,向清朝提出以黑龙江为两国边界。清廷依据原订《尼布楚条约》以外兴安岭为界的规定,予以拒绝。八年三月,俄国东西伯利亚总督穆拉维约夫(N. N. Muravieff)率俄军到瑷珲,要求与黑龙江将军奕山谈判划界。俄军鸣枪开炮,胁迫奕山签约,中俄东段边界以黑龙江为界,乌苏里江以东土地由两国"共管"。

英法侵华战争中,俄美两国随同提出"修约"要求。咸丰八年五月,清廷在天津分别与俄美订约,俄国获得通商、传教等权益,但并未涉及边界问题。次年四月,又向清廷提出"补续和约",要求重划边界领土,被清廷拒绝。六月,俄国派外交代表伊格纳切夫(N. P. Ignatief)来京。清廷命协办大学士宗室肃顺和他谈判。肃顺宣告:奕山未经朝廷授权,瑷珲签署的条约无效,对俄方提出的补续和约与领土要求逐条严词驳斥。次年春,伊格纳切夫被任命为驻华公使继续谈判,又被肃顺驳拒,离京去上海。八月,英法联军侵入京师,咸丰帝与肃顺等逃往热河。九月初,伊格纳切夫到京。清廷的全权大臣奕䜣请他出面,向英法调停。他提出的条件是必须同意俄方的领土要求。中英、中法订约后,十月初奕䜣与俄使签订续增条约,确定以黑龙江、乌苏里江为中俄东部边界,《瑷珲条约》原订"两国共管"的乌苏里江以东约四十万平方公里也被割让给俄国。

四 宫廷政变 太后垂帘

宫廷政变 咸丰十年(1860 年)九月,英法联军撤退后,咸丰帝仍与随行的后妃皇子留住热河行宫(承德避暑山庄)。肃顺、载垣等随行八大臣辅佐处理政务。留京的恭亲王奕䜣奏请在京设立总理各国事务衙门,管理外交、通商等事务。留京的六部王大臣处理日常政务。由此形成热河与京城两个中枢机构并存的格局。

咸丰十一年七月,三十一岁的咸丰帝在热河行宫病死,庙号文宗。遗诏六岁的皇子载淳继位。口谕载垣、肃顺等八大臣"襄赞一切政务"。载淳嗣位。咸丰帝皇后钮钴禄氏称母后皇太后,加号慈安,生母懿贵妃叶赫那拉氏称圣母皇太后,加号慈禧。有人建言,依仿汉族旧例,由太后"垂帘听政"。载垣、肃顺等出来反对,说"臣等襄赞幼主,不能听命于皇太后"。八月初一日,奕䜣到热河行宫祭奠。两宫太后召奕䜣密商夺权,回京谋划。九月二十九日,两太后与小皇帝奉咸丰帝棺木回到京城。次日,即颁诏解除襄赞大臣职任。随后又逮捕载垣、肃顺等处死。

这年,慈安后二十五岁,慈禧后二十六岁。两位年轻的皇后,不顾咸丰帝的遗命,与皇弟奕䜣合谋,一举夺取了皇权。十月初九日,举行小皇帝载淳的登基大典,废除襄赞大臣拟上的"祺祥"年号,改立年号同治。十一月初一日,同治帝奉两宫太后听政,宣告皇帝学成后归政。皇太后上朝,面前垂帘(纱缦),小皇帝坐于帘前。一切政务均由太后裁决。奕䜣加号议政王,任首席军机大臣兼管总理各国事务衙门。

同治十二年正月,太后归政于皇帝,仍过问大事。同治帝沉湎声色,荒怠朝政,亲政不满两年病死。两宫太后宣谕,指令醇亲王奕𫍽(道光帝第七子)的四岁幼子载湉继位,改年号为光绪。仍依旧章,两宫太后垂帘听政。光绪七年,慈安后病死。慈禧后独掌朝政。光绪十五年归政于光绪帝。

镇压农民起义　两宫太后垂帘听政面对的首要大事就是镇压太平军等农民起义。同治元年,命湘军统帅两江总督曾国藩为协办大学士,督率江苏、安徽、江西、浙江四省诸军围剿起义。曾国藩命部下李鸿章率招募兵勇组成的"淮军",自安庆入江苏,署江苏巡抚。左宗棠率募兵组成的"楚军",出兵江西,授浙江巡抚,次年进为闽浙总督。两宫太后倚用以曾国藩为首的汉人地方武装对太平军展开决战。

太平军自内部分裂后,逐渐衰弱。安庆失守,天京江宁面临湘军的威胁。陈玉成败死,忠王李秀成成为太平军的主力。同治元年李秀成自苏南再攻上海,与李鸿章的淮军和驻华的英法军激战。曾国藩与曾国荃率湘军围攻江宁。李秀成奉召回师救援。同治二年左宗棠军攻下太平军占领的浙东各地。三年四月李鸿章军攻下苏南地区。曾国荃率湘军进至江宁城下。四月十九日,洪秀全在城中病死,年五十二岁。五月,湘军攻占太平天国的天京江宁。李秀成与幼主洪天贵福自城中逃出。李秀成在山下被俘,被曾国藩处死。幼主逃往江西被俘处死。太平天国建号十四年遭到镇压而失败。

石达开部出走后转战江西、湖南、湖北等地,同治元年正月进入四川,攻打涪州,仍用太平天国名号发布文告。清军来援,石达开率军转入贵州。又转入云南昭通,与清军激战。同治二年二月,渡金沙江至四川大渡河,被清军俘虏处死。太平天国败亡后,分散在各地的太平军继续与清兵作战,相继遭到镇压。

太平军被镇压,两宫太后论功行赏。曾国藩加封一等毅勇侯。清朝旧制,王公侯只封给满洲贵族,汉人封侯是前此所未有。同治六年,授武英殿大学士,自两江总督调任直隶总督。李鸿章加封一等伯,六年由江苏巡抚授湖广总督。后又接替曾国藩任直隶总督。两宫太后执政,不得不倚靠汉人地方武装镇压农民起义。太平军败亡,湘系集团分掌各地军政实权,进而干预朝政,汉臣的权势空前增长了。

政务兴革　同治一朝,辅政的奕䜣与曾、李等汉臣,对朝廷政务做了一些革新。

外事改制——清朝的对外事务,例由理藩院管理,叫做"夷务",曾招致外国使臣的反感。较为了解外界事务的奕訢在咸丰末年奏请设立"总理各国事务衙门"专管外交、通商等事务,"夷务"改称"各国事务",俗称"洋务"。总理各国事务衙门又简称"总署",奕訢以军机大臣兼任总理大臣管领。同治元年以来,美国、德国等十几个国家,依据前此订立的条约规定,相继来京师建立使馆,常驻办事。有关事务,由总署交涉办理。总署在上海设五口通商大臣,管理外事。同治四年定制由两江总督兼任,称南洋通商大臣,简称南洋大臣。又在天津设三口通商大臣,管理直隶、奉天、山东的通商外交事务。同治九年改称北洋通商大臣,简称北洋大臣,由直隶总督兼任。总署又奏设同文馆,招收学员,聘请俄、法、美等国教员,培养翻译和外交人才。采纳曾国藩、李鸿章的奏请,在上海设立出洋局,选派留学生去美国学习。

中国历史上历来只有军旗、都旗,并没有国旗。总署委托曾国藩依各国通例设计出三角形黄色龙旗,作为国旗。这是中国最早的一种国旗。

兴办军事工业——清廷屡遭外国侵略,朝野志士纷纷呼吁"自强"。奕訢奏称:"自强之道,必先练兵","练兵又以制器为先"。同治四年,奕訢与两江总督曾国藩、江苏巡抚李鸿章反复磋商,奏准在上海设立上海机器制造总局,制造军用枪炮,后改称江南机器制造局。李鸿章在江宁设立金陵制造局,制造大炮。左宗棠在福州成立福州船政局建造兵船。这些军事工业多利用外国的机器设备和制造技术,也促进了中国机器工业的发展。

创建海军——左宗棠任闽浙总督时,在福州设立船政局制造兵船,装备水师。光绪元年,两江总督南洋大臣沈葆桢创办南洋水师,直隶总督北洋大臣李鸿章创办北洋水师。光绪六年沈葆桢病死,南洋、北洋水师归李鸿章统管。李鸿章认为自制兵舰成本过高,自英、法、德等国购置新式兵舰及相关设备。在威海、旅顺修建军港,委任淮军提督丁汝昌训练士兵,形成一支新式海军。光绪十一年,慈禧后颁诏设置总理海军事务衙门,任命醇亲王奕谯总理、李鸿章会办。光绪十四年时,北洋海军已有大小军舰二十五艘,拥有先进装备,号为世界第八海军,实力超过日本。丁汝昌任海军提督,统领全军,归北洋大臣李鸿章节制。

海军经费年需三百余万两。光绪十四年起大量削减,次年仅有一百多万两。奕谯倡修西苑清漪园,改名颐和园,供慈禧后归政后休闲颐养。修建经费年需三百万两。慈禧后谕准奕谯督率海军衙门办理,经费不足由海军经费中拨付。光绪十四年起,停止外购军舰,海军的扩建陷于停顿。

五 几次反侵略斗争

自同治元年两宫垂帘到光绪十五年慈禧后归政的二十八年间,清廷展开了几次反对外国侵略的斗争,取得一些胜利。

新疆建省 天山南北路今新疆地区,清廷原称回疆或西疆。乾隆时定制,伊犁将军统管南北路军政事务,各大城分设办事大臣、参赞大臣,军政合一。

嘉庆时,费尔干纳盆地的月即别(乌兹别克)的明安部建号浩罕国。道光时,支持反清的霍集占后裔张格尔入侵回疆。张格尔败死,浩罕撤军。同治四年,浩罕的伯克(长官)阿古柏又领兵入侵,连续攻占南疆英吉沙尔、喀什噶尔汉城、叶尔羌、和阗等七城。同治七年在南疆建号七城汗国,自称毕调勒特汗(意为洪福之王),进而攻占南疆全部地区和北疆的乌鲁木齐。光绪帝即位,两宫太后听政,命陕甘总督左宗棠(同治五年调任)为钦差大臣,率领湘军七八万人,自陕甘出兵,收复回疆。光绪二年,湘军将领刘锦棠进军北疆,六月间攻占古牧地,收复乌鲁木齐。阿古柏固守南疆,在达坂、托克逊、吐鲁番三城设防。光绪三年三月,刘锦棠自乌鲁木齐出兵南下,连续攻下三城。阿古柏败逃至库尔勒自杀。清军取得了反浩罕入侵的胜利。

浩罕入侵的年代,俄国趁火打劫,出兵侵入伊犁河流域的伊犁地区,说是因为"中国回乱""代为收复",乱后"即当交还"。阿古柏败亡后,清廷向俄国交涉交还伊犁。俄国多方敲索。光绪六年六月,清廷派遣驻英公使曾纪泽(曾国藩之子)为出使俄国钦差大臣去俄国彼得堡谈判,历时六个月达成协议,在彼得堡签约,俄国交还伊犁地区,清廷给予赔款九百万卢布。随后,俄国又提出勘定边界,谋求扩张。两国分段勘界,至光绪十年定议。塔城东北和伊犁以西的广大地界归属于俄国。

回疆地区原实行军政合一的军府制。左宗棠等大臣多次建议改设行省。收复伊犁后,光绪十年九月,以皇帝名义颁诏,正式建立行省,定名"新疆",省府设在乌鲁木齐。省以下设镇迪道治北疆,阿克苏道、喀什噶尔道治南疆。道下设府、州、县,依仿汉地制度分级统辖。刘锦棠受任为首任巡抚,光绪十一年在乌鲁木齐就任。新疆省是多民族聚居区,维吾尔族约占四分之三。刘锦棠倡导改革维族农村的旧制,领主的农奴成为地主的佃户,农业经济得以较快地发展。又取消汉人入疆的限制,大批汉人农民移居新疆。京津地区和山西等省的商人陆续入疆开设店铺,与内地的商业贸易空前繁荣。维汉民众协力促进了新疆地区的开发。

越南之战 越南即安南国。嘉庆时改为越南国。国王阮氏接受清帝册封,受清廷保护,遣使入贡。咸丰时,法国派兵侵入越南,强迫越南割让边和、嘉定、定祥三省。同治十二年,法军进攻河内。越南向驻扎边境保胜(老街)的中国农民起义军刘永福求援助。刘永福原在广西起义被清军镇压,进入越南,自号"黑旗军",有兵两千余人。黑旗军与越军联合抗法,在河内城郊大败法军,打死法军统领安邺(Garnier),迫使法国退兵。次年,法国又迫令越南签订法越和亲条约,越南对外事务交由法国管理。清总理衙门照会法国,说越南是中国藩属,对和亲条约严词驳斥,不予承认。

光绪八年,法国再次出兵越南富良江,侵入河内,北上攻打黑旗军。四月,两广总督张树声派兵进驻北越的北宁和太原。清廷派吏部主事唐景崧去越南,联络刘永福抗法。光绪九年四月,刘永福在河内近郊的纸桥,大败法军。法国统兵官败死。法国海陆军两路进兵,七月间攻下越南国都顺化,迫使越南国王签约,承认越南受法国保护,对外事务包括对清朝的关系归法国管理。十一月,进攻刘永福驻守的山西城,刘永福败退。次年春,又连续攻下北宁、太原等地,清军退守边界镇南关以南的谅山。四月间,清廷全权大臣李鸿章与法国全权代表福禄诺(Fournier)在天津谈判议和,承认法国对北越的占领,清朝自谅山撤军。李福协议后,法军不等正式批准便在五月初向谅山进兵。驻守清军尚未接到撤军的命令,奋起反击,法兵战败,死伤百人。

法国指责清军违反协定,发动远东舰队北上侵掠。六月炮攻台湾岛的基隆,被清守军打退(见下文)。七月袭击福州东南的马尾港,击沉福建水师兵船九艘。法国侵略军由侵略越南进而侵略中国,激起全国上下的强烈愤慨。慈禧后以皇帝名义颁诏,对法国宣战,命各路清军进兵,刘永福授为"记名提督",协同作战。中法两国的一场大战展开了。

清军自广西镇南关出兵,越过谅山南下。法军反攻,十二月占领谅山,进而攻占镇南关,到达中越边境。广西告急。原任山西巡抚张之洞调任两广总督,起用已退休的老将冯子材为前敌主帅,驻军镇南关。光绪十一年二月法军来攻,冯子材先有部署,身先士卒,奋勇作战,法军败溃,近千人战死。冯军乘胜挺进,攻占谅山,又歼灭法军千人。法军统帅负伤败逃,溃不成军,清军取得重大胜利。捷报传到京师,举国欢庆。败报传到巴黎,法国总理茹费理(J. Ferry)内阁下台。

清廷面对谅山大捷,生怕战事继续扩大,专意求和。李鸿章主张"乘胜即收"。曾纪泽说:"谅山克,茹相革,刻下若能和,中国极体面,稍让亦合算。"光绪十一年四月,清全权大臣李鸿章与法国公使在天津签订《越南条款》,确定李福协定的内容,略加修订。清朝承认法国对北越的统治和法越签订的几个条约,即放弃对越南的封贡关系。清军自越南撤回,法军自海上撤军。

法军战败而得据越南,清朝战胜而屈从退让。中法越南之战就这么结束了。

台湾建省　光绪十年六月法国远东舰队进攻台湾的基隆,炮打基隆的清军炮台。奉命驻守台湾的淮军将领刘铭传设置伏兵，诱敌深入。法军登岸，被清军包抄，败退。八月，法国海军又进攻沪尾（淡水）。刘铭传至沪尾，再用设伏诱敌的战术。法军登陆海滩，被清军包围，官兵三百人败死，仓皇逃窜。清军守卫疆土，取得胜利。

台湾自康熙时设府，属福建省。中法立约停战后，光绪十一年九月，台湾府改建为行省。刘铭传受任台湾省首任巡抚。省府设在台北，下设三府一州三厅。刘铭传就任后，在各港口修建炮台，购置兵舰，加强边防。又引进外国技术，安装"电汽灯"（瓦斯灯）、"自来水"。铺设自台北到隆基和新竹的铁路，自沪尾到福州的海底电线，新式工业的发展超过了内地各省。台湾地区得到初步的发展。

朝鲜之争 朝鲜自清朝初年成为中国的藩国，接受清朝的保护。同治时，日本明治天皇改革日本旧制，学习西方资本主义制度，号称"明治维新"。经济实力增强后即谋求向外扩张。光绪元年，日本军舰侵入朝鲜江华岛，次年正月迫使朝鲜签约，对日开放釜山、元山和仁川通商，给予日本领事裁判权。日本侵略势力侵入朝鲜。光绪八年，朝鲜国王李熙的父亲大院君杀死亲日的王妃闵氏家族，又围攻日本公使馆，杀死日本教官。日本出兵朝鲜。清廷得到消息急派水师提督丁汝昌领兵去朝鲜，又增派淮军逮捕大院君解京，扶助李熙复位。朝鲜向日本偿付赔款并允许日本派军警常驻，保护使馆。

光绪十年十月，朝鲜亲日派官员由日本驻军护送，闯入王宫发动政变，劫持国王李熙，宣布废止对清朝的藩属关系，另立新君。

驻朝清军营务处袁世凯等见事态危急,率领清军协同朝鲜护卫军入宫,赶走日本兵,扶保李熙恢复了王位。

光绪十一年正月,日本派遣全权大使伊藤博文与清朝全权大使李鸿章谈判朝鲜问题。三月间在天津议定"会议专条"三条。驻朝清军和保护使馆的日本兵都从朝鲜撤退。写明:"将来朝鲜国若有变乱大事,中日两国或一国要派兵应先互行文知照。"照此协定,清朝承认了日本出兵的权利,清朝出兵倒要受日本的制约。

第五节　清朝统治的覆灭

一　光绪帝亲政与中日战争

光绪帝亲政　光绪帝载湉四岁即位,光绪十五年已年近二十。依据即位时的定议,慈禧后宣诏"归政",由光绪帝"亲裁大政",但军国大事仍须奏请太后决定。慈禧后名为"归政"并没有完全归政,光绪帝亲政,仍受太后节制。

中日战争　光绪十年日本侵略朝鲜,被清朝制止。此后十年间,日本陆军实力成倍增长,海军的发展超过了中国。光绪二十年正月,朝鲜爆发东学党起义,请求清廷出兵援助。李鸿章命海军提督丁汝昌调遣直隶提督叶志超、太原总兵聂士成领兵赴朝,五月初,到达朝鲜的牙山。按照天津"会议专条",通报给日本政府。日本正好找到侵略朝鲜的借口,随即派遣兵舰在仁川登陆,进驻朝鲜首都汉城。六月间,囚禁朝鲜国王李熙,扬言留驻朝鲜,帮助改革。清廷向日本交涉撤兵。日本不理,并在六月十三日击沉清军增援牙山的兵船，清兵死八百余人。日陆军进攻牙山，清军叶、聂等部撤退。

日军向清军发动突然袭击，清廷不容不战。牙山战后，七月初一日，光绪帝发布上谕，饬令李鸿章督军进剿。同日，日本天皇颁诏对清国宣战。

叶志超部自牙山撤到平壤，清廷调遣淮军两部及奉天马步兵去平壤增援，命叶志超统领诸军。八月十六日，日军围攻平壤，两军激战一日，未分胜负，叶志超下令撤兵，损失惨重。次日，丁汝昌率领海军兵舰十二艘来援。在黄海海面与日军海军遭遇，激战半日。日舰四艘被创，清舰五艘沉没，六艘受创，伤亡一千二百人。退回威海休整。

清军自平壤撤出朝鲜，渡过鸭绿江防守。清廷将叶志超撤职查办，命聂士成统军。日本侵略军分两路侵入中国的辽南地区。一路由海上进军，在花园口登岸，占领旅顺口。另一路渡鸭绿江，九月攻占凤凰城。十一月攻打海城，清军战败。日军进而侵占牛庄、营口、田庄台。

光绪二十一年（1895 年）正月，日本军舰二十艘护送兵士两万人进攻山东威海的北洋海军。丁汝昌率驻威海的海军还有各种兵舰十二艘，与日军激战失败，退到刘公岛据守。丁汝昌兵败，服毒殉国。部下投降日军，兵舰十艘全被日军收缴。二月，日舰八艘护送日军六千人南侵台湾、澎湖。清廷遣使议和。

马关条约　按照日本的要求，清廷派遣李鸿章为钦定头等全权大臣，授予订约画押之权，去日本马关谈判。三月二十三日，在马关签立约款十一条。主要内容是：（一）中国确认朝鲜完全独立自主,废除对中国的贡献,即废除藩属关系;(二)中国奉天省南部自鸭绿江口经凤凰城至营口以南地区以及台湾、澎湖诸岛割让给日本;(三)中国赔偿日本军费银二万万两;(四)增开沙市、重庆、苏州、杭州为通商口岸,日本轮船得在各口岸间行驶。约款传到京师,群情激愤。满汉大臣纷纷上书光绪帝,请求不要批准,继续抗战。光绪帝面责李鸿章。说是失人心,伤国体,问他是否可以延缓批准,李鸿章认为不可。四月初九日,光绪帝挥泪用印,批准了《马关条约》。李鸿章以大学士"入阁办事",免去直隶总督北洋大臣官职,由原湖南巡抚督办北洋军务的王文韶接任。

《马关条约》的订立,举国震动,也在国际上引起强烈反响。俄国认为日本侵占辽南将损害俄国在远东的侵略利益,不能坐视不理。俄国联合德、法两国出面干涉,照会日本外务省,"劝告"放弃侵略辽南,以免影响远东和平。俄国陈兵海参崴,以示不惜一战。日本兵力不敌三国,经过反复交涉,九月二十二日与清廷订立交收辽南条约。清廷支付日本白银三千万两,日本放弃对辽南的占领,三个月内自辽南撤兵。

事过之后,俄德法等国向清廷勒索报偿。俄国获得汉口的租界,德国获得汉口、天津的租界。法国要求重订越南与云南边界,扩展了法属越南地界。光绪二十三年十月,德国借口传教士遇害,出兵强占胶州湾,迫使清廷在次年二月签订租地条约,将胶州湾海面南北两面租与德国,归德国管辖,租期九十九年。所谓"租"并不付租金,实为变相占领。只是清廷仍保有主权,租占有一定期限。次年,俄国租占旅顺口、大连湾,租期二十五年。法国租占广州湾,租期九十九年。日本侵略军在清廷偿付赔款后,光绪二十四年自威海撤兵。英国的兵舰随即开进威海。清廷被迫签约将威海卫和刘公岛租给英国,租期二十五年。随即又将香港北界的九龙与大鹏湾、深圳湾租给英国,租期九十九年。北洋海军溃灭后,北自旅大中经威海南至广州的重要港湾都被外国兵船占据。列强还获得在中国修建铁路的特权,控制了境内交通。

二　慈禧后训政与联军入侵

慈禧后训政　年轻的光绪帝亲政五年,便遭到对日作战的失败,失台湾,赔巨款,北洋海军全军覆没,压力是沉重的。《马关条约》订立后,各地有志之士纷纷呼吁变法维新以求自强。朝野上下,意见不同。

慈禧后垂帘听政时,曾推行一系列新政,也赞同持续革新,但不能改变"祖宗之法",即不能削弱皇权专制体制和满族的特权。满洲权贵如奕䜣和兵部尚书荣禄(满洲正白旗人)也都认为"祖宗之法不能变"。光绪二十四年(1898年)正月,新科进士任工部主事康有为(广东南海人)上书光绪帝,奏请仿照日本明治维新体制,改革政体,撰著《日本变政考》进呈。军机大臣、户部尚书翁同龢向光绪帝推荐康有为。御史李盛铎与康有为在京师成立保国会,宣传变法,被荣禄等人禁止。全国各地人士组织学会,创办报刊,呼吁变法,形成浪潮。

御史杨深秀上疏,请明定国是。四月二十三日,光绪帝委任翁同龢起草诏书,宣告实行"变法自强",停息争议,公开谴责反变法的荣禄等满洲权要"或托于老成忧国,以为旧章必应墨守,新法必当摈除,众嚣嚣,空言无补",并宣布筹办京师大学堂,培育新人。诏书颁布后四日,慈禧后面谕光绪帝,以皇帝名义罢免翁同龢回乡,以王文韶接任户部尚书、军机大臣。荣禄接任直隶总督、北洋大臣,节制北洋水陆军,镇驻天津,捍卫京师。又诏谕补授高级官员要向皇太后谢恩,即需经太后认可。

光绪帝接见康有为,任命他在总理衙门行走办事,得向皇帝专折奏事。康有为的弟子、积极宣传变法的梁启超(广东新会人)受命开办译书局,介绍外国革新经验,是康有为策划变法的主要辅佐。光绪帝宣诏变法后的两个多月里,倚信康梁等人陆续制定新法、开办学堂、改革科举、奖励实业等,并没有多少争议。七月间开始革新政治:(一)裁撤中枢詹事府等六个衙署,被裁减失职的冗员近万人,引起一片惊慌,怨声四起。(二)采纳康有为建议,绕过皇太后,任用新人,不授官职,加给“卿”衔,候补官员杨锐、刘光第、林旭、谭嗣同被赏加四品卿衔,在军机处办事,特谕“参预新政”。(三)大力开放言路。有人上书言事,被礼部压置不奏。光绪帝将礼部满汉尚书、侍郎等六堂官一律革职,朝中震动。

七月二十九日,慈禧后严厉斥责光绪帝,说“从你这儿坏了祖宗之法,如何对祖宗!”光绪帝反驳说:“儿臣宁可变祖宗之法,不忍弃祖宗之民,失祖宗之地。”帝后冲突激化,不可调和了。

康有为向光绪帝推荐荣禄部下、在天津小站编练北洋新军的袁世凯倾向维新,可以依靠。光绪帝召袁世凯来京,八月初一日亲自接见,诏谕以侍郎候补,应办事宜,随时具奏。康梁与康广仁(有为弟)、谭嗣同等谋划,初三日夜,由谭嗣同往见袁世凯,说光绪帝将颁布诏书,要袁世凯奉诏杀荣禄,领兵进京围颐和园。策划宣诏废太后。袁世凯推脱敷衍,并未承诺。初五日返津。

慈禧后与荣禄等在谋划夺权,由太后临朝"训政"。八月初四日下午,乘朝中无备,突然自颐和园经水路回宫,入驻中南海西苑。光绪帝来迎,被留住在西苑瀛台含元殿。次日,命用皇帝名义起草诏书,请太后训政。初六日召见大臣宣诏。所谓训政,实是专政。一切朝政听命于太后,光绪帝发布诏书要奉太后懿旨颁行。慈禧后轻而易举地夺得皇权,被称为"戊戌政变"。

慈禧后训政当日,就命令逮捕康有为兄弟。康有为已于前一日自天津乘船去上海,逃往香港。康广仁被捕。袁世凯于回津次日把谭嗣同的话都告诉了荣禄。慈禧后得知后命逮捕谭嗣同等四卿。梁启超逃往日本。八月十三日,康广仁、谭嗣同、杨锐、林旭、刘光第和奏请宣诏变法的御史杨深秀等六人,不经审讯,就以"大逆不道"罪,在京师菜市口刑场斩首,轰动了全城。

慈禧后训政。荣禄入京,以内阁大学士兼充军机大臣管理兵部,又特命为钦差大臣节制北洋各军,形成慈禧后—荣禄训政体制。诏谕原拟裁撤的六衙署,照旧设置。科举考试仍依旧制。一般人员不准擅递奏章。各地学会和报刊分别查禁。开办学堂、兴办实业、编练新军等新政,仍准继续推行。

自光绪帝宣诏变法到慈禧后训政只有一百多天,被称为"百日维新"。帝后之间、满汉之间、守旧与维新之间重重矛盾纠结在一起,政局动荡,人心惶惶,不得安宁了。

义和团 自《江宁条约》订立以后,清廷开放教禁,允许外国传教士来中国传教,建立教堂。一些传教士与当地民众和谐相处,助兴文教,有所贡献。但也有不少人恃有侵略特权,欺压民众,侵占地产。信教的中国教民也往往横行乡里,激起居民的反抗。同治以来,各地陆续发生反洋教的所谓"教案"。义和团原叫义和拳,是山东民间自发结合的练习拳脚的组织。山东是基督教广泛传播的地区,有教堂一千三百余处。一些地区的平民遭受教士和教民的欺压,官军袒护教会,镇压民众,民间积怨甚深。光绪二十四年九月,山东冠县拳民在阎书勤等率领下焚烧教堂,树起"助清灭洋"大旗,开展武装斗争。揭橥"助清"以示不同于反清的农民起义,"灭洋"是由反洋教提升到反对外国侵略,目标是明确的。次年二月,山东巡抚毓贤打算收编其为地方团练,改名义和团。但斗争仍在继续。长清县拳民首领朱红灯率众攻打教堂,转战到茌平,迅速发展。毓贤派兵将朱红灯逮捕,处死。清廷调毓贤回京,改命袁世凯为山东巡抚,对山东各地义和团施行严酷的镇压。

义和团自山东进入直隶境内求发展。光绪二十六年春,在大名、正定、保定等处焚烧教堂。四月,占据涿州。各地民众饱受外国侵略欺压,无力反抗,义和团到来,纷纷入团,向涿州聚集,声势大振。义和团是自发形成的松散的反侵略组织,并无严格的纪律。民众出于义愤,由反侵略进而反对一切来自外洋的事物,对新建的铁路、电讯设施等也进行不应有的破坏。五月间,义和团进驻天津县城,又进入京师城内。据说已发展到近十万人。团众连续捣毁天主教的东堂、西堂、南堂,进攻西什库的北堂,不能攻下。又焚毁信教的中国教民的住宅,夺取财物。京师城内,一片混乱,惶惶不可终日。

联军入侵　京师教堂被毁,列强以保护教堂和使馆为名,联兵入侵。

光绪二十六年(1900年)五月初,英、美、法、德、意、俄、日本和奥地利等八国从各国军舰调派水兵千人进京,行至廊坊,被义和团和清军阻截,退回天津。五月二十一日,攻占大沽炮台,进占塘沽。

京师城内局势日益混乱。五月十五日,日本使馆书记杉山彬去永定门外迎接日军,被守城军杀死。五月二十四日,德公使克林德去总署议事,与满洲神机营巡逻兵相遇,中枪毙命,形势更为严峻了。

二十五日,慈禧后采纳端王载漪"联拳灭洋"的建议,诏命京师义和团民到军机大臣刚毅处登记,由刚毅统帅,与官军共同作战。又谕各省督抚,"招集义和团民,藉御外侮"。

八国联军攻陷大沽后,随即进兵天津。天津清军和义和团顽强抵抗。六月十三日,守将聂士成战死。十七日,天津失陷。

七月初十日,联军一万八千人,自天津出发,直指京师。十二日,攻占杨村。直隶总督裕禄开枪自尽。二十日,俄、日、英、美、法军相继攻入京师东城,城中守军溃败。

次日凌晨,慈禧后与光绪帝自西直门逃出京城北上,载漪、刚毅等随行。荣禄领兵南下,逃往保定。

联军入城,已无官兵抵抗,准令士兵抢掠三天,实际上抢了八天。义和团众已随官兵出城逃散。联军见有居民行动可疑,就指为义和团任意枪杀。有人记述说:京师街上尸横遍野,惨不忍睹。联军闯入居民住宅、商店,抢掠财物。王公大臣府第和官署都遭劫掠。户部窖藏的国库白银三百万两,被日本军抢先运走。各国侵略军争先恐后,闯入皇宫,抢夺宫中的珍宝文玩,随后又去颐和园,把园中的宝物,用骆驼运走。西方各国在此前一年,曾签订海牙国际法,禁止在战争中抢掠财物。侵略军的野蛮杀掠,引起各国舆论的谴责。英国一家刊物发表社论说："我们正像海盗时代的海盗祖先们一样行动。"美国一位记者撰文说："列强已经被狂乱的报复情绪所支配"，"在世界道德风尚方面，给后代留下了污点"。

八国侵略军竞相抢掠，无所统属。各国协议，由德国派将军瓦德西（A. L. Waldersee）为联军司令，统一指挥。瓦德西率领德远征军到京，部署各国侵略军分驻京师和天津，两地各约两万人。另组织德、法、英、意等国军万人，南下侵掠保定，追杀直隶境内的义和团民。

慈禧后光绪帝于八月间逃到山西，把"联拳灭洋"改为剿团议和。下诏说义和团是祸首，"非痛加铲除不可"，命各地严加查办。又命议和的老手李鸿章出面议和。李鸿章在慈禧后夺权训政前，已出任两广总督。调任直隶总督，授钦差大臣与各国公使谈判。荣禄奉召领兵去山西护驾。李鸿章于八月十八日到京，会同庆王奕劻与各国交涉。列强提出"严惩祸首"，要求将统帅和支持义和团作战的王公大臣处死。慈禧后光绪帝由荣禄护驾，于九月初到达西安。列强坚持先处死"祸首"，才能谈和。次年正月，光绪帝在西安颁诏，将王公大臣十一人处死或赐死。刚毅已在山西病死，载漪发往新疆监禁。又按照列强要求，惩治各地遵旨招团御侮的官员一百多人。

光绪二十七年（1901 年）七月二十五日，奕劻、李鸿章作为清朝的全权大臣与各国全权公使在京城签订和约十二款，除将治罪大臣名单列入条约外，还规定：（一）清廷派专使分赴日本、德国为两国外交人员被杀事代表清帝道歉。京师城内为德使克林德建立牌坊纪念。（二）清廷偿付各国勒索的赔款共四亿五千万两，分三十九年付清,年付息四厘。(三)各国在驻京使馆驻兵守护,不准中国人在使馆界内居住。自京师至山海关包括天津在内的十二城镇由各国分兵驻守。清廷将防守边地的大沽炮台和海口各炮台一律削平。

这个条约是清廷的又一个投降文契。列强在京师和近畿驻兵,从军事上控制中国。勒索巨额赔款,长期偿付,又从经济上控制了中国。

重整朝政　和约签订后,八国联军陆续自京师和直隶撤退。十一月,帝后返回京师。

慈禧后夺权训政不满两年,便不能抵抗外来侵略,仓皇出逃,威信扫地。重建朝政,不得不采取一些改弦更张的措施,以适应变法革新的要求,争取朝野的支持。光绪二十七年三月,谈判还在进行中,便诏谕成立督办政务处,命奕劻、李鸿章、荣禄为督办政务大臣,统筹变法。和约签订后不满两月,李鸿章病死。袁世凯以山东巡抚升任直隶总督北洋大臣,参与政务处助行变法,兼充督办商务大臣。湖广总督张之洞署两江总督、南洋大臣,督办商务,参与政务处变法。帝后回京,重整朝政,北袁南张是主要的臣佐。袁世凯重建北洋新军编练,张之洞倡行改革科举,开办学堂。此后几年,又奖励工商、修订法律,实行若干新政,取得成效,但已不能挽救清朝统治的覆亡。清王朝寿命不长了。

三　资本主义企业与资产阶级

光绪帝即位以来的二三十年,战事频仍,政局动荡,社会经济领域也出现了新情况,主要是资本主义企业的发展和资产阶级的形成。

外国在华企业　《江宁条约》订立以来,资本主义各国依恃获得的特权,在陆续开放的通商口岸,经营商业贸易。各国的输入品主要是鸦片和棉纺织品,中国输出的商品主要是丝和茶。光绪时,外国大量输入棉纱和各种日用杂货,并开始投资开设银行和兴办航运。中日战后,外国的对华贸易由商品输出发展为资本输出。英、法、德、日、俄、美等国相继在中国扩建银行,控制中国的金融。清廷为偿付赔款,向各国银行贷款,支付利息,以税收和资产作抵押。各国政府又通过银行控制了清政府的财政税收。英、日、德、法、俄等国凭借攫取的特权,发展航运事业,由沿海深入内河,往来长江。航行在内河的外国商船超过中国商船好几倍,约占航运的百分之八十。垄断航运便得以操纵商品市场。八国联军入侵后,俄国、日本相继在东北三省修建铁路,控制陆路交通,获得多种权益。德国在山东、英国在河南、法国在云南也修建短程的铁路。各国竞相掠夺各地的煤矿资源,雇用中国的廉价劳动力,投资开矿,直隶开平煤矿、河南焦作煤矿和奉天的抚顺、辽阳煤矿都被外国占有。外商在各通商口岸开办了水电厂、棉纺厂等工厂。

民办资本主义企业　资本主义生产方式的特征是以机器大生产为基础,企业主拥有生产资料,雇用工人劳动,获取剩余价值。同光之际,官员所兴办的某些新式工业,已带有资本主义色彩。中日战争后,民间集资商办的资本主义企业得到初步的发展。

光绪二十三年,轮船招商局督办盛宣怀招商集股在上海创办第一家银行中国通商银行。此后又有官办的户部银行(大清银行)、交通银行,商办的浙江兴业银行。清朝灭亡前共有官办和官商合办银行十三家,商办十七家。

外国轮船大批进入内河后,中国民办的小轮船运也在发展。中日战后十多年间,民间创办的小轮船公司共约五百家。煤矿的开采被外国的机械工业垄断,只有湖北汉冶萍公司经营的煤铁矿与直隶滦州煤矿,装备机械,用新法开采,颇具规模。

光绪三十二年,清廷设立铁路总局,借款筑路。借外款修成的有卢汉铁路、汴洛铁路、沪宁铁路、津浦铁路、正太铁路、关内外铁路、广九铁路。自主官修的有津沽铁路、萍株铁路、京张铁路。民间商办修筑的铁路,主要是沪杭甬路和粤汉路、川汉路的部分路段。

纺织业是民办资本主义企业最发达的部门。中日战后,江苏、浙江、广东地区工厂主聚集资本购置机器,雇用工人集体生产,得到较大的发展。上海是新兴的商埠也是蚕丝贸易中心,丝厂发展到四十八家。广东珠江三角洲地区,建有缫丝厂一百零九家。中日战后几年间,江浙地区新建的商办棉纺业,大都是装备新型机器的纱厂。机织棉布的工厂,南起广州,北至京师,共有二十三家。

清朝末季,面粉加工、纸烟、火柴、机器修造、水泥制作、酿酒等新兴行业中,民办企业也有不同程度的发展。

中国资本主义企业,是在社会生产力特别是工业生产落后于西方资本主义国家的情况下发展起来的。既要依赖外国机器设备和生产技术的输入,又要遭受外国经济势力的排挤,发展是艰难的。

资产阶级 资本主义企业的大小企业主形成为一个新的阶级——资产阶级。他们大致来源于官员文士、洋行买办、归国侨商、各地工商者,具有自己的特点。(一)新生的中国资产阶级既要承受清廷的压迫和外国侵略势力的排挤,又和清朝官府、外国企业有着各式各样的密切联系。(二)投资办企业的业主,基本上是汉族。居于统治地位的满洲贵族,也有人支持倡办新型企业,没有人投资办厂。汉人资产阶级财力的日益增强与清廷财政的日益窘困,形成明显的对照。(三)资产阶级大企业主,以江苏、浙江、广东等省籍人士为数最多,资本最厚,成为新生资产阶级的核心力量。东南企业集团与北洋军政集团形成南北两大势力。

光绪二十八年,受任会办商约大臣的盛宣怀奏准筹建上海商业会议公所。京师、厦门、苏州、杭州等十九个大都市陆续组建商会。全国各地成立的规模不等的商会将近千处。商会依地区组建,不限行业和经营者的籍贯,是本地区工商业者的联合团体。商会的宗旨是"联络商情,启发商智,促进商业,保护商利"。

中日战前,全国各地受雇于中外企业、从事机器生产的产业工人约有十万人。中日战后,随着外国在华经济势力的扩张和中国资本主义企业的发展,工人阶级的队伍又在扩大,但还没有建立起代表本阶级利益的工会组织。

四　民主革命与清朝覆亡

革命的发动　中日战争之后,变法维新曾经是人们的普遍要求。慈禧后训政、八国入侵,越来越多的人认识到,只有推翻满洲皇权的专制统治才能拯救中国、振兴中国。各地爱国志士纷纷结集社团,宣传革命,发动武装起义。

广州府香山县(广东中山市)人孙文,号逸仙。光绪三年十二岁时去美国檀香山学习,光绪九年回乡,又去香港学习。光绪十八年毕业于香港西医学院。孙文留学海外,了解世界形势,立志救国。光绪二十年去檀香山在当地华侨中组建革命团体,名为"兴中会",号召振兴中华。次年正月,孙文到香港,建立兴中会总部,策划在广州发动武装起义。九月,孙文亲自到广州,联络当地帮会性质的会党起义,遭到清军镇压,兴中会领导人多人牺牲。孙文逃往日本横滨避难,在当地建立兴中会分会。为逃避清朝的通缉,化名"中山樵",人们叫他"中山先生"。后人称他"孙中山",他本人并没有用过这个名字。

光绪二十四年十月,湖南志士唐才常到日本见孙文,筹划组织湖南、广东起义。光绪二十六年二月,秘密成立自立会。七月间,在汉口谋划起义,被湖广总督张之洞逮捕处死。兴中会会员郑士良按照孙文的部署,联络广东三合会的会众,闰八月在广东惠州起义,战胜当地官军,发展到三万人。因缺少武装弹药,又都散去。郑士良去香港,次年病死。湖南长沙人黄兴(原名黄轸)与湖南志士组建华兴会,策划联络会党于光绪三十年十月在长沙起义,计划泄露,黄兴经上海逃往日本。浙江的归国留学生陶成章等人原计划响应华兴会起义。华兴会失败,陶成章去上海组建光复会,推举上海中国教育会的创办人蔡元培为会长,宣誓"光复汉族,还我河山"。

各地革命志士纷纷组建革命团体,互不联络,力量分散。光绪三十一年(1905 年)六月,孙文在访问欧洲后回到日本,与黄兴等人商议,召集全国十个省大小革命团体的代表到日本东京集会结盟。七月二十日(西历 8 月 20 日)在东京正式成立中国同盟会,推举孙文为总理,国内分设南部、东部、中部、西部、北部五个支部,国外设南洋、欧洲、美洲、檀岛等四个支部。同盟会的宗旨是"驱除鞑虏,恢复中华,建立民国,平均地权"。头两句是沿用朱元璋反元起义的口号,意在推翻满洲皇权的统治。第三句是根本推翻封建专制制度,第四句是推翻封建社会制度、土地占有制度。简单的四句话,全面概括了民主革命的历史任务。同年十月,同盟会在东京创办《民报》月刊,宣传革命主张。孙文又把同盟会的革命纲领概括为民族、民权、民生"三大主义"。

康有为、梁启超逃亡海外,继续宣传他们的变法主张,拥护光绪帝实行新政,自称"保皇"。《民报》刊登文章批评保皇论。梁启超在他所创办的《新民丛报》(日本横滨发行)发文反驳。光绪三十二年春季开始,两报展开持续年余的大论战。争论的核心,是保皇变法,还是推翻帝制,建立民国。《民报》痛斥清廷的腐败,理正气壮,一往无前。《新民丛报》的保皇论理屈词穷,稿源枯竭,次年即停刊。同盟会的革命主张通过这场论战,更加深入人心,在国内各地广泛传播。同盟会成立时会员四百余人,两年间就发展到一万多人。

同盟会成立后,在各地组织武装起义。光绪三十二年,湘赣边界萍乡、浏阳、醴陵起义,广东潮州、惠州起义,广西镇南关、钦州、廉州起义,云南河口起义都由于军械不足、起义者缺乏训练,相继失败。同盟会员徐锡麟、秋瑾在安庆、绍兴策划起义失败,徐锡麟刺杀安徽巡抚恩铭后被捕牺牲。秋瑾在绍兴就义。

清廷的挣扎　衰朽的清朝,承受着列强军事的和经济的沉重压力,又遭受各地武装起义和革命宣传的猛烈冲击,好像一座快要倒坍的老房子,在风雨中飘摇。

慈禧后训政以前,已有人建议开放言路,选举议员,成立国会秉政。慈禧后坚持"祖宗家法",维护皇权,不予采纳。光绪三十年,出使西方的几位使臣回国,奏请仿照英、德、日等国的办法,实行君主立宪,即在皇权统治下设立议院,选举议员制定宪法。次年,派出大臣去各国考察。光绪三十二年颁谕,先行改订官制,作设议院的准备。各地主张立宪的人士,因清廷行动迟缓,立宪无期,组织请愿敦促。光绪三十三年,慈禧后被迫设立资政院筹备设立议院,各省设谘议局作选举议员的准备。次年八月将资政院拟具的逐年筹备事宜清单公布,宣布自光绪三十四年起筹备九年再正式立宪。慈禧后拖延不决,没有等到九年,仅仅两个多月后便随同光绪帝离开人间。

光绪三十四年十月二十一日光绪帝载湉病死,年仅三十八岁。庙号德宗。次日,慈禧后病死,年七十四岁。沿用生前的尊号慈禧,作为谥号,庙号加孝钦等字,称显皇后。光绪帝无子。胞弟醇亲王载沣之子溥仪奉皇太后懿旨即帝位,年方三岁。慈禧后死前又降旨,军国大事奏请皇太后即光绪帝的皇后叶赫那拉氏懿旨施行,加号隆裕皇太后。隆裕后是慈禧后的侄女,但久居深宫并没有听政的经验和才干。幼帝寡母,一点威信也没有,满洲皇权的统治难以维持了。

溥仪即位,改明年年号为宣统(1909年)。生父载沣称摄政王执政,着力维护满洲皇族的统治。袁世凯在荣禄死后(光绪二十九年病死),以军机大臣统领北洋新军,身兼数职,权势煊赫。载沣摄政,首先罢免袁世凯,要他回原籍养病。皇室集中兵权,皇帝为全国海陆军大元帅,由摄政王代行职权。原定的预备立宪计划仍继续进行。各省谘议局陆续选举议员,宣统二年九月,来资政院开会。各省纷纷要求提前召开国会,建立责任内阁。宣统三年四月,宣谕改制,撤销原内阁与军机处,建立对皇帝负责的责任内阁,庆亲王奕劻为内阁总理大臣。十三名内阁大臣中,汉臣四人满臣九人,其中七人是皇族宗室。内阁名单宣布,朝野舆论哗然,纷纷反对,指为"皇族内阁"。

新内阁成立的次日,宣布将商办铁路收归国有。五月,四川各界在成都成立保路同志会,反对国有,商民罢市。省谘议局议长蒲殿俊被推为会长,带领群众到总督衙门请愿。七月间,四川总督赵尔丰出兵镇压,拘捕蒲殿俊。打死群众三十多人,造成血案。省议员、同盟会员龙鸣剑等自资州率领哥老会千余人赶到成都起义,通知各地来援。七八天内,武装民众近二十万人聚集成都,与官军激战。清廷派遣督办川汉路大臣端方自汉口率湖北新军入川镇压。行至资州,部下军士起义,杀端方。

四川保路斗争为清廷敲起了丧钟,覆亡的日子不远了。

武昌起义 八国联军入侵后,清廷命袁世凯重建北洋新军,各省也各自编练新军,湖北最著成效。新军划一为军、镇、协、营、标等编制。北洋新军共六镇。湖北军一镇一协,共约两万人,分驻武昌、汉口。中国同盟会及各革命团体发动的武装起义,多依靠各地会党,作战不力,转而在新军中宣传革命,建立组织,取得进展。湖北新军官兵,约有三分之一加入了同盟会、共进会等革命团体。广州新军有三千多人是同盟会员。

宣统二年正月,同盟会员倪映典策动广州新军起义,失败。次年三月,黄兴遵照孙文的提议,在广州联络革命党人率领部分新军和会党攻打总督衙门,失败。黄兴负伤去香港。多名领导者遇害。

宣统三年七月,同盟会员蒋翊武创建的以研究文学为名的革命团体文学社和孙武等人主持的共进会在武昌集会,决议乘端方领兵去四川的时机,发动起义,请上海同盟会总部黄兴等来湖北主持。文学社已在新军中发展会员三千人,共进会有新军会员一千五六百人,推举蒋翊武为总司令、孙武为参谋长。计划八月二十日同时起义。八月十八日,起义计划泄露,蒋翊武被捕。八月十九日(西历10月10日),湖广总督瑞澂继续搜捕策划起义的革命党人。当晚七时,新军混成协第二十一营士兵起义,占领楚望台军械库。附近各营士兵相继起兵响应,合力攻打总督衙门。瑞澂逃跑。起义士兵攻占湖广总督署,占领武昌,获得胜利。次日又占领了汉阳和汉口。

革命党人在湖北省谘议局集会,议定成立湖北军政府,宣布独立,建号中华民国。推举新军混成协统领黎元洪为都督。孙武、蒋翊武为军务部正副部长。

武昌起义后约两个月,内地十三个省相继起义,宣告独立。十月初十日,湖北、湖南、浙江、江苏、安徽、福建、广西、四川和尚未独立的山东、河南、直隶等十一省的革命党人代表在武昌集会,十二日,通过《中华民国临时政府组织大纲》,临时政府成立前,湖北军政府代行中央职权。这天,江浙联军攻占江宁。会议又决定临时政府设于江宁,改称南京。五天后,会议迁到南京进行。

武昌起义时,孙文正在美国活动。得知起义胜利,没有立即回国,走访欧洲各国,寻求对革命的支持,并无结果。十一月初经香港回到上海,受到热烈欢迎。十一月十一日,十七省与会代表在南京通过决议正式成立临时政府,一致推举孙文为临时大总统,黎元洪为副总统。十三日,孙文自上海到南京宣誓就职,宣布定国号为中华民国,废除立年号的旧制,以中华民国纪年,历日采用世界通行的西历。会议还通过以红黄蓝白黑五色条旗为国旗,象征汉、满、蒙、回、藏五族共和。一个共和体制的中华民国在南京成立了。

清朝覆亡　清朝皇室收回军权,却没有人能够统率新军作战。总理大臣奕劻建议再起用袁世凯,补授湖广总督,指挥北洋旧部镇压武昌起义。九月十一日,袁世凯旧部冯国璋攻占汉口。黄兴到武昌,被军政府委任为战时总司令,率民军两万人攻打汉口失败。伤亡三千多人。十月初七日,汉阳失陷。黄兴要以死殉职,被劝阻,自武昌返回上海。黎元洪与冯国璋协议停战。

清廷土崩瓦解,内阁总理大臣奕劻自请辞职。九月二十三日袁世凯奉命到京师受任内阁总理大臣,组建新阁,节制诸军。十月十六日,又依据袁世凯的要求,以太后名义罢免摄政王载沣。即将倾覆的清廷,军政实权全归袁世凯掌握了。

各省代表在武昌集会筹建临时政府时,曾议决如袁世凯倒戈,推翻清朝政府,便选他做大总统。十一月十一日孙文就任临时大总统,就致电袁世凯,申明袁世凯如倒戈覆清,自愿让位。袁世凯被任命为全权大臣,代表清廷与临时政府谈判议和。袁的部下冯国璋奏请实行君主立宪,反对共和,对孙文施压。孙文自知兵力不济,只能妥协求全,电告谈判代表伍廷芳转达袁世凯:如清帝退位,宣布共和,临时政府决不食言,他将正式宣布解职,推选袁氏。袁世凯再次得到孙文的保证,转而胁迫隆裕后宣统帝退位,说民军如北上作战,他无力抵抗。

宣统三年十二月二十五日(民国元年二月十二日),隆裕后召见群臣宣布懿旨,率小皇帝溥仪交权退位,授命袁世凯组织共和政府,结束了清朝的统治。自清太祖努尔哈赤建号金国至宣统三年清亡,历经十二帝,二百九十五年,是秦朝统一以来立国时间较长的王朝,也是最后一个王朝。

民国元年二月十四日,孙文在南京参议院提出辞职。十五日,参议院投票选举袁世凯为中华民国临时大总统,电告袁世凯到南京就职。袁世凯坚持不去南京,在北京宣誓就任大总统,宣布建都北京。随后又废除了江宁的南京称号。孙文退位,实现了推翻满洲皇权、和平建立民国的构想,仍任中国同盟会总理,去上海考察民生问题。

宣统三年的干支纪年是辛亥。次年,有人记述武昌起义过程题为《辛亥革命始末记》。以后又有多种《辛亥革命史》出版。"辛亥革命"一词遂为人们所沿用。孙文自称他从事的革命全过程为"国民革命"。毛泽东说:"这个革命,按其社会性质说来,是资产阶级民主主义革命。"(《新民主主义论》)民主革命不同于历史上改朝换代的农民革命战争,它推翻了延续数千年的皇权专制的封建政治制度,建立起共和体制的中华民国,是划时代的丰功伟绩。虽然大总统的职权被袁世凯夺取,但民主共和的观念从此深入人心,帝制不能复活了。

第六节　文化的传承与演变

一　理学的传承

儒学发展到宋代,出现一种新形态,叫做"理学"或"道学"。

北宋初年,湖南道州人周敦颐,研治《易经》,吸取佛教、道教的哲学思想,论述宇宙的起源和人类社会的形成与演变。最初是"无极",什么都没有。无极生太极,太极生出对立的阴、阳两极,再派生繁衍,组合成万物,叫做"一实万分"。周敦颐创制《太极图》,著《太极图说》说明这个哲理。应用来解释宋代的现实社会,皇帝是"一",万民在于一人,都应服从皇帝的统治。周敦颐弟子程颢、程颐兄弟在洛阳讲学,提出"理"和"道"的概念,说"万物皆出于天理",理是天定的,按照天理行事就是"道"。万物都有对立的两极,君臣、父子、夫妇的统治秩序是天理,不能改变。人们不能自觉地服从,是因为受了"人欲"的蒙蔽。二程提出"存天理,去人欲"的基本理论,要人们"克制私欲,时时反省",说这就是孔子说的"克己复礼"。

南宋时,婺源人朱熹发扬二程学说,把儒学的"三纲"进一步理论化,后世习称"程朱理学"。朱熹吸取佛学的哲理,说"理在事先",如果没有"理"也就没有万事万物。天地万物都是一个理,但体现在具体的人或物上又各有不同,叫做"理一分殊"。一切事物都由对立的两方合成,"一分为二",但并非两者并立,不是阳战胜阴,就是阴战胜阳。天理和人欲也是两个对立面,不容并立。朱熹说:"圣人千言万语,只是教人存天理,灭人欲。"君臣父子夫妇的统治关系,是"天理使之如此"。尊卑高下,贫富贵贱是由"天命"决定。所以,人们都要努力克制自己的私欲,相信天命,服从天理。程颐把《论语》《孟子》和《礼记》中的《大学》《中庸》两篇合编起来教学,叫做"四书"。朱熹作《四书集注》,摘取理学的论说,用通俗浅近的语言融入注释,广泛流传。元仁宗时实行科举取士,规定第一场考试依据《四书集注》出题。朱注成为士人必读之书,程朱理学也由此成为官方学术。

明代晚期,一些思想家曾对理学家力倡的忠君观念提出质疑。清康熙时,理学再次成为官学。康熙帝亲政后,即颁布《圣谕十六条》,第七条明确规定"黜异端以明正学",所谓"正学"就是程朱理学或道学。十六条旨在维护基层社会秩序,融入"敦孝弟"、"笃宗族"等内容,命各州县向识字和不识字的乡村民众定期宣讲。康熙帝本人致力研习朱熹的著述,多有体会。朱熹生当宋金对峙时期,不赞同出兵作战,只讲"君臣之义",不讲或少讲"夷夏之防",很符合康熙帝的统治需要。入值进讲的翰林院学士李光地说:"朱子之意与皇上同,皇上近来大信朱子之言。"康熙帝晚年,命李光地等编纂《朱子全书》。自撰序言,说"朕读其书,察其理","非此不能内外为一家"。康熙帝在位时期,极力提倡程朱理学,以争取汉人臣民对他效忠,取得一定的成效。

晚清时期,曾国藩力倡理学,为他镇压太平军提供理论辩护,也向清廷表白他的忠诚。战事过后,自请裁军。遵循理学"克己"之说,明哲保身。曾国藩对理学并没有什么学术建树,但用来修身处世却是运用自如。经过他的提倡,出身湘军的官员,也把理学的说教奉为行动准则。

清末停科举以前,理学家注疏的经书一直是生员应考求官的基本读物。

二　西方文化的传播

中国历史上强盛的朝代,不断与西方诸国进行文化交流。这种交流实际上还是以中国文化为主体对西方文化斟酌吸取。晚清时期,中国的发展落后于西方,有人主张"以夷制夷",学习西方文化以抵制西方的侵略。实际情况的发展,却是"以夷变夏"。西方文化的传播使中国传统的文化思想发生了变革。

哲学政治　理学家以三纲为天理,君为臣纲是第一要义。皇帝统治万民、皇权世袭是历代相沿的定制。西方国家的民主共和制度和相关学说的传播,使越来越多的人认识到,民众选举比皇权世袭有更多的选择。同治以来,三代皇帝都是孩童即帝位,如同儿戏。社会公众对腐朽懦弱的清朝失去信心,也对皇权世袭的帝制不再迷信。帝制信念的改变,为民主革命奠立了思想基础。

中日战后,自英国留学回国的学者严复,翻译英国赫胥黎(T. Huxley)的《天演论》出版,书中加入案语发挥,把源于达尔文(C. R. Darwin)《物种起源》的"优胜劣败,适者生存"的论说介绍给国人,呼吁人们"自强保种",引起强烈的反响。优胜劣败、适者生存的进化观是对理学天命观的否定,更是对"存天理,灭人欲","克己复礼"的否定。国家需要自强保种,个人也需要奋起救国,经过竞争改善自己的处境。《天演论》出版后,风靡一时,是对理学的猛烈冲击。

儒家的传统观念重农轻商。理学主张"灭欲",更轻视工商。皇室达官搜括民财,视为天理当然。工商经营谋利,被视为卑贱。同治时,已有人提出"富商利民"为自强之路。进化论与西方经济学著述的传入,改变了人们对商业竞争的歧视。中日战前一年高中状元的江苏南通人张謇回乡创办大生纱厂,几年间经营企业十七家,是公认的江南企业家的代表。两江总督周馥之子周学熙在唐山建立启新洋灰厂,主办滦州煤矿,是北方企业界的巨魁。退职的官员、书香门第的子弟,离开腐败的官场,投身工商业经营,习以为常。"学而优则仕"变成"学而优则商",是人们观念上的一大转变。这个转变促进了民办工商业的发展和资产阶级的形成。

科学技术 宋元时期科学技术一些部门的发展曾居于世界前列。西方国家自工业革命以来,科学技术迅速发展,多有新创,中国逐渐落后于西方。晚清时期,西方国家的一些科学技术陆续传入中国。

数学与天文学历来是最发达的学科,由于与天象历法相关,也受到朝廷的重视。明万历时意大利传教士(耶稣会士)利玛窦来中国,带来大批宗教与科学书籍。礼部侍郎徐光启与利玛窦译出西方数学基本著作欧几里得《几何原本》第一至第六卷,又采用西方算法,修订历法主持制定《崇祯历书》。清康熙帝曾因为中国历法的推算不如比利时传教士汤若望计算准确,发愤学习西方科学知识,延聘传教士为他讲授天文历算及其他科学。数学家梅文鼎融通中西算学,著书九十余种。乾嘉时学者称他是"国朝算学第一"。咸丰时,数学家李善兰与来华的英国数学家伟烈亚力(A. Wylie)译出《几何原本》的第七至第十五卷出版,完成了此书的全译。两人又合译西方代数学、微积分、解析几何著作多种,确立了微分、积分、函数、级数等译名。李善兰本人也有数学论著二十四卷,被称为中国近代数学第一人。李善兰与伟烈亚力又将英国新出版的《天文学纲要》译为中文,题为《谈天》,全面介绍了西方天文学的新成就。

化学是一门新兴的学科。李善兰的译著中开始出现"化学"

这个译名。光绪时,江南制造局译书馆的徐寿和他的儿子徐建寅,翻译西方化学著作多种。化学元素的译名,采用英译第一音节的同音字,依不同性质,酌加偏旁。如气体加气旁,金属加金旁,构成氧、氯、氢、钙、镍、锰等一批新字。这是汉字发展史上第一次成功地创制成批的新字。这些新字的应用,便利了化学元素的识别,为引进西方化学知识,奠立了基础。

西方国家的力学、光学、电学、声学等科学,同治光绪时陆续传入中国。日本题为《物理学》的教科书,译为中文,由江南制造局出版。物理学作为综合学科的名称,为国人所沿用。

西方的医学传入中国,叫做"西洋医学",简称西医。清朝末季,各地通商口岸开设的西医医院诊所,约有百所。中国传统的医学,叫做中医。中西医同时并存。一些医师开始研讨中西医理论的异同,为中西汇通作尝试性的探索。

晚清官办或民办的机器工业,从修建铁路到纺纱织布,都是从外国购买机器设备,引进外国制作技术,还不能独立生产。但制作技术的应用,每有新创。去美国留学回国的工程师詹天佑,光绪三十一年主持修筑京张铁路,不用外国技师,自力克服京郊青龙桥山道的困难,设计出人字形过山线路。完工通车,举世震惊。归国侨商张振勋在山东烟台开设张裕酿酒公司,引进外国葡萄良种与本地葡萄嫁接,培育新种。购买外国机器设备,用西法酿酒,远销美洲,获得盛誉。民国四年在美国举办的巴拿马国际博览会上获得金奖。张振勋在庆祝会上致词,说"中国人是了不起的,只要发愤图强,后来居上,祖国的产品都会成为世界名牌"。学习外国的科学技术,作出后来居上的新创,是人们追求的理想。

学校教育 隋代实行科举考试制度以来，历代相承。清承明制，考试以经学和理学为主，文章写作要依照规定的格式。起、中、后、末四个部分各有两"比"，文句长短，声调抑扬都要互相比对。合为八比，又叫"八股"。学童自幼学作八股文，以备应试做官。思想受到束缚，知识领域狭隘。京师设国子监，是最高学府，主要也是讲习理学的修身之道。

光绪帝宣诏变法，曾采纳康有为等人的建议，废除科举，依仿西方教育制度设立京师大学堂。慈禧后夺权训政，恢复科举，大学堂停办。八国联军入侵后，再行新政。恢复京师大学堂，又谕令各省城设立大学堂，府设中学堂，县设小学堂。光绪三十一年清廷设立学部管理各地学堂教育。同年正式废除科举考试，国子监也在这年裁撤。次年，慈禧后又谕令学部设立女子学堂。中国妇女走出闺阁，走进校园。

新型的学校教育仍保留"忠君"、"尊孔"等旧内容，但加入了大量的新学或西学知识，包括历史（中国史及外国史）、地理、算学、化学、物理学以及动物学、植物学等学科，从小学到大学逐步传习。学校教育开阔了学生的眼界，扩展了新知，受到广泛的欢迎。

清朝灭亡前，各地陆续兴办的公私立学校已有五万多所，有学生一百五十六万多人。

光绪二十七年，清廷采纳张之洞等人的建议，命各地选派留学生发给经费，出洋留学，也鼓励自费留学。留学生分赴日本、美国和欧洲各国学习各种学科，回国后经考试任用。出国留学生历年增加。据记录，光绪三十一年，在日本的中国留学生接近万人。

废科举办学堂是西方文化传入后影响最为深远的大事，也是清末新政最见实效的大事。科学新知的传布培育了新型的建设人才。

城市生活　西方文化的传入，也影响到城市生活。

《江宁条约》开放上海通商后，英国强行在上海近郊划出"永租地"供英国官署和商民居住。名为"租界"，实同占领。随后，美国、法国也在上海划占各自的租界。英法联军入侵后，英美法三国在天津划占租界。中日战争之后和八国联军入侵之后，天津又先后有日本、德国和俄、意、奥、比等国划占租界，成为租界最多的商埠。广州、厦门、汉口、九江等地也都有外国划占的租界。外国商民聚集在租界，建起洋楼，开设银行和推销商品的洋行。市政建设也采用西方的模式。上海、天津的租界面积，都是旧县城的好几倍，形成西方化的新市区。其他城市的租界，也是洋楼林立，改变了城市的面貌。

同治年间，丹麦大北公司、英国东方电报公司、美国旗昌洋行相继架设通往上海租界的电报线。光绪五年，直隶总督李鸿章在天津设立电报总局，办理自大沽炮台通往天津的电报业务。又自丹麦购买器材，架设天津至上海的电报线。此后，电报通讯在全国各大城市逐渐推广。光绪二年，美国发明了电话机。五年之后，在上海的丹麦英美电报公司就在上海租界地区开始经营电话业务。光绪三十年，清廷在京设立电话总局，自主经营京津电话业务。随后又推广到广州、汉口、江宁、奉天等城市。光绪元年，法国巴黎开始建成火电厂发电照明。光绪八年，英商创办上海电气公司，在上海街道安装照明电灯。光绪十四年，两广总督张之洞在广州购置外国发电机建厂，在总督衙门装设电灯。北洋大臣李鸿章自丹麦购买发电机在京师西苑建立电灯公所。慈禧后的仪鸾殿,最先装上了电灯。此后,逐渐推广。全国各大城市普遍安装电灯照明。

城市居民的男装,一般还是传统的长衫,罩上马褂。海外归来的侨商、留学生,外国洋行雇用的人员和一些维新人士,剪去发辫,穿上洋装。走进校园的女生,不再缠足,长裙换成长裤。追求时髦的女青年在模仿外国妇女的装扮。

光绪年间,外国商人向中国城市大量推销日用杂货,约占外国进口商品总值的三分之一。进口杂货叫做洋货,种类繁多。洋布、洋绸、洋呢、洋毯、洋服、洋袜、洋酒、洋糖、洋果干、洋水果、洋伞、洋灯、洋纸、洋墨水、洋火(火柴)、洋胰子(肥皂)、洋油(煤油)、洋钟表等,涉及人们衣食日用的各个方面。居民以购用洋货为时尚,改变了原来的生活习惯。

西方物质文化的传播,主要是在上海、天津、广州等通商口岸,波及一些大中城市。广大农村仍然保持传统的生产方式和生活方式,并没有受多少影响。

三 民众文化的繁荣

清廷控制文人言行的文字狱,到乾隆时,空前暴虐。理学三纲思想统治极严。礼部侍郎桐城人方苞提出"文以载道"之说,写文章就要传述理学,又制定写文章的"义法"即规格,号为桐城派。曾国藩力倡理学,也力倡桐城文派。政治镇压、思想统治加上义法束缚,官场文坛陈陈相因,不见百花争艳。民众文化不受约束,另是一派景象。

小说　宋元民间说书人的"话本"，多回联缀成书，形成章回体小说。明朝初年相继出现《水浒》《三国演义》《西游记》等名著，是小说发展史的里程碑。明季文人自撰小说，成为文学创作的一种流行体裁。清乾隆时，江宁文士吴敬梓拒不参加博学鸿词科，自撰小说题为《儒林外史》，指责科举制度的危害，对文人求取功名的种种丑态，备加嘲讽。也是乾隆时成书的《红楼梦》，主人公贾宝玉蔑视科举考试，不愿读经书作八股文。书中历述世家大族的显赫与衰落，是清朝由盛而衰的缩影。《红楼梦》前八十回考为曹霑（字雪芹）作，后四十回是高鹗续作。全书运用口语写作，明白如话，清新隽雅，引人入胜。官方列为禁书，民众奉为杰作，是小说史又一座里程碑。

光绪时，报刊上连载小说，不下百种。十之八九是揭露腐败黑暗的所谓"谴责小说"。

《官场现形记》作者李宝嘉字伯元，原在上海办报，搜罗官场上的见闻，编为小说，在报刊连载。汇编成书，共六十回。作者自称熟知官场的"龌龊卑鄙"、"昏聩糊涂"，编为故事三十余事，对官场的卖官鬻爵、行贿送礼、敲诈勒索、上下蒙骗以及文人逢迎媚上、钻营求官，商人结交官员家属因缘谋利，官员在洋人面前卑躬屈膝等腐败现象，揭露极为深刻，令人震撼。此书的文字水平，不算很高，但揭露的腐败现象，早已为民众所痛恨，说出民众要说没说的话，骤享盛名。

《二十年目睹之怪现状》作者吴沃尧字趼人，也在上海办报撰稿。此书自光绪二十九年开始创作连载，宣统二年出齐，共一百零八回。小说假托一个商人在各地的见闻，历数清末社会的黑暗腐朽。上自皇室贵族,下至贪官污吏、纨绔子弟、洋行买办、不法奸商、娼妓赌徒、地痞流氓,形形色色的人物巧取豪夺,欺蒙拐骗,丑态百出。作者文笔辛辣,刻画入骨,与李宝嘉齐名,被誉为小说界的泰斗。

戏曲 元代杂剧与南戏合流形成新剧种,明人叫做"传奇",一剧不限四折,演唱不限一人,更便于表演长篇。明嘉靖时,汤显祖作《牡丹亭》,又名《还魂记》,参据话本《杜丽娘慕色还魂》,演述杜丽娘、柳梦梅的梦幻姻缘,抨击理学的伦常说教,构思奇妙,文辞优美。全剧长达五十五出(折),连日演出,盛极一时。清康熙时,孔尚任作《桃花扇》剧四十出,依据南明昏乱败亡的真人真事,写兴亡之感,"眼看他起朱楼,眼看他宴宾客,眼看他楼塌了"。演述江南名士侯方域与秦淮名妓李香君的悲欢离合。观者"感慨涕零",京师久演不衰。一些曲词也在各地传唱。

明代的戏曲声腔,主要是起源于江苏昆山的昆山腔,又称昆腔或昆曲。尔后江西弋阳的弋阳腔(又称高腔)在各地流行。乾隆五十五年,安徽的三庆班进京为乾隆帝祝寿,传来弋阳腔支派的徽调(二簧调)。道光时,与传入京师的湖北汉调(西皮调)合流,俗称皮簧戏。经演员谭鑫培提倡,以湖广音读中州韵,唱腔声韵得以划一。自京师到上海演出,上海人称做"京戏"。京戏发展为晚清的主要剧种。演出的剧本,一部分是元杂剧传统戏改编,如《六月雪》即《窦娥冤》,《乌盆记》即《盆儿鬼》,《搜孤救孤》即《赵氏孤儿》,另一部分是依据通行小说和说书话本新编,如《二进宫》《四郎探母》《打龙袍》和某些《三国》戏、《水浒》戏。故事多出于虚构,但已在民间流传,喜闻乐见,受到欢迎。

陕西的秦腔,用木梆击节(打拍),曲调高亢,又叫"梆子腔"。乾隆时曾进京演出,后被禁演。道光时,陕西和山西的梆子腔演员合组为山陕班再次进京,传到直隶各地、山东和东北三省,成为北方流行的剧种。秦腔传入四川,叫做"川梆子"。四川民间原有小型的"灯戏",先后传来昆腔、高腔、徽调、汉调和梆子腔,相互吸收,以四川方音演唱,形成独具特色的川剧。广东原有地方戏"广腔",一唱众和。道光时,吸收昆腔、高腔和皮簧腔,以广东方音演唱,形成粤剧。清朝末年,粤剧一些演员投入民主革命,依据绍兴女革命家秋瑾壮烈牺牲的事迹编成剧本《秋瑾》,在舞台上演出。晚清商业交通发达,各地方剧种交流,形成许多新剧种。地方戏在各地城市集镇演出,空前繁荣。

说唱 晚清时期,民间的说唱艺术,也呈现繁荣。说唱故事,不装扮角色。只说不唱或边说边唱,形式多种多样。

清初京师街头已有艺人说书,又叫"说评书"。道光以后,说书人在街市茶坊设案说书,只说不唱,市民听书喝茶,自得其乐。说书人拿着醒木和扇子。演说故事,多据通行小说,渲染铺衍,一部书可说几十天。清末京师著名的说书艺人有满族的双厚坪和汉人潘诚立。天津说书艺人石玉昆,咸丰同治时,说评书,夹有唱词。据小说《龙图公案》铺叙宋朝清官包拯执法严明,不畏强暴,为百姓申雪冤屈,受到市民的欢迎。他的脚本经文人一再润饰,光绪初年编为小说《三侠五义》刊行。

江南地区的说书,通称评话。明清之际,江苏泰州说书人柳敬亭参与南明抗清活动,名重一时,被江南说书人奉为宗师。评话表演形式与北方的评书大体相同,只说不唱,流行于江浙各地,多用本地方言。有说有唱的评话叫做"弹词"。起源于苏州,在杭州、扬州等地流行。讲说故事,穿插代言,夹以弹唱,自弹三弦或琵琶伴奏。或一人自说自唱或两人各自说唱,相互应和。乾隆时有《珍珠塔全传》弹词刊行。同治时,经艺人扩编到一万五千多句,唱多于说,连续上演,成为最受欢迎的弹词。

清初山东济南人贾凫西辞官回乡,自编鼓词,打鼓板说书,抒发亡国之愤。晚清时山东、直隶地区广泛流行用皮鼓木板击节说书,弹三弦伴奏,叫做"大鼓书",演唱历史小说和民间故事。光绪二十六年,直隶大鼓书艺人刘宝全到京师用京音演唱,称"京音大鼓",与谭鑫培、双厚坪号为京师艺坛三绝。

四 新体诗文

清朝末季,旧体诗文仍在文人中流行。维新人士对旧体裁注入新思想,写作风格和体制也多有新创。

经世诗 赋诗谈时事,抒发政见,号为经世诗。道光时齐名的诗人是龚自珍和魏源。

龚自珍,号定庵,浙江仁和人。嘉庆时,研治今文经学,博学广识,名重士林。道光初年曾上书建言改法。道光十七年任礼部主事。次年,林则徐受命禁烟。龚自珍撰《送钦差大臣侯官林公序》赠别,建言十策,说鸦片烟是"食妖",食者、贩者、造者都应处死。道光十九年辞官回乡。沿途记录见闻,追忆往事,作七言绝句三百一十五首,题为《己亥杂诗》。其中传诵的名篇:"九州生气恃风雷,万马齐喑究可哀,我劝天公重抖擞,不拘一格降人才。"瞩望于维新人士重振中华。回乡后次年病死,年五十岁。生平所作诗,今存六百首,多与世事相关,但不以政论的语汇入诗,而是借助于自然景物的比兴,抒写内心的沉思。委婉含蓄,寓意深远,自成一格。

魏源,湖南邵阳人。也研治今文经学,学识渊博,淹贯经史。林则徐曾编译《四洲志》一卷供检索外国情况,委托魏源扩编为五十卷。咸丰时又扩大为一百卷,题为《海国图志》,是介绍海外各国情事的名著。又自著《圣武记》十四卷,历述清初至嘉庆时的重大史事,于政治得失多有评论,开创了私人论述国史的先例。魏源五十岁才考中进士,此后历官幕府州县,深知民情。生平所作诗,存九百首,大别为经世诗与山水诗两类。经世诗与龚自珍风格不同。以史家笔法记录见闻,据事直书,爱憎分明。如写鸦片战争直斥清廷"揖盗开门撤守军",讴歌军民"同仇敌忾士心齐"。山水诗也不同于闲情偶寄,而是饱含爱国激情,与经世诗异曲同工。

新体诗 光绪时,黄遵宪创作新体诗,开一代新风。广东嘉应州(梅县)人黄遵宪字公度,光绪二年中举,受任驻日使馆参赞。此后,历任美国旧金山总领事、驻英使馆参赞、新加坡总领事等外交职务。著有《日本国志》四十卷。参加强学会,倡导维新,在湖南助巡抚陈宝箴推行新政。戊戌政变后罢职家居。生平作诗千余首,自称"不名一格,不专一体",将新事物新意境注入旧体制,对旧体制也不是墨守成规而是时有新创,自称"新体诗"或"新派诗"。诗人经历诸国,熟知世势。鸦片战争、中日战争、八国联军入侵等史事都写入诗,对外国侵略、清廷昏聩深寄愤慨。所作组诗和长诗,尤有特色。八国联军入侵后两年,作长篇军歌,畅想中国军队英勇作战,驱逐外国侵略势力,收回领土主权。"金瓯既缺完复完,收回掌管权。胭脂失色还复还,一扫势力圈,海又东环天右旋,旋,旋,旋。"军歌分为"出军歌""军中歌""旋军歌"三组,共二十四首,慷慨激昂,滔滔如千顷波,令人气壮。黄氏晚年转向推翻帝制,向往革命。光绪三十一年病死。临终前数月作《病中纪梦》诗,有句云:"呜呼专制国,今既四千岁,岂谓及余身,竟能见国会。""人言廿世纪,无复容帝制,举世趋大同,度势有必至。"预言帝制消灭、世界大同是必然的趋势,寄予殷切的期望。梁启超倡言"诗界革命"应有新意境新语句,推崇黄遵宪是新体诗的旗手。

新文体 道光以后,陆续来中国的外国商民、传教士在各地创办中文的新闻报。同治以后,中国的维新人士也在各地创办报刊,宣传政见,传播新知。光绪二十八年统计,已有一百五十种。报刊面向民众,宣传报道需要明白易懂。民间流行的小说虽然早已用白话写作,但公私文书、时事评论仍用文言,受到文章义法的束缚。梁启超主编《时务报》《新民丛报》等报刊,自己撰写政论,以浅近易读的文言宣传政见,号为"新文体",又称"报章文体"。梁启超后来自叙:"启超夙不喜桐城派古文","至是自解放,务为平易畅达,时杂以俚语韵语及外国语法。纵笔所至不检束,学者竞效之,号新文体"。新文体是桐城义法的解放,务求平易畅达,接近民众,揭开了白话文运动的序幕。

附　录

大事纪年

本编依据公元纪年摘编若干大事要点，以备检索。起自有明确纪年的公元前 841 年，止于 1912 年。

公元前 841 年（周共和元年）　周都镐京国人起义，周厉王出逃。大臣共和行政，号称"共和"。历史记载开始有明确纪年。

前 770 年（周平王元年）　周幽王被杀，子宜臼（谥平王）即位。周都城东迁洛阳。史家习称东周。此前称西周。

前 403 年（周威烈王二十三年）　晋国大夫韩、赵、魏三家分立，晋国亡。韩、赵、魏三国与齐、燕、秦、楚等国并立争雄。

前 249 年（秦庄襄王元年）　秦灭周。

前 221 年（秦政二十六年）　秦灭六国实现统一，都咸阳。秦政称始皇帝。

前 209 年（秦二世元年）　秦始皇死，子胡亥继为二世皇帝。陈胜、吴广在蕲县大泽乡发动起义。

前 206 年（汉高帝元年）　刘邦入咸阳，秦亡。

前 202 年（汉高帝五年）　汉王刘邦战胜项籍，在洛阳称帝（汉高帝）。

前 200 年(汉高帝七年) 汉高帝迁都长安,订立制度。

前 138 年(建元三年) 汉武帝派遣张骞出使西域。

公元 9 年(始建国元年) 外戚王莽篡位,废汉朝国号,改称"新",立年号始建国。

17 年(天凤四年) 新市人王匡、王凤率饥民起义。

23 年(地皇四年) 王莽败亡。

25 年(建武元年) 汉宗室刘秀称帝(谥光武帝),定都洛阳。重建汉朝。史家称后汉或东汉。此前的汉朝称前汉或西汉。

184 年(中平元年) 张角黄巾军起义。

196 年(建安元年) 兖州牧曹操收降黄巾军余部,自洛阳迎汉献帝至许都立朝。

208 年(建安十三年) 曹操领大军南下,与孙权、刘备大战于赤壁,曹军败退。

220 年(建安二十五年) 曹操病死,子曹丕称皇帝(谥文帝)。汉献帝退位,汉亡。改号魏国,迁都洛阳。

265 年(咸熙二年) 魏元帝退位,晋王司马炎称皇帝(晋武帝),建国号晋。魏亡。

316 年(建兴四年) 汉国刘曜俘虏晋愍帝司马邺处死,晋亡。

317 年(建武元年) 晋宗室司马睿在建业重建晋朝。史家称东晋,此前的晋朝称西晋。

389 年(登国三年) 鲜卑拓跋部魏国拓跋珪称皇帝(魏道武帝),建都平城,史家习称北魏。

420 年(永初元年) 东晋名将刘裕灭晋,建号宋。

479 年(升明三年) 宋南兖州刺史萧道成灭宋,建号齐。

502 年(天监元年) 梁王萧衍灭齐,建梁朝。

556 年(魏恭帝三年) 魏恭帝退位,魏亡,宇文泰建周国(北周)。

557 年（永定元年）　梁将陈霸先灭梁,建陈朝。

581 年（开皇元年）　周杨坚灭周,自称皇帝（谥文帝）,建号隋朝。

589 年（开皇九年）　隋灭陈。

611 年（大业七年）　农民起义爆发。

617 年（大业十三年）　隋炀帝被杀,隋亡。

618 年（武德元年）　李渊在长安建国号唐,自立为皇帝（唐高祖）,年号武德。

626 年（武德九年）　李渊退位,传位次子李世民（唐太宗）,改年号贞观。

690 年（天授元年）　武则天称皇帝,改唐国号为周,年号天授。自长安迁都洛阳。

705 年（神龙元年）　武则天病重,传位太子显,恢复唐朝国号。

713 年（开元元年）　李隆基（唐玄宗）即位,国都迁回长安。

755 年（天宝十四年）　平卢节度使安禄山起兵反唐,进攻长安,唐玄宗出逃。

874 年（咸通十五年）　王仙芝、黄巢发动民农起义。

907 年（天祐四年）　黄巢部下叛将朱全忠杀唐帝李枨,建国号大梁,唐亡。

916 年（神册元年）　契丹族耶律阿保机在黄河流域建立国家,称皇帝（辽太祖）。

923 年（龙德三年）　李存勖灭梁,建国号唐。

936 年（天福元年）　石敬瑭灭唐,建晋国。

947 年（大同元年）　契丹族耶律德光灭晋,立国号大辽,都上京（内蒙古巴林左旗）,年号大同。刘知远在开封建立汉国。

951 年（广顺元年）　郭威灭汉,建号周国。

959 年（显德六年）　赵匡胤灭周,建立宋朝,都开封,号称东京。

1004 年（景德元年）　宋辽订立澶渊之盟,确定国界。

1038 年（宝元元年）　党项族元昊在兴庆府（宁夏银川）建立夏国。

1069 年（熙宁二年）　宋神宗任王安石为副相,实行变法。

1115 年（收国元年）　女真族阿骨打建立金国,称皇帝（金太祖）。

1120 年（宣和二年）　方腊领导农民起义。

1125 年（天会三年）　金灭辽。

1127 年（靖康二年）　金军攻下宋都开封,俘虏徽宗钦宗二帝。赵构（宋高宗）在商丘即位称帝,改立年号建炎。

1139 年（绍兴八年）　宋高宗定都临安（杭州）,重建朝廷。史家习称南宋,此前建都开封的宋朝称北宋。

1206 年（宋开禧二年）　蒙古族帖木真在鄂嫩河源建立国家,称成吉思汗,国号大蒙古国。

1227 年（夏宝义二年）　成吉思汗攻灭夏国,死于军中。

1234 年（金天兴三年）　蒙古军攻灭金国。

1247 年（贵由汗二年）　吐蕃归附蒙古。

1260 年（中统元年）　忽必烈继为蒙古大汗,用汉语称皇帝（元世祖）,立年号中统。

1271 年（至元八年）　建立汉语国号大元。

1276 年（至元十三年）　元军入临安,南宋亡。

1351 年（至正十一年）　红巾军农民起义。

1368 年（洪武元年）　朱元璋在应天府建国称帝（明太祖）,立国号大明,年号洪武。明军攻下元大都,元顺帝出逃。元朝亡。

1405 年（永乐三年）　明永乐帝派遣宦官郑和率领航队,出使海外诸国。

1421 年（永乐十九年）　永乐帝迁都北京。应天府称南京,为陪都。

1628 年（崇祯元年）　陕西爆发农民起义。

1644 年（崇祯十七年）　李自成农民军攻入北京,明崇祯帝自杀,明朝亡。满族多尔衮军入关,李自成败退。清顺治帝定都北京。

1681 年（康熙二十年）　清康熙帝平定吴三桂等"三藩"的反清战乱。

1757 年（乾隆二十二年）　占据天山南北路的准噶尔部众相继降清。

1793 年（乾隆五十八年）　制定关于西藏政务章程,确立各项制度。

1796 年（嘉庆元年）　白莲教农民起义。

1840 年（道光二十年）　道光帝命林则徐查禁鸦片,英国政府发动武装入侵。习称"鸦片战争"即英国推销鸦片的战争。

1851 年（咸丰元年）　洪秀全领导的农民起义军建号太平天国,自广西桂平北上,攻下永安州城。

1858 年（咸丰八年）　英法联军入侵,自天津攻入京师,焚烧圆明园,抢掠财物。咸丰帝逃往热河行宫。

1861 年（咸丰十一年）　咸丰帝在热河病死。六岁皇子载淳继位。慈安、慈禧两皇后听政,立年号同治。

1864 年（同治三年）　清湘军进攻太平天国的天京江宁。洪秀全在城中病死。天京失守,太平天国败亡。

1874 年（同治十三年）　同治帝病死。两宫太后立四岁的载湉继位,改年号光绪,仍由两后听政。

1894 年（光绪二十年）　日本出兵侵入朝鲜,中日宣战。

1895 年（光绪二十一年）　清军战败,海军全军覆没,签立《马关条约》,割地赔款。

1898 年（光绪二十四年）　光绪帝任用康有为变法。慈禧后夺取皇权训政。康有为逃亡海外。

1900 年（光绪二十六年）　义和团自山东进入直隶,在京师城内攻打外国教堂。八国联军入侵京师抢掠,屠杀团民。慈禧后、光绪帝逃往西安。

1901 年（光绪二十七年）　清廷与联军签约,赔偿巨款。帝后返京。

1905 年(光绪三十一年)　各革命团体在日本东京集会,成立中国同盟会,举孙文为总理,提出建立民国的奋斗目标。

1908 年(光绪三十四年)　光绪帝、慈禧后相继逝世。三岁的溥仪继帝位,其母隆裕后听政。改年号宣统。

1911 年(宣统三年)　革命党人在武昌起义,宣布湖北独立,建立中华民国。各省相继响应,内地十七省代表在南京成立临时政府,推举孙文为临时大总统。

1912 年(民国元年)　隆裕后率溥仪退位,授命袁世凯组织共和政府,清朝亡。孙文辞去临时大总统职务,仍任同盟会总理。

人名索引

（按汉语拼音排序,标注页码）

· 403 ·

J

M

T

Y

425

图书在版编目（CIP）数据

中华史纲/蔡美彪著.—北京：社会科学文献出版社，
2013.5（2020.7 重印）
ISBN 978 - 7 - 5097 - 4341 - 6

Ⅰ.①中…　Ⅱ.①蔡…　Ⅲ.①中国历史 - 通俗读物
Ⅳ.①K209
中国版本图书馆 CIP 数据核字（2013）第 073674 号

中华史纲

著　　者/蔡美彪

出 版 人/谢寿光
项目统筹/徐思彦
责任编辑/赵　薇　赵子光

出　　版/社会科学文献出版社·历史学分社（010）59367256
　　　　　地址：北京市北三环中路甲 29 号院华龙大厦　邮编：100029
　　　　　网址：www.ssap.com.cn
发　　行/市场营销中心（010）59367081　59367083
印　　装/三河市东方印刷有限公司

规　　格/开　本：787mm × 1092mm　1/16
　　　　　印　张：27.75　彩插印张：0.25　字　数：322 千字
版　　次/2013 年 5 月第 1 版　2020 年 7 月第 3 次印刷
书　　号/ISBN 978 - 7 - 5097 - 4341 - 6
定　　价/98.00 元